A. Frank Glahn

DAS DEUTSCHE TAROTBUCH

A. Frank Glahn

DAS DEUTSCHE TAROTBUCH

Die Lehre von Weissagung und Wesenheit

Drei Stufen der Einweihung

HERMANN BAUER VERLAG
FREIBURG IM BREISGAU

7. Auflage 1979
ISBN 3-7626-0033-3
© 1958 by Hermann Bauer Verlag KG, Freiburg im Breisgau.
Alle Rechte, auch die des auszugsweisen Nachdrucks,
der fotomechanischen Wiedergabe und der Übersetzung, vorbehalten.
Druck: Hain-Druck KG, Meisenheim/Glan.
Bindearbeiten: Walter Verlag GmbH, Heitersheim.
Printed in Germany.

Ich widme dieses Buch dem Geist in mir,
der es schuf.
Dieser Geist ist in allen Wesenheiten und
Erkenntnissen lebendig.

Notwendige Voraussetzungen

Dieses Buch ist geschrieben:

nicht für leidenschaftliche Menschen, die nur ihr Selbst suchen;
nicht für Stolze, die alles verachten;
nicht für Eigensinnige, die nur ihrer Meinung anhangen;
nicht für Dumme, die keine innere Kraft haben;
nicht für die, die nicht selbst denken, sondern Sklaven der Meynungen und Schulbegriffe sind;
nicht für Witzlinge, die alles zu tadeln suchen;
nicht für Narren, die alles verlachen;
nicht für Schwärmer, die alles übertreiben;
nicht für Boshafte, die alles verdrehen;

sondern es ist geschrieben für ruhige, unparteyische, stille Freunde und Sucher der Wahrheit.

Wer dieses Buch lesen will, der lese mich und nicht sich; das will sagen: — er studiere das Innere, das in diesem Buche liegt, und beurteile es nicht nach seinen Meynungen und Schulbegriffen.

Wer dieses Buch verstehen will, der schließe seinen Geist an den meinen an; bemühe sich, sich in die Sache hineinzudenken. Er bleibe nicht bei der Hülle der Wörter stehen, und messe sie nicht mit dem Maßstab der Vorurteile, sondern er vergleiche das, was ich sage, mit den Wahrheiten der Natur.

Wer dieses Buch widerlegen will, der frage sich zuvor, ob er es auch recht verstanden habe; und findet er im Ganzen nur ein Lichtfünkchen, so lese er es noch einmal, und er wird ein zweytes finden.

Wer dieses Buch verbessern will, der wird es verstanden haben, und dem sey warmer Dank; auch entdeckte Wahrheit ist Menschenwerk, und der Verbesserung unterworfen.

Wer dieses Buch verketzern will, der kennt Gott, die Natur und das Christenthum selbst nicht, und also noch weniger mein Buch, das über das innere von diesen Dingen redet.

Wer dieses Buch verlachen will, der hat kein Organ für höhere Wahrheiten.

Carl von Eckhartshausen.

(Zahlenlehre der Natur. Leipzig 1794.)

Eine Klarstellung über den Tarot

Der Tarot soll das erste Kartenspiel gewesen sein. Fern von aller Romantik betrachtet, hat ein ideenreicher Zeichner das erste Spiel erdacht, wie heute auch noch Spiele erdacht werden. Er hat die Großen Arcana nach einer bestimmten Anschauung geordnet. Doch sei betont, daß nicht gleich unsere heutige Folge im XIV. Jahrhundert entstanden ist. Doch scheint die Idee an sich Anklang gefunden zu haben und andere Zeichner haben die heutige Folge geschaffen.

Weltanschaulich-religiöse Gedanken fußen auf irgendwelcher Kirchenlehre. Wir können leicht erkennen, daß die Juden keinen Teil daran haben, denn in den 5 Büchern Mosis ist keine Lehre vom Teufel, sondern von der Schlange der Weltklugheit. Hier ist es jedoch ein Teufel in der Auffassung des Christentums. Damit stimmt ferner überein: die Auferstehung, das jüngste Gericht, das Opfer, der Papst, die Päpstin. Diese Grundideen finden sich auch in antiken Glaubenslehren; denen sind entnommen: das Schicksalsrad, Justitia-Gerechtigkeit, der Wagen und überhaupt kommen astrologische Anschauungen durch, die wieder an die Religion der alten Ägypter erinnern, mit der aber alle andern Karten auch übereinstimmen. Man kann auf gnostisches Christentum deuten, dieses ruhte erheblich auf ägyptischen Gedanken, welche ja durch die griechischen Weisen, welche in Ägypten studiert hatten, in die griechische Philosophie übergegangen ist. In der Zeit der Renaissance wurden diese Lehren wieder gepflegt, sie wurden klassisch. So kann auf die Quellen geschlossen werden. Es ist ganz gleichgültig, daß die Angleichung der Großen Arcana an die Einweihungsbilder von Memphis nicht geschichtlich zu beweisen ist. Ideen werden Jahrtausende öffentlich gepflegt und prägen sich dem Unterbewußtsein der Völker so tief ein, daß sie immer wieder, und wenn auch nach Jahrtausenden, in einem Kopf auftauchen und Gestalt gewinnen. Die Darstellungen gestatten ja so viele Verbindungen! So kam die Gruppe der französischen Kabbalisten auf die Verbindung mit der Kabbala und den hebräischen Buchstaben. Aliette-Eteilla brachte sie mit der Schöpfungsgeschichte zusammen und zeichnete dafür mehrere Karten als Ersatz für unpassende, die wir wieder aufgenommen haben. Andere wollen durchaus eine astrologische Grundlage finden, vermögen es jedoch mit den Elementen der modernen Astrologie nicht. Die Verknüpfung mit den Mondstationen ist natürlich auch nur eine Idee von mir gewesen, nachdem die hebräischen Buchstaben damit verbunden worden sind. Das lassen andere wieder nicht gelten: sie halten Runen oder sonst was für die gegebene Grundlage.

Wir haben bei den Forschern immer mit zwei Klassen zu rechnen. Die eine Klasse vertritt die archäologische Richtung, sie

7

läßt nur gelten, was durch Funde dokumentiert wird, Ideenverbindungen lassen sie nicht zu. Die andere Gruppe verzichtet glatt auf die Nachweise, sie hält sich an den Geist der Symbole und Bilder und sucht dafür gleichartige Lehren und Anschauungen. Diese zwei Gruppen haben immer im Streit gelegen. Ich erinnere an Kopernikus, Kepler, Galilei und deren wissenschaftliche Gegner, an Giordano Bruno; an die Naturforscher und die Kirche, welche der Forschung untersagte, etwas zu lehren, was mit der Bibel nicht übereinstimme. Da sich das nicht durchführen ließ, zog sich die Kirche schmollend zurück, doch sorgt auch heute noch der Modernisteneid für die Beschränktheit der Kirche. Noch ein anderes Beispiel: Professor Hermann Wirth mit seiner intuitiven Symboldeutung im Kampfe mit den Ausgrabe-Archäologen! Immer hat zuletzt der Geist gesiegt!

Was uns viel mehr wichtig ist: hat die vorgetragene Symboldeutung der Arcana einen Einfluß auf die Brauchbarkeit der Karten zu Zukunftsdeutungen? Diese Frage ist bestimmt zu verneinen! Der Vorgang ist unabhängig von den Kartendarstellungen. Darum kann jemand mit den dummen gewöhnlichen Spielkarten Zukunftsdeutungen geben, er kann die Bildkarten der Lenormand benutzen, er kann andere Wahrsagekarten nehmen: die Karten an sich geben keine Auskunft, s i e s i n d v i e l m e h r T r ä g e r e i g e n e r G e d a n k e n k r ä f t e . Durch die Ausstrahlung der Gedanken werden die Karten mit bestimmten Gedankenkräften oder Vorstellungen geladen, sie strahlen nun selbst aus! Wem das rätselhaft klingt, dem sei anempfohlen, Pendelstudien zu betreiben. Jeder kann das nicht, aber wer gut Karten legen kann, der ist sensitiv und dann kann er auch pendeln. Die Pendelarbeit gibt nun sehr viele Möglichkeiten, gewünschte Auskünfte zu erhalten, das Arbeitsgebiet ist so umfangreich, daß es hier nicht dargelegt werden kann. Hat ein Leser Geneigtheit, das Gebiet zu studieren, wende er sich **an den Verlag des Buches, bei dem auch Pendellehrbücher herausgekommen sind.** M i t d e m P e n d e l l ä ß t s i c h j e d e V o r s t e l l u n g s l a d u n g e i n e r K a r t e nachweisen und genau erkennen. Die fragende Person wird ebenfalls durch die Ausstrahlungen der Karten geleitet. Der Kartenleger vertieft sich in die gezogenen Karten. Dabei verbinden sich seine seelischen Kräfte mit der fragenden Person, es findet eine Gedankenübertragung statt. Das wirkt zurück auf die eigenen Gedanken, im Unterbewußtsein findet deren Klärung statt und diese kommt als Impuls oder Idee ins Oberbewußtsein, man „denkt" es, so muß es sein und der Mund spricht es aus.

Ich könnte daher ganz andere Karten erdenken und zeichnen lassen, könnte für jede eine bestimmte Bedeutung vorschreiben, diese würde sich der Studierende einprägen und er würde dann mit den neuen Karten ebenso gut arbeiten können. Hieraus geht auch hervor, daß m a n n i e m i t n e u e n K a r t e n o h n e V o r b e t r a c h t u n g u n d G e d a n k e n ü b e r t r a g u n g Z u k u n f t s d e u t u n g g e b e n s o l l! Die Darstellungen sollen viele Ideenverbindungen wecken, deshalb ist jede Karte einer andern überlegen, die mehr Assoziationen erlaubt. Die Tarotkarten sind aus diesem Grunde den französischen oder deutschen Spielkarten weit überlegen. Während diese so alltäglich und poesie-, ja gedankenlos sind, erheben sich die Vorstellungen bei den Tarotkarten gleich in reinere und höhere Gedankenkreise. Es liegt eine bedeutende Weihe darüber. Etwas Priesterliches überkommt dem Kartendeuter. Diese gehobene Stimmung kommt der Deutung zugute.

Der ganze Vorgang ist somit Intuition, kein Mechanismus. Intuition steht über den reinen Verstand, der sich mehr ans Greifbare klammert. Intuitiv muß der Künstler sein, der Dichter, der Erfinder, der Leiter und Lenker, der Arzt, der Staatsmann, kurz alle jene, die mehr können müssen, als was in vernünftigen Lehrbüchern steht. Jede intuitive Person erhebt sich aus der Menge der verständigen praktischen Menschen heraus. Letztere denken nach, was ihnen als vorgedacht eingeprägt worden ist, die ersteren denken vor und stehen darum auch vor.

So erkannt und betrachtet, ist die Kartendeutung ebenso sachlich und genau, wie Graphologie, Handlesekunst, Astrologie, Psychologie. Sie ist mit dem Hellsehen und Hellfühlen in eine Reihe zu stellen.

Wenn im Tarotbuche verschiedene Methoden gelehrt werden, so zu dem Zweck, daß jeder seiner Veranlagung gemäß sich eine Methode für die Praxis auswählt. Werden mehrere Methoden geübt, so rate ich wegen genauer Ergebnisse für jede Deutungsart ein bestimmtes Kartenspiel zu benutzen; das wird nun verstanden werden. Es wird sich bald herausstellen, welche Methode den günstigsten Boden findet, welche am besten „liegt". Dabei bleibe man dann und kümmere sich um die andern weiter nicht.

Nach dieser gewissermaßen erkenntnistheoretischen Klarstellung wollen wir uns in die Welt der Tarotkarten begeben und dabei die Vorstellungskraft zu Hilfe rufen. Baue eine geistige Welt auf, lebe darin, schwärme für das Hohe und Hehre, für die religiösen Ideen, öffne die inneren Sinne und befreie dich vor der Stoffeswelt, sie von oben betrachtend, dann wird der Quell der Intuition aufbrechen. Betrachte jede Karte nachdenklich, bis ihr Geist in dir lebendig wird, bis sie zu dir spricht! Etwa wie du ein Kruzifix betrachtest oder das Bild geliebtester Personen. Kommen dann zwei oder drei Bilder zusammen, wirkt jede gemäß ihrer Bedeutung und im Innern stimmt sich die Wirkung ab in Zusammen- oder Gegeneinanderwirken. Dahinein mische die

fragende Person mit den Eindrücken, die du von ihr erhältst.
dann klärt sich das Wirken der Kräfte, es taucht die Empfindung
von den bevorstehenden Ereignissen auf und diesen hast du in
deutlichen Worten auszusprechen.

Das ist der Vorgang bei der Prophetie!

Und dafür ist der ungewöhnliche Ausbildungsgang erdacht
worden.

Als Gast bei einem Kartenphilosophen

In der Nummer vom 31. März 1929 der „Grünen Post" erzählt
Hans Kuchenbuch, wie er in der Einsamkeit einer Marschlandschaft
an der Nordseeküste Schleswig-Holsteins mangels Gasthaus zu
einem Bauern geschickt wurde, der ihm ein Nachtlager zusagte,
aber erst müsse er ein Kalb mit einfangen helfen. Dann ging es
ins Bauernhaus, wo er ein Strohlager erwartete. Es kam anders!
Möge Kuchenbuch weiter erzählen: Aber er tat eine Tür auf und
sagte: „Meine Schwester!" — Eine Dame in einem schwarzen
Seidenkleide stand vor mir und hieß mich in eine Stube treten.
Ueberall die ruhige Köstlichkeit alten Reichtums. Ich war zu einem
jener Bauern dort unten geraten, die wie kleine Könige sind. Ich
wurde höflich und köstlich bewirtet und ins Fremdenzimmer
geführt, in dem sich auf uralter Lade die Federbetten türmten.
Und nun kam die eigentliche Überraschung. Als ich mich wusch,
bemerkte ich eine Tapetentür. Ich öffnete sie und stand in einem
Bibliotheksraum. Ich glaube, ich habe noch nie so ein erstauntes
Gesicht gemacht. Neben griechischen und lateinischen Klassikern
die seltenste mystische Literatur in allen Sprachen. Jeder Band
mit dem Namen des Bauern gezeichnet. Ich konnte kaum
den Morgen erwarten, um beim Frühstück den Hausherrn auszu-
fragen. Es war Sonntag, und wir hatten Zeit. Er erzählte seinen
Bildungsgang: Abitur, Einjährigendienst (es war ein Jahr vor dem
Kriege), Universität. Die Schwester — Pensionsbildung in Dresden
und in Lausanne. Und an den Markttagen trieb er das Vieh nach
Husum, und sie war im Stalle und half melken. Draußen lagen
unabsehbar ihre Wiesen, und das Vieh stand auf ihnen breit und
käuend. Wir armen Städter! Und die Mystik? Er lächelte und
maß mit den Augen meinen Schädel: „Ich habe es mir gedacht,
daß Sie sich dafür interessieren." — Und plötzlich wurde er ernst
— „Würde es Sie stören, wenn ich Ihnen Ihr Schicksal sagte?
Entschuldigen Sie, es ist das keine Kinderei bei mir. Ich habe so
meine Gründe." Ich hielt ihm die Hand hin. „Nein, nicht aus
der Hand. Aus den Karten. Aber Sie müssen noch drei Tage bei
uns warten. Ich muß mich vorbereiten. Es paßt gerade, daß
morgen mein Bruder kommt und in der Wirtschaft für mich ein-
springen kann. Bitte lachen Sie erst hinterher, wenn alles falsch

war nach Ihrer Meinung! Nehmen Sie zu Ihrer Beruhigung fürs
erste an, daß ich mich wissenschaftlich damit beschäftige." Ich
sagte zu, und ich wartete drei Tage, während deren er sich kaum
sehen ließ. Als ich seiner liebenswürdigen Schwester von meinem
Leben zu erzählen begann, bat sie mich, davon zu schweigen. „Sie
sollen hier ein ganz Unbekannter sein. Bis mein Bruder mit seiner
„Operation" fertig ist. Er will ganz unbeeinflußt sein." Ich fragte:
„Fräulein Stephenson, halten Sie etwas davon?" — „Warum
nicht? Die Welt ist viel sonderbarer, als man meint. Natürlich
gibt es entsetzlich viel Schwindel. Aber wir hier haben merkwürdige
Fähigkeiten. Wissen Sie, was „Spökenkieker" sind? Es ist gräßlich: den Tod ahnen, nein, wissen wir voraus. Eine quälende und
unnütze Gabe. Mein Bruder sucht sie zu vertiefen, daher sein
Interesse an diesen Dingen." Endlich, am Abend des dritten Tages
— seine Schwester und ich hatten allein gegessen, wie immer in
dieser Zeit — bat er mich, zu ihm aufs Zimmer zu kommen. Bis
dahin hatte ich das noch nicht betreten. Merkwürdige Meßinstru-
mente erregten meine Aufmerksamkeit und über dem Schreibtisch
eine Serie von eingerahmten Karten, bedeckt mit ägyptisch anmutenden Schriftzeichen. Die Fenster waren verhängt, so daß man
nicht einmal das Rauschen der immer schwankenden Baumkronen
vernehmen konnte. Eine Art Wagenrad, mit Kerzen besteckt,
brannte über einem großen, runden Tisch. Wir setzten uns
einander gegenüber. Er schien sehr konzentriert zu sein, doch ohne
jede lächerliche Feierlichkeit. „Bitte, sprechen Sie nicht," sagte er,
„ich werde Ihnen zunächst Ihre Vergangenheit sagen und, wenn
Sie es dann noch wünschen, Ihre Zukunft." Er ergriff ein Spiel
von sehr kleinen, aber auffallend vielen Karten mit der linken
Hand und mischte sie in der rechten. Dabei hefteten sich die
Pupillen seiner Augen seltsam starr auf einen fernen Punkt. Er
mischte langsam und unendlich lange. Endlich schlug eine Uhr.
Da ging es wie ein Erwachen durch ihn, und er begann das Spiel
auszulegen. Dabei legte er zwölf Haufen zu je vier Karten, immer
drei Haufen untereinander. Dann nahm er in verschiedener Reihenfolge immer die drei obersten Karten von verschiedenen Haufen,
betrachtete jede einzelne genau und schrieb eine Zahl, die an-
scheinend auf jeder Karte vermerkt war, sorgsam in ein großes
Buch. Es schien, als ob er mich vergessen hätte, ganz ins Schreiben
versunken. Ich wäre eingeschlafen, wenn mich nicht das Erstaunen
über die Veränderung seiner Züge wachgehalten hätte. Er schien
ein völlig anderer geworden zu sein. Seine Haut war schlaff und
gelb geworden, und alles Leben schien in die Augen getreten zu
sein. Endlich hatte er alle Karten notiert, legte sie zusammen,
nahm das Buch und schien aus den geschriebenen Zahlen abzu-
lesen ... „Ihr Körper, Temperament, Ihre Gewohnheiten, Krankheiten ... Ihre Eltern, Ihre Familie, Ihr Beruf, Ihre Aemter ..."

Er sprach langsam, geschäftsmäßig, ohne mich anzublicken. Es war grauenvoll. Alles, alles stimmte, sogar die Daten, die er nannte. Er deutete nicht nur an, sondern beschrieb Einzelheiten mit — buchstäblich! — haarsträubender Genauigkeit. Dinge, die ich mir selber kaum eingestanden, zog er unerbittlich ans Licht. Nackt stand ich vor diesem gelehrten Bauern mit seinen pappenen Karten. Plötzlich erwachte ich. Er hielt meinen Kopf besorgt in seiner Hand und flößte mir etwas Wasser ein. „Es scheint Ihnen nicht gut zu bekommen." Ich war entrüstet über mich und spielte ein Lächeln. „Soll ich Ihnen auch die Zukunft sagen?" Aber da sprang ich auf. „Nein, niemals!" Er sah mich freundlich an: „Sie haben sie nicht zu fürchten. Jedenfalls die nächste Zukunft nicht!" — „Wieso?" Er zögerte: „Sie gehören zu den wenigen jungen Männern, die in den nächsten Jahren — nun, sagen wir, nicht in Todesnot kommen werden. Ich wünschte, ich wäre an Ihrer Stelle." — „Wie meinen Sie das alles?" — „Das werden Sie über ein Jahr erfahren." (Es war im Juli 1913!) — Trotz seiner Ermunterung habe ich mir damals nichts vom Kommenden sagen lassen. Wissen vom Zukünftigen hätte ja nur Zweck, wenn wir es ändern könnten. Und überhaupt: selig sind die Blinden. Ich brannte noch am selben Tage darauf, von ihm einige Aufklärungen zu erhalten. Er gab sie bereitwillig. „Wie kommen Sie zu dieser Beschäftigung mit dem verachtetsten Zweige des Okkultismus? Zu dieser schlimmen Fertigkeit auf dem Lieblingsgebiete gewinnsüchtiger Klatschbasen?" „Sie wissen ebensogut wie ich, daß die dümmsten Dinge zu den wertvollsten hinleiten, wenn man nur ihrer Entstehung nachzutasten vermag. Jeder Aberglaube ist ein unwürdiger Absenker eines oft würdigen Glaubens. Hingelenkt auf die Karten wurde ich durch einen kranken Zigeuner, den ich in meinem Stroh halberfroren fand und gesund pflegte. Er legte mir die Karten und gab mir Unterricht in ihrer „Technik". Schließlich überließ er mir dieses Spiel. Ich suchte nach Literatur darüber und fand endlich in einem französischen Werke den Nachweis, daß das mir gelehrte Spiel eine Abart des berühmten „Tarotspieles" ist. Das in Oesterreich viel gespielte Taro„k"-spiel ist sprachlich und inhaltlich eine Verwässerung. Dieser Tarot ist wahrscheinlich der Vater unserer gesamten Kartenspiele. Im Grunde ein altes Zauberbuch, so alt wie alle menschliche „Magie", wahrscheinlich von den Ägyptern zu den Juden gekommen. — Hier spielt er in der Geheimlehre, der „Kabbala" eine große Rolle. Bekanntlich haben die Zahlen in jener Lehre mystische Bedeutung. Sehen Sie her, diese Karten sind mit Zahlen versehen. Diese Zahlen werden zugleich durch hebräische Buchstaben ausgedrückt, die ebenfalls mystische Symbole sind. Diese Zahl 1 bedeutet „höchste Macht", der Buchstabe „Aleph" daneben „Vater". Hier auf der Karte 13 bedeutet der Buchstabe „Nem" den Tod und zugleich „das Weib". Sie

12

wissen ja, daß das Weib, die süße Verführerin zum Irdischen, dem in das Jenseits strebenden Magier den mystischen Tod bringt." „Und die merkwürdigen Bilder auf den Karten?" „Alles mystische Symbole. Da ist „der Mond" und bedeutet „verborgene Feinde, Gefahr." Man mag über das Kartenlegen denken, wie man will, man muß zugeben, der Tarot ist ein denkbar vollkommenes Gleichnis der Welt. Alle menschlichen und irdischen Dinge, alle natürlichen und übernatürlichen sind gleichsam aufgemalt auf seinen 78 Blättern und warten auf den Gebrauch durch den Meister." „Wie wird man Meister? Kann man die Kunst erlernen? Die alten Weiber behaupten „ja". Und Sie?" Er schwieg lächelnd. — „Aber eines werden Sie mir doch beantworten zur Erklärung Ihrer verwirrenden Neuigkeit: die Karten kann man doch unmöglich allein verantwortlich für Ihre seherische Leistung machen? Die ganze Sache wird doch überhaupt nur verständlich, wenn man annimmt, daß Ihre unbestrittene hellseherische Fähigkeit sich über ihnen entzündet. Das Hellsehen als Möglichkeit müssen wir ja zugeben, so skeptisch wir auch sind. Ich jedenfalls habe alle Ursache dazu." — „Nehmen Sie das immerhin an, obwohl die alten Magier anderer Ansicht waren. Wenn die das „Schicksalsbuch", eben die kabbalistischen Karten aufschlugen, war das für sie eine zauberische Handlung, und sie glaubten nicht nur Vergangenes und Zukünftiges zu erfahren, sondern die Welt „umzuändern". Das ist nämlich von jeher der Anspruch der Magie gewesen. Die kleinen Karten da mit ihren Zahlen, Buchstaben und Figuren waren ihnen die „Siegel", durch deren Gewalt sie die Engel und die Teufel zwangen. Wir Modernen dürfen höchstens noch ganz bescheidene Hellseher sein. Und auch denen wird das Leben sauer gemacht. Und mit Recht, denn nirgends blüht der Schwindel so üppig. Wer Geld damit macht, tut Unrecht; die okkulten Fähigkeiten verlieren, wenn man davon materiell profitiert."

Nun, Hans Kuchenbuch hat sich auch des Studiums befleißigt und noch einige Briefe mit Stephenson gewechselt. D i e s e r i s t i m e r s t e n K r i e g s j a h r e g e f a l l e n.

Tarot oder Kabbala?

Ü b e r h a u p t — — — K a b b a l a !

An dieser neuen Bearbeitung des Deutschen Tarotbuches haben viele Leser der ersten Auflage teilgenommen. Viele schrieben mir, alle fragten, jeder Brief belehrte mich. In unserer harten Zeit dringt der denkende Mensch auf Klarheit, er will kein verschleierndes Halbdunkel, weder betörenden Rauch noch Ruch; das Geheimnisvolle erregt sein Mißtrauen und zeremoniöse Gaukelei reizt zu Spott und Hohn. So will ich denn die letzten Spuren mystischen Halbdunkels der ersten Auflage auskehren.

Ist das Wort „Einweihung" auf dem Titel geblieben, so sei es gleich sachlich erklärt. Einweihen heißt Mitteilung von Kenntnissen. Alles Unbekannte ist ein Geheimnis, weihe ich in Geheimnisse ein, so belehre ich. Nach der Belehrung ist das Geheimnis verschwunden. Oder ist es nunmehr der Wesenheit des Wissenden einverleibt? Da jeder Wissende dem Nichtwissenden so voller Geheimnisse erscheint?

Da bei diesem Wissensstoff feierlicher Mummenschanz, zeremoniöse Nichtigkeiten, geheimnisvolles Halbdunkel in verschnörkelter und gleichnishafter Redeweise üblich ist, so gehe ich davon ab. Keine Minderung der Einsichten, keine Beschneidung der Vernunft und des Wissensgutes ist geplant, das Feuer der Begeisterung ist nicht erkaltet, nein, das Gut ist vermehrt!

Dem Weisen sind alle Dinge verständlich, er sieht auf den Grund der Wesenheit von den Dingen. Selbst von seinem Namen sagt er: es ist nur ein Name, keine Wesenheit. Denn die Wesenheit hat weder Namen noch einen vergänglichen Körper, sie geht durch die Körper, ohne in ihnen aufzugehen; sie ist in einer Persönlichkeit, aber ist nie selbst Persönlichkeit. Wesenheit ist an Sein gebunden, vom Ur-Sein ist das Sein ins Dasein gewandert und wandert im ewigen Kreislauf über Sein ins Ur-Sein zurück. Die Wesenheit ist das Ewige im Vergänglichen.

Die Wesenheit hat alles Wissen, ist Spenderin aller Geheimnisse und Vernichterin aller Geheimnisse.

Die ersten Einweihungen empfängt das Neugeborene: Das Wissen von der Mutterbrust, von waltenden Händen, die das Schicksal der Tage gestalten, deren äußere Form sich einprägt, umgeben von einer alles erfüllenden Macht, unbegreiflich wissend und erkennend. Jeder neue Tag bringt neue Einweihungen, brechen sie einst ganz ab, ist der wahre Tod erlitten.

Es gefällt allen Machthabern (überlege diese Worte genau: wer hat Macht über Dich?), den Beherrschten nur die äußeren Kennzeichen der Dinge zu lehren. Schule, Regierung und Kirche, alles, was den Menschen belehren und bilden will, zeigt stets auf die äußere Form. In Form und Formeln erschöpfen sich deren Anstrengungen, den Belehrten von sich abhängig zu machen. Der Weise durchschaut das, er sucht die Wesenheit zu erkennen, richtiger ausgedrückt: die Wirkung jener Wesenheit, die in dieser Form, dieser Formel möglich ist.

Der Welt des körperlichen Daseins stellt er die Welt der Wesenheit gegenüber, er sucht und erkennt die ewige Einheit, das „Ur-Sein", in unserer Sprache „Gott" genannt. Gott und Wesenheit ist eins, ist der wahre Seelengrund.

Der Weise umgeht nicht das Wissen vom Dasein, er kann nicht ohne Betrachtung der Körperlichkeit, der „Persönlichkeit", zur Wesenheit vordringen, er bewertet diese jedoch anders, da ihm das Geheimnis vom Werden — Walten — Wandeln — Wahren eröffnet worden ist.

Das Wissen von der Wesenheit an sich ist uralt und unverändert. Es ist selbst Wesenheit in all den verschiedenen Wortfassungen, die Völker in Jahrtausenden ersonnen haben. Die Wortfassungen wurden Formeln, entwickelten sich in Formen und damit ins Körperliche. Jede derartige Gestaltung entwickelt sich durch Machthaben zu einem K u l t, dieser umfaßt nach und nach ein Volk und gibt diesem eine Form von K u l t u r. Kult-Kultur beherrscht durch ihre Herrscher (Priester, König, Wissenschaftler) das hörig gewordene Volk. Der Weise hingegen verbreitet das Wissen vom Ur-Sein, eine neue Kultur mit gleichem Ablauf beginnt damit.

Selbst die „Geheimlehren" entgehen dem Schicksal im Werden — Walten — Wandeln nicht, auch sie werden Körperlichkeiten, werden Dogmen, sie ernähren zuletzt ihre Ausbeuter, ihre Priester und Oberpriester, die in Tempeln oder Logen zeremoniös „ihres Amtes walten", sich Titel und Talar beilegend.

D i e   W e i s e n   w a l t e n   n i e m a l s   d a r i n.

Der Weise kennt den Ablauf des einmal Angelaufenen, er gilt daher dem weltlich „Gebildeten" als Prophet, Schicksalskündiger, Wissender, Seher — kurz als „Scharlatan", der zur Sicherheit der Machthaber am besten eingesperrt und bestraft wird.

Jeder Weise wird, wenn er sich lehrend unter das Volk mischt, von den Machthabern eingesperrt oder umgebracht. Die zurückgebliebenen „Jünger" oder Anhänger tragen seine Erkenntnisse weiter, ist die Zeit reif dafür, erhalten sie die Mehrheit und Macht, der Weise wird vergöttlicht, sein Tod im Kult dramatisiert, die Kultur wird durch das neue Gepräge verändert. So in Baldur, Jesus, Krischna, Mohammed, Mithras, um bekannte Namen anzuführen.

Wer jedoch außerhalb jedes Kultes und jeder Kultur das Wissen von der Wesenheit sucht und pflegt, wird Kabbalist oder Gnostiker genannt.

Kabbala ist Wissen, Erkenntnis, Wissen von Gott, der Schöpfung, der Waltung, des Ablaufes, der äußeren und inneren Welt. Unendlichkeit im Wissen wie Endlichkeit.

Und die Kabbala wurde auch niedergeschrieben und in Formeln gebracht. — — — — Da entstanden Systeme, körperhafte Gestaltungen, Weisheit verstofflichte sich bis zur Narrheit und Gaukelei.

So gewinnt die Überschrift ein doppeltes Gesicht:

Überhaupt — Kabbala! Der Weg zur Weisheit und zur Erkenntnis!

Überhaupt — Kabbala! Welch ein Irrgarten, Tummelplatz von Täuschern und Getäuschten!

Ich werde versuchen, die Lehre von der Wesenheit verständlich darzulegen. Der G n o s t i k e r sucht vermittelst der übersinnlich erkennenden Vernunft in das Wesen der Gottheit einzudringen. T a r o t ist e i n Z w e i g am Baume Kabbala, die volle Kenntnis des Zweiges ist ohne Kenntnis von Stamm und Wurzel unmöglich.

V o r a u s s a g u n g mit Hilfe des „Buches Thot", des Tarots, ist Vorerkenntnis und V o r a u s s i c h t.

„Kartendeuten" oder Kartenlegen ohne die Inanspruchnahme der geistigen Augen ist Spielerei für Kinder, harmlos für Harmlose, gefährlich für irdische Zwecke.

Was liegt dem Weisen an der Kenntnis der Zukunft in Einzelheiten, wo er den Ablauf überhaupt kennt? Was ist ihm Glück oder Unglück? Erblickt er nicht im materiellen Unglück ein Glück, das sich dem Unweisen erst viel später als solches enthüllt?

Aber er studiert die Waltung und Wandlung, so verschieden für jede Wesenheit, und so einheitlich in der Grundlage.

„Kartendeuten ist Unsinn, Aberglaube . . . . . überhaupt kann niemand in die Zukunft sehen, verschlossen ist sie uns, zu unserm Glücke . . ." sagt der „Vernünftige".

Trotzdem wird weiter in die Zukunft geschaut und es ist leichthin ein Treffer an den andern zu reihen, wo der berüchtigte Zufall, dieser Verlegenheitsausdruck sprachlos gewordener „Vernünftiger", durchaus nicht passen will.

Und Leute, die sich den Vorwurf der Dummheit lächelnd gefallen lassen, erwidern: „Mag sein, nur habe ich eine bestimmte Erfahrung dahin, daß mir Dinge vorausgesagt wurden, die keine Vernunft vorher erkennen konnte, die aber Ereignis geworden sind. Unsere Wissenschaft behauptet freilich, sie gründe sich auf Erfahrung, wenn diese Behauptung Sinn hätte, müßte meine Erfahrung anerkannt werden, die ich ja nicht allein gemacht habe! In Wahrheit täuscht die Wissenschaft, sie beschäftigt sich nur mit Erfahrungen, f ü r d i e s i e e i n e E r k l ä r u n g h a t, die sich ihrem Weltbilde anpaßt, alle andern werden nicht zur Kenntnis genommen und kurzweg bestritten. Das ist also Auskneifen vor einer unbequemen Erfahrung, weil die Wissenschaft in diesem Falle dumm ist, dreht sie die Sache um und erklärt die andern für dumm. Nichts leichter, als ihr nachzuweisen, daß sie fortgesetzt Lehren mit dem Anspruch auf Wahrheit vorträgt, die sich später selbst als falsch und unsinnig erweisen.

Eine der wissenschaftlichen Irrtümer wird zur Zeit klargestellt, er behandelt die Erkennung der psychischen Kräfte, in Verbindung mit den kosmischen Einstrahlungen. Hier graben einsichtige Wissenschaftler einer verbreiteten Meinung das Grab. Vorausblicke sind als Tatsache erkannt und deren Umstände werden erforscht.

Die Fähigkeiten und Anlagen der einzelnen Menschen sind sehr verschieden und da das Begreifen von diesen abhängig ist, so wird nie der Streit enden.

Ich gebe beiden Seiten recht: „Dir Vernünftiger! fehlt die Fähigkeit der „W e i t s i c h t", Dir fehlt d i e „E i n s i c h t" in das Wesen der Dinge; glaube nicht, dann wirst Du Dich nicht selbst enttäuschen!"

Und sage zum Erfahrenen und Wissenden: „Selbstverständlich gibt es keine Zukunft ohne Zusammenhang mit Gegenwart und Vergangenheit, siehe nur die Fäden des Gewebes, das entstehende Webmuster, es ist nicht schwierig, in Gedanken das fertige Muster vorauszubilden und zu schauen. Jedermann schätzt die Fähigkeit der Voraussicht, es hat sie nicht jeder als Wiegengeschenk erhalten! Da erscheint es ja vernünftig, aus dem Mangel eine Tugend zu machen, und es gibt genug Narren, die sich durch diese Täuschung blenden lassen (b l e n d e n ist Vernichtung der Sehkraft), Gläubige, die auf diesen Schwindel hereinfallen. Laß Dich nicht daran hindern, Deine angeborenen und geschulten Fähigkeiten anzuwenden."

Ich werde in diesem Buche nie das Gebiet der Erfahrung und natürlicher Erklärung verlassen, ich beginne mit der Schilderung einiger Menschen und schreibe zu diesem Behufe eine

$$0 = \text{Null}$$

hin und rufe Menschen heran, das Zeichen zu erklären.

Der erste sagt: Das ist eine Null, und bedeutet so viel wie nichts. Ohne andere Ziffern hat sie keine Bedeutung und keinen Wert.

Der andere: es gibt positive und negative Zahlen, die Null ist die Grenze zwischen beiden Zahlenreihen, mit der Null beginnen beide. Folglich kann die Fortsetzung $+$ oder $-$ lauten. Für die Mathematik ist die Null ein sehr wichtiges Zeichen, die Erdenkung der Null war eine Großtat des menschlichen Geistes ... (er kann viel darüber reden und erklären, stören wir ihn nicht dabei);

der dritte: Wohl sagt man, die Null bedeute ein Nichts, ein Nichtseiendes, aber das kann nur ein sehr Unkluger sagen, denn uns Menschen ist ein Nichts unausdenkbar!, der Mensch kann nur das denken, was ist oder war, und daraus folgern, was sein kann. Folglich ist die Null ein Etwas, etwa das Symbol des Urseins, der

Urkraft vor der Tat, denn sobald sich diese Urseinskraft betätigt, entsteht die 1 und damit beginnt das Reich der Zahl, ohne das Wissenschaft unmöglich ist. Folglich ist die Null eine Grundlage alles Wissens!

Der vierte Mensch fügt hinzu: Ja, die Null ist das Symbol der Gottheit an sich, die als Gott Schöpfer die 1 wird, dessen Schöpfergedanke — ein Gedanke kann nicht ohne Wort gebildet werden, weshalb man auch kurz das Wort als das Mittel der Schöpfung, als den Sohn vom Vater = 1 bezeichnet — sich zu Absichten verdichtet, zur 2. So erblicke ich in der Null das noch nicht manifestierte Urgottsein, aus dem durch die Manifestation die göttliche Dreieinigkeit entspringt, die Quelle der Religion, die noch nicht durch Priester zu einem Berufsgeschäft, zu einer irdischen Besitz- und Machtfrage erniedrigt worden ist.

Anders drückt sich der fünfte Mensch aus: Diese Null ist das Symbol der Vulva, des Muttermundes, des Samenkornes; ist das Bild der Zeugung, ist die Mandorla der kirchlichen Kunst, die Jungfrau-Mutter einrahmend. Aus dieser Vulva wird Mann wie Weib geboren, sie ist die Pforte des Lebens, die dieses vom Dunkel der Ewigkeit scheidet. (Er fährt fort, die laufende Schöpfungsgeschichte durch Symbolik zu erklären.)

Der sechste denkt: diese Null hat zugleich die Form des Buchstaben o, überhaupt stehen Zahlen und Buchstaben in gradliniger Verbindung, beide haben eine Bedeutung, die über den täglichen Gebrauch weit hinausgehen. (Er wird uns über Buchstaben und Zahlenmystik, die selbst eine Wissenschaft geworden ist, einen langen Vortrag halten.)

Der nachdenkliche Leser wird schon erkannt haben: der erste Mensch ist einfach und einfältigen Geistes, er „sieht" nichts. Der zweite ist die höhere Klasse dieser Art, er eignet sich zum messenden und rechnenden Wissenschaftler.

Der dritte ist ein Philosoph, der über den Zusammenhang der Dinge nachsinnt.

Jeder folgende zeigt eine andere Fähigkeit des Sehens, jeder wird demgemäß andere Gedanken und Worte haben. Bei jedem ist die Einsicht und Weitsicht anders beschaffen: können diese Menschen miteinander verglichen werden? So frage ich!

Auf unsere Tarotkarten angewendet: der eine hat davon nur den Begriff einer an sich sinnlosen Spielkarte, der andere findet darin eine Darstellung des Seins überhaupt! Wo der eine begrifflos Nichts sieht, ohne Ahnung von dem Sinn des Wortes Nichts, erkennt der andere aus Tiefen ergriffene Bilder des ganzen Seins, aller dynamischen und statischen Kräfte. Er sieht darin das Mustergewebe der Schöpfung, Bilder vom Werden — Sein — Vergehen oder Verwandeln. Dieser andere ist ein Seher!

Alle diese sechs Menschen haben dieselbe 0 gesehen und zwar mit ihren leiblichen Augen. Wer nun mehr gesehen hat, als der erste, hat seine geistigen Augen betätigt. Der gewöhnliche Mensch meint dazu: er habe sich Gedanken über die Null gemacht. Es kann aber niemand Gedanken machen oder haben über Dinge, die er nie gesehen hat. Nur Gesehenes kann in Worte gefaßt werden, folglich mußte das Wort in Erscheinung treten („geboren werden" sagt der Religiöse).

Wir denken in Worten, ohne sie auszusprechen. Das geistige Auge sieht alles, nur sich selbst nicht.

Von den gezeigten Menschen kann der erste bestimmt nie Karten deuten, der andere wird Vernunftschlüsse an Hand der Karten ziehen; die folgenden werden sehen, jeder etwas anderes. Alle aber dennoch die Fäden, die aus der Vergangenheit über die schnell vorbei eilende Gegenwart in die herannahende Zukunft führen.

Das Deutsche Tarotbuch ist nun kein Lesebuch zur Ausfüllung müßiger Stunden, sondern ein Lehrbuch.

Es ist kein Lehrbuch, das sich an Gedächtnis und oberflächliches Wissen wendet, sondern ein Lehrgang, der aus dem Schüler einen geistig überlegenen, klaren und weisen Menschen bilden will. Jeder Lehrsatz soll sofort der Prüfung unterworfen und als richtig erfahren werden. Eine selbstgemachte Erfahrung soll sich auf die andere türmen.

Die Frucht soll selbst gepflückt werden. Was Spielerei und Zeitvertreib für Kinder und Kindergleichen ist, soll auf die Höhe der Weisheit und Erkenntnis getrieben werden.

Begreifen und erfahren, nicht auswendig lernen!

Schritt für Schritt muß die Leiter erstiegen werden. Bedenke, wie viel Jahre zur Erlernung einer Sprache erforderlich sind, zur Erlernung eines Handwerkes, einer Disziplin, erwarte nicht, Weisheit in kürzerer Frist zu gewinnen.

Ein Jahr des Studierens, und ganz ungleich ist dann bereits der eifrige Schüler gegenüber dem Beginn.

Der Tarot ist in erster Linie Mittel zur Selbsterkenntnis und zur Welt- und Gotteserkenntnis, seine eigene Zukunft allererst zu erforschen ist Aufgabe des Lernenden.

Zuletzt sind die Einweihungskarten nur noch Öffner des Tiefenbewußtseins. Der Hellseher wendet mancherlei Künste an, wie andere Menschen Rauschmittel der verschiedensten Art benutzen, um sich in Stimmung zu versetzen. Wird das wache Tagesbewußtsein gehemmt, so kann das seherische, jenseitsverbundene Unterbewußtsein, der Empfänger für Inspirationen, tätig werden. Dann gewinnen die unbewußten Fähigkeiten Gewalt, die innern Sinnesorgane arbeiten: das innere Auge, das Hellgehör, das Ferngefühl.

Für den Anfänger vielleicht noch unbekannte Organe, sie müssen zuerst erfahren werden. Kann ein Kenner des Körpers zeigen, wo das Organ für unbewußte Wahrnehmungen ist? Wo der Betriebsleiter des Körpers, den Einbau, Aufbau und Abbau der Organe besorgt? Die Aufrechterhaltung des Körpers, die Seele, die leidenschaftlich erregt werden kann, daß alle Nerven arbeiten und alle Muskeln zucken? Er kann es nicht! Kann nur Wirkungen und keine Ursachen aufweisen!

So muß die Schulung Dinge lehren, die als vorhanden zu erfahren sind und deren Beherrschung und Meisterung. Was aber für den Menschen wichtig ist, gilt für das ganze Dasein und alle Wesen.

Wiederum bedeutet dieses Lernen kein „ochsen und büffeln", sondern Erfahrung und Verstehen, bis man selbst einsieht: ja, so ist es! Rätsel des Daseins sollen gelöst, Kräfte ausgebildet werden, die als geheim, als okkult gelten, aber doch naturgesetzlich sind. Furcht und Grauen vor Unbekanntem verschwindet dabei, erlangte Weisheit verscheucht alle Gebilde der Nacht und des Dunkels. Teufel und Dämonen dräuen hinfür nicht mehr.

Es gibt Menschen mit geheimnisvollen Anlagen, die ungewollt hervordrängend sich betätigen. Dafür sind viele Bezeichnungen erfunden worden: Magnetismus, Mesmerismus, Hypnotismus, Fähigkeiten zu Ferngesichten, Aussendung des Astralleibes, Prophetie, Strom, Gottes Gnade, Besessenheit, Medialität. Kraft Gottes, Verzückung....

Wir nennen sie kurz psychische oder Seelenkräfte, bilden diese aus, ohne körperliche oder seelische Nachteile. Sender u n d Empfänger sein, das ist die Aufgabe. Alles Geheimnisvolle, Dunkle und Rätselhafte liegt im Menschen, bei dem einen gebundener, bei dem andern lockerer. Kaum gibt es einen Menschen, der unbildsam wäre. Alle diese Kräfte sind genau so natürlich, wie Radio und Mondestrahl.

Unsere Mystik ist tiefstes Wissen von der Gottnatur, kein vernebelter Mystizismus, kein geheimnisvoller Schauer der Romantik.

Die richtige Schulung für die Prophetie mit Tarotkarten führt zu dem Ziele, mit dem Ober- und Unterbewußtsein zu arbeiten. Die Schulung des Unterbewußtseins erfolgt durch das Wachbewußtsein, daher muß dieses mit aller Schärfe des Verstandes ausgebildet werden. In der psychischen Magie ist kein Platz für Unklarheiten, Einbildungen oder Täuschungen. Das Unterbewußtsein lernt damit Klarheit im Durchschauen und Anschauen.

Der Magier verfügt über beide Bewußtseinsebenen, er kann eine nach der andern betreten. Läßt er zuerst den Verstand prüfen und schlußfolgern, so wird er anschließend auf der Ebene des

Unterbewußtseins „schauen" oder intuitiv erkennen, oder Inspirationen empfangen, je nach Maßgabe der ihm verliehenen Kräfte.

So, mein Leser, nimm dies Buch hin und gelobe innerlich, ein weiser Adept zu werden, ein Schüler zu diesem Ziel. Bringe kein angelerntes Wissen vor, kein Vorurteil, keine gefühlsmäßige oder anerzogene Einstellung, sei ganz offen, ein unbeschriebenes Blatt. Freiheit des Geistes und des eigenen Urteils sei erstrebt und Eigenschaft. Kein Glaube wird verlangt, nur der sich von selbst einstellende Glaube an die eigene Erfahrung, die jeder sachlichen Kritik zugänglich ist.

Sei Du Dir selbst Dein eigen!

Beginne!

Mystik

Die Schauung

Schließend alls Tore der Sinne
In Stillheit weiselos verrinne,
Der Gottheit Fülle gewinne
In Glanz und Duft, im innern Licht,
Im Seelenbeben, in Seelensicht.
Vergiß der Zeit, des Raums, der Pflicht.
Das Nichts des Wissens strömt herbei,
Durchdringt dich ganz im körperlosen Glanz.
Erkenntnis vom Erkenntnislosen,
Gleich Ahnen von dem Ruch der Rosen,
Gleich Schauen des Nichtvorstellbaren,
Gleich Fassen des gänzlich Unfaßbaren,
Wird dir mit einem offenbar.
Der Seele Sinn im lautern Schweig
Ist Seligkeit im Himmelreich!
Da sprudeln die Brunnen,
Da täuschet kein bildverbunden Wort.
Du weilst ja im ew'gen Gottesort!

Der Wandel

Unsere Sprache ist doch nicht sinnlos geworden, es liegt nur an uns, den eigentlichen Sinn zu bemerken! Da sagen wir: sein Wandel ist gut und meinen ganz gewiß nicht die Bewegung der Füße im Gehen. Und es heißt: er geht den rechten Weg, und wir haben gar nicht im Sinn, ob der Mensch die nächste oder beste Straße benutzt. Überhaupt: warum hat Jesus seinen Jüngern gerade die Füße gewaschen und nicht den Kopf? Allerdings ... damit meinen wir etwas ganz anderes, „denn Kopfwaschen" bedeutet keine sonderliche Ehrung, sondern einen kräftigen Tadel! Merkwürdig, die Füße hat noch niemand getadelt.

Wir haben außer unsern materiellen Organen noch innere geistige, da ist ein Mund, der zu uns spricht, da ist ein Auge, das unser Inneres gründlich beschauen kann, nur daß wir allermeisten Menschen nicht locker genug in der Anlage sind, nicht so locker wie ein somnambuler Mensch, der sich und andere innerlich durchschauen, Krankheitszustände anmelden und sogar Heilmittel zu verordnen vermag!

Wenn wir nun auch noch einen geistigen Kopf hätten und dieser seinen Platz in den Füßen hätte? Dann würde der Sinn unserer Sprache offen vor Augen liegen!

Der Mystiker erklärt: ja es ist so! Der Kopf des transzendentalen Ichs ist in den Füßen und auf dessen rechtes Denken kommt es in der Tat an!

Das klingt natürlich sehr merkwürdig und die gebildeten und studierten Leute tippen an die Stirne und suchen eine fade, stoffliche Erklärung für die angeführten Ausdrücke unserer Sprache, die dasselbe besagt, wie die Bibel.

Spöttisch wird er nach Beweisen fragen. Aber welchen Beweisen wird er glauben? Noch nicht mal seine Erfahrung an sich selbst wird er anerkennen, wenn es sich um Dinge handelt, die er nicht auf der Schule gelernt hat.

Es ist allerdings eine sonderbare Sache, die Erfahrung läßt sich durch das Hineindenken von Buchstaben erlangen. Dabei lernt man auch die Jakobsleiter kennen und man steigt an ihr hinauf!

Es sind namentlich die Selbstlaute Jeoua, was just der Name Gottes ist, in unserer derzeitigen Schreibweise Jehova geschrieben. Jeder Selbstlaut hat magische Kraft! Man braucht bloß einem Menschen auf die Füße zu treten, so grollt er a-u-ooo! Und Jiiiii sagt er ganz gewiß nicht, wenn er in Trauer ist.

Diese Übungen lehrte Kerning, der Stuttgarter Mystiker, von ihm hat es der Prager Weinfurter übernommen. Vor ihm hat Freiherr R. v. Sebottendorf darüber als alte Praxis der türkischen Freimaurerei ein Heft geschrieben, vor dessen Niederschrift er mir die Kunst persönlich gelehrt hat, vor 9 Jahren. Mit dem Laut J und dem erhobenen Zeigefinger kann man sich sehr schnell warm machen, man zieht damit einen kosmischen heißen Feinstrom in den Körper, bis in die . . . Füße! Nun wird der Laut unter den Fuß in Gedanken weitergeschoben, zunächst bis an die Knöchel. Das ist die erste Sprosse der Jakobsleiter, die zweite ist bei den Knien, und so geht es immer weiter, bis der Geist aus den Füßen den Kopf erreicht hat, der geistige den stofflichen Verstandeskopf. Das geht nicht ohne Folgen vor sich, es führt zur Umsetzung der Lichter, wie das Meyrink in dem Roman „Das grüne Gesicht" geschildert hat. Um es in der Sprache des Straßenverkehrs auszudrücken, der Mensch ist irdisch gestorben, er lebt noch im Geiste, das heißt, die Menschen erachten ihn noch als lebend und wirkend, er ist jedoch im Geiste wiedergeboren, ein Vorgang, über den Jesus mit Nikodemus das berühmte nächtliche Zwiegespräch gehabt hat, wie es die Evangelien erzählen.

Es ist ja übrigens gar nichts Sonderbares, das mit dem Kopf auf der Erde, unsere Pflanzen haben ihn sogar darin und strecken die Füße gen Himmel, was ja schließlich dasselbe ist.

Das wird genannt: das Wandern auf der Sternenbahn, natürlich können wir ja mit dem Kopf nicht darauf gehen!

Falls nun der Leser meint, ohne weiteres den Kopf schütteln zu müssen, so möchte ich doch zu bedenken geben. Ohne Erfahrung ist es unrichtig, ein Urteil zu fällen, lest erst das Nachtgespräch zwischen Jesus und Nikodemus.

Vielleicht werden dann doch einige ernsthafte Menschen auf dem rechten Wege wandeln zur Wiedergeburt.

In meinem Buche „Systematische Erklärung und Deutung des Geburtshoroskopes" findet sich die etwas seltsam klingende Bemerkung: der Mensch liege im Horoskop und stehe nicht. Was heißt das?

Der Aufgangspunkt ist entsprechend dem Haupte, folglich entspricht das VII. Haus, oder mundan das Zeichen Waage, den Füßen. Die Tagseite des Horoskopes entspricht der linken Körperseite und die Nachtseite der rechten. Dann stellt der Tagesmeridian die linke, d. h. u n r e c h t e Hand dar und die r e c h t e Hand ruht auf dem nächtlichen Meridian.

Daraus einige Schlußfolgerungen. Zunächst die Redensart: der Mensch t r i t t in die Ehe! Nun, das VIII. Haus bezw. das Zeichen Waage v e r t r i t t den Ehepartner und bei einer richtig polarisierten Ehe entsprechen die beiden Köpfe den Füßen des Partners, es ist ein Ring, gebildet aus zwei Körpern, wo die F ü ß e a u f d e n K o p f des andern t r e t e n.

„Die linke Hand soll nicht wissen, was die rechte tut." Auch das ist nun erklärt. Die unrechte Hand greift nach Besitz und sozialem Rang, die rechte Hand hingegen nach dem Jenseits alles Materiellen, nach dem Geistigen und Unstofflichen. Die Linke würde zanken, wenn sie wüßte, wie sie durch die Bestrebungen der rechten Hand geschädigt wird.

Nun wird man auch sagen: das Herz liegt auf der linken Seite, folglich ist die Linke auch die Herzenshand und verlangen, die Linke solle nicht wissen, was die rechte Rechte tut. Aber . . . . das stimmt nicht! Links liegt das sinnliche Herz, rechts das geistige Herz, körperlich dargestellt durch die Leber. Diese hatte früher okkulte Bedeutung, sie wurde zur Zukunftsschau benutzt, während das Herz nur herausgerissen wurde, um den Menschen zu opfern und zu töten.

Wie man sieht, werden den körperlichen Organen geistige Entsprechungen unterlegt, die geistige Entsprechung ist aber wie zuerst angegeben. Wer das nun begriffen hat, der „hat das Herz auf dem rechten Flecke", dieser Fleck örtlich im Horoskop genommen, ist das V. Haus, aber im geistigen Sinne ist auch diese Redensart gemeint, anstelle des materiellen Herzens soll das geistige Herz da sein; nicht die stoffliche und stoffgebundene irdische Liebe soll herrschen, sondern die unstoffliche göttliche Liebe. Auch hier sollen „die Lichter umgestellt" sein, worauf alles „in einem andern Lichte" erscheint.

Meine Bemerkung vom Liegen des Menschen im Horoskop deutet also auf den halben Menschen hin, d e r s e i n e a n d e r e H ä l f t e g e f u n d e n h a t, womit der Ring geschlossen ist, während der kosmische Mensch, gesehen in der Folge der Tierkreiszeichen, den Einzelorganismus darstellt, wobei Füße und Kopf auch zusammenkommen, die F ü ß e a u f d e n K o p f. Das ist der egoistische Ring.

Geheimkämmerer

Ich denke mir einen Orden der Geheimkämmerer. Darin kennt keiner den andern. In diesem Orden gibt es nur Eingeweihte, aber keine Einweihenden; nur Meister, aber keinen Großmeister; nur Wissende, aber keine Belehrenden; und er hat nur einen Grad. Kein Geheimkämmerer sucht eine Verbindung mit einem andern Ordensmitglied, dennoch sind sie alle verbunden. Frauen und Männer sind darin gleichberechtigt.

Sie erkennen sich nicht an einem Griff, sondern an einem Begriff; sie haben kein Zeichen, aber dem andern Ordensmitglied erscheinen sie gekennzeichnet; sie tauschen kein Wort aus, sie erleben gemeinsam das Wort.

Für jedes richtige Wort haben sie einen Kraftstrom als Antwort.

Diese Geheimkämmerer stellen alles um, sind aber nicht verdreht. Für sie ist Oben — Unten, Rechts — Links. Sie hören das Außen im Innern, das Innen Gehörte sehen und erfahren sie Außen.

Sie sind die einzig Religiösen, sie haben den Schlüssel zur Bibel und allen religiösen Büchern gefunden, den die Kirchen verloren haben, ohne ihn zu vermissen.

Sie schweigen gegenüber der Außenwelt, denn sie hören dem Inneren Wort zu.

Ich kannte einen Mann, der hat eine Schrift über das Innere Wort herausgegeben und dazu geschrieben, was vielen klug däuchte, aber er hatte es nie gehört! — — —

Ordensschriften denke ich mir und lese daraus vor:

Jeder positive Pol setzt einen negativen Pol voraus. Das Vorausgesetzte ist Quell-Kraft.

Jede Wirkung ist positiv, jede Ursache ist negativ.

Jede Wirkung ist Geschaffenes, jede Ursache ist Schaffendes. Jede Wirkung ist eine Sache, jeder Schaffende eine Ursache.

Jede Sache, jede Wirkung ist an Raum und Zeit gebunden, daher bedingt die Welt einen Gegenpol als Schöpfer, der raumlos und zeitlos ist.

Alles räumlich und zeitlich Begrenzte ist vergänglich, deren Ur-Sache letzten Endes unvergänglich oder ewig.

Alles räumlich und zeitlich Begrenzte ist an den Stoff gebunden; die Ur-Sache letzten Endes ist stofflos.

Alles derart Stoffliche ist an Bewegung gebunden, die Ur-Sache an Kraft oder Energie.

Die W e l t ist positiv, Wirkung, Geschaffenes, auf Raum und Zeit gekreuzigt, vergänglich, stofflich, beweglich.

G o t t ist negativ, Ur-Sache, Schöpfer, unvergänglich, stofflos, Kraft. Der Schöpfer steckt in jedem Geschöpften; ohne Schöpfung, ohne Wirkung ist Gott weder erkennbar noch denkbar.

Gott ist daher keine Person, er ist nicht etwa unpersönlich, sondern überpersönlich. Denn eine Person ist begrenzt, Gott als Schöpfer der Grenzen natürlich unbegrenzt.

Gott ist das Sein im Dasein.

Die Welt hat einen Anfang, Gott hingegen nicht.

Jedes Werk setzt einen Werkplan voraus, Gott plante die Welt durch die Idee, durch den Geist. In jedem Werkplan ist Geist enthalten.

Im Schöpferwort steckt die Schöpferkraft, der Plan und Geist. Das Wort steht am Anfang der Weltschöpfung, das Wort erhält die Welt, deren Schöpfung ohne Unterbrechung vor sich geht.

Gott spricht im Wort nur sich selbst aus; Gott denkt nur sich selbst und plant nur sich selbst. Die Welt ist ein Teil Gottes selbst.

Das Wirken Gottes spricht sich im Wort aus. Ausgesprochen wird es mit dem A t e m G o t t e s, der ist gleich dem ausgestoßenen oder ausgegossenen G e i s t G o t t, auch W e h e n G o t t e s genannt.

Die Sprache des Menschen enthält folgerichtig den Atem Gottes. Mögen die Wörter in der Menge der Sprachen verschieden sein, alle sind gebildet aus Selbstlauten und Mitlauten.

Selbstlaute sind Ströme des Lebens, jeder Selbstlaut wirkt auf ein körperliches Organ und hat einen abgesonderten Lebensstrom.

Konsonanten bringen durch Unterbrechungen oder Einschnitte in den Strom die stoffliche Bedingtheit, sie f o r m e n, die Vokale f ü l l e n die Formen mit magischer Kraft. Weshalb Wörter das irdische Element im Sprachstrom darstellen, sie werden durch Körperbewegungen hervorgebracht (Lippen, Zähne und Lippen, Zungen und Zähne, Zunge, Gaumen). Im Anfang tönte nur der Vokal, der Selbstlaut, die Mitlaute wurden erst durch den geschaffenen Menschen eingeführt.

Der positive Mensch steht aufrecht auf seinen Füßen, er trägt oben den Kopf mit dem Denkorgan und hat in der Mitte das Sonnengeflecht als Eingangspforte. Der negative Mensch im Positiven hat für seine Aufgaben keine stofflichen Organe, das Negative ist stets stofflos und ursächlich. Der positive Mensch denkt mit dem Gehirn, der negative mit einem geistigen Zentrum.

Dieses liegt über der Wölbung des Fußes, unterhalb der Knöcheln, entgegengesetzt dem Gehirn, das unter der Wölbung des Schädels liegt, über den Knöcheln der Sinnesorgane.

Der positive Mensch denkt stofflich gebunden in Zeit und Raum, der negative empfängt seine Eingebungen aus raum- und zeitlosem Gottsein.

Nun verstehe die Bedeutung der mystischen Fußwaschung, und des Begriffes vom „rechten Wandel".

Das Wort ist die Verbindung zwischen Sein und Dasein.

Der positive Mensch lernt auswendig, der negative inwendig.

Der positive Mensch spricht das Wort aus, der negative spricht das Wort ein.

Der positive Mensch verlegt sein „Ich" in das Gehirn und trägt daher den Kopf hoch, der negative verlegt sein „Ich" in die Füße und pflegt den rechten Wandel.

So „verdreht" der negative Mensch alles um sich her und befolgt die Anweisung von Jesus: Wenn ihr beten wollt, macht nicht viele Worte, macht es nicht wie die Pharisäer-Priester im offenen Tempel, sondern geht in euer Kämmerlein, das heißt in euch selbst.

Gründe der Mystik

Kommt der Schüler zum Meister: Sei mir Lehrer!

Antwortet der Meister: Gut! Lerne N i c h t s kennen. Drei Jahre lang lerne N i c h t s, dann komme wieder.

Um Nichts zu lernen, geht der Jünger gehorsam in die Einsamkeit, in die Wüste, wie andere vor ihm.

„Wie komme ich zum Nichts?" so sinnt er. Nimmt in die Hand und betrachtet die Pflanze, von der Erde, der Wurzel, zur Blume und zum Samen; das Ei und das Ausgekrochene; den Sand und was er vordem war: den Stein. Den Tropfen und das Wasser.

Nach einem Jahr hat er begriffen: Nichts ist, alles wandelt! Vom Ist zum War, War ist nur das Vergangene, Gewesene, Nichtseiende. Was mir Erscheinung zu sein schien und nicht ist.

Darüber sinnend vergeht wieder ein Jahr, da kommt ihm die Erleuchtung: Im Wandel ein Walten! Wie die Seele im Körper! Ist die Seele vielleicht nichts?

Er sinnt, das dritte Jahr ist um, er wandert zum Meister: „E i t e l ist jedes Ding! E i t e l ist auch die Seele, gib mir die Lehre vom Geist!"

Antwortet der Meister: Unterscheide Lehre und Leere! Nach drei Jahren komm wieder!

„Lerne Nichts kennen!" ruft er ihm noch nach.

N i c h t s — L e e r e — L e h r e . . . .?

Wieder sind drei Jahre des Denkens vorüber, der Jünger steht vor dem Meister: Eitel ist die Lehre! Nichts ist die Leere!

Fragt der Meister: Was ist e i t e l ?

Der Jünger verbeugt sich ehrfurchtsvoll, umwandelt den Meister und mit der rechten Hand grüßend geht er seitwärts ab.

Als die Sonne wieder an der gleichen Stelle aufsteigt, steht der Jünger wieder vorm Meister: Alles ist eitel, Nichts ist!

Fragt der Meister: Was ist, wenn Nichts ist? Dreimal verbeugt sich der Jünger ehrfurchtsvoll vor seinem Führer, umwandelt ihn und wandert grüßend seitwärts in die Wüste und Leere zurück.

Dreimal hat die Sonne ihren Umlauf vollbracht, da ward ihm die Erleuchtung. Mit erhobenem Haupte und klaren, leuchtenden Augen wandert er zum Meister, verneigt sich ehrfurchtsvoll, begrüßt ihn und setzt sich zur Seite nieder.

Zur Seite sitzend spricht er: Das Nichts ist das Seiende! Das Nichts im Werden, Walten und Wandeln. Die wahre Lehre umfaßt die Leere. Eitel Nichts ist die Lehre!

Da erhebt sich der Meister, verneigt sich, umwandelt den Schüler und vor ihm stehend sagt er: Nun suche den Meister, der das seiende Nichts kennt. Es gibt nur einen Kenner des seienden Nichts! Dann grüßte er ehrfurchtsvoll und wandte sich ab.

Nach Jahren suchenden Wandelns ließ sich der Greis in der felsigen Einsamkeit nieder, in einer Höhle Wohnung nehmend: Es gibt keinen andern Meister, der das seiende Nichts kennt, als dieses selbst. Drum ertönte so die Stimme in mir! Nach Überwindung jeder Lehre habe ich die Leere erreicht, das Himmelreich in mir erreicht und betreten. Das Ur-Sein ist Nichts-Anderes, ist Nur-Nichts, ist Gott, wie die Sprache lautet. Ich bin im Reiche des Ur-Da-Seienden Nichts.

Und setzte sich hin und schrieb diese Worte:

Im Anfang war Gott, alles war Wüste und leer!

Da ist er verschieden und nicht gestorben, frei von Wiedergeburt und Dasein.

So stellt der Gottbewußte die Lichter um:

Der Lehrer, der Füller, wird Leerer.
Zum Leerer, der Alles mit Sein erfüllt.
Und eitel Nichts ist und Nur.
Das mit Lehre gefüllte heißt Füllen,
Ist Unwissend, Sinnlos, wie eben ein Füllen.
Das lehrte mich meiner Mutter Sprache,
die dreifachen Sinn jedem Worte verleiht.

Die dreifache Taufe

Sprach der Meister des Lichtes zum Schüler: „Aus Erde ist dein Gehäuse, der Geist wurde ihm angehaucht. Da schlummerte der Geist, im Schlafe lebtest du. Das erste Fühlen vom lebendigen Sein im irdischen Körper war die erste Stufe des Erwachens. Da freutest du dich: mich treibt und bewegt eine Seele, sie füllet meine Brust mit Wünschen und Wonnen, Glut rieselt mein Blut. Süßes erregt meine Sinne: ich lebe durch das Leben in mir! Das war die Taufe mit Wasser! Was geschah dann?"

Da neigte sich der Schüler nach längern Bedenken: „drei Tage Frist seien mir gewährt!"

Der Meister nickte schweigend.

Bei der Röte des Morgens am vierten Tage nahte sich der Schüler, umging mit Ehrfurcht den Meister und stellte sich seitwärts.

„Befriedigung der Sinne führte zum Sinnen. Ich erkenne den Zweck der Triebe als Mittel der Natur, mich in ihren Dienst zu stellen. Indem ich Knecht der Natur wurde, arbeitete ich für den Fortlauf des Daseins. Mir ward die Erkenntnis der Naturgesetze, ich lernte denken und folgern."

Antwortet der Meister: „Gut erkannt, gut erfaßt! Das war die Taufe mit Wein! Diese Erkenntnis erfassend, wurdest du ein Faß für klaren Wein. Und da Reifen das Faß binden, so bist du gereift. Wodurch unterscheiden sich Wasser und Wein?"

„Durch Feuer im Wasser, Feuerwasser sagt man dafür, Erhabener!" antwortet der Schüler.

„Richtig gedacht, faßbar gesprochen. So ward dir die zweite Taufe, nun bist du mit Wasser und Feuer getauft. Sind vereint Erde, Wasser und Feuer. Der irdische Stoff wurde belebt mit Wasser, das Wasser mit Feuer. Was vermag diese Dreiheit zu tragen und zu heben?"

Nach langem Schweigen erbat sich der Schüler Urlaub, gewährt und entfernend verneigte er sich dreimal.

Als der Mond einen Umlauf vollendet und alle zwölf Stationen der Sonne durchlaufen hatte, erhob sich der Schüler, streckte die Arme der Sonne zu gen Himmel und betete: Du! Licht! Leben! strahlende Weisgutheit, deine sieben Strahlen haben mich erleuchtet, ich preise dich mit I Y É ê A O U.*) So besang er die Sonne mit der Harmonie des Weltalls, dann tat er sich auf, ging zum Meister, umwandelte diesen dreimal und setzte sich ihm zur Seite nieder.

---

*) Im Buch des Großen Logos (Codex Brucianum) zählt Jesus sieben Planeten auf!

So zur Seite sitzend sprach er:

„Ohne Luft kein Feuer! Ohne Gesetzgeber kein Gesetz! Ohne Geist kein Verstand! Ohne Licht kein Schatten! Ohne Sein kein Dasein! Ohne Gott keine Welt! Feuerluft lebt in Erde — Wasser — Feuer!"

Erhob sich der Meister, verneigte sich und sprach: „Du wurdest mit Geistluft getauft! Das war die dritte Taufe der Einweihung. Nach Ausgießung des Feuerwassers einkörperte sich stoffloser Licht-, Luft-, Feuer-Geist, erfüllt dich ganz. Bist nun kein schweres Faß mehr, schwebe und hebe dich!"

Und entließ ihn.

Magie

Magie

Das Wort Magie verweist auf das Vorhandensein und die Wirkung von Kräften, die nicht sinnlich wahrgenommen werden können.

Da alles in Raum und Zeit vor sich geht, so müssen die Kräfte gebunden sein, räumlich und zeitlich, sie stecken also i n Dingen oder sind an diese geknüpft. Was wiederum besagt, daß sie Naturgesetzen unterworfen sind.

Der Magier kennt diese Kräfte und weiß sie b e w u ß t zu benutzen.

Jeder Mensch ist u n b e w u ß t Magier. Das Wort Magier wird nur angewendet auf solche Personen, die mit Wissen und Bewußtsein die Kräfte leiten.

Starke Willenskraft ist Magie, sie strahlt ungewollt aus und unterwirft Willensschwache. Der Liebreiz des Weibes ist auch eine magische Macht, wie auch die Sexualkraft des Mannes.

A l l e S t r a h l u n g e n sind magische Kräfte, auch der Geruch einer Blume.

Jeder Mensch hat eine ihm unbekannte magische Kraft in sich, das magische Ich, dieses kann vom Wissenden wirksam gemacht werden.

In jedem Laut, in jedem bewußt gesendeten Wort steckt Magie. Der überzeugend sprechende Redner nimmt magisch die Zuhörer in seinen Bann. Das mit voller Seelenkraft gesendete Gebet ist eine magische Kraft, die in Wirkung gesetzt worden ist. Ebenso ist ein mit Willen und Bewußtsein „geschleuderter" Fluch eine in Bewegung gesetzte Kraft, die jedoch recht oft auf den Aussender wie ein Bumerang zurückfliegt und ihn selbst trifft.

A l l e S e e l e n k r ä f t e s i n d B e s t a n d t e i l e d e s m a g i s c h e n I c h.

Nun unterscheiden sich Naturkräfte außerhalb des Menschen von solchen in ihm selbst, und Magier der Naturkräfte vom Magier der eigenen Seelenkraft.

Der eigentliche Magier ist jener, der mit Seelenkräften arbeitet, er setzt seine eigene Person ein und zum Pfande. A l l e a n g e w e n d e t e n m a g i s c h e n S e e l e n k r ä f t e w i r k e n a u f d e n B e w e g e r z u r ü c k!

Jeder Mensch vermag Seelenkräfte zu objektivieren, a b z u - s p a l t e n, diese Spaltwesen sind entweder Dämonen bei schwarzer Magie, oder Genien bei weißer. Deren Vorhandensein läßt sich mit dem Pendel nachweisen.

Im Deutschen Tarotbuche werden derartige magische Kräfte genannt und deren Ausbildung auf gewissen hochgeistigen Gebieten gelehrt.

Absichtslose Naturkräfte

Wir unterscheiden die vorhandenen absichtslosen Naturkräfte in physikalische und psychische. Die Europäer haben die Beherrschung der physikalischen erstrebt, die „primitiven" Völker, namentlich die hochgebildeten Völker Süd-Asiens, haben die psychischen erforscht und in ihre Macht gebracht. Allerdings hat Europa auch eine Zunft von Psychologen, aber diese Seelenforscher sind vielen Kräften gegenüber noch nicht weiter gekommen, als das Wort Schwindel dann überzeugt auszusprechen, wenn Seelenkräfte betätigt werden, die sie nicht kennen. In der Verurteilung alles ihnen Unbekannten haben sich die europäischen Gelehrten von jeher bewährt. Noch leben Menschen unter uns, die es gehört haben, daß der Sprechapparat, heute schon ein Kinderspielzeug, in der französischen Akademie als Schwindel bezeichnet wurde, als — — — Bauchrednerei.

Physikalische absichtslose oder blinde N a t u r k r ä f t e sind Magnetismus, Galvanismus, Elektrizität und alle Strahlungsarten. Selbst physikalisch nachweisbare Strahlungen werden noch von einzelnen „Gelehrten" als Schwindel erklärt.

Absichtslose S e e l e n k r ä f t e, die der Magier beherrschen kann, sind u. a. Furcht, Schreck, Haß, Glauben, Liebe, Verzweiflung, Begeisterung. Ich nenne nur die jedermann bekannten Zustände und Eigenschaften, deren Kraft sprichwörtlich ist, um zu wiederholen: jede Eigenschaft ist wesentlich und hat eine wirkende Kraft. O b e n w i e U n t e n.

Der wissenschaftliche Okkultismus beschäftigt sich mit deren Erforschung, doch steht die zielbewußte Ausbildung zur Beherrschung noch weit zurück. Alle Methoden, die eine „Anpassung" der indischen Methoden an europäische sein wollen, bezwecken weiter nichts, als Halbes für Ganzes zu geben.

Niemand wird die mystischen Kräfte im Tarot anwenden können, dessen Vorstellungen nicht von diesen überwissenschaftlichen Erkenntnissen und Kräften erfüllt sind. Niemand kann sich in höheren Kräften ausbilden, der an ihrem Dasein zweifelt; niemand kann Kräfte beherrschen, d i e f ü r i h n n i c h t d a s i n d. Das Geheimnisvolle an ihnen besteht nur in ihrer Fremdheit; zugänglich sind sie jedermann. Nur kann nicht derjenige sie beherrschen, der selbst von ihnen beherrscht wird!

Und wisse:

E n t w e d e r wirst Du von ihnen beherrscht, o d e r Du beherrscht sie, es gibt keinen Zwischenzustand!

Nicht die Herrschaft ist schwierig, sondern die Befreiung vom Beherrschtsein. Wer sich frei gemacht hat, ist bereits Herrscher.

Die Arbeit muß bei den Dämonen beginnen, von denen ich die mächtigsten nenne: Geschlechtstrieb; Haß; Rache; a l l e Leidenschaften!

Nicht Entsagung gilt es, sondern eigene Regierung anstelle vom Beherrschtsein. Ein gewaltiges plötzliches Ereignis kann den schwersten Rausch aufheben, kann schwarze Haare bleichen, kann übernormale Kräfte entfesseln: der Herr der Kräfte kann das jederzeit bewußt herbeiführen.

Und nicht wahr:

Was Dich beherrschen kann, muß doch wesenhaft sein und Kräfte besitzen?

Der Zweck der Magie ist, das Unvollkommene in Vollkommenheit zu wandeln.

„Ihr sollt vollkommen sein, wie Euer Vater im Himmel vollkommen ist."

Einige Grundbegriffe

In Eigenschaften sind Kennzeichen vom Vorhandensein eines Dinges zu erblicken. Ein Körper, eine Kraft ohne Eigenschaften ist undenkbar, unmöglich. Dasselbe gilt vom Bewußtsein. Bewegung ohne ein Zubewegendes ist ebenfalls unmöglich. Dazu muß unumgänglich ein Antrieb erfolgen, aus einem Impuls heraus. Das liegt in der uralten Dreiheit beschlossen: Körper, Seele und Geist, oder Stoff, Kraft und Impuls.

Wo wir daher diese Dreiheit finden, wirkt sie bereits. In welchem Dinge oder Bewußtsein die Dreiheit zu erkennen ist, dem müssen wir das Dasein, die Existenz zubilligen, und in dieser eine magische Kraft und Wirkung.

Hieraus ist weiterhin der Schluß zu ziehen, daß ein Gott-Schöpfer für uns Menschen nicht beweisbar, nicht erkennbar, kurz nicht vorhanden wäre, der nicht wirkte und bewegte. Die Idee des „Absoluten per se" ist daher unbeweisbar und unerklärbar.

Wer vermeint, diese Idee sei ein Zeichen für Unendlichkeit ∞, was das Zahlensystem anbetrifft, eigenschaftlich erwiesen, irrt, da dieses Zeichen von allen Zahlen „bewegt" wird, denn die vorhandene Eigenschaft ist verbunden mit Zahl und Maß. Die damit ausgedrückte Unendlichkeit steht nicht außerhalb der Zeit, sondern ist die Grenze vom Zeitbegriff wie vom Raumbegriff. Das Absolute steht jedoch außer Verbindung mit Zeit, Raum und allen Wesenheiten. Die Allmacht Gottes kann sich nur i m S e i n, i m D a s e i n bekunden, nicht aber im Nichtdasein.

Diese Erkenntnisse sind durchaus notwendig, weil sie uns befähigen, in den Eigenschaften Gottes wirksame magische und schöpferische Wesenheiten zu erblicken, vergleichsweise Spaltungswesen Gottes, wie solche Abspaltungen auch der Mensch auswirken kann, jedoch mit dem qualitativen Unterschied, der zwischen Gott-Schöpfer und Mensch-Geschöpf vorhanden ist. Solche Gottwesenheiten sind zu erblicken in den S e p h i r o t h der Kabbala, den „N a m e n G o t t e s" und den „Z a h l e n". Rufe ich die G n a d e Gottes an, so wende ich mich an eine göttliche wesenhafte Eigenschaft, wie ja auch niemand an dem wesenhaften Dasein der Mutterliebe zweifeln wird. Der Gegensatz vom Nichts ist Etwas, und etwas kann nur in Raum und Zeit dasein und wirken. Wie oben — so unten!

Die Monisten als Gottleugner nehmen als Urstoff ein Chaos an, das sich von selbst in Bewegung gesetzt habe. Da wir jedoch zum Schlusse gekommen sind, es könne Etwas nur durch Etwas bewirkt werden, so ist die Hypothese der Monisten absurd. Wir können nur innerhalb „unserer Welt" denken, sein und erfahren. Ob es eine Welt außer unserer gibt, die ein anderes Sein und Wirken, sogar ein Sein ohne Wirken zuläßt, wissen wir nicht, wer das behauptet ist ein irrer Phantast. Zudem hätte diese andere Welt für uns keine Existenz, weil weder diese auf unsere Welt, noch unsere auf jene Welt irgendwie einzuwirken vermöchte.

Wir werden also überzeugt, daß Kraft, Seele, Geist nicht wesenlos sind, sondern wesenhaft. Es ist belanglos, ob wir sagen: Kraft, Seele, Geist sind Substanzen, oder Eigenschaften, die an Substanzen gebunden sind, es kommt für uns auf Eins = 1, heraus.

Und da jede Eigenschaft von uns auf eins zurückgeführt werden kann, ist 1 qualitativ die Summe alles Daseienden. Aus 1 = eins entspringt alles.

1 = Gott-Schöpfer.

Die Seele = 2 kann wie der Geist = 3 gut oder böse sein, daher haben beide qualitativ zwei Pole: Theogonie heißt der zu Gott gerichtete gute Pol, Dämonogie heißt der zum Schatten pervers gerichtete schlechte Pol.

Die Lehre der Kirche nennt den guten Pol Engel, Erzengel, den schlechten Satan, Beelzebub, Teufel.

Grundlage der Schulung

Dauernde Übung vorhandener Kräfte führt zur Beherrschung, eigenes Erleben zur Erfahrung.

Die Schulung eigener seelischer und geistiger Kräfte führt zur okkulten Magie. Die bewußte Ausübung setzt genaue Kenntnisse voraus. Beeinflussung, Sex appeal, Beschwörung von Dämonen, Spaltungen des eigenen Ich, Prophetie, Psychometrie: alles ist Magie. Der bewußte Magier ist Wissender, Könner, Beherrscher seiner Kräfte, er ist kein Medium, sondern benutzt diese.

Im Anfang war das Wort, d. h. der bewußt ausgesandte Wille. Das ist auch der Anfang unserer Schulung: strenges Denken und Bildung sowie Aussendung scharf erfaßter Gedanken. Diese Tätigkeit führt zur Bildung von Kraftstrahlen und diese können entweder einem bestimmten Ziele zugerichtet oder in Formen festgehalten werden.

Diese Vorgänge sind nachweisbar. Der einfachste Apparat dazu ist der Siderische Pendel und jeder Schüler sollte diesen in seine Übungen und Forschungen einbeziehen. Die Wichtigkeit ergibt sich aus der Möglichkeit, die eigenen Leistungen ebenso genau objektiv zu untersuchen, wie die aller anderen Menschen.

Niemand kommt zum erwünschten Ziel, der sich selbst nicht dafür richtig einstellt. Vor Beginn muß „die Tafel reingewaschen" sein, d. h. es erfolgt eine entschlossene Absage an alles bisher Angenommene, Angelernte, Geglaubte. Berührt uns das Glaubensbekenntnis fremder Kirchen nicht, das uns zu nichts verpflichtet, so stellen wir uns gleicherweise der eigenen Kirche gegenüber, der wir willenlos zugeführt worden sind. Jeder Scholastik wird entschieden entsagt, von welcher Seite diese auch an uns herantritt, ob Kirche, Wissenschaft oder Partei. Nie wird sie ganz beseitigt werden, stets wird sie im Kampf liegen mit höhergeistiger Erkenntnis, stets wird sie den Kampf anstelle mit geistigen Waffen mit materiellen Macht- und Zwangsmitteln führen. Zudem sind die Denkprozesse der materiellen Wissenschaft nur für deren Fachgebiete anwendbar, unsere Schulung beginnt in den „Grenzgebieten", der Parapsychologie der Wissenschaft.

Anstelle der Kirchen in deren bunten Vielheit setzten wir die einzige Religion, den Überbau aller Kirchen. Gott als Urkraft, als Gottschöpfer; daher Gottesdienst anstelle von Kirchendienst. Gottes Tempel: in uns; das Reich Gottes: in unserer Brust.

Im Anfang war die Tat: dieses Auswischen, Ablegen, das Gelöbnis zu Gott ist die erste Tat. Erringung geistiger Freiheit in Gottverbundenheit. Unabhängigkeit im Denken, gegründet auf das Kausalgesetz: Keine Wirkung ohne Ursache, keine Ursache ohne Wirkung.

Kalt und scharf ist der östliche Sonnenaufgangswind, er klärt die Luft, er vertreibt die Wolken, blaut den durchsichtigen Himmel. M i t diesem Wind wandle, nicht gegen ihn!

Erfahrung aus Erfahrbarem: Jedes Wort ist geformte Erfahrung und hat Sinn. Jedes sinnvolle Ding — a u c h d a s W o r t i s t e i n D i n g — hat Körper, Seele und Geist genau wie der Mensch, sein Urheber; es hat folglich Vergangenheit, Gegenwart und eine Zukunft, ist räumlich und zeitlich bedingt. Es lebt im Augenblick des Gedacht- und Gesprochenwerdens und vergeht. Vergehen und Sterben ist kein Aufhören, nichts hört auf. Alles ist dem Stirb und Werde unterworfen, der Dreiheit

Werden — Walten — Wandeln.

Aufgehen — Gehen — Abgehen: ein ständiges Gehen. Wie die Sonne, die auch nicht aufhört, wenn sie ab- oder untergeht. Dieses Tag- und Nacht-Sein gilt für alles Bestehende, unveränderlich verschwindet jedes Ding in Nächten, um aus dem Dunkel wieder strahlend werdend zu neuem Walten aufzugehen.

Kein Wort ohne Vokale, den Selbstlauten. Die Wortstämme werden jedoch aus den Mitlauten, den Konsonanten gebildet. Jeder Volksstamm füllt diese mit Vokalen auf.

Jeder Vokal hat eine bestimmte Tonhöhe, er setzt eine von ihm beherrschte Körpergegend beim Aussprechen in Schwingungen und wirkt auf diese ein. Daher können Vokalübungen zu Heilzwecken benutzt werden.

Es steht in Verbindung:
    i   mit dem Gehirn, der Stirn
    e   mit dem Hals und Kehlkopf
    a   mit den Lungenspitzen
    oa mit der Brust
    o   mit dem Herz
    ö   mit dem Zwerchfell, Leber, Magen, Sonnengeflecht
    ü   mit den Nieren
    u   mit dem Darm
    ui mit den Sexualorganen.

Sprich z. B. mit deutlicher Hervorhebung der Tonhöhe
   i: ist im Himmel ....
   e: Ehe die Erde vergeht ....
   a: Am Anfang war Allmacht und Art schaffend.

Dann sprich das Vater unser, tonvoll mit deutlicher Markierung der Vokaltonhöhen: es wird psalmodieren, ohne absichtliche Deklamation. Beobachte die Erregung der angegebenen Körperorgane!

Hebe den Zeigefinger im Stehen hoch und laß den Vokal i klingen, richte die Augen auf den Zeigefinger, so wird dieser kosmische Strahlungen als Antenne auffangen, der Finger wird heiß, deutlich merkbar rieseln die Ströme durch den Körper bis in die Füße, unter der Fußsohle beginnt es zu kribbeln. Bilde aus Daumen und Zeigefinger ∧ = a, so wird der Strom in die Lunge geleitet, mit beiden geschlossenen Fingern o, so wird das Herz in Erregung kommen. A und O sind dabei zu summen.

Vertiefung der Buchstaben-Meditationen

Auf n i e d r i g e m Sitz in der Blitz- oder S-Stellung

flach liegend

 = Wellenlage.   Stehend  = J-Stellung.

Es entspricht:
   der Zeigefinger dem Selbstlaut i, dazu Großgehirn und Fuß
   der kleine Ohrfinger dem Selbstlaut e, Kehlkopf
   der Mittelfinger dem Selbstlaut a, Lunge
   der Goldfinger dem Selbstlaut o, Herz
   der Daumen dem Selbstlaut u, Darm bis Unterleib.

Die Tonhöhe der einzelnen Selbstlaute nach Noten:

Richtig lang ausgesprochen, klingt jeder Ton fast wie gesungen, wie Sprechgesang, psalmodierend. Die G-dur Tonlage ist mir passend, jedermann hat seine Naturlage, die unabhängig vom Schlüssel richtig ist.

Die S e l b s t l a u t e sind Lebensströme geistiger Art, als göttliche Urkräfte anzusehen.

Die M i t l a u t e sind irdisch, sind Unterbrechungen, deuten auf persönliches Erleben hin, sie können ohne Selbstlaute nicht klingen, sie formen, die Vokale füllen die Formen mit göttlicher Kraft. Die durch Selbstlaute und Mitlaute gebildeten Wörter erreichen das Astral- oder Zwischenreich, nicht aber Gott an sich. Bei diesen Wörtern ist die Möglichkeit gegeben, Astralwesen oder Dämonen anheimzufallen, die alten Zauberbeschwörungen liefern dafür Beispiele und Beweise. Es empfehlen sich daher die Vokalübungen wegen Vermeidung dieser Möglichkeit und wegen ihrer Leichtigkeit. Folgende Proben sind mit dem Gedanken vorzunehmen, daß die Ströme des Lebens durch die jeweilig ausgestreckten Finger, dem Selbstlaut entsprechend eintreten, sie werden in die Füße geleitet und steigen dann über Zehen, Fußgelenk, Knie, Unterleib, Eingeweide, Herz, Lunge, Kehlkopf in das Gehirn. Sehr schnell wird das Vibrieren dieser Organe im Besondern, und des ganzen Körpers gefühlt, eine wunderbare harmonische Stimmung folgt und wirkt lange nach. Auch beim Gehen werden sie von selbst erklingen.

So langsam, bis jeder Ton vom Fuß bis zum Kopf bebt.

J a o ist der dreibuchstabige Gottesname. J e o u a = Jehova der fünfbuchstabige, der alle 5 Selbstlaute enthält. Eheih ascher eheich, so nennt Gott seinen Namen, als er von Moses darnach gefragt wurde: Der ich war, der ich bin, der ich sein werde.

Von den M i t l a u t e n steht h auf der Grenze als Hauchlaut. Ein anderer Halbvokal ist das rollende r, das zischende S und Sch, das lallende l. Das murmelnde M und gehende G sind noch in höheren Absichten anwendbar, alle übrigen Mitlauter haben trennenden Charakter und sind wesenhaft stofflicher Natur. Folglich treten 5 Selbstlaute und 7 Mitlaute = 12 Buchstaben für Meditationen in den Vordergrund.

Die Vokalverbindungen ei ai ui oa, ao au oe ue sind schleifende Verbindungen. J vor Mitlauten gilt als ie schleifend verbunden. K e r n i n g ist in einigen Punkten abweichend.

Er unterscheidet

Lippenbuchstaben	B. M. R. W.	(Dieses R entspricht dem Brr der Fuhrleute.)
Lippen und Zähne	F. V.	(Verschiedene Lippenbewegungen!)
Zunge und Zähne	S. Sch.	
Zunge	D. N. R. L.	
Gaumen	G. Eng. R. Ch.	(Eng der ng-Laut in Engel.)

Er unterlegt den drei Freimaurergraden die Buchstaben-übungen

für Lehrlinge 3×3

i	e	ae
ui	oe	ao
u	o	a

den Gesellen 4×4

b	m	r	w
F	v	s	sch
d	n	r	l
g	eng	r	ch

den Meistern 5×5

i	m	w v	sch	on
B	e	s	an	l
r	v	o	n	r
f	on	n	u	ch
ui	d	g	eng	a

Doch ist zu bemerken. daß diese Lehre in den Freimaurerlogen ganz unbekannt ist.

Kerning lehrt nun weiter:

Man streckt den Zeigefinger in die Höhe und atmet i solange ein, bis man den Buchstaben i sieht und empfindet. (Man empfindet ihn als heißen Strom vom Kopf bis unter die Fußsohlen.)

Bilde mit Daumen und Zeigefinger das Winkelmaß, bis der Buchstabe A gesehen und empfunden wird.

Lassen sich nun J und A deutlich wahrnehmen und innerlich fühlen, so legt man sie an den Hals, um sie dem ganzen Körper mitzuteilen. (Bei den Freimaurern wird dabei die Hand schnell abgezogen, diese Übung ist jedoch bei starker Konzentration sehr nachteilig, wie jeder spüren wird!)

Ist das gesichert und geübt, bildet man mit Daumen und Zeigefinger einen Bogen. In diesem Zeichen wird O deutlich gefühlt. Die andern Finger können auch gebogen werden, sie dürfen jedoch nicht zur Faust geschlossen sein.

Der O-Bogen wird im A-Winkelmaß aufgelöst, wie vorher J in A. Das heißt dann OA.

Dieses OA wird mit etwas gebogener Hand, um das O fühlbar zu machen, auf den Leib gelegt, um es über und durch den ganzen Körper zu verbreiten. (Die Freimaurer stellen statt dessen den Daumen auf den Leib, was mit meiner Erfahrung übereinstimmt, wonach der Daumen den Buchstaben U betrifft, der im Leib seine Organe hat.)

Mit dieser Übung ist der Schlüssel zum Tempel gewonnen, man ist des Grundwortes JOA, bei allen Mysterien die Wurzel des Wortes Gottes, mächtig, und können, wenn es Ernst ist, zur Weisheit kommen, sicheren Schrittes zu ihrem Heiligtum wandeln. Die andern Vokale sind dem Gefühle und Auge nicht so klar. (Damit stimme ich nicht überein!) Das E wird deutlich, wenn das Gelenk des Daumenfingers über das vorderste Gelenk des Zeigefingers gelegt, ein Kreuz bildet. Andere fühlen es als zwei Striche nebeneinander, auch als spitzen Obelisk, als den Merkurstab bei den Griechen. Die Naturform ist Σ.

Das AE, dem A sich nähernd, fühlt man in einem spitzen $\angle$. Man kann es mit dem Daumen und Zeigefinger bilden. Die andern Finger geben diese Form von selbst, wenn sie von einander getrennt werden.

U drückt sich durch die zur Faust geballten Hand aus. (Das finde ich nicht, denn die Faust bedeutet Abschaltung der Lebensströme, ist das Zeichen für Abschließung, Eigensinn, Angriff, Kampf!)

UJ sieht und fühlt man als dicken Strich. Der Daumen ist das natürliche UJ. OE ist ein Oval. Im Kleinen drückt es sich durch einen Zirkelbogen aus, in dessen Mitte ein Punkt ist. $\odot$

AO. Die Natur bezeichnet ihn in dieser Form: Ω, oder auch durch einen Halbzirkel $\mathbb{C}$ $\mathbb{C}$.

Alle diese Formen lassen sich nicht nur durch Finger und Gebärden, sondern auch durch äußere Mittel, Stäbe, geschnittene Formen, durch Strich, Zeichnung in Wirksamkeit setzen und es ist für alle Verhältnisse eine Skala von 9 Vokalen vorhanden:

$$J, \quad E, \quad AE, \qquad i \quad e \quad ä,$$
$$UJ, \quad OE, \quad AO, \qquad ü \quad ö \quad ao,$$
$$U, \quad O, \quad A, \qquad u \quad o \quad a.$$

Das gewöhnliche Einziehen des Atems geschieht durch die Nase oder Mund, das entgegengesetzte durch Organe, die wir bedecken. (Schamteile.) Durch Übung erlangt man andere Gegensätze, z. B. durch Nase und Nabel, Nase und Herzgrübchen, oder durch die Grübchen am Halse. Später gewinnt man die Geschicklichkeit, der Nase entgegen durch die Zehen, Fersen, Knöchel, Knie, Schenkel, Hüfte, das Kreuz, die Nieren, Lunge, Leber, vom Hinterteil des Halses und zuletzt durch das Gehirn mit Unterscheidung aller Organe derselben zu atmen. (Damit ist nicht etwa der physische Atem gemeint, sondern der mystische, gleich den Lebensströmen.) Nicht nur alle Vokale, sondern auch alle Konsonanten lassen sich einatmen. Es geht sicherer, wenn an die zu übenden Vokale Konsonanten gesetzt werden, weil durch deren Schlag oder Ziehkraft das Gefühl deutlicher wird.

Soweit der Plan von Kerning.

Um auf die Faust zurückzukommen, verweise ich auf die Zuteilung der Planeten zu der Hand:

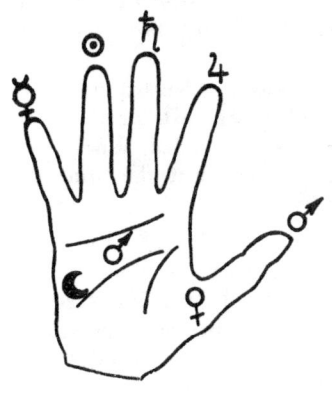

Es berühren sich beim Faustballen: ☿ mit ☾. ♂ mit ♄ und ☉, ♃ mit ♀. Davon gelten ♂ ♂ ♄ und ☉ als schlecht.

Hingegen stimmen diese astrologischen Zuteilungen mit meiner vorher angegebenen Erfahrung überein: Kleinfinger, Merkur und Kehlkopf, Goldfinger mit O, Sonne und Herz, Mittelfinger mit Saturn, A und Lunge, Zeigefinger mit Jupiter, J und Gehirn, Daumen mit ♂/♀ U und Leib und Unterleib.

Nie außer acht zu lassen: Das Denken der Buchstaben über die Fußwölbung, das Heraufsteigen über Zehen, Knöchel, Knie bis in die angegebenen Organe. Und nicht vergessen: Gott-Schöpfer wirkt durch Aussprechen des W o r t e s , dieses Wort dringt als Lebensstrom in das Geschöpf! Die Buchstaben sind daher keine zu belebenden Formen, sondern sind selbst Leben, in uns wirkend! Die Grundlage in jedem Ding ist eine andere Dreiheit: Körper – Seele – Geist, wie es jeder Mensch zeigt.

Unter K ö r p e r wird jede Form verstanden, unter S e e l e das bewußte und unbewußte Triebleben, die Welt der Gefühle, Wünsche und Leidenschaften, das Wahrnehmende, Auf- und Abbauende der Form, das Vorstellende, Belebende, kurz der Inhalt. Unter G e i s t die Erkenntnis, Abstraktionsfähigkeit, Urteilsfällung, Folgerichtigkeit a) als Fähigkeit, b) als das eigentliche i c h .

Diese drei Elemente zusammen bilden die vergängliche Wesenheit, n i c h t P e r s ö n l i c h k e i t , welcher Unterschied noch erklärt wird.

Es gilt nun, jedes einzelne Wort ganz zu erfassen und zu verstehen, gemäß den drei Elementen. Das gibt eine höchst fesselnde und lehrreiche fortgesetzte Übung.

Nimm jeden Tag ein Wort vor, untersuche es nach den Elementen und den Anwendungsarten, alle Beziehungen und Abwandlungen. Beginne mit dem Kleinvolk der Sprache, so vielgebrauchten Wörtern wie: sein, ist, ich, du, oben, unten usw.

Bald kommen wir zu Belebungsübungen, bei denen eine Anzahl Wörter angegeben werden, die für diese Denkübungen bestimmt sind. Der Zweck ist, den Sinn eines jeden Wortes zu verstehen, es wird von selbst die magisch geladene Rede daraus erwachsen. Der geistige Nutzen dieser Übung ist ungeheuer! Die Sprechweise wird dabei treffend, wirkungsvoll, knapp und dennoch erschöpfend.

Der Einfältige spricht einfältig, wortreich, er sucht verlegen nach einem passenden Ausdruck und findet ihn oft nicht. Der Vielfältige wird Sprachbildner. Bei ihm wirkt jedes Wort wie ein Diamant im blitzenden Farbfunkeln, er erkennt die inneren Beziehungen zum Grundplan der Schöpfung.

Jeder Mensch zählt seiner Veranlagung nach zu einer der folgenden Gruppen: Tatmensch — Gefühlsmensch — Verstandesmensch. Nach seiner Gruppe empfindet er in jedem Wort seine Wesensseite vornehmlich erklingen. Der Tatmensch spricht in seiner Rede Kraft und Energie; der Gefühlsmensch empfindet das Seelische im Wort und schafft malende Ausdrücke lebender Triebwerte; der Verstandesmensch ergründet, ordnet, legt dar, erklärt, macht begreiflich. Jede Gruppe benutzt daher dasselbe Wort anders. Aus der Sprache ist die Wesensart zu erkennen. Allerdings ist die Ausprägung in reiner Form seltener, meist treffen wir Mischformen an, die zusammengesetzt sind aus: $\frac{2}{3}$ Tatmensch, $\frac{1}{3}$ Verstandes- oder Gefühlsmensch. $\frac{2}{3}$ Verstandes- und $\frac{1}{3}$ Tat- oder Gefühlsmensch. $\frac{2}{3}$ Gefühls- und $\frac{1}{3}$ Tat- oder Verstandesmensch. Schließlich der Mischmasch, zu $\frac{1}{3}$ von jeder Art. Das sind zusammen 13 Typen. Nun prüfe fernerhin jeden Schriftsteller oder Sprecher auf Grund seiner Sprache und stelle seine Art fest. Keiner kann sich anders geben, als er ist! Natürlich muß zuerst die eigene Veranlagung erkannt werden, dann läßt sich leicht ermessen, mit welcher andern Type innere Harmonie besteht.

Gefühlsmenschen taugen nie zu leitenden Posten, können nie Magie betreiben, die auf Tatwirken gerichtet ist. Jede Type hat ihr eigenes Schicksal und allein ausfüllbare Stellung. Typenkenntnis ist Menschenkenntnis, ohne diese ist ein tatkräftiges Wirken in der menschlichen Gesellschaft unmöglich.

Mantrams

Kein Zielstrebiger träumt im Wachen. Wenn gesagt wird: Gedankenlose sind gedankensschwach, so ist das Gemeinte falsch ausgedrückt, denn Ausschaltung jedes Gedankens auch für nur kurze Zeit ist furchtbar schwer! Diese Ausschaltung ist eine magisch-okkulte Übung, die nur langsam zeitlich ausgedehnt werden kann. Versuche es, mit einer Minute völliger Gedankenruhe beginnend. Als Gegensatz treten Mantrams hinzu. Denksprüche, laut oder mit geschlossenem Munde innerlich ebenso wirkungsvoll gesprochen. Deren stete Wiederholung hat eine nachhaltige Rückwirkung auf den ganzen Menschen.

Mantrams beim Gehen sind sehr wirkungsvoll, wie jeder erfahren wird. Anzuwenden bei jedem kurzen oder langen Weg. Im langsamen Eintakt $\angle$ $\angle$ $\angle$, feierlicher Gang:

Mit r e c h t e m Fuß beginnend: Stirb! 〕
Mit l i n k e m Fuß fortsetzend: Werde! 〕 nicht verwechseln!

An dieses Stirb und Werde knüpfen sich bald viele Gedanken und Verbindungen, die mit diesem fortgesetzten Mantram glücklich reifen.

Beim mäßigen Marschtempo —ᴗ—ᴗ—ᴗ 1—2—1—2—1—2, l i n k s beginnend: Von Gott — In Gott — Durch Gott — Zu Gott. Weitere Wegstrecken lassen sich leichter überwinden, wenn im Dreitakt gezählt wird —ᴗᴗ —ᴗᴗ —ᴗᴗ 1—2—3—1—2—3: weil dabei ein fortwährender Wechsel der beanspruchten Muskeln und Nerven stattfindet. Folgende Mantrams können einzeln oder verbunden benutzt werden:

Werden — Walten — Wandeln
Wollen — Lieben — Handeln
War sein — Ist sein — Wird sein
Wahrheit — Täuschung — Schein.

Will man über etwas zur Klarheit oder zum Entschluß kommen, so gehe man einsame Wege, wo auch laut gesprochen werden kann. Versenke die Aufgabe ins Unterbewußtsein, beginne im Eintakt mit Stirb und Werde, dann gehe zum Marschtempo über, zuletzt im Dreitakt. Die Lösung der Frage, der zu fassende Entschluß wird zuletzt plötzlich „einfallen" wie ein Meteor. Zwischen Menschen gehend, werden die Mantrams innerlich gesprochen. Zuerst muß Gewöhnung erreicht werden, folgen die Worte ohne weiteres von selbst, knüpfe Nachdenken und Gedanken daran, empfinde die Erregung des Körpers je nach Vokal. Das Drehen von Gebettrommeln hilft uns ja nicht!

Ehe mit den Mantrams begonnen wird, zähle den Rhythmus, bis der Körper darin schwingt, dann setzen die Mantrams ein.

Die Worte können fernerhin selbst zu Mantrams zusammengesetzt werden, namentlich bei zu fassenden Entschlüssen sind sinnvolle Treibworte in Verbindung damit auszuwählen.

Ganz weite einsame Märsche sind für 5- oder 7-Takt geeignet, man kommt bei längerer Ausdauer schnell weiter. Hierfür empfehlen sich die fünf Vokale in dieser Reihenfolge i e o u a, in richtiger Tonhöhe gesummt.

Meditationen im Sitzen oder Liegen

Auf niedrigem Sitz, die Knie müssen höher stehen, als das Gesäß sitzt, damit eine Blitzlinie entsteht, auch Schlange genannt:

bezw. Die Sitzstellung heißt S-Stellung, die liegende W-Lage. Während der gerade Stand J-Stand heißt, oder Y. Hierbei werden die Hände erhoben mit der Innenfläche nach der Sonne.

Die Hände werden auf die Knie gelegt. Jeder Finger überträgt einen besonderen Lebensstrom und steht mit einem Vokal in Beziehung.

Element:

Feuer	i = Großgehirn und bis zur Fußsohle	= Zeigefinger
Aether	e = Kehle	= Ohrfinger	= Kleiner Finger
Luft	a = Lunge		= Mittelfinger
Wasser	o = Herz		= Goldfinger
Erde	u = Darm		= Daumen

Die körperliche Haltung soll ruhig sein, grade gerichtet. Zuerst gilt es in völlige Ruhe und Gemütstille zu kommen, wobei jeder andere Gedanke ausgeschlossen wird. Dazu dienen Atemübungen.

I c h a t m e e i n — I c h a t m e a u s. Die ganze Aufmerksamkeit wird nur auf Ein- und Ausatmen gelenkt. Beim Atmen keinerlei Anstrengung, die Aufmerksamkeit auf den Vorgang genügt völlig. Diese Konzentration hat Buddha stundenlang geübt! Finger eingeschlagen, nur die beiden Zeigefinger und Daumen schließen sich zu einem Oval. Nach Eintritt völliger Ruhe werden Buchstaben meditiert, dabei werden jeweils die zugehörigen Finger ausgestreckt. Die Buchstaben werden ohne Lippenbewegung innerlich gesummt, oder, wenn ohne Störung angängig, halblaut psalmodiert. In beiden Fällen strömt Kraft durch den ausgestreckten Finger in das zugehörige Organ, darauf wird geachtet.

J	E	A	O	U
Js	Es	As	Os	Us
Jsch	Esch	Asch	Osch	Usch
Jst	Est	Ast	Ost	Ust
Jr	Er	Ar	Or	Ur
Jl	El	Al	Ol	Ul
Jm	Em	Am	Om	Um
Hi	He	Ha	Ho	Hu

usw.

ä = a e, quälend, bäh   ü = u i = Mühen, Wühlen, Fühlen
ei = e i, eilen, Eifer   au = a u = Aue, Bau, Bauch
ö = o e, schöne Töne   ai = a i = Maid.

Zuletzt werden die Daumen, Zeigefinger und Kleinfinger gegeneinandergestellt, es bildet sich eine vierseitige Pyramide. Dazu das Mantram

„Geisteswehen, Denken, Sprechen —
Im Hirn und Fuß —
Hier und dort —
Im Ton, im Herz, im Wort."

Hierbei Vorstellung des Herzens.

Anschließend eine Meditation über die drei Stromlinien des Dreiecks, diese Drei im Körper Vier. 1 = Energie, Tatwille, 2 = Leben im Stoff, 3 = Geist, 4 = das Werk.

Dann stelle diese Pyramide in einer Kugel vor, flächenhaft gezeichnet.

In der Pyramide die „Grabkammer", in dieser höre im Geist J e o u a klingen. Es muß jetzt diese Form magisch belebt werden. Täglich müssen Gedankenströme darin verdichtet werden. Immer deutlicher erscheint die Kugel als Weltkugel, darin die göttliche Dreieinigkeit, wirkend das fortdauernde Schöpferwort E s w e r d e! Schließe die Augen, lasse die Pyramide in der durchsichtigen Kugel in den Spektralfarben leuchten, die Vokale klingen. Nach gewisser Zeit kann die Kugel mit offenen Augen gesehen werden, die Töne erklingen als Musik der Sphären. Dann verschmelze Dich mit dem „Wort" in der Grabkammer, gehe völlig in Gott auf. Das ist ein wichtiges Ziel! Die derartig betriebene Meditation wird reiner Gottesdienst.

Es ist außerordentlich nützlich, die Schaffung von belebten Gedankenformen gründlich zu erlernen und zu verstehen. Weiteres darüber finden Sie in: Bardon, Der Weg zum wahren Adepten DM 14.80.

Nimm eine Form: ein Bild, ein Symbol, eine Figur, oder gleich eine Tarotkarte aus den Großen Arcana 1—21, präge sie genau mit allen Einzelheiten ein, derart, daß sie jederzeit mit den g e i s t i g e n Augen gesehen werden kann. Jede Erinnerung an Dinge ist Sehen mit geistigen Augen. Versuche herauszufinden, wo diese im leiblichen Körper ihren Platz haben!

Kann die gewählte Form deutlich derart geistig gesehen werden — es ist nicht so leicht!, nur selten werden Personen und

Dinge so genau betrachtet und eingeschärft, wie eine Mutter ihr Kind kennt und es unter allen Verkleidungen herausfindet — so kann die Belebung beginnen.

Sende Geisteskräfte hinein, der Form entsprechend! Gedanken sind ausstrahlende Kräfte, jeder vieldenkende Mensch ist umwittert von strahlenden Wolken eigener Gedanken, er lebt in einer Gedankensphäre, wie der blaue Kern des Lichtes im hellen Schein der Photosphäre. Gib der belebten Form ein bestimmtes Ziel, so nimmt sie den Weg wie bei der Gedankenübertragung, der Telepathie.

Denke täglich in eine Sache hinein, so gewinnt sie Leben aus Dir. Wunderbilder in Tempeln sind dafür Beispiele, sie haben Leben aus den Seelenkräften und Gedankenkräften ungezählter Tausender von Gläubigen. Ein Wunder ist das nicht, sondern ein Vorgang, der im Bereiche unserer Tarotschulung liegt, wobei die Kartenbilder auch belebt werden sollen. Es ist wichtig, die Realität des Vorganges nachzuweisen, der Pendel ist dafür der beste Apparat.

Jede unserer Konzentrationsübung soll der Belebung von Gedankenformen dienen. Magie ist Einfüllung wirksamer Kraft in eine passende Form!

Magie kann nur der betreiben, der gelernt hat sich zu konzentrieren, der Herr seiner Gedanken ist. Der Gedankenschwache kann nur flüchtige Schemen schaffen. Hysteriker sind ungeübte und ungesteuerte Magier, deren Gedankenformen werden Dämonen, die ihn selbst in Besitz nehmen! Haltlose Grübler beleben zwecklose Formen, die wirkungslos bleiben. Die Zahl der geübten und bewußten Magier ist klein. Wer Magie zum Nachteil anderer Menschen ausübt, ist ein Schwarzmagier. Der andere, der Weißmagier, handelt völlig selbstlos im Sinne Gottes, er sucht keinen Nutzen, hat nichts zu schützen, er will sich nicht in Ansehen und Besitz setzen.

Außerdem sei sehr empfohlen A. David-Neel, Heilige und Hexen, F. A. Brockhaus, Leipzig 1931. Diesem Werke entnehme ich die sehr belehrenden Angaben, betreffend Mystiker in Tibet:

Im Lande der Dämonen, in Tibet, leben Magier, deren ganzes Leben der Belebung einer Form gewidmet ist. Was bei uns als okkulte Schulung geübt wird, tritt völlig in Schatten vor dem, was der tibetische Mystiker ausführt. Seine e i n e A u f g a b e füllt sein Leben in felsiger Einöde oder in einer abgeschlossenen Klause völlig aus. Manche ziehen sich sogar vom Lichte zurück und sinnen und denken in steter Finsternis. Andere steigen in eine Kiste, in erzwungener Hockerstellung, denken im Wachen und Schlummern nur an ihre eine Vorstellungsform. Dieser „direkte Pfad" zerfällt in drei Grade: 1. Anschauen, prüfen. 2. Nachdenken, erwägen. 3. Erfüllung und Frucht dieser Übungen. Ein beliebter Mantram, der tausend mal tausend in ernster Versenkung gesprochen wird, lautet:

„Ich nehme meine Zuflucht zu allen reinen Zufluchtsorten. O, ihr meine Väter, Mütter, die ihr im Kreise der aufeinanderfolgenden Wiedergeburten umherirrt und euch in die sechs verschiedenen Formen der Lebewesen kleidet: mögen eure Gedanken sich der Erkenntnis zuwenden, auf daß ihr zum Buddhastand eingeht, der frei ist von Furcht und Leiden."

Auch Atemübungen werden vorgenommen. Zur Belebung und Versenkung werden Symbole auf Papier oder Stoff gezeichnet, oder in Metall, Stein oder Holz eingeritzt.

Nun wählt der Mystiker sich eine Wesenheit aus, etwa eine Gottheit, oder seinen Schutzgeist, versetzt diese in der ihr zustehenden Bildung in das geeignete Symbol oder eine Figur, und stellt sie sich innerlich vor. Jede Einzelheit wird umständlich bedacht und geordnet, die Kleidung und die passenden Bewegungen. Dann wird diese Gestaltung belebt. Jahrelang, tagtäglich legt er seine Gedankenkräfte hinein. Bis zuletzt die belebte Gestaltung nicht nur beweglich wird, sondern selbst handelnd! Der Schutzgeist wird sichtbar, selbst im Tageslicht, er begleitet seinen Schöpfer auf dessen Wegen. Täglich wird für ihn eine Art Gottesdienst gehalten, denn wenn der Mystiker sie vernachlässigt, verblaßt sie, stirbt, und ihr Symbol wird feierlich bestattet. „Aus dem Geiste gehen sie hervor und der Geist verschlingt sie auch wieder." So schaffen sich die Menschen ihre sogenannten Götter, die allesamt sterblich sind! Tot sind die vielen Haupt- und Nebengötter, Erlöser und Erretter, die vormals genau so lebendig und wirksam waren, wie diejenigen der derzeitigen Kirchen! Auch der Teufel der christlichen Kirchen ist eine eifrig bedachte Gedankenform, geschaffen von Priestern!

Es sind, um in der Sprache der parapsychologischen Wissenschaft zu reden, Abspaltungen von sich selbst, Psychogone, Ideoplastiken.

„Ich hörte einmal einen Lama sagen — schreibt Alexandra David-Neel —, beim Beschreiten des direkten Pfades sei die Anleitung zum „Umgraben" das wichtigste. Glauben und Ansichten, erworbene Gewohnheiten und angeborene Anlagen, alles müsse der Schüler über Bord werfen. In seinem Geiste dürfe nicht die kleinste Nachwirkung von Ursachen bleiben, deren Ursprung sich im Dunkel der Vorzeit verliert."

Und der Zweck? Die Antwort wird kaum jemand befriedigen, ist aber die einzig richtige: „Wie soll man ein Ziel beschreiben, wenn niemand, der nicht die Frucht der Übungen schon eingeheimst hat, die Erläuterungen verstehen kann? Wir kommen dadurch zu andern Geisteszuständen als zu den gewohnten. Wir schreiten dank dieser Übungen über die eingebildeten Schranken, die wir dem „Ich" gesetzt haben, hinaus, und sehen nun deutlich, daß es gar kein „Ich" gibt." Oder: „Götter und Dämonen, ja das ganze Weltall, alles ist nur ein Blendwerk, das im Geiste sein Dasein hat, aus ihm entsteht und sich in ihm wieder auflöst."

Dazu eine Geschichte, Wunderbilder und Reliquien betreffend.

Ein Tibeter war von seiner Mutter gebeten, ihr ein Amulett von einer Reise aus Indien mitzubringen. Als er den Auftrag zum dritten Male vergessen hatte und sich schämte, wieder mit leeren Händen vor die Mutter zu treten, half er sich aus seiner Verlegenheit; er fand den Kinnbacken eines verwesten Hundes, löste daraus einen Zahn, wickelte ihn in Seide und übergab ihn als höchst kostbare Reliquie des großen Buddhajüngers Sariputra (= Sariputta).

Die Alte verwahrte hochbeglückt den Zahn in ihrem Altarschrein und hielt davor täglich Gottesdienst mit Weihrauch ab. Andere Fromme stellten sich ebenfalls dazu ein, der Zahn wurde durch Gedankenkräfte „belebt" und begann zu leuchten!

Das gab die Ursache zum Sprichwort: Mit Verehrung kann man selbst einen Hundezahn zum Leuchten bringen.

Solche starke Wirkungen erstreben wir mit unseren folgenden Übungen, die Tarotkarten zu beleben, nicht, aber tote Bilder sollen es nicht bleiben, sie sollen zu uns sprechen, wenn sie zuerst uns geistig befreien und unsere Augen klar sehend machen, und dann uns den Sinn der Zukunft entschleiern.

Keiner glaube, er könne jede Kartenform gleich lebendig machen! Das wird nur bei jenen gelingen, die der eigenen Veranlagung parallel gerichtet sind; zu jener Stufe, die seinem Wesen entspringt. Diese begünstigten Formen sind täglich zu verehren und zu kräftigen. Man gibt, um zu empfangen. Sensitiven Personen werden diese Wesenheiten als Erscheinung sichtbar gegenübertreten.

Alle Beschwörungen, die uns in wirren und irren Zauberbüchern des Mittelalters überkommen sind, bezwecken die Bildung solcher Abspaltungen vom Zauberer. Sie können handeln, sprechen und Unvorsichtige in Besitz nehmen.

Was nun dem erkennenden Mystiker klar ist, ist dem gewöhnlichen Mönch oder Geistlichen noch sehr verschleiert. Der Buddhismus hat keine Lehre von Gott, lehrt jedoch das Vorhandensein von Göttern sterblicher Art, Dämonen und vom „Teufel", dort Mara der Böse heißend. Diese Götter und Dämonen werden verehrt, ihnen werden Tempel gebaut und von Geistlichen Verehrungen dargebracht. Nur die Namen sind in den verschiedenen vergangenen und gegenwärtigen Kirchen verschieden, in der Sache sind sie sich gleich. Der eine östliche Geistliche verehrt Götter, der andere westliche Heilige und Sakramente, und Reliquien finden sich hüben und drüben, bei schwarzen, braunen, roten, gelben und weißen Völkern. Alle Götter und Dämonen leben solange, als der menschliche Geist sie mit sich selbst ernährt und leben läßt. Zu Gott hat das weiter keine Beziehung.

Wer es lernt, selbst solche lebende Götterformen zu bilden, wird zuletzt genau zur Erkenntnis der tibetischen Mystiker kommen: es sind m e i n e Götter, sie leben von mir und durch mich, sind sterblich wie ich: es gibt keine w a h r e n Götter! Wir werden hinzufügen: Gelobt sei Gott, der war, ist und sein wird, Schöpfer aller Dinge und Wesen! Den wir loben mit JEOUA.

Zur Dämonenlehre

Daß Dämonen durch eigene Gedankenkräfte der Menschen gebildet werden, ist leicht erkennbar. Derselbe Mensch kann in einer Richtung einem Dämon anheimfallen, im andern Fall einem Genius, Himmel und Hölle in derselben Brust. Auf den Dämonismus sind die wechselnden, zeitlich verschiedenen Moralanschauungen und Kirchenlehren von einem großen Einfluß, der sich in der Formgestaltung ausspricht. Daher hat jedes Volk seine eigenen Dämonen, die bei Fremdvölkern nicht vorkommen. Uns plagen die vielköpfigen und vielhändigen Götter und Dämonen der asiatischen Völker nicht und auch die Drachen erregen bei uns kein Grauen. Umgekehrt dürfte Junker Satan in China große Heiterkeit erregen und nichts mehr, er wäre wirkungslos.

Das Gewissen wird im Zusammenhang damit auch falsch beurteilt. Es ist nicht die Stimme Gottes, sondern die Erbstimme des Volkes, überall verschieden! Gewissensqualen sind eigentlich unberechtigt, wenn es sich dabei um Taten handelt, die natürlich sind. Ein Buddhist, ein Indianer, ein Neger: alle haben verschiedene Gewissen, deren Regungen für uns fremdartig sind. Staat und Kirche tragen Schuld an der falschen Beurteilung, zumal es von deren Spitzen grade in solchen Fällen „entlastet" wird, wo ein Vergehen gegen Naturgesetze vorliegt, das jedoch im Interesse von Staat und Kirche erwünscht ist. Zwischen Religion und Gewissen besteht keine gradlinige Verbindung. Wer reinen Gottesdienst übt, wird sein Gewissen darauf einschulen; es wird dann Mahner, wie eine Weckuhr, die eingestellt wurde, um zur rechten Zeit an das Vorhaben zu erinnern. Somit ist das Gewissen eigentlich eine magische Funktion, die aus dem eigenen Wesen heraus gerichtet wird.

Zwischen Göttern und Dämonen ist kein grundsätzlicher Unterschied vorhanden. Alle strafenden und zürnenden Götter sind Dämonen, von Menschen erdacht, geformt und belebt. In der Bibel steht ein oft erwähntes Gebot, das wirklich echt ist: „Du sollst Dir von mir kein Bildnis noch Gleichnis machen!" Die Kirchen handeln stracks umgekehrt! Alle Kirchen sind voll Götterbilder. Der Dienst an diesen Bildern belastet die Gewissen trotz der Übertretung eines göttlichen Gebotes durchaus nicht, eher umgekehrt, die Unterlassung beschwert!

Aus R. Grötzinger, Talismanische Dämonologie (Talis-Verlag, Leipzig) führe ich einige bezeichnende Stellen an:

„Das ist ja der Witz bei der Sache, daß die Suggestion in religiöser Form . . . das beste und wirksamste Agens gegen das Dämonenwesen ist."

In dieses Kapitel gehört auch die Heilung von Leiden durch Gebete, auch das ist Magie. Darüber schreibt Grötzinger: „Die Wirkung steigert sich durch Dauer der Gebete und mit der Zahl der Betenden. Ansammeln von Gedankenkräften, die vorhandene Widerstände überwinden. Die Widerstände können körperlicher oder seelischer Natur sein. Seelische Reinheit der Betenden ist erforderlich, weil innerliche Selbstvorwürfe die Gedanken entkräften."

Die Pendelexperimente beweisen einwandfrei, daß auch Objekte „besessen" sein können; es sind einverleibte Gedankenkräfte. Das „Laden" eines Talismanes ist dafür wegleitend. Kruzifixe eignen sich sehr gut dazu, ebenso Heiligenbilder, wobei es ganz gleichgültig ist, was dargestellt wurde. In Rußland wird anstelle des Kreuzes recht oft ein „Ikon", ein Heiligenbild, zum Segnen benutzt.

Die Wichtigkeit des Gegenstandes berechtigt zu ausführlicher Darlegung, selbst auf die Gefahr hin, gelegentlich zu wiederholen. Wir leben in einer Dämonenwelt, die viel zu wenig bekannt und erkannt ist.

Die Wirklichkeit der Erscheinungen und des Teufels

Mancher Leser wird Zweifel an den magischen Belehrungen, angehend die Bildung von Gedankenbildern, hegen und auf nachweisliche und in der Literatur beschriebene Erscheinungen von Gespenstern verweisen. Ich behaupte auch die Existenz dieser Gespenster, aber auch als deren Urheber und Erzeuger die gläubigen Menschen. Wenn ich die Priester der christlichen Kirchen als Teufelsanbeter bezeichne, so ist das in folgendem Sinne richtig. Der Teufel lebt nur so lange, als man ihn fürchtet, von ihm spricht; und er kommt nur, wenn man „ihn an die Wand malt" oder ihn ruft. Außerhalb der christlichen Kirche ist er nicht existent. Die Priester verehren ihn negativ, sie lehren seine große Macht, seine Gewalt, sie prägen ihren Gläubigen Furcht und Schrecken vor ihm ein und nähren damit das Gedankenbild in äußerst kräftiger Weise. Sie beten ihn an: Weg von mir Satanas! Sie rufen ihren Kirchengott mit dessen Umgebung zu Hilfe, das ist negativer Dienst am Teufel, von dem er lebt und seine kirchlichen Gegner ebenfalls. Andere Kirchen haben andere Gespenster geschaffen, die unter deren Gläubigen eine gleiche negative Verehrung genießen, diese lassen die Christen genau so kalt, wie die Inder unsern Teufel. Kümmert sich ein braver Christ um die Totengöttin Kala, die als Schmuck Leichenschädel trägt und damit zum Spaß klappert? Es ist ein Gegenbild zur Schwarzen Maria der Katholiken. So schrecken uns auch die Drachen Chinas nicht und nicht die unzähligen guten und bösen Götter anderer Kirchen, von denen jede behauptet, die allein richtige zu sein und wobei jede auf die Erscheinungen ihrer Götter verweist.

Der Teufel ist schnell umzubringen mit samt seiner Hölle, man rotte nur auf einmal und gründlich den Teufelsglauben aus, beseitige alle Bilder von ihm, bringe ihn in Vergessenheit: dann ist er wirklich und wahrhaftig tot.

Die magische Schulung bezweckt Befreiung von dem Einfluß schädlicher Gedankenbilder, Befreiung von schreckhaften Vorstellungen von Hölle, Fegefeuer, Teufel usw. Wer selbst Magier ist, volles Verständnis für magische Gestaltungen hat, lernt bald seine Kollegen von den verschiedensten Fakultäten kennen und einschätzen. Wie kann jemand klar sehen und klar beraten, der selbst ein Opfer schwarzmagischer Gestaltungen ist?

Bezüglich des Sehens von Gedankenformen, die belebt worden sind, sei bemerkt, daß nicht jeder die Eignung dazu hat, was keinen Mangel vorstellt. Wer glaubt, er könne sich auf seine Augen verlassen, dem sei gesagt, daß das Sehorgan kein objektives Beweismittel ist. Die einfachsten Versuche beweisen das. Sieh stark auf eine rote Fläche hin, etwa Tuch oder eine Rose, dann blicke seitwärts auf eine weiße Fläche, so erscheint diese in Grün, sehr klar und deutlich. In gleicher Weise wird Schwarz in Weiß verkehrt und Weiß in Schwarz, Violett in Gelb. Gesichtshalluzinationen sind sehr verbreitet, der eine sieht im völligen Dunkel leuchtende Sterne, der andere Gesichter, Tiere und ganze Szenen, durchaus deutlich und scharf, dabei völlig unwirklich. Das sind Halluzinationen, die auch beim Gehör nicht selten vorkommen.

Professor Jaensch in Marburg hat diese Fähigkeit zur Bildung plastischer Halluzinationen Eidetik genannt. Besonders Jugendliche zwischen 10—18 Jahren neigen dazu, auch ich kann mich als Eidetiker bezeichnen und es ist sehr unterhaltend, in schlaflosen Nachtstunden diese Plastiken zu betrachten, die sogar noch sichtbar sind, wenn ich die Augen schließe. Auch der Parapsychologe Dr. Heinrich Schole bezeichnet sich als Eidetiker (Okkultismus und Wissenschaft, Verlag Vandenbeck & Ruprecht, Göttingen 1929). Auf Professor Staudenmaiers gleichlautende Experimente habe ich bereits aufmerksam gemacht.

Wer nun diese natürliche Veranlagung hat, dem wird es leicht fallen, seine Gedankenbilder zu sehen. Bei den andern ist es auch kein Nachteil, der Zweck der magischen Übung wird dennoch erreicht, da es sich um eine geistige Vorstellung handelt, die im Geiste ebenso wirksam ist, wie die Vorstellung vom lieben Gotte bei Kirchengläubigen, die ihre Vorstellung von dem guten alten Herrn mit dem langen Bart und Zipfelmütze auch nur „in der Seele" tragen.

Die Erzwingung dieses plastischen Sehens erfordert jahrelange Übung, was aber vergeudete Zeit und Nervenkraft ist, da nur eine Erkenntnis gewonnen wird, die billiger zu erwerben ist.

Die visionäre Erscheinung lebender Menschen ist an sich durchaus natürlich. Nur der wird „von einem Wunder" erschüttert berichten, dem die Erscheinung von belebten Gedankenbildern etwas Ungewöhnliches ist. Dann werden schreckhafte Affekte erregt, diese teilen sich den Zuhörern mit und alle tragen unbewußt dazu bei, die Erscheinung, „das Gespenst", zu kräftigen. Die Kirchen betreiben durchweg recht einträgliche Magie, sie sorgen recht verschwenderisch für die Existenz schreckhafter Erscheinungen.

Alle bildenden Künstler haben die eidetische Veranlagung, sie sehen ihre Werke plastisch vor der Schöpfung und arbeiten eigentlich nur nach, sie kopieren ihr Gedankenbild, das jedoch nicht dem Oberbewußtsein, sondern dem Unterbewußtsein entstammt. Natürlich ist der Vorstellungskreis des Unterbewußtseins von dem des Oberbewußtseins abhängig, es handelt sich dabei um ein unbewußtes Weiterdenken anstelle des bewußten. Daher ist es angängig, Tagesfragen zur weiteren Bearbeitung dem Unterbewußtsein zuzuweisen, wovon ich in meinem Berufsleben sehr oft besten Gebrauch gemacht habe. Nach einigen Tagen oder Wochen der unterbewußten Denktätigkeit tritt dann das Ergebnis ins Oberbewußtsein als „plötzlicher Einfall" hervor, der jedoch erwartet wird. Selbst zeitliche Termine kann ich setzen und werde dann auf die Minute prompt bedient. Dieser Vorgang wird viel von Reisenden und Berufsmenschen benutzt, die zu frühen oder ungewöhnlichen Stunden aufwachen wollen.

Alles das sind Realitäten und wiederum keine objektiven Existenzen. Das berührt nur diese Gedankenformen, Halluzinationen und Unterbewußtsein, was eine andere Natur hat, muß nach ihr beurteilt werden.

In der Stadt Peiping in China befindet sich der Tempel der 501 Götter. Ein Götterbild steht in Reih und Glied neben dem andern. Was die „Heiligen" in der katholischen Kirche bedeuten, bedeuten dem gläubigen Chinesen diese Götter. Hat er das Bedürfnis, mal sein Herz auszuschütten oder seine Beschwerden auszusprechen, dann sucht er sich den dafür zuständigen „Gott" aus und klagt ihm sein Leid. 501 personifizierte Gedanken! 501 personifizierte Nothelfer-Wünsche!

Ohne Schwierigkeit lassen sich 501 Bedürfnisse zusammenstellen, dafür Masken oder Puppen ausdenken und auf 501 Kartenblätter abdrucken: das wäre ein umfangreiches Buch Toth!

Die Westeuropäer lächeln überlegen über die einfältigen Chinesen und gehen hin, um ihren ausgedachten „Heiligen" und Göttern Verehrung darzubringen und ihre Bedürfnisse vorzulegen! Da werden die Chinesen ihrerseits überlegen lächeln! Ein Esel schimpft den andern aus: Du Langohr!

Alle Götter und Teufel sind von Menschen erschaffen worden! Dann zittern und beben sie vor ihren eigenen Gedankenbildern! Das läuft unter sehr hochtrabenden Namen, die richtige Bezeichnung wird jedoch vermieden!

Nicht ohne Grund!

Mit der schöpferischen Urkraft, dem Sein des Ur, hat natürlich dieser Kirchenfetischdienst keinerlei Beziehung! Auch nicht mit Religion!

Die magisch-mystische Schulung

Die magisch-mystische Schulung

Kabbala ist geistiges Erkennen u n d eine Geheimschulung, geheim deshalb, weil jeder nur für sich lernen und nur seine Kräfte in der Einsamkeit schulen kann. Wenig nützt das Auswendiglernen der Texte, außer sie werden als Mantram, besonders beim Gehen benutzt. Dann gehe zuerst langsam, bis jedes Wort läufig ist, dann schneller, soweit das geistige Mitlaufen es gestattet, eine Stockung und ein Versprechen, auch das Fehlen der geistigen Vorstellung dabei darf nicht eintreten. Bis dahin ist der Text Sache des Verstandes.

Nun stelle die Lichter um!

Dein Bewußtsein gehe in die Texte ein!

Als Vorübung setze eine Pflanze vor dich hin. Versenke dein Ich in die Pflanze, denkend: ich bin in ihr, mein Kopf steckt im Wurzelhals, die Haare als Wurzel in der Erde, mein Körper ist in Stamm und Zweigen, die Füße im Wipfel. Empfinde das Saugen der Wurzeln, den aufsteigenden Saft, deinem Blut entsprechend, wie er überall verteilt wird, wie die Poren atmen, die verbrauchten Stoffe beseitigt werden, die Blüte mit erotischer Leidenschaft und Sexualgeruch, und wie sich der Samen bildet.

Dann wechsle die Vorstellung: die Pflanze will in dir Dich erleben! Zuletzt vermagst du im Wechsel dich als Pflanze oder als Mensch empfinden.

Diese Übungen führen zum Hellfühlen und Hellsehen, indem dein Ich als Astral in die andern Naturwesen eintritt und wahrnimmt.

Diese Schulung lockert dein Ich, es wird beweglich und vermag schnell in andern Wesenheiten einzudringen und diese zu erkennen.

Immer wird zuerst die körperliche Gestaltung erfaßt, dann tritt dein Astral in diese hinein, dann wirkt das andere Wesen umgekehrt auf dich ein. Du nimmst teil an dessen Leben.

Jedes Wort kann eine belebte Gestaltung werden, in dessen Wesenheit dein Ich eintritt und damit sich vereinigt.

Dieser Vorgang wird leichter, wenn das abstrakte Wort eine konkrete Gestaltung erhält. So verstehe alle Göttervorstellungen! Unsere Tarotkarten sind auch Gestaltungen überirdischer Begriffe und Ideen. So kommen wir dahin, die Tarotkarten zu beleben, uns damit zu vereinigen und selbst in jeder Gestaltung zu leben. Dann wird die Karte die Marke für eine lebende Abspaltung von dir selbst!

Die Wesensart des Schülers hat auf die Gestaltung richtunggebenden Einfluß, deshalb hat jeder seine eigenen Götter und Teufel. Zu jedem sprechen aufgelegte Karten in anderm Sinne.

Mehrere aufgelegte Karten sind eine Versammlung von Wesenheiten, von denen jede gemäß der erhaltenen Belebung spricht und handelt. Da wird der Kartendeuter ein schöpferischer Dichter, er schildert plastisch gesehene Vorgänge und deren Ablauf. Dieser Dichter wird beratender Prophet.

So viele Auseinandersetzungen und Übungen waren notwendig, um nun in das Buch Thot einzusteigen, in das Geheimnis des Werdens, des Waltens und des Wandelns.

Zunächst werden nur die 22 Großen Arcana vorgenommen.

Widme jeder Karte zunächst eine Woche, um sie zu meistern. Keine Eile haben! Eine ungeheure Umschulung der eigenen Wesenheit beginnt damit. Wie leichthin wird das Wort Liebe ausgesprochen, wie leicht auch noch, um mit Goethes Wort „in der Seele der Geliebten (oder des Geliebten) z u r u h e n", obgleich es viele Menschen nie erreicht haben. Aber — wer hat die Idee der Liebe in jeder der vielen Gestaltungen ganz erfaßt? Erwarte niemand, in 22 Wochen nicht nur die Liebe, sondern alle übersinnlichen Ideen meistern zu können. Wie werden sich die ersten Formungen im Laufe der Jahre — zwei bis drei schon! — verändern und vergöttlichen! In 22 Wochen ist keine neue Sprache geläufig zu erlernen!

Der rastlosen Ungeduld unseres Zeitalters wird mit diesen kürzesten Fristen Rechnung getragen.

Vor einem schwarzen, faltenlosen Vorhang steht eine Karte des Tarots, schwach beleuchtet von einem hinter dem Rücken aufgestellten Licht. Der Schüler sitzt aufrecht auf niedrigem Sitz, die Hände auf den Knien. Außen Nacht, in dir tiefe Ruhe, Stille um den Einsamen.

Zuerst Atemübungen, ohne Anstrengung, zur Gewinnung eines ruhigen Rhythmus. Betrachte die Karte. Denke die Personen darauf plastisch, lebend. Versetze dich hinein, erfülle die Form mit deinem Ich, e r l e b e s i e ! Dann wird das Licht ausgelöscht, nun muß die belebte Form durch lebhafte Vorstellung dennoch vor Augen stehen. Ist das erreicht, wird das Zimmer erleuchtet und ohne aufgestellte Karte muß die Form dennoch vor Augen stehen.

Laß sie handeln und sprechen! Verstärke durch häufige Wiederholung die Deutlichkeit und Beweglichkeit der Gedankenform!

Karte 0 oder 22. Der Narr

Erkenne im Narren dich selbst und alle Personen deiner Umgebung! Du sollst das Narrentum ablegen, es in einer Gedankenform abspalten. Sinne auf alle Narrheiten, die dieser Figur einverleibt werden! Beginne nicht mit einem Irrtum! Der Narr ist kein Hanswurst, kein Geisteskranker, kein Idiot, sondern der alltägliche Mischmaschmensch; der 99prozentige Alltagsmensch, der nie etwas ganz ist; der immer Geführte und Verführte, dem die Eigenschaften zum Führen fehlen. Der nie zur Klarheit kommt, nie sich selbst zu eigen hat, nie unbekümmert um andere zu entscheiden wagt, nur mit Zustimmung anderer Narren handelt; der immer nach dem schielt, was die andern denken und tun; der glaubt, was ihm zu glauben vorgeschrieben wird und Glauben und Meinung der Umgebung teilt.

So denke alle Eigenschaften unserer Narren durch und füge sie der Gedankenform zu, diese wird immer seltsamer von all den bunten Lappen der Narrheiten. Und beim Gehen sprich sie als Mantram aus, bei jedem Schritt tritt eine Narreneigenschaft unter die Füße:

Einfalt — Irrtum — Täuschung — Halb und Viertel —
Gläubig — dumm — begehrlich — blind im Geist —
Tapser — Sklave — Stelzer — Geck und Prahler —
Trinker — Spieler — Hopser — Film- und Lesenarr —
Seichter — Schwätzer — Stumpfer — Windiger „Bruder" —
Kanonenfutter — Weibsknecht, Bonze, Knecht der Leidenschaft —

Mitglied von Überall, Folgsamer allen Phrasen —
Lügner — Eitler — Lobbegieriger — Streber — Versteller und
Vertreter —
Atmend: Kurz und gut! Fort, ausstaffierter Narr!

Denke mehr aus! Siehst ja die Kleiderpuppen und die Puppenkleider, Gepflegte, Verlotterte, Geschniegelte, Charakterschwache. Titelhelden, Aufgeblasene, Würdige und Komiker auf jeder Straße! Versetze Dich in die Gefühle all dieser Narrenschaften, empfinde sie selbst, verstehe sie von innen heraus, bis sie Dir über werden und Du ausrufst: Das ist nicht mein Ich! Das bin ich nicht und will ich nicht sein!

Es ist ein notwendiges Reinigungsbad, damit Du Deiner Narrheit Herr wirst. Für jede abgelegte und der gebildeten Gedankenform einverleibten Narrheit muß eine Kraft eingetauscht werden! Der Verlust muß Gewinn werden! Schnell geht mit diesen Gedanken, Beleben der Form, Vertrampeln von Narrheiten die Woche zu Ende, und die Erkenntnis ist da: noch unvollkommen bin ich, noch närrisch — ich lege eine Woche zu! Bravo! Der Sumpf der Narrheiten ist nicht so schnell durchschritten! Ah! wie der Dämon Narr lebendig wird! Bald siehst Du ihn mit Dir laufen, auf der Straße und in der Gesellschaft den Leuten auf den Buckel springen und grinsen: mein Bruder!, meine Schwester!

Karte 1. Der Magier

Umstellung der Lichter! Hinauf in das Reich des schöpferischen Geistes! Magie ist wirkende Kraft in einer Form. Sei Magier und wirke mit Deinen Kräften, mit denen Du Formen belebst und füllst!

Es sollen keine blindwütigen Kräfte sein, keine dämonischen, denn nur der Narr entfesselt Kräfte, die ihn überwinden und beherrschen. Klar erkannte Kräfte sind geordnet, Gesetzen unterworfen. Finde diese in der Natur, in die Gott sie gelegt hat, erforsche sie und treibe Magie in ihrem Sinne, zum Besten aller! Nimm nichts ohne Prüfung an, das Narrentum ist ja überwunden!

Wie die Narrenform erdacht, gestaltet und belebt wurde, so erdenke, gestalte und belebe die Form des Magiers. Lebe in ihr, laß sie leben in Dir, fühle Dich möglichst oft in der Form des Magiers, sie belebt Dich und gibt Dir Kräfte zurück, wenn der Dämon Narr oder ein anderer über Dich kommen will. Ist der Narr die Form alles Unvollkommenen, so der Magier die des Vollkommenen.

Sei fernerhin Vater in der Idee, im Plan, sei Mutter in der Matrize, in der Form, so wirst Du doppelgeschlechtlich im Geist, der vollkommene andragyne Hermaphrodit. Stellst Dich in den

Beginn einer Kausalkette, die mit der Karte 21, Eins in Allem, endet. Erfasse die Magie im Makrokosmos, dann sei Magier im Mikrokosmos.

Nächtliches Nachdenken, Hineindenken, Formdenken, Kraftdenken, tägliches E i n t r e t e n in folgende Wortwesenheiten, die die Kraftwesenheiten werden:

Selbstlos — Furchtlos — Gutes wollend —
Weiser — Lenker — Former
Schöpfer — Walter — Wandler —
Denker — Fühler — Beweger —
Bildner — Füller — Planer —
Eingang — Mittler — Ausgang —
Ausgang — Mittler — Eingang —
Oben — Mitte — Unten —
Einsicht — Ansicht — Aussicht —
Beginner — Betreiber — Beender —
Licht — Leuchter — Schatten —
Gott — Heiland — Geist —
War — ist — wird sein —
Alles in Allem, Alles in Gott —
Alles der Schöpfer und Schaffer.

So fahre selbst fort, erdenke andre Eigenschaften!

Erschrickst Du vor der Allgewalt des Magiers? Sei Selbstlos — Furchtlos!

Willst Du den Magier schneller meistern als den Narren? Lache göttlich! Gut und Böse: Menschenwerk! Gott ist Gut und gut! Sei auch gut, sofort ist das Böse verschwunden! Alles Vollkommene ist gut, alles Unvollkommene das Böse.

Eindenken — Nachdenken — Ausdenken — Vordenken —
Eintreten — Nachtreten — Austreten — Vortreten —
Gott in Dir — Du in Gott.

So werden eins Gott und der magische Mensch, Mikro- und Makrokosmos.

Merke!

Die Einheit wirkt durch die Dreiheit über die Vierheit in die Vielheit.

Die Einheit: der Magier
Die Dreiheit: Körper — Seele — Geist
Die Vierheit: die lebendige Form als Keim, Aufbau, Wirkung und Abbau = Werden, Walten, Wandeln, Wahren
   als Elemente: Erde, Wasser, Feuer, Luft
   im Tarot: Stäbe, Becher, Schwerter, Münzen.
Die Vielheit: die Welt
   im Tarot: die 78 Karten als Abbild der Welt.

Der Magier der Karte 1 hat den Stab als Zauberstab in der erhobenen Rechten, vor ihm stehen und liegen die drei anderen Geräte.

Es bedeuten:

Stäbe: Szepter, Herrscherstab, Kommandostab: Herrschaft, Schöpferkraft, Würde, Macht, Tat.

Becher oder Pokale: Glück, Liebe, Religion, Gerechtigkeit, Schönheit, Kunst, Weisheit.

Schwerter: Wille, Gewalt, Mut, Begeisterung, Leidenschaft, Härte, Krieg, Kampf.

Münzen: Klugheit, Handel und Verkehr, Betrug, List.

Oder:

Stäbe: Nährstand, Becher: Lehrstand, Schwerter: Wehrstand, Münzen: Handelsstand, zusammengefaßt das Leben in der Gemeinschaft.

Das ist also das Arbeitsfeld des Magiers!

Die vier Geräte sind in der symbolischen Bedeutung uralt.

Der Stab ist überall das Zeichen der Macht und Würde.

Der Becher wird bei jeder Feier und Weihe erhoben, im Leben, in der Kirche, in der Sage (Gralssage!) und im Märchen. Die Urne als größerer Pokal dient der Ausgießung des heiligen Geistes, es sei erinnert an: Aschenurne, Wahlurne, Glücksurne.

Schwerter und Münzen sind zu sehr bekannt, als noch erklärt zu werden.

Diese vier Geräte regieren die Kleinen Arcana, die Karte Eins deutet also auf diese, auf das Leben im Volke, hin.

Die Welt des Geistes bleibt jedoch nicht ausgeschlossen, der Magier wirkt auf die Welt der Ideen in den folgenden Karten der Großen Arcana. Alles Seiende wird von den 78 Tarotkarten erfaßt, das Große wie das Gräßliche.

Nun ist zu verstehen, daß fernerhin jedes Wort nach den vier Geräten behandelt wird! So wachsen die Einsichten, lebendig wird jedes Wort und zugleich vielseitig, zumal das Werden — Walten — Wandeln bedacht wird! Der Wortklang muß gelten, nicht die Schreibweise! So ist Gelt gleich Geld, das Geld hat Geltung, damit wird vergolten, was auf Geld führt.

Narr und Magier sind zwei Spannungspole! Die Fähigkeit der Umstellung von einem zum andern muß ständig geübt werden, weiterhin wird jede neue Karte zwischen 1 und 21 eine Zwischentaste sein, die dabei angeschlagen wird.

Die Karte 0 = 22 ist die Karte des Überganges von den Großen zu den Kleinen Arcanas, das ist auszudenken!

Dem Narren fehlen die vier Geräte, er hat keine Stütze, keine Waffe, keine Geltung und keine Weisheit, so hetzt er sich selbst von einer Gefahr in die andere!

Das Ziel ist durch die Karte 21, Alles in Allem bezeichnet. Die Ziele, die bei den Karten 1—10 angegeben werden, betreffen den Menschen, sind also Rückwirkungen der Ausstrahlungen der himmlischen Welt der Göttlichkeit und ihrer Ideen.

Karte 2. Die Hohepriesterin

Wir treten in die Reihe der Frauenkarten ein, da muß zuerst die Einteilung in die drei Staffeln von je sieben Karten erklärt werden.

Der Einerstamm 1 — 4 — 7 — $\boxed{10}$ — 13 — 16 — 19 vertritt das männliche Prinzip, das negative Element ist der Schöpferstamm. Diese Folge schildert die in Tat umgesetzte Willenskraft, gemäß der Dreiheit Werden — Walten — Wandeln. Sie hat als Mittelpunkt die Schicksalskarte, die vom Walten in das Wandeln überführt.

Der Zweierstamm 2 — 5 — 8 -- $\boxed{11}$ —14 — 17 — 20 vertritt das Mittel der schöpfenden Willenskraft, das vermittelnde positive weibliche Prinzip, den Mittler, Logos, den „Sohn" des Schöpfers, den Stoff, in dem die Zeugung vor sich geht, das „Wort" der Schöpfung. Liebe ist die Ursache jeder Schöpfung und Zeugung, die alles beherrschende Liebe ist daher der Mittelpunkt dieser Folge, in der natürlich ebenfalls die Geschichte des Werdens — Waltens — Wandelns geschrieben ist. Allerdings muß „negativ" richtig verstanden werden: vom Negativen geht der Strom aus, ins Negative geht er zurück. Zweipolig ist das Weib, empfangend gegenüber dem Befruchter, positiv gegenüber der Frucht, der Unterschied zwischen der süßen Geliebten und der strengen Mutter. In der geistigen Religion ist es der Sohn, in den Kirchenmythen die Göttin-Mutter, in der kosmischen Symbolik d i e Sonne. Der Tarot vertritt keinen Kirchenglauben, sondern reingeistige Religion, er ist daher unvergänglich und paßt sich jeder Kirchenlehre an. Es ist ein aus Unwissenheit geborenes Mißverständnis, im Sonnendienst etwa die Anbetung der körperlichen Sonne zu sehen, aber die Sonne ist das vorzüglichste Natursymbol für die Gottheit. Die Ausdeutung von Sonne und Mond ist vielfach vermischt und verwirrt, jedenfalls gehören beide zusammen. Die Sonne vertritt die schöpferische Seite, der Mond die befruchtete Seite des Mittlers. Die katholische Kirche drückt das Verhältnis durch die beiden Figuren Jesus und Maria aus. Maria ist die Mondgöttin, oft auch auf der Mondsichel stehend dargestellt, während Jesus der Sonne entspricht. Darum ist der alte germanische Kultus der wiedergeborenen Sonne im Weihnachtsfest von der Kirche angenommen worden. Der einzige Unterschied zwischen Christenglauben und germanischem besteht im Namen. Das Ganze läuft dann unter der Bezeichnung Germanisches Christentum. Bei den alten Ägyptern haben wir Osiris, Isis und Hermes, ist alles dasselbe! Und der Namen wegen schlagen sich die Narren tot!

Der Dreierstamm 3 — 6 — 9 — $\boxed{12}$ — 15 — 18 — 21 vertritt den Geist, die Idee der Schöpfung, das Glied zwischen Schöpfer und Sohn, die Verbindung zwischen beiden. Menschlich gedacht: Der tätige Mensch hat eine Idee, die durch die Tat ausgeführt wird. In der göttlichen Welt ist kein Hintereinander, da ist keine Zeitmessung! Darum ist diese Dreiheit Eins und zugleich, wie beim Menschen auch Wille, Seele und Geist in einem Körper vereint sind.

Unsere Tarotkarte drückt das alles deutlich aus. Da sind die Hörner, mit denen der Mond dargestellt wird, das blaue Kleid deutet auf den Himmel. In der rechten Hand die Schriftrolle, auf „das Wort" hinweisend, in der linken, der Herzhand, die zwei Schlüssel, auf die göttliche und die irdische Welt deutend, für diese den Mittler darstellend. Die Hohepriesterin sitzt im Tempel auf einem quadratischen Block, der Kubus ist Symbol für die stoffliche Welt.

Die Darstellungen der Großen Arcana sind im Stile der altägyptischen Kunst gehalten, um jeden Verdacht zu unterbinden, als handele es sich um einen derzeitigen Kirchenglauben. Es sind der Art nach die Einweihungsbilder aus Memphis! Wer darüber eine dichterische Einfühlung lesen will, sei auf das feine Buch von Waldemar von Uxkull, Eine Einweihung im alten Ägypten, hingewiesen. Dieses wird das Verständnis bedeutend fördern. Ein anderes Buch: Hermetis Trismegisti, Einleitung ins höchste Wissen von Erkenntnis der Natur und des sich darin offenbarenden großen Gottes. Verschiedentlich übersetzt und verlegt. Mein Buch ist übersetzt von Alothophilo 1786, Verlag J. Scheible, Stuttgart 1855. Es sind die geretteten uralten 17 Bücher, erhaben in Schilderung und Lehre. Auch bei den Ägyptern finden wir in den höchsten Priesterkreisen die Kenntnis der reinen Religion, während die niedere Priesterschaft den damaligen personifizierten Kirchenglauben pflegten.

Unsere Hohenpriesterin ist also die erste Ausstrahlung Gottes, der Beginn der Erdenwelt, die erste Form, erfüllt mit göttlicher Kraft und Liebe („aus Liebe" hat Gott die Welt geschaffen!), vertritt Mithras, Baldur, Jesus Christus, Maya, Maria, Isis, Serapis — um nur einige Namen zu nennen! Dieses Urbild ist wie Gott-Schöpfer überirdisch, Wisser des göttlichen Geheimnisses von der Zeugung.

Eine schwer zu bildende Gedankenform für einen Mann, während der Frau die Form des Magiers schwerer fällt. Wir sind im Begriff, unsere Gottesvorstellungen in Göttergestalten zu personifizieren, wir machen uns Bilder und Gleichnisse, was Gott im Dekalog verboten hat, während Krischna in der Bhagawad Gita erklärt: Kap. XII: Die Schwierigkeiten, welche sich denjenigen entgegenstellen, die ihr Herz nach dem Nichtoffenbaren richten, sind größer, denn der geistige Weg ist schwer zu finden für die, deren Geist an den Vorstellungen haftet. Wer dem unvergänglichen, unsichtbaren und nicht offenbaren Einen dient, dem alles Durchdringenden, Unbegreiflichen, dem Höchsten, Unwandelbaren und Ewigen — — d e r g e h t i n m i c h e i n! Wer in seinem Herzen in Mir Ruhe findet und mir in beständiger Ergebung dient, wer den vollkommenen Glauben hat, d e r i s t M i r a m n ä c h s t e n. (Die Bhagawad Gita. Das Lied von der Gottheit oder die Lehre vom göttlichen Sein und von der Unsterblichkeit, übersetzt, mit vielen Zitaten aus der christlichen Mystik begleitet, übersetzt von Dr. Franz Hartmann, Verlag Max Altmann, Leipzig — ein unentbehrliches Buch!) Ich weiß aus eigener Erfahrung, daß man nur über den Weg des Glaubens an die maskierte = personifizierte Gottesvorstellung zur höheren Stufe, die zur Vereinigung mit Gott führt, gelangen kann. Daher muß der Schüler der Mystik sich seine eigene Vorstellung bilden, s e i n e n Gott.

Wissende Liebe ist der Inhalt der Hohenpriesterin. Setze Deine Gedankenform auf eine Blume, auf Lotos, Lilie oder Rose, die erfüllt sind vom mystischen Zauber urgründiger Geheimnisse. Ist die Vorstellung so weit verdichtet, lasse sie schweben! Wie der Lotos über dem Wasser schwebt, der Morgenstern im Blau, das Morgenrot über schneeigen Firnen! Über dem spiegelnden Meer wie Maria auf der Mondsichel. (Meerstern, ich dich grüße — — —! Meer — mare — Maria.)

Nicht gehend, sondern sitzend oder stehend meditiere mit erhobenem Haupt, erhobenen Armen, voll seeliger Liebe!

Mutter — Meister — Mittler —
Liebe — Güte — Opfer —
Wissende Erbarmerin —
Duldender Erbarmer!
Schöpfer der Formen —
Verleiherin der Seelen —
Wort vom Vater —
Du Weg zu Gott!
Körper — Seele — Geist —

so fahre fort, mit Deinen Liebes- und Dankesgefühlen Deine Form zu beleben, bis Du sie herabziehen kannst in Dein flutendes Herz. Deine Himmelskönigin! Dann stelle gegenüber 2 und — — — 22, der Narr!

Das Ziel, die Auswirkung ist die Karte 20. Ewiges Leben durch den Erlöser! Da hat sich zur 2 die 0 gesellt! Nun begreife, warum 22 als Kartennummer unterdrückt worden ist!

Karte 3. Herrscherin

Die erste Karte des Dreierstammes! Die Wandelkarte als Mittelstück der Folge ist Karte 12, Prüfung, das Ziel die Karte 19, Geistiges Leben. Der geistige Weg ist der gefahrvollste, die Prüfung entscheidet, ob das Ziel erreicht wird, oder ob die Dämonen nach Karte 15 und 18 zum Verderben führen. Die Karte hätte auch die Bezeichnung Gnosis führen können, oder Gnana Yoga im Idealbild. Oder die Vernunft, sich aussprechend in Wissen und Erkenntnis! Es ist der dritte Heilsweg, der erste durch die Tat, der zweite durch die Liebe, der dritte durch Erkenntnis. Diese Heilswege sind in der christlichen Kirche nicht klar erkannt und zum Ausdruck gebracht worden, im Gegenteil hat sie die teuflische Lehre in den Mittelpunkt gestellt, wonach der Mensch im Besitze völliger Willensfreiheit, jedoch unfähig über die Erbsünde hinauszukommen, nur durch Gnade sein I c h als P e r s o n in die Ewigkeit n e b e n G o t t retten könne! „Du wirst w i e Gott sein", redet die Schlange verführerisch zu Eva — das ist die Falle des Teufels, oder „der Vernunft". Wahre Gotteskindschaft bekundet sich in der Aufgabe der Vorstellung vom persönlichen Ich und Unterstellung unter den Willen Gottes. Gemäß seiner Anlage ist jeder Mensch für einen Weg vorzugsweise veranlagt. Unsere indischen Stammesgenossen haben diese Erkenntnis viel schärfer ausgearbeitet, im Anschluß folgt daher eine schlagwortartige Darstellung der Dreiheilswege, wobei Gnana Yoga in die Erläuterung unserer 3. Karte einzubeziehen ist.

Also „In-Gott-sein" ist die Lehre.

Die „Vernunft" oder „Gotteserkenntnis", oder der heilige Geist in der göttlichen Dreieinigkeit wird dargestellt durch eine weibliche Idealgestalt, Sonne, Mond und Sterne als Kopfschmuck im blauen Himmel, als Szepter der Planet der Inspiration, Uranus, in der erhobenen Hand, sitzend auf dem Kubus, also verbunden mit dem eingefleischten Wesen Mensch, davor der göttliche Gedanke in Gestalt des Sonnenvogels, der nur in himmlische Höhen steigt: Venus-Urania! Die himmlische geistige Liebe.

Nun bilde eine Gedankenform des wahren Wissens, der reinen göttlichen Vernunft und belebe sie! Die Karte 13 zeigt den rechten Wandel, des Gehen auf der Sternenbahn, die Verlegung des geistigen Kopfes in die Füße, den „rechten Wandel auf dem rechten Pfade", die vollzogene Umstellung der Lichter, das kleine ich hat das große Ich (I c h bin der Herr dein Gott!) erkannt. Das Ziel „Geistiges Leben" ist das Leben i n Gott, nicht n e b e n Gott. Die irdische Entsprechung der Göttlichen Dreieinigkeit ist der Mensch, unvollkommen, zur Vollkommenheit berufen.

Meditiere die Herrscherin zuerst im Liegen, dann im Sitzen, zuletzt im langsam-feierlichen Wandel und bedenke: Karte 1 der Magier verkörpert das Werden, Karte 2 die Hohepriesterin, das Walten, Karte 3 Herrscherin des Wandeln. Wandelbar ist der Geist, beharrlich die Liebe, unveränderlich die Willenskraft.

Richte beim Meditieren den Blick auf die Sterne, dann wieder niedergeschlagen auf das Sonnengeflecht nach innen, voll Ruhe, gesammelt, zeitlos, überräumlich, fühle den Hauch des ewigen Geistes.

Gott im Werk — Zweck im Werk — Ziel im Werk —
Gesetz im Werk —
Ursache — Wirkung — Übergang —
Geburt — Leben — Sterben —
Werden — Walten — Wandeln — Wahren
In der Vielheit die Dreiheit —
In der Dreiheit die Einheit —
Einheit ohn' Anfang, ohne Ende —
Unveränderliches Sein im Wechsel der Form —
Sein in der Form, Kraft in der Form als Seele und Geist —
Weder Stoff noch Nichtstoff —
Formlos — seelenlos — geistlos —
Als Ursache von Form — Seele — Geist —
Mehr als Form, Mehr als Seele, Mehr als Geist —
Wirkend durch Seele und Geist in der Form —
Unausdenkbar — unerfaßlich,
War — Ist: wird-Sein: Gott!
Das einzige Ur-Ich.
Gott sieht — kennt — denkt — spricht nur sich.
Nenne ein Wesen: Du nennst Gott!
Sprich ein Wort: Du sprichst Gott!
Von Gott — in Gott — durch Gott — zu Gott.
Erkenntnis Gottes höchste Vernunft.
Gott im Innern, nie im Äußern.
Menschensatzung erreicht nie Gottessatzung.
Kein Mensch ist Gott, er kann in Gott sein,
Wenn er den Geist versteht, von Sünde frei, der in ihm denkt,
Frei von Selbst-Ich-Sucht-Verirrung.

Einschaltung:

Die drei Heilswege

Der erste Heilsweg: Die Tat
Karma Yoga. Die Säule der Mitte

Tarotkarten: 1 — 4 — 7 — 10 — 13 — 16 — 19. Astrologisch: Kardinalzeichen.

Ein Willensstrom treibt an zu Wirkungen, zu Taten. Jede dieser Tarotkarten bekundet drängende, handelnde Kraft. Woher strömt sie? Wo ist der Urquell des Stromes? Bist du der Magier, dann geht er von dir aus und dringt durch deine Organe, deine Beauftragten, deren Willenskraft in deinen Dienst stellend. Aber — — bist — du — nicht — auch — ein — Beauftragter? Wer kann dir beweisen den Ursprung deiner Idee, deines Willens i n d i r s e l b s t ? Schöpfest du oder wird durch dich geschöpft? Denkst du oder denkt „es" in dir? Das ist hier die Frage. Nein, es ist keine Frage: wie die irdische Sonne ihre Kraft von einer geistigen Ur-Sonne erhält, strömt auch dir die Kraft von einer Urkraft zu! „Es" handelt durch dich!

Dann darfst du weder Lohn noch Strafe auf dein Konto nehmen!

Wie schwer wird das einem Europäer, sich als Werkzeug betrachten zu müssen, nachdem er die Selbstvergötterung bis zur Verrücktheit getrieben hat. Aber es hilft nichts, wir Menschen werden nur dadurch Gottes Kinder, daß wir uns hemmungslos als Gottes Werkzeuge betrachten.

Freiheit des Willens? Wer sie bejaht, beweise es, indem er seine Anlagen ändere, seine Gedanken beherrschend, die Quelle s e i n e s Willens aufdecke! Erst Erfahrung, dann Theorie!

Unfreiheit des Willens? Wer sie bejaht, beweise die Unmöglichkeit, sich für rechts oder links zu entscheiden! Er verneine Bildungsmöglichkeit, Wahlfreiheit, Gemeinsamkeitsleben!

Ja, wohin führen diese Beweise? Zur Erkennung der Unsinnigkeit in der Fragestellung!

Der eine Heilsweg lehrt: Deine Gedanken sind nicht dein Ich. Der andere: Deine Gefühle, deine Seele, sind nicht dein Ich. Dieser erste Weg lehrt: Auch deine Taten sind nicht dein Ich. Karma Yoga lehrt: Dein Wille ist ewig frei; lehrt auch: Du bist abhängig von Herkunft, Bildung, Umgebung und deinen Taten. Du schaffst dir durch Gedanken und Handlungen Ketten ohne Lücken, die dich fesseln.

Wie dem entgehen?

Handele überhaupt nicht!

Sei bloß Werkzeug ohne Verantwortung, gib dich völlig in Gottes Hand, er schwinge dich wie einen Hammer. Jesus hat dafür das Beispiel gegeben, folge ihm nach!

Wenn du selbst aufhörst zu schaffen, zu handeln, bildest du keine Kettenglieder mehr zu deiner Fesselung, dein Karma hört auf! Denn du selbst bist die Ursache deiner Abhängigkeit! Das ist die Frage der Sphinx auf der mittleren Karte der Reihe: Sein oder Nichtsein, Gott oder Mensch. Ist der Hund verantwortlich für die Erfüllung der Aufträge seines Herrn? Nein! So werde

Gott treu und kritiklos ergeben, wie du es von Deinem Hunde verlangst! Aber die Schlange lehrt dich: sei selbst Gott, betört dich zum Fall, zur Schicksalsfesselung.

So fragt die Sonne nicht nach Gut und Böse; sie scheint! Gehe durch den Tod, du stirbst ewig nicht! Das richtige Verhalten von dir wirkt wie ein Blitz auf den falschen Tempel, es zerstört alles Falsche, Unechte! Dieses führt dich zur Vereinigung mit der geistigen Sonne, zum geistigen Leben, zur endgültigen Vereinigung.

Betrachte dein Ich als einen Willenstropfen, zugehörig dem universellen Willen. Überwinde das Zufällige deiner Persönlichkeit, den Irrtum einer selbständigen Individualität. Dann machst du dich frei von allen Banden. Gib das eigene Handeln auf, handle für die höchste Macht, gib ihr die Folgen, sei es Dank, sei es Haß. Du handelst unbekümmert um alles das. Lobt man deine Werke, so lenkst du das Lob auf Gott, auch berührt dich nicht Haß und Tadel. Wer wagt es Gott zu kritisieren? Du lächelst! Du verschenkest nichts, Gott schenkt durch dich, ihm sei Dank und Preis. Du verdienst nichts, Gott gibt es!

Wer lenkt deine Handlungen? Du kannst es dem Fragenden nicht sagen, er versteht dich nicht, kennt nicht das Verbundensein mit dem Unendlichen. Kann der vom Meister geschwungene Hammer diese Frage beantworten? Nein, aber er wird geschwungen und fällt mit wuchtiger Kraft auf ein Objekt, das er nicht erwählt hat. Das weiß er genau und läßt sich schwingen.

So lehrt der Yogi:

„Du hast das Recht zur Tat, aber unter keiner Bedingung zur Frucht der Handlung. Gib alle Regeln für deine Handlungen auf und nimm deine Zuflucht zu Gott. Gib d e i n e Handlungen auf jedes Tun, sei ein Opfer dem Göttlichen. Keiner erlangt die Freiheit durch Unterlassung von Taten; durch Unterlassung erreicht niemand die Vollkommenheit. Mache dich frei von dem Begehren deiner Sinne, den Fiebern und Gedanken, von deinem Ichgefühl."

„Nachfolge Christi" nennt man diesen Weg in der christlichen Kirche; er ist hoch gepriesen, wird wenig begangen, führt aber zum Ziel.

Der andere Heilsweg: Die Liebe

Bhakti-Yoga. Die Säule der Schönheit

Astrologisch: fixe Zeichen.

Tarotkarten: 2 — 5 — 8 — 11 — 14 — 17 — 20.

Liebe ist der Mittelpunkt einer jeden Religion. Sei es ein unendliches Mitgefühl mit allen Leidenden, sei es eine Art Brudergefühl, Kindesgefühl. Anders faßt der Yogi die Lehre von der Liebe auf: ein überwältigendes Verlangen nach der Vereinigung mit Gott, um es kurz zu nennen. So entsteht das Suchen nach einer innigen Verbindung durch das Gefühl mit allen Wesen und der umgebenden Welt. In jedem einzelnen Gegenstand erblickt er die Grundlage für alles, Gott.

Suche durch Liebesgefühle für jedes sichtbare und zufällige Ding, sei es ein Gegenstand oder sei es ein Wesen, der die Grundlage in jeder Schöpfung ist, fühle das Ich, das wahre Lebensprinzip! Dann wirst du aufhören, den Gegenstand deiner Liebe um seiner selbst willen zu lieben, sondern dieses Ichs wegen.

„Niemand hat das Weib des Weibes wegen geliebt, sondern wegen des Ich in ihr." Die Yogaphilosophie vernichtet durch Eindringen in dieses, durch das Bestreben, den eigentlichen Kern zu erfassen, die Illusionen, auf diesem wie auf jedem andern Punkte, uns verhüllend die reine Wirklichkeit. Die Einbildung, als ob wir das geliebte Wesen um seiner selbst lieben. In jeder Zuneigung, sie trage welche Form immer, findet sich eine Neigung zum ewigen Ich. Ob Mensch, ob Tier, immer finden wir darin einen Funken, und nur dieser erweckt Liebe und Zuneigung.

Der zweite Weg führt die Liebe ein in die Religion. Ihr eigentliches Ziel ist Gott und über Gott hinaus zu allen Dingen und Wesenheiten seiner Schöpfung. Diese Liebe ist keine poesievolle Theorie, vermengt mit Sentimentalität, rot gebunden mit Goldschnitt, sondern restlose Verwirklichung. Wie es der heilige Franziskus verstanden hat, wie es Jesus vorgelebt hat. Die 2. Karte, der Ausgangspunkt des Weges, vertritt sowohl Jesus, wie Mutter Maria, beide erfüllt von hingebender, opfernder Liebe. Der Endpunkt ist ewiges Leben, wo die Liebe nicht aufhört, sich nicht auf Mann und Weib beschränkt. Die Liebe endet jeden Streit, sie gibt eine unendliche Kraft, einen unerschrockenen Mut. Darum steht die 11. Karte in der Mitte des Weges. Wer kann an Mut und Hingabe eine Mutter erreichen? Die Liebe bezwingt alles! So begegnen wir weiblichen Gestalten auf diesem Wege, die geistliche Macht, dargestellt als Hohenpriester, ist die Mutter gegenüber dem Herrscher, der weltlichen Macht. In der strengen Gerechtigkeit erblicken wir den Typ für alle weiblichen Idealfiguren, nichts hat die Liebe zu schaffen mit Tod und Teufel, sie denkt an Verkörperung, sie pflanzt die Hoffnung auf und strebt zur höchsten Höhe der Gottheit. Gretchen führt Faust, Beatrice Dante zu den Gefilden der Seligkeit.

Die Liebe kennt nicht Gut oder Böse, sie sieht im lasterhaften Geschöpf noch ein, wenn auch beschmutztes Bild der ewigen Liebe; und wendet sich nicht ab.

„Gott ist die Liebe, daher mußte er Wesenheiten, den Menschen schaffen, um seine Liebe beweisen zu können." Einer der feinsten Gedanken eines Kirchenvaters der Frühzeit. Die wahre Liebe kennt keinen Streit um Ansichten, Lehren, Dogmen, denn es gibt keine Formel, welche Gott ganz umfaßt, aber alle Lehren sind Teilstücke seiner Wesenheit.

Der Yogi unterläßt jeden Versuch, Gott zu definieren, ihn in der Aufzählung von Eigenschaften begrenzen zu wollen, ihn, den Unbegrenzten! Er kennt nur das Gefühl völliger, restloser Hingabe. So erheben sich seine Gefühle selbst zu Gott, er empfindet: nicht ich fühle und liebe, sondern es ist Gott selbst in mir. Ich bin nicht ich! Damit erledigt sich auch der sinnlose Streit um die Anbetung sichtbarer Bilder. Wer hat den größten Glauben, der „wilde" Naturmensch, der in einem Stein, in Baum oder Stern Gott erkennt, Gott auch im leblosen Gegenstand, oder der dogmatische Kirchenchrist, der darin ein totes, gottloses Ding erblickt? Sagt aber nicht Jesus: Dein Glaube hat dir geholfen; und ist der Glaube etwas anderes als Liebe?

Der Yogi sucht alle Liebesgefühle auf und wendet sie auf Gott an, er erblickte in ihm nicht nur den Vater, nicht nur den Bräutigam, uns geläufige Vorstellungen, sondern auch seinen Freund, seine Geliebte und sein Kind. Unsern Frauen, mit ihren liebevollem Herzen sind solche Vorstellungen weniger fremd! Erst dieser „Wahnsinn der Liebe" führt gänzlich zu Gott.

„Der bedarf keine frommen Übungen, dessen Herz zu Tränen gerührt wird beim bloßen Hören von Seinem Namen." Sagt Ramakrishna.

Karma- und Bhakti-Yoga sind zwei Wege, nur am Anfang getrennt, schließlich in einen Pfad mündend!

Der dritte Heilsweg: Die Erkenntnis Gnana Yoga. Die Säule der Stärke

Tarotbilder: 3 — 6 — 9 — 12 — 15 — 18 — 21.
Astrologisch: Gemeinschaftliche Zeichen.
Sokrates sagt: Die Seele umfaßt alles; wer seine Seele kennt, kennt alle Dinge; wer unwissend ist um seine Seele, ist unwissend um alle Dinge.

Dieser Heilsweg ist die gerade Fortsetzung von Raya Yoga; geschult durch die Kraft der Beherrschung, wird der mentale Apparat nun angewendet. Der Versuch, durch Erkenntnis, Verständnis, Einsicht zum Höchsten zu kommen. Das müßte uns Europäern doch liegen? Wir wollen sehen!

Zuerst Selbsterkenntnis! „Ich denke, darum bin ich," lehrt Descartes. Jedes Wort ein Irrtum! Es war Lichtenberg, der zuerst erkannte: „Es denkt in mir."

Wer, was ist mein Ich?

Ist es irgendein Körperorgan? Nein, wir können es verlieren und bleiben Ich nach wie vor, unverkürzt.

Sind es unsere Gefühle? Nein, wir können sie bezwingen, sie kommen und gehen, unser Ich bleibt!

Sind es unsere Gedanken? Die auch kommen, gehen, sich verändern? Nein, denn ich kann willentlich dieses oder jenes denken; was ich regiere, steht unter meinem Ich.

Helfen uns Theorien, Denkformen? Nein, sie stehen der Erkenntnis im Wege! Jede Formulierung einer Meinung, jede These fesselt unser Erkenntnisvermögen, schwächt die reine Objektivität, sperrt uns ein; verhindert das Weiterdenken. So sind unsere Philosophiesysteme ein großes Hindernis auf dem Wege zur Wahrheit.

Halte die Augen auf die Unendlichkeit gerichtet! Zerbrich die Dome, deren Decken den Blick in die Unendlichkeit abfangen! Baue Pyramiden und für dich einen Platz auf der Spitze!

Löse jeden Knoten, das Durchhauen überlaß Pfuschern der Geisteswissenschaft.

Binde dich an keine Schule, keine Lehrmeinung.

Das Dasein ist eine Wirklichkeit, damit beginne. Das universelle Ich liegt allem Sichtbaren und Unsichtbaren zu Grunde, auch deinem Ich! Durch Sophismen kann bewiesen werden: es gibt kein Dasein, es ist ein Irrtum des Subjekts. Das praktische Leben kümmert sich nicht darum und beweist ruhig: es gibt ein Dasein. Halte dich nicht daran auf. Ebensogut kannst du deine eigene Existenz verneinen, suchst entweder das Ding an sich oder verneinst auch das. Da lehrt schon Buddha: es existiert überhaupt nichts, das wirklich existiert und wirklich nicht existiert, es gibt — weder Existenz noch Nichtexistenz. Illusionen sind es auf dem Wege zum Nirvana; die Illusion der Persönlichkeit.

Der Yogi hat auch diese Anschauung überwunden, als nicht tiefgründig genug. Das ist ja klar: Das Dasein, wie es so allgemein aufgefaßt wird, ist eine Illusion. Deshalb kann aber ein Dasein existieren, von dem wir uns erst die richtige Vorstellung verschaffen müssen. Wir sehen uns und die Umwelt falsch, nicht wie wir sind. Wir kennen unsere eigene Seele noch nicht, sondern wie sie sich uns von einem gewissen Standpunkt aus darstellt! In einer gewissen Situation.

Solange der Mensch im Zustande völliger Unkenntnis ist über seine Seele und die Welt, in der sie lebt, kommt er aus dem Labyrinth des Irrtums nicht heraus. Er muß seine eigene Natur erkennen! Steige über alle Grenzmauern, gib auf die Beschäftigung mit äußern Dingen; Fallen, in denen du hängenbleibst; tauche nieder zu dem kleinen Funken universellen Wissens, der in allem und jedem auf dem Boden liegt. Sei überzeugt: die wahre Natur des Daseins, die grundlegenden Prinzipien offenbaren sich überall, nachdem die verbergende und irreleitende Oberfläche beseitigt ist. Jede Erfahrung, die dann gemacht wird, sei es durch Intuition oder Vernunftschluß, wende auf dich selbst an, erprobe es an deiner

Seele. Laß deine Seele einströmen in die Dinge um dich, dann erreichst du den Boden und findest darauf den ewigen Kern. Jetzt erscheinen sie dir nicht, wie sie sich den Augen vorstellen, sondern wie sie sind! Schließlich verschmilzt deine Seele mit diesem Kern, dem Funken der Unendlichkeit. Nicht mehr siehst du die äußere Hülle, sondern das eigentliche Wesen. Wie eine Mutter die Seele ihres Kindes sieht. Du wirst ein Wissender, Erkennender und verneinst die Möglichkeit, deine Erkenntnis in Formeln der Mitwelt „zur Kenntnis zu bringen", wie eine plappernde Zeitung: als „Lesestoff".

Sieht er die Strahlen der Seele, konzentriert er darauf seine Gedanken, dann geschieht es, daß der Yogi ausruft: I c h b i n e s, das ewige, alles Durchdringende, Unbegrenzte!

Gefallen sind die Schleier, die Illusion der „Persönlichkeit" ist verschwunden, er sieht keine körperlichen Grenzen, fühlt sich eins mit dem Unoffenbarten. Was folgt? Aufgabe aller Wünsche, die intellektuellen Anwendungen, als eines neuen Diogenes. Aufgabe der persönlichen Bande, Freiheit von allen Gefühlen der Freude oder des Leids, Glücks oder Unglücks, Reichtum oder Armut, Mangel oder Über-fluß, Leben oder Tod. Das heißt, verschwunden ist das e g o i s t i - s c h e E l e m e n t in ihm zu diesen Dingen. Nicht sie selbst sind ihm gleichgültig, sondern seine persönliche Stellungnahme dazu. Sein Ich lebt im universellen Ich, und so treffen sich zusammen auf dem letzten Pfade die Wanderer auf allen drei Pfaden.

Gemäß Veranlagung war der Ausgangspunkt verschieden, nicht das Ziel. Nicht nur die Wege vereinigen sich, auch die Gedanken, Gefühle, Handlungen verschmelzen, wobei jedoch immer der Ausgangspunkt erkennbar bleibt.

Der Ausgangspunkt ist der Heilige Geist, der Pfad geht über den Scheideweg — wie bezeichnend ist jetzt dieses Bild! — Wähle recht, so wirst du der Weise, der sucht, aber auch sein Licht strahlen läßt. Opfern muß jeder auf diesem Wege, eine herbe Prüfung bestehen! Opfere die Leidenschaften oder die Weisheit! Damit beantwortet sich die 15. Karte: du überwindest den Teufel oder verfällst seiner Macht. Im letzten Falle wirst du ein Opfer deiner blinden Leidenschaften, im ersteren wirst du der Gnana-Yogi, gehst auf im All, gemäß deiner Erkenntnis.

Karte 4. Der Herrscher

Die schwierigste Aufgabe liegt hinter uns! Wir leben nun in der göttlichen Dreieinigkeit und diese lebt in uns, was in Tiefen verstanden wird.

Wir können uns von jetzt ab kürzer fassen, denn jede folgende Karte geht auf eine dieser ersten Dreiheit zurück und ist daher leichter zu erfassen. Eine neue Dreiheit tritt uns entgegen, die Übertragung der göttlichen Kräfte in die Ideenwelt der Erde. Hier finden wir bereits greifbare Vorbilder für unsere Idole. Von der himmlischen Dreiheit hat die irdische Nachahmung entliehen und benutzt bereits zu persönlichem Vorteil, was lediglich Mittel für die Gesamtheit sein sollte, daher zur Sünde führt: Erhabenheit, Glanz, Macht, Wirkung, Einsicht. Immer mehr sinkt die Verkörperung in den Sumpf der Gemeinheit, wird Schauspiel, Blendwerk, Betrug am Volke, und führt zum traurigen Ende, damit Würdiges das Unwürdig gewordene ablöse. So sinken hin: Staaten und Herrschergeschlechter, Kirchen mit Oberpriestern, Hohenpriestern und Päpsten, Neubildungen treten auf, bis auch in diesen menschliche Unzulänglichkeiten aufkommen und zum Untergang führen. Und immer: je minderwertiger der Mensch in der Form wurde, destomehr behängte er den gewöhnlichen Leib mit Kleidern, Bändern, Schmuckstücken, um auf diese Weise einen Unterschied vorzutäuschen, mehr an Unbedeutenheit, um so mehr an Titel. Und weil trotz allem die aufgeplusterte Menschenform keine Göttlichkeit vortäuscht, erscheinen die Herrscher und Oberpriester nur inmitten einer Schar anderer, als Sonne zwischen Sternen. Und diese Statisten geben sich nur aus Egoismus zu dieser Rolle her, weil sie vom Schimmer der Hauptperson abbekommen und als Knechte Herrenehren beanspruchen und erhalten. Das ist die irdische Ordnung, gedacht ist es anders und wir müssen daher unserer Gedankenform eine Idealgestalt geben. Das ist in unserm Herrscher auf Karte 4 der Fall. Er trägt die ägyptische Sonnenkrone, trägt den Herrscherstab oder Szepter und den Stab des Richters, die strafende Geißel in Händen. Auch er sitzt auf dem Kubus und seine Beine bilden ein Kreuz, das hiermit in den Verlauf der Geschehnisse eingefügt wird. Die göttliche Herkunft (viele Fürsten führen ihre Herkunft auf Gott als Stammvater zurück!) wird durch den Adler angezeigt. Vor ihm beugen sich die Völker, die er regiert und richtet.

Bei der Bildung dieser und aller folgenden Gedankenformen muß das Wandeln berücksichtigt werden, vom Erhabenen zum Lächerlichen, vom Weisen bis zum Narren, vom Gerechten bis zum Ungerechten, vom Diener bis zum Verknechter des Volkes. Denn jede Karte erhält die ungünstige Bedeutung, wenn sie verkehrt fällt! Zweckmäßig wird eine historische Person gewählt, was auch für die folgenden Karten gilt, etwa Attila, Cäsar, Karl der Karolinger, Napoleon.

Auch sei bemerkt, daß der Tarot 7 Dreiheiten enthält, von der jede in der Folge in gewisser Übereinstimmung mit den 7 Karten der Stämme steht. Jede Dreiheit entspricht einer „Ebene". Die erste ist auf der Ebene der schöpfenden Gottheit, die zweite, Karte 4—6, ist die Entsprechung auf der Erde.

Der Herrscher will die Rolle Gottes auf Erden hinsichtlich der Gewalt und Macht spielen, er benutzt dazu die Phrase: Von Gottes Gnaden . . . . Übrigens ist jedermann von Gottes Gnaden das, zu dem er sich macht. Vor Gott sind wir alle gleich. Der Herrscher ist nur zu verstehen als Exponent einer der möglichen Formen der Ordnung im Gemeinschaftsleben. Ursprünglich gewählter Erster unter Gleichen. Sowie dieses Verhältnis einseitig verrückt wird, zu Gunsten der Familie des Herrschers, ist er Macht r ä u b e r und leitet einen künftigen gewaltsamen Umsturz ein. Das lehrt die Geschichte. Gleichheit im materiellen Besitz ist Utopie, Unmögliches. Ebenso unmöglich ist die Einteilung der Menschen in gleichveranlagte Gruppen, da fortgesetzt Umschichtung erforderlich wäre. Der Niedergang im Ethos der Menschheit zeigt sich im Verhalten von Tieren, die der Mensch in seine Gemeinschaft zieht, auch diese sinken ethisch herab, sie verlieren das Sittengesetz der Rasse.

Der Herrscher in schlechter Form ist ein selbstverschuldetes Übel der Menschheit. In diesem Falle werden Hüter der Ordnung Beschützer der Unordnung. Man suche das Vorbild des Herrschers auch nicht nur auf Thronen, sondern im Leben. Hier führen sie einen anderen Namen: Unternehmer oder etwa Bonze. Ein Wechsel in der Person ist meist zwecklos, nur ein Wechsel im Ordnungssystem kann Abhilfe gegen Tyrannei schaffen. Jeder Mensch, der in sich die Berufung zum „Untertan", Untergebenen, Geführten fühlt, bedarf eines Herrschers, er muß die Ketten mit jauchzender Begeisterung tragen. Der Weise ist nicht so, er bedarf keines Herrschers und sucht ihn nicht auf.

Es gibt Weise auf dem Thron, die nur dem Volke dienen und es nicht beherrschen wollen, es sind Ausnahmen. Es gibt Skeptiker auf dem Throne, die durch kriechende Unterwürfigkeit zu bitterer Ironie ob ihrer Rolle getrieben werden.

Das Ziel der Karte 4 ist Karte 18, Blinde Leidenschaft. Darum sind die Blätter der Geschichte voll beschrieben! Wer davon Kenntnis nimmt, wünscht sich so wenig wie möglich an Herrschern.

Bei der Belebung muß Tatkraft eingelegt werden! Erkenne dich im Werk!

Mantram: Fürsorger — Regler und Regent —
Richter, Ordner, Schlachtenlenker —
Volkes Diener — Volkes Vater —
Selbstlos, frei von Stolz und Prunk.
Milder — Weiser — Zier des Volkes,
Schad' daß Du nicht ewig lebst!
Pracht- und Machtgier.
Blender, Stolzer, Überheblicher!
Grausamer Unterdrücker!

Idol der Massen, Herr der Sklaven,
Nutzer fremder Werte.
Kein Gewissen regt Dich auf.
Gott der Erde, Satan für die Engel —
Ich danke Gott! Der Tod weicht ihm nicht aus.

Karte 5. Hohenpriester

Ist eine Entsprechung der Karte 2 Hohenpriesterin auf der irdischen Ebene. Das Doppelgeschlechtliche ist offenbar, der Priester erscheint als Mann im Weiberrock. Er soll Mittler sein zwischen der himmlischen und irdischen Welt, ist aber kein Stellvertreter Gottes mit unbeschränkten Vollmachten! Das Ziel, die Aufgabe, ist durch die K a r t e 17 E r l ö s u n g angegeben. Der Priester kann selbst nicht erlösen, sondern er soll durch wahre Lehre die Menschen zur Erlösung führen.

Unser Hohepriester trägt wie die Hohepriesterin zwei Schlüssel, die z u m V e r s t ä n d n i s dienen sollen, er hat zu lehren, weiter nichts! Die erhobene Hand weist gen Himmel zu den Sternen und belehrt die Schüler zu seinen Füßen. Er steht im Tempeleingang, während die Hohepriesterin im Tempel saß. Wenn Gottessohn C h r i s t u s genannt wird, so hat der Priester dessen Prophet zu sein. Sobald er diesen Aufgabenkreis voll Ehrgeiz überschreitet und den Sinn der Schlüssel verdreht, ist er ein Antichrist.

Mit dieser zweiten Dreiheit sind wir in das Gebiet der Dämonen gekommen. Der H e r r s c h e r verfällt leicht den Dämonen der Macht, der Selbstüberhebung, der Gewissenlosigkeit, des Egoismus, der Hohepriester — — — ebenfalls. Im Kampfe zwischen Thron und Altar war jede Partei vorübergehend Sieger, ein reiner Friede zwischen den beiderseitigen Dämonen ist undenkbar. Vorläufig behauptet jede Partei ein Gebiet für sich, sucht aber Einfluß auf das Gebiet des Gegenspielers zu erlangen.

Sünde, Hölle, Teufel, Dämon sind menschliche Schöpfungen. Es wird ja nicht bestritten, daß die Weltschöpfung auch Wesenheiten umfaßt, die in einer andern Dimension leben und daher für uns im allgemeinen unsichtbar sind. Deren teuflischer Charakter ist jedoch noch nicht erwiesen. Wer die vorgeschriebenen Übungen angehend Belebung von Gedankenformen eifrig mit großer Kraft betrieben hat, kennt diese Eigenschöpfungen bereits. Nun vergegenwärtige man sich die Kraft von unzähligen Millionen Menschen während mehrerer Jahrtausende, dann ist es begreiflich, daß Junker Satan erscheinen und Pakte abschließen kann! Wer ihn beschwört samt seinem ganzen Heer, setzt sich mit ihm in Verbindung und zieht die Teufelsmaske an sich, sie erscheint! Wer hingegen aus Unkenntnis von ihm nichts weiß, ihn nicht an die Wand malt, wo kein Priester und Levit für sein Leben und Dasein bemüht ist: da gibt es keinen Teufel, er erscheint nicht und keine Hölle schreckt die irren Geister. Der Teufel samt Hölle ist eine Lebensnotwendigkeit für die Kirche, sie muß ihm die Lebenskraft zuführen, denn je wirksamer dieses Phantom ist, um so williger ist das irregeführte und ausgesaugte Volk mit der Bezahlung, wovon Priester nebst Kirche glänzend leben. Also der Teufel lebt — von Hohenpriesters Gnaden, wenn dieser den genannten Dämonen anheimfällt. Jeder Mensch verfällt seinen Dämonen, seinen Leidenschaften, ist davon besessen. Oft sind es harmlose Wesen, wenn sie etwa Versessenheit auf Tiere, Blumen oder Ähnliches verursachen. Weniger harmlos, aber nicht sündhaft ist der Geschlechtsdämon, der durch einen Naturtrieb erzwungen wird. Er wird gefährlich und sündhaft, wenn er über das Naturgewollte hinausgeht. Jeder böse Dämon schädigt und rächt sich, weil der Mensch ihm verfallen ist.

Die meisten Priester sind selbst Gläubige, sie meinen es ehrlich mit ihrer schwarzen Magie, ihrem Teufels- und Dämonendienst, den sie unwissentlich betreiben. Die Gründer der Kirchen und ihre Obern wissen aber, was sie tun, sind nun Gefangene im selbstgeschaffenen Gefängnis, sie können nicht mehr heraus!

Bei dieser Frage von Teufel und Dämon scheiden sich Religion und Kirche.

Die zu schaffende Gedankenform hat demnach den Religionslehrer und den dämonischen Teufelspriester zu umfassen.

Bei den folgenden Wortmeditationen sind folgende drei Stellungen bei jedem Wort zu erproben:

stehend mit erhobenen Armen, aufwärts gerichtetem Blick;
sitzend, die Fingerspitzen an den Schläfen;
kniend, mit gefalteten Händen;
jedes Wort läßt sich nur in einer dieser Stellungen meditieren, merke das an, da sehr lehrreich!

Religion — Wahrheit — Gott —
Erkenntnis — Mythe — Glaube —
Dogma — Inneres Wort — Schrift —
Eintritt — Austritt — Übertritt —
Selbstopfer — Christusopfer — Priesteropfer —
Hingabe — Abgabe — Übergabe —
Meditation — Belehrung — Gebet —
Ingottsein — Seligkeit — Paradies —
Gott — Mensch — Teufel —
Sakrament — Absolution — Gottes Werkzeug —

Karte 6. Scheideweg

Die Karte der Wandlung in der zweiten Dreiheit, entsprechend Verstand und Urteil. Demnach die irdische Entsprechung der Karte 3, Herrscherin. Der Mensch am Scheideweg, soll er der

Sophia, der Weisheit, folgen? Lockt nicht reizender die irdische Venus? Er sieht nicht den hinter ihm schwebenden Himmelsboten, der den Bogen gespannt hat, den Pfeil losschnellen wird, wenn die irdische Lust gewählt wird. Die 16. Karte, der Blitz, ist das Ziel, in beiden Fällen also ein strafender himmlischer Strahl! Nur ist bei dieser die geistige Bedeutung für Religion und Kirche angegeben, die Teufelskirche wird samt Priester vernichtet, der Tempel Gottes bleibt bestehen.

Der tiefe Sinn liegt also nicht im Sinn einer Geschlechtsbetätigung, sondern es handelt sich um die Fortsetzung der Karte 5! Der richtige geistige Wandel!

Der falsche Wandel geht den Weg des Fleisches, des Stoffes, der personifizierten Götter, Teufel und Dämon, der Machtsucht, Herrschbegierde (der H e r r s c h e r ist die Leitkarte in dieser Dreiheit) der Ausbeutung. Der rechte Weg führt zurück — siehe die Stellung der Sophia! — zu Gott. So ist diese Karte die geistige Seite der materiellen Spiegelung der himmlischen Dreieinigkeit.

Erkenntnistheoretisch knüpft sich an diese Karte die Lehre von Polen und Achsen in irdischen Gestaltungen.

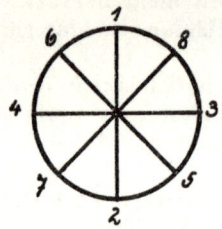

1: Lebenswille
2: Lebensrichtung
3: Tatkraft
4: Formvorstellung
5: geistiger Antrieb
6: Erkenntniswillen
7: seelischer Antrieb
8: Liebespol.

Der Kreis deutet eine Zelle an. Die Summe aller Zellen ergibt die Wesenheit.

Jede Zelle und jedes aus Zellen aufgebaute Organ führt ein unbewußtes Eigenleben in der Gemeinschaft aller, Aufbau, Umbau und Abbau erfolgt „automatisch".

Verschieden ist die Stärke der einzelnen Pole, ebenso die Formvorstellung, die Dynamik. Das bedingt die Verschiedenheit der Menschen.

Dieses Grundgesetz der Natur zeigt sich auch auf okkulten Gebieten. Die Astrologie, die Graphologie, die Phrenologie fügen sich in dieses Schema ein. Die Pendelforschung hat die Einordnung aller Elemente in den Dynamischen Kreis von 360 Graden ergeben. Sie hat den Dynamischen Kreis auch für alle Menschen erkannt, durchaus gleichartig, dazu die psychischen Achsen. Die Verbindung zwischen zwei Polen ist die Achse.

Wenn gesagt wird, der Mensch bestehe aus Körper — Seele — Geist, so ist das eine summarische Angabe. In Wirklichkeit findet eine Siebenerteilung statt, die in den je 7 Karten eines

Stammes ein Gleichnis findet, in den 7 Dreiheiten außerdem. Jeder Mensch bewegt sich vorwiegend auf einer Ebene, der Tarotprophet erkennt diese durch die gezogenen Karten und urteilt in deren Sinne.

Die beiden Frauenfiguren des Kartenbildes zeigen die zwei Pole an, den positiven und den negativen.

Unser geheimes Wissen betrifft nur die Natur und die Naturkräfte, unsere Magie ist Anwendung natürlicher Kräfte.

Meditation: Der Mensch spricht von dem, was ihn erfüllt.

Hohe Gedanken hemmen im Fluß der Sprache.
Gedankenleere erregt Sprechlust.
Vielsprecher — Wenigdenker.
Gedankenfülle verkürzt und vertieft den Ausdruck.
Wortschwall folgt auf Unklarheit im Denken.
Der Oberflächliche denkt nicht tief.

Daher: Sophia: wenig sprechend, viel sagend mit wenig Worten.
Venus: die Schaumgeborene schlägt im Schwätzen Geistigkeit — Sinnlichkeit [Schaum.
Wandeln im Wandel.
Wandeln ist ein Übergang zu einem neuen Zustand.

Die 7. Karte Triumph

Die dritte Dreiheit beginnt.

7 folgt auf 4 nach 1
8 „   „   5 „   2
9 „   „   6 „   3

Waltung ist der Inhalt.

In jeder dieser Dreiheiten hingegen die Wandlung.

Auffällig mag die Ergänzungskarte 15, der Schwarzmagier, erscheinen, doch ist der Zusammenhang klar: 7 vertritt in der Sonne das lebenspendende schöpferische Prinzip auf Erden, der Schwarzmagier führt in das geistige Dunkel, in die Hölle. Die Sonne ist belebende Wärme, die Hölle verzehrendes Feuer. Die Sonne ist aber auch Sinnbild sonnenklaren Geistes und hellen Denkens, die Karte 15 vertritt das Gegenteil. Wir können hier nicht von einem Ziel sprechen, die Sonne hat kein anderes, als ihre Wirkung. Das gibt Anlaß, über Sein und Schein, Licht und Schatten, Gut und Böse zu sprechen. Das Licht ist am Schatten erkennbar. Ohne Licht kein Schatten. Schatten ist an sich wesenlos, stofflos, nur eine Erscheinung, ein Schein, ein Beweis für das Vorhandensein von Licht. Ohne Nacht kein Tag! Der Ausdruck Licht wäre unmöglich, gäbe es keinen Schatten. So bedingt eins das andere. Auch Gott und Welt bedingen sich gegenseitig! Gott ohne Welt ist Nichts, womit kein Nichtvorhandensein gemeint ist, denn Nichts ist der Gegensatz von Etwas. Folglich bedingt die Welt auch Gott.

Schatten, Schein, ist an sich nicht Böses, kein Fehler. Gott hat nichts Böses geschaffen, sondern der Mensch schuf die Sünde, eine Erkenntnissünde, das war der Sündenfall.

Der Lehrer der Sünde, der Persönlichkeit n e b e n Gott, ist der Böse, der Schwarzmagier.

Das ist der Gegensatz zwischen den Karten 7 und 15.

Die Symbolik ist einfach: Die Sonne, dargestellt als Herrscher im Kosmos mit Szepter und Geißel, mit der geflügelten Sonne im Sonnenwagen. Der Stab der Zeugung ziert das Gefährt. Tag und Nacht werden durch weißen und schwarzen Leu angezeigt. Dahinter das Blau des Himmels.

Mantram: Sonne — Licht — Liebe — Leben!
Durch Nacht zum Licht!

Karte 8. Gerechtigkeit

Dieses Kartenbild bedarf keiner Erklärung, da die Symbolik bekannt ist. Es stellt das Seelengericht in ägyptischer Auffassung dar.

Die Folgekarte 14, die Wiederverkörperung, zeigt die Wirksamkeit der Gerechtigkeit, sie erfolgt solange immer wieder, bis Seele und Geist in Gott aufgegangen sind. Diese Karte bekundet demnach die Überzeugung von der Wiedergeburt, als sinngemäßer Ausdruck der Gerechtigkeit. Die Kirchenlehre, die Wiedergeburt verneinend, ist irrig. Es liegen so viele Beweise vom Leben der Verstorbenen im Geiste vor, daß es Nichtglaubenwollen ist, diese abzulehnen. Da aber die christliche Kirche ihren Betrieb auf ihren unhaltbaren Glauben gestellt hat, so verlangt dieser Beharrung im Irrtum. Es ist eine finanzielle Angelegenheit von erheblicher Bedeutung. Wir stehen über dem Irrtum und sagen: Geist von Gott ist nicht sterblich. Die Kirche verkennt den Unterschied zwischen Seele und Geist.

Meditation: Gott — Gut — Gerechtigkeit
Irdisches Leben — Ewiges Leben
Sünde — Strafe — Richter
Gesetz — Ethik — Moral
Gewissen — Irrtum — Wahrheit.

Karte 9. Weiser

Die geistige Karte der Dritten Dreiheit, Folgekarte von 3 und 6. Zielkarte ist 13, Tod.

Der Weise ist W e i s e r, Wegweiser, Vorbild. Er geht immer in die Wüste, in die Einsamkeit, in Vertiefung, wo keine irdische Lüste reizen. Er beleuchtet das Kommende, — den Tod, der kein Vergehen bedeutet, sondern einen Durchgang zu neuem Sein, ein

Wandeln. Wer den Dreierstamm verfolgt, findet immer ein Wandeln dargestellt, abgesehen von der göttlichen Leitkarte, Wandeln oder am Wandeln verhindert sein. Die „Wüste" ist an sich beziehungsreich, das wird sich beim Meditieren zeigen.

Der Weise ist E r l e u c h t e r , daher Bekämpfer geistiger Dunkelheit. Die blaue Gewandfarbe deutet auf die Himmelshöhe, in der sich seine Gedanken bewegen. Die Wüste hat Beziehung zum Tode, sie beherbergt keine Lebewesen. Das Durchschreiten der Wüste ist sinnbildlich dasselbe, was die Karte 13 darstellt.

Meditation: Wüste — Einsamkeit — Vertiefung —
Gemeinschaft — Ablenkung — Zerstreuung.
Himmlisches Denken = hohes Denken
Irdisches Denken = materielles Denken.
Geistiges Denken — seelisches Herzdenken.
Triebleben, gelenktes Leben.
Aussicht — Einsicht — Durchsicht.

K a r t e 10. S c h i c k s a l s r a d

Die vierte Dreiheit, das Wandeln als Folge vom Handeln, das „Ziehen der Konsequenzen". 10 hat als Gegenkarte 12, Schicksalsrad und Prüfung. Nach der Lehre von den drei Heilswegen ist der Sinn der 10. Karte abschließend für Karma Yoga, 11 für Bhakti-Yoga, 12 für Gnana-Yoga.

Auf dem Rad des Lebens laufen das gute und böse Prinzip, also die Frage: handle ich oder handelt Gott durch mich? Und da sehen wir die Sphinx, die Antwort heischt und dementsprechend urteilt. Es ist also eine Prüfung, nur anderer Art wie auf Karte 12.

Das Schicksal ist eine Folge unseres eigenen Handelns, wobei die Taten aus den Vorleben gerichtet werden. Wer kein Karma mehr schafft und zu büßen hat, ist von der Wiedergeburt befreit, er steigt auf folgenden Ebenen auf. Die 10. Karte ist der Mittelpunkt des Einerstammes, zugleich sein tiefster Punkt. Es wird durch diesen Stamm positiv gewirkt, es kommen jeweils starke Kräfte zur Wirkung. Daher müssen wir das Schicksal nicht als einen latenten Zustand ansehen, sondern als eine Kraftquelle, die bestimmend vorschreibt. Astrologisch betrachtet ist Saturn Herrscher des Schicksals, er ist die Sonne auf geistigem Gebiete, darin der Gegenpol der Sonne. Damit wird die Folge 1 — 4 — 7 — 10 —
$$\odot \qquad \hbar$$
klar, und das Schicksalsrad ist eine Verhehlung von Saturn! Der Stern mit den Ringen um sich. Die Darstellung des geflügelten Sphinx ist zu vergleichen mit der geflügelten Sonnenscheibe auf Karte 7. Das macht die Darstellung verständlich. Oben der Himmel, unten die Erde, nach oben das helle, gute Prinzip laufend, die erdfressende Schlange strebt der Erde zu, als Symbol des bösen Prinzips.

Meditation: Schicksal — Schickung — Kreislauf —
Leben im Geist — Leben im Stoff —
Lichte Seelen — Dunkle Geister —
Schicksalsfragen — Der Entscheid —
Saturn!
Sonne und Saturn im Horoskop!

Karte 11. Kraft

Das ist der Mittelpunkt der Großen Arcana! Diese hat keine
Ablaufkarte! Es ist die Liebe! Aus Liebe und mit Liebe hat Gott
die Welt und alle Wesen geschaffen!

$$1 = \text{Der Magier, Gott-Schöpfer}$$
$$2 \times 1 = 11 = \text{Die Liebe, die Dauernde, Unveränderliche}$$
$$11 \text{ oder } 1 \text{ und } 1 = 2 \text{ die Hohepriesterin, das Wort,}$$
der Mittler!

Das ist das große Geheimnis! Die mittelste der weiblichen
Karten, des Zweierstammes. Es ist auch die Herzkarte, was astrologisch zu verstehen ist, denn der Löwe ist dem 5. Hause des
Horoskopes und dieses dem Herz zugeteilt, das 5. Haus betrifft
auch die Liebe, über welche die Sonne regiert, nicht die irdische
Venus. Der Löwe ist ein der Sonne geweihtes Tier. Im Hintergrunde sehen wir den Sonnentempel sich vom blauen Himmel
abheben. Die weibliche Gestalt trägt ein weißes Gewand der
Unschuld. Sie öffnet dem Löwen den Rachen, damit das Wort ausgesprochen werde. Die Unschuld voll Liebe hat die größte Kraft,
die Liebe überwindet alles! Scherzhaft wird von § 11 gesprochen,
der über das Gesetz, die 10 Gebote, gehe.

Allerdings, Liebe fällt unter kein Gebot, sie steht darüber
Meditiere: Herz — Sonne — Liebe —
Grund der Schöpfung, Herz alles Daseins.
Unerschöpflich — unergründlich — unverständlich —
Das Geheimnis der Religion — sub rosa!

Karte 12. Prüfung

Die Wandelkarte der vierten Dreiheit. Nun rollen wir die
restlichen Karten ab, die alle schon gestreift worden sind. Der
„Hängende" ist bildlich genommen die Sonne auf dem Krebspunkt,
sie hat den höchsten Punkt erreicht und sinkt wieder hinab. Die
zwei Baumstümpfe haben je 6 Äste, damit sind die 6 aufsteigenden
und 6 absteigenden Zeichen des Tierkreises gemeint. Beine und
Hände sind gekreuzt, es sind Hinweise auf die am Kreuze
Erhöhten, die Schlange im Alten Testament, Jesus im Neuen
Testament, beides Heilbringer durch Opfer. Die mystische Deutung
in der Sprache des Buches Thot lautet anders, da ist es der Mensch

der seine Ich-Vorstellung aufgegeben hat, der nun für die Erde geopfert werden und sein geistiges mystisches Haupt, nämlich die Füße, dem Himmel zuwendet, wie bereits erläutert. Diese geistige Beziehung ist ja schon durch die Zugehörigkeit zum geistigen Dreierstamm gegeben. Das Gedankenbild kann Jesus, Mithras oder Baldur die äußere Form entnehmen, die Meditation erstreckt sich auf geistige Um- und Einstellung. Es ist eine große Aufgabe, diese Form zu beleben!

Meditiere: Opfergabe — Aufrichtung — Umstellung
Liebestod — Sonnenleben — Erlösung
Es ist vollbracht.

Karte 13. Tod

Die fünfte Dreiheit beginnt. Die erste Karte ist wieder schöpferisch-wirkende Kraft. Damit wird zum Ausdruck gebracht, daß Tod Geburt bedeutet! Der Körper wird ab- und niedergelegt, aufersteht im selben Augenblick der geistige Leib (im Ausdrucke der Bibel), der ein neues Dasein auf höherer Ebene beginnt. Tod, wo ist dein Stachel! Hölle, wo ist dein Sieg! Was geschreckt hat, waren falsche An- und Einsichten! Wir sehen den Tempeleingang zu einer Pyramide. Diese waren Kultorte, in ihnen wurden Einweihungen vollzogen! Darum sehen wir im Hintergrunde die rote Farbe, die Farbe blutvollen Lebens. In den Einweihungen wird der Myste symbolisch durch den Tod geführt, diese Zeremonie hat auch die Freimaurerei übernommen, das eingeflüsterte Meisterwort führt ins höhere Leben, das Leben im Geist. Das Fleisch fällt ab; Freund Hein wird nur als Knochengerüst dargestellt. Astrologisch regiert Saturn die Knochen, wir finden hier wieder die Bezugnahme auf die geistige Sonne, den Saturn. Daher hat das Knochengerippe nichts Grauenvolles an sich. Schwarz ist eine Saturnfarbe.

Das Gedankenbild schließe sich dieser Formgebung an! Es läßt sich leicht beleben.

Meditation: Tod — Verwandlung — Geburt —
Verwesung des Fleisches — ein Opfer an die Erde.
Tod — Übergang — kein Ende!
Sterben — Wonne! — Nicht sterben können: Strafe.
Ich bin erlöst!

Karte 14. Wiederverkörperung

Eine weibliche Figur gießt den flüssigen Inhalt der silbernen Kanne in eine goldene. Unter der Flüssigkeit haben wir die menschliche Seele zu verstehen, die bei einer Neugeburt durch gutes Verhalten eine bessere Form erhält. Das Meer deutet sowohl auf die Unendlichkeit als auch auf das „Meer der Seele" hin, von denen der Inhalt der Kanne einen Teil darstellte.

Die zweite Karte der 5. Dreiheit, die mit Karte 8 in Verbindung steht, wen stellt die Figur vor? Wie ist sie zu beleben? Nach okkulten Lehren ist es der Geist in der Seele, der sie zur gegebenen Zeit zur Wiederverkörperung drängt und der die Mutter mit ihren Verhältnissen entsprechend dem beabsichtigten Schicksal bestimmt, dabei unter solchen kosmischen Konstellationen, die in der Geburtsminute das erforderliche Horoskop bedingt.

Es ist also die Seele selbst, d e i n e Seele, der du Form und Inhalt zu geben hast!

Erforsche sie selbst, gib ihr eine Form, die deiner Vorstellung entspricht, diese hat auf sie selbst eine Rückwirkung! Erhebe sie daher! Erdenke selbst als neue Aufgabe Mantram und Worte für die Meditation!

K a r t e 1 5. S c h w a r z m a g i e r

Die geistige Karte der 5. Dreiheit. Siehe Karte 7! Ägyptisch Tiphon, christlich Teufel. Die Fledermausflügel deuten auf die Nacht hin. Die L i n k e deutet auf den blutroten Himmel, die Rechte verkehrt das Licht der Erkenntnis, damit nach unten deutend. Gefesselt ist, der Freiheit beraubt, wer hier Lehren empfängt. Der Schwarzmagier persifliert den Hohenpriester, wie den Magier. Die Gesichtsform paßt sich dem auf die Spitze gestellten Hexagramm an ✡, die französischen Kabbalisten haben dem große Bedeutung beigelegt und erklären den Drudenfuß in dieser Stellung für dämonisch. Das ist nicht zwangsmäßig, ebensogut ist es der Mensch der Karte 13, dessen Beine und Arme nicht gekreuzt und gefesselt sind. Es kommt durchaus darauf an, mit welchen Kräften jede Linie belebt wird, außer der schwarzmagischen Ladung ist eine weißmagische durchaus möglich.

Wähle die Form des christlichen Teufels (bitte, das ist keine falsche Bezeichnung), und da bleibt die Frage offen, ob du sie beleben kannst aus Eigenem oder nicht. Da ich es nicht vermag, kann ich keine Ratschläge geben!

Meditiere immerhin über:

Bosheit, Verfluchung, Verwünschung,
Geheime Schädigung, Betrug mit heuchlerischer Maske,
Zorn, Habgier, unberechtigte Aneignung, Freude am Bösen,
Schadenfreude, Verführung, geistige Blendung, falsche Lehre,
reservativ mentalis, Erpressung durch falschen Glauben,
Stärkung dämonischer Wesenheiten und Gestaltungen,
Verdrehung der Wahrheit, Abwürgung der Religion durch
Geistiger Zwang.   [Kirchenlehren.

Karte 16. Blitz

Die Willenskraft-Karte der 6. Dreiheit, vergleiche Karte 6, Scheideweg. Diese Dreiheit schildert das Ende jener Menschen, die unter Karma-, Bhakti- oder Gnana-Yoga stehen. Hier ist das Los Vernichtung durch Gottes Zorn über falsches Handeln geschildert, dargestellt an Religion und Kirche. Zwei Gotteshäuser sind abgebildet, davon ist das eine vom himmlischen Strahl getroffen und verbrennt, wird zerstört. So wird der göttliche Zorn alle falschen Tempel zerstören. Und alle für sich egoistisch handelnden Meditationen und Mantrams sind aus dem ersten Heilsweg zu entnehmen.

Karte 17. Erlösung

Die seelische Karte dieser Dreiheit, zu vergleichen mit Karte 5. Hier nimmt die Seele des wahrhaft religiösen Menschen Abschied aus der stofflichen Erdenwelt. Wer das Göttliche in sich zum Herrscher gemacht, wird frei von Sünde und dem Zwange der Wiederverkörperung, er geht ein in Gott. Darum werden die Kannen ausgeleert, die Seele kehrt zurück in die Unendlichkeit. Am Himmel leuchtet Sirius, der Hundstern, der den Ägyptern das Frühjahr, das Steigen des Nils ankündigte, umgeben von den 7 Planeten, deren Einfluß sich nunmehr die Seele, dargestellt durch den Schmetterling, entzieht. Das rote Kleid deutet auf die Liebe als benutzten Heilsweg, Bhakti-Yoga. Die silberne Kanne bezeichnet den Astralkörper mit Triebseele, die goldene Kanne den höheren Geist, der in das Unendliche zurückkehrt.

Mantram: Von Gott — in Gott — durch Gott — zu Gott.
Ich bete an die Macht der Liebe,
Die sich im Mittler offenbart!

Karte 18. Blinde Leidenschaft

Die geistige Karte dieser Dreiheit. Vergleiche Karte 4.

Blinde Leidenschaft. Dieser ist unterworfen, wer die Erlösung nicht erreicht. Wir sehen den Mond, angebellt von Hund und Wolf, sein astrologisches Zeichen Krebs angedeutet durch Wasser und Krebs. Der Mond beherrscht die menschliche Psyche, er regiert das vegetative Prinzip und das Triebleben. Das wird durch die beiden Türme angedeutet.

Oder heißt es nicht besser Irrsinn? Wahnsinn? Verrücktheit, infolge Verrückung der göttlichen Denkgesetze? Wie viele Herrscher sind nicht öffentlich als verrückt erklärt, bei wie vielen ist es fälschlich unterblieben! Größenwahn — in welcher Bekleidung er auch auftritt, angepeitscht durch wilde und blinde Leidenschaften! Es sind von Natur aus räuberische Tiere, die dargestellt sind, der Hund unter Kultur, der Wolf in freier Bahn. Den Himmel möchten sie noch beherrschen! Denn es gibt auch von Größenwahn besessene Hohepriester und Päpste, in allen Jahrtausenden!

Gedankenform: eine irgendwie größenwahnsinnige Person der Vergangenheit.

Meditation wie bei Karte 4 und 5, jedoch nur die schlechten Eigenschaften.

Nun ist das Böse vernichtet, die letzte Dreiheit schildert das himmlische Leben, das In-Gott-Sein, wobei je nach dem Heilsweg der zurückgekehrte göttliche Funke in umgekehrter Reihenfolge eingeht, entweder nach Karte 19 in den Heiligen Geist, oder nach Karte 20 in Gott-Mittler, oder nach Karte 21 in Gott-Schöpfer. Sie leuchten in der Ewigen Ur-Sonne.

Karte 19. Geistiges Leben

Die siegende Sonne als Sinnbild des siegenden Geistes. Es ist die Endkarte des ersten Heilsweges, des Sonnen- oder Osirisweges, die Sonne als Symbol des Geistes. Mann und Weib sind geeint für immer, die Dualseelen haben sich im Geiste gefunden.

Karte 20. Ewiges Leben

Die Auferstehung der Erlösten, der letzte Aufstieg zum Licht. Es ist die Endkarte des zweiten Heilsweges. Die Lichtstrahlen tönen Harmonien, sie rufen wie die Posaunen zur Auferweckung.

Karte 21. Alles in Allem.

Die vergöttlichte Seele im himmlischen Tanz der Sphären. Die 4 Eckfiguren deuten auf die 4 Weltecken, ferner astrologisch auf die Zeit, als der Frühlingspunkt im Zeichen Stier lag, das ist um 3000 Jahre vor Christi Geburt. Es ist die Endkarte des dritten Heilsweges.

Ein höheres Ziel können wir uns nicht denken. Aber denkt jeder so weit? Sind nicht die meisten Menschen so von der Sinnlichkeit und der Materie, vom „Schwarzmagier" gefesselt, daß sie voll Irrtum über diese „Dummheiten" lachen?

Auch sie haben ihr Abbild im Buche Thot, keine Nummer trägt das Bild, es ist die

Karte 22 = 0. Der Narr!

Seht, wie er von einer Gefahr zur andern eilt, wie der Stab, seine Stütze, seinen Händen entgleitet, wie Leidenschaft und Gewissen ihn anfallen! Aber was er da nicht verliert, das ist der mitgeschleppte Sack voll falscher Meinungen, Irrtümern und Stumpfsinn. So muß der Narr am Anfang und am Ende dieser Darstellung stehen.

Und nun frage ich dich: welches Tarotbild entspricht deiner Verfassung, mein verehrter Leser? Hast du es gefunden, so verfolge die Progression, dann weißt du, was deiner noch wartet.

Nach Durchführung dieser Übungen werden folgende Verse von Goethe völlig verstanden:

> Ich kenne nichts Ärmeres
> Unter der Sonn', als euch Götter!
> Ihr nähret kümmerlich
> Von Opfersteuern
> Und Gebetshauch
> Eure Majestät,
> Und darbtet, wären
> Nicht Kinder und Bettler
> Hoffnungsvolle Thoren.
>
> Aus Prometheus.

Tarot und Kabbala

3. Stufe der Einweihung

Kabbala! Krone der Weisheit, Blüte der Erkenntnis!

Kabbala — du Trost des Alters, unzugänglich der Jugend, die noch im Strome der Leidenschaften des Mondes schwimmend nicht Schein vom Sein zu unterscheiden vermag — —

Kabbala — umfassend die Natur, die Naturgesetze und die Geistesgesetze — —

Die Lehre von Gott und Welt und von Gott und Mensch — —

Kabbala, du Schlüssel jedes Glaubens und doch in keiner Kirche gebunden und gefangen — —

Kabbala, die du verlangst das kalte kristallklare Denken und das liebedurchglühte Empfinden der Göttlichkeit — —

Du geheimnisvoller täuschender Popanz aller Niedermenschen und zaubernder Gaukler, unverständlich dem im Stoff und Materie geknechteten Menschen:

erleuchte mich, damit ich die andern erleuchte.

Kether! Chesed! Binah! Sendet mir Eure Geister, meinen Geist zu erhellen!

Tiphereth! Spende vom Lichte Deiner Herrlichkeit!

Netzach! Leite mich durch Yesod zu Malkuth, dem Reiche des Seienden, damit mir Wissen und Ausdruck werde! Hallelujah, Kadosch, Kadosch, Hallelujah! Amen!

Vorbemerkung

Dieser Abschnitt hat nur für jene Tarot-praktiker Bedeutung, welche Kabbala mit den Tarotkarten verbinden wollen.

Wer die zuerst gelehrte magisch-mystische Schulung vorzieht, beachtet die Kabbala mit ihren hebräischen Buchstaben ebensowenig, wie Runen, Astrologie und Zahlenlehre.

Der Kabbalist hingegen als Tarotpraktiker beachtet nur Bild und Buchstabe; er denkt, kombiniert und deutet ausschließlich in den Vorstellungen, mit den Begriffen und Bildern der Kabbala. Daher haben seine Deutungen einen fremd anmutenden Ausdruck, er kann die Wohltat des mystischen Dunkels ausnützen und kann auch darauf gelegentlich hinweisen, nicht verstanden worden zu sein.

Der Kabbalist findet hier alle erforderlichen Elemente. Ein Neuling hat Jahr und Tag zu tun, die Kabbala i n s i c h völlig zu beleben und gegenwärtig zu haben. Jeder Buchstabe muß wenigstens eine Woche überdacht werden, damit er unter dem Dach ein geläufiges Leben führt, das „Dach" beschützt das Unter- und Oberbewußtsein, den Keller und die helle Wohnung. Die Beziehungen zu Zahlen und Namen müssen gleichfalls in Fleisch und Blut lebendig sein.

Mit andern Worten: auch der Kabbalist muß mit seinen Elementen eine magisch-mystische Schulung durchmachen. Dem Astrologen bleibt sie auch nicht erspart, er muß seine Zeichen, Häuser und Planeten magisch beleben.

Ohne eine magisch-mystische Schulung gibt es keine Prophetie.

Zu unterscheiden ist zwischen theoretischer und praktischer Kabbala. Oder die Lehre von Sephiroth, Sefer Jezirah, und Buchstabe und Zahl. Die praktische Kabbala umfaßt Astrologie, Buchstaben und Zahlen.

Die Einbeziehung ist erfolgt, weil der Tarot durchaus damit verbunden erscheint, obgleich diese Verbindung nicht notwendig ist. Der universale Charakter des Tarot gestaltet die Verbindung zwischen ihm und jeder Lehre, die Gott und Schöpfung umfaßt. Die Häufung der Verbindungen vermehrt die Erkenntnis nicht. Die Behandlung der Karten, wie bisher gelehrt, bedarf keiner Zusätze. Die Großen Arcana sind jedoch üblicherweise mindestens mit den hebräischen Buchstaben versehen, es können weiterhin Genien, Dämonen, Zahlen damit verquickt werden.

Jüdische Mystik, Kabbala und Chassidut

Nur wenige Juden der Gegenwart haben eine Verbindung zur Blüte der Geistigkeit ihrer Rasse, meistens kennen sie nichtmal die Namen und Begriffe. In der Literatur ist mir nur einer begegnet, Martin Buber, der selbst örtlich aus dem Milieu der jüdischen Mystiker, Galizien und Ukraine, stammt und aus einer Rabbinerfamilie, in der sie lebendig war. Da wir über Kabbala fast nur Bücher aus der Feder von Nichtjuden lesen, so will ich aus einem Buche von Martin Buber Grundsätzliches anführen, zumal Gedanken darin sich durchaus mit der von mir angegebenen magischen Schulung vertragen. Zudem ist Buber ein ausgezeichneter Kenner der jüdischen Seele und vermag seinen Gedanken eine treffliche Form zu geben.

Auszüge aus Geschichten des Rabbi Nachmann, Rütten & Löning, Frankfurt am Main 1918.

„Die jüdische Mystik mag recht ungleichmäßig erscheinen, oft trübe, zuweilen kleinlich, wenn wir sie an Eckhart, an Plotinus, an Laotse messen, sie wird ihre Brüchigkeit nicht verbergen können, wenn man sie gar neben den Upanischaden betrachten wollte. Sie bleibt die wunderbare Blüte eines uralten Baumes, deren Farbe fast allzu grell, deren Duft fast allzu üppig wirkt, und dennoch eines der wenigen Gewächse innerer Seelenweisheit und gemeinsamer Extase ist. Die mystische Anlage ist den Juden von Urzeiten her eigen, und ihre Äußerungen sind nicht, als eine zeit-

weilig auftretende bewußte Reaktion gegen die Herrschaft der
Verstandesordnung aufzufassen. Es ist eine bedeutsame Eigentümlichkeit der Juden, daß sich die Extreme beieinander entzünden,
schneller und mächtiger als bei irgend einem andern Menschen. So
geschieht es, daß mitten in einem unsäglich begrenzten Dasein,
ja gerade aus seiner Begrenztheit heraus plötzlich mit einer Gewalt,
die nichts zu bändigen versucht, das Schrankenlose hervorbricht
und nun die widerstandslos gewordene Seele regiert. Für diese
Macht des Unbegreiflichen in enger Stille mag uns die Gottes-
vision Elijahus (= Elias) ein Sinnbild sein.

„Wenn jede Seele sich ihre natürliche Substanz aus den kräftigen wertbetonten Bildern formt, die sie mit ihren Sinnen aufgenommen und mit ihrem Gefühl erfaßt hat, so scheint die Seele
des Juden dieser natürlichen Substanz arm zu sein. Unvergleichlich
mehr motorisch als sensorisch veranlagt, reagiert er auch in seinem
ganzen innerlichen, geistigen Leben sehr viel intensiver, als er
empfängt. Er gestaltet das Empfangene mehr zu Wortgedanken,
Begriffen, als zu Bildgedanken, Vorstellungen, aus. Den vom Sub-
jekte unabhängigen Gegenständen unendlich fremd, nur für die
den Funktionen des Subjektes unterworfenen Gegenständen verständnisvoll, existiert der Jude weniger in Substanz, als in Relation.
Er hat den höchsten Sinn für die allgemeinen und offenbaren, wie
für die heimlichen und besondern Beziehungen des Kosmos und
der Psyche, und weiß sie in mathematischen Formeln und in
logischen Definitionen festzulegen oder in Rhythmen und Melodien
auf das Meer der Ewigkeit auszuschicken. Aber er hat einen
geringen Sinn für die ganze Wirklichkeit eines Baumes, eines
Vogels, eines Menschen, der für sich ein absolutes unerschöpflich
reiches, so geartetes Dasein einschließt. Und sehr selten vermag
er schaffend Dinge, Gegenstände, Gestalten, sichtbar, greifbar,
fühlbar hinzustellen. Und so verläuft auch sein Leben selbst mehr
in der Beziehung, als in dem Wesen: er opfert sich dem Nutzen
hin, wenn er eine enge, er bringt sich einer Idee dar, wenn er
eine weite Seele hat; niemals oder fast niemals lebt er mit den
Dingen, sie geruhig pflegend und fördernd, liebreich zu der Welt
und sicher in seinem Bestande. Es gibt jedoch ein Element, das
all dies in gewisser Weise ersetzt, indem es der Seele des Juden
einen Kern, eine Sicherheit, eine Substanz gibt, allerdings keine
sensorische, objektive, sondern eine motorische, subjektive. Das
ist das Pathos. Ich vermag es nicht zu analysieren, noch auch in
eine Definition zu fassen. Es ist ein eingeborenes Eigentum, das
sich einst mit allen andern Qualitäten des Stammes aus dessen Ort
und dessen Geschicken heraus gebildet hat. Will man es immerhin
umschreiben, so darf man es vielleicht als das Wollen des Unmöglichen bezeichnen. Es streckt die Arme aus, das Schrankenlose zu
umfangen; es trägt eine schlechthin unerfüllbare Forderung, wie

das Pathos Mose und der Propheten die Forderung der absoluten Gerechtigkeit; wie das Pathos Jesu und Pauli die Forderung der absoluten Liebe; oder die schlechthin unerfüllbare Absicht, wie des Pathos Spinoza; oder ein schlechthin unerfüllbares Verlangen, wie das Pathos Philons und der Kabbala des Verlangens nach der Vermählung mit Gott. So wird die Seele, die in den wirklichen Dingen keinen Boden finden kann, von ihrer Leere und Unfruchtbarkeit erlöst, indem sie in dem Unmöglichen Wurzel schlägt.... Das Pathos erniedrigt sich oft genug zur Rhetorik; diesem Sündenfall waren die Juden von jeher ausgesetzt, und nicht immer bloß die mittelmäßigen. Aber immer wieder macht sich das Pathos frei und ist reiner und größer als zuvor. Am größten, wenn es die Gefahr erkennt, die ihm vom Wort droht. Sich mitteilend, weil er doch nicht anders kann, fühlt er doch die Unzulänglichkeit aller Mitteilung, fühlt die Unaussprechlichkeit des Erlebnisses, und glüht auf in Angst, von der eigenen Rede geschändet zu werden." Denken ist der Anfang von allem, was ist, aber also seiend ist es in sich beschlossen und unbekannt..... Das wirkliche Denken ist mit dem Nichts verbunden und löst sich nicht von ihm."

„Die erste uns erhaltene Schrift (der Kabbala), das pythagoreisierende „Buch der Schöpfung" (Sepher Jetzirah!) ist wahrscheinlich zwischen dem 7. und 9. Jahrhundert entstanden, und der Sohar stammt aus dem Ende des dreizehnten, zwischen beiden liegt die Zeit der eigentlichen Entwicklung der Kabbala. Aber noch lange bleibt die Beschäftigung mit ihr auf enge Kreise beschränkt, mochte sie sich auch über Frankreich, Spanien, Italien und Deutschland bis nach Ägypten und Palästina erstrecken. All die Zeit bleibt auch die Lehre selbst dem Leben fremd: sie ist Theorie im neuplatonischen Sinn, Gottschauen, und verlangt nichts von der Wirklichkeit menschlichen Daseins, sie fordert nicht, daß man ihr nachlebe, sie hat keine Fühlung mit dem Handeln; das Reich der Wahl, das der spätern jüdischen Mystik, dem Chassidismus, alles bedeutete, ist ihr nicht unmittelbar lebendig; sie ist außermenschlich und berührt sich nur in der Betrachtung der Ekstase mit der seelischen Realität. Sie steht zwei andern Mächten im Judentum gegenüber, der harten, allem persönlichen Leben feindlichen, um das „Gesetz" besorgten Strenggläubigkeit, und dem von Aristoteles bestimmten, naturfernen Rationalismus, aber sie setzt dem Ethos der einen und dem des andern kein eigenes entgegen, und so dringt ihr Sinn nicht ins Volk."

„Erst in den letzten Zeiten dieser Epoche werden neue Kräfte offenbar. Die Vertreibung der Juden aus Spanien gab der Kabbala den großen messianischen Zug. Der einzige energische Versuch der Diaspora, im Exil eine kulturschaffende Gemeinschaft und eine Heimat im Geiste zu begründen, hatte in Trümmern und Verzweiflung geendet. Der alte Abgrund tat sich wieder auf, und aus ihm stieg wieder, wie immer, der alte Erlösungstraum empor, ragend und gebieterisch wie nie zuvor. Die Sehnsucht brennt: das Absolute m u ß Wirklichkeit werden. Auch der Messianismus der Juden war von jeher ein Wollen des Unmöglichen. Die Kabbala konnte sich ihm nicht verschließen. Sie nannte das Reich Gottes auf Erden „Die Welt der Vollendung". Sie nahm die Inbrunst des Volkes in sich auf. Und als sie es tat, zog sie im Volk ein, wie der Messias selbst in seiner Stadt."

„Die um die Mitte des 16. Jahrhunderts beginnende neue Ära der jüdischen Mystik, die den ekstatisch-ethischen Akt des Einzelnen als Mitschaffen an der Erlösung verkündet, wird durch Isaak Lurja eröffnet. Er, der 100 Jahre vor Locke lehrte, alles Seiende bestehe aus Substanz und Erscheinung und es sei keine objektive Erkenntnis gegeben, war in seinen Gedanken über die Emanation der Welt aus Gott und die demiurgischen Zwischenpotenzen fast durchaus von der ältern Kabbala abhängig; aber in seiner Darstellung der unmittelbaren Wirkung der Menschenseele, die sich läutert und vollendet, auf Gott und Welterlösung gibt er den alten Weisheiten eine neue Gestalt und Folge."

„Die Kabbalisten des Mittelalters glaubten zu erkennen, ob die Seele eines Menschen, der vor ihnen stand, aus der Welt des Ungeborenen in ihn niedergestiegen oder mitten in ihrer Wanderung bei ihm eingekehrt sei. Es gibt demnach zwei Formen der Metempsychose: den Kreisgang oder die Wandlung, Gilgul, und den Überschwang oder die Schwängerung, Ibbur. Gilgul ist das Eintreten von Seelen, die auf der Fahrt sind, in einem Menschen im Augenblicke seiner Zeugung oder Geburt. Aber auch ein bereits mit einer Seele begabter Mensch kann in irgend einem Moment seines Lebens eine oder mehrere Seelen empfangen, die sich mit seiner vereinigen, wenn sie mit ihm verwandt, das heißt, aus derselben Ausstrahlung des Urmenschen entstanden sind. Die Seele eines Toten verbindet sich mit der eines Lebenden, um ein unvollendetes Werk, das sie im Sterben lassen mußte, vollbringen zu können. Ein hoher abgeschiedener Geist steigt in ganzer Lichtfülle oder in einzelnen Strahlen zu einem unfertigen hinab, um bei ihm zu wohnen und ihm zur Vollendung beizustehen. Oder zwei unvollkommene Seelen vereinigen sich, um einander zu ergänzen und zu läutern. Kommt über eine dieser Seelen Schwäche und Hilflosigkeit, dann wird die andere ihre Mutter, trägt sie in ihrem Schoße und nährt sie mit dem eigenen Wesen. Auf all diesen Wegen vollzieht sich die Reinigung der Seelen von der Urtrübung und die Erlösung der Welt aus der ersten Verwirrung. Ist dieses getan, haben alle die Wegreise vollzogen, dann erst zerbricht die Zeit, und das Gottesreich hebt an. Als letzte steigt die Seele des Messias ins Leben herab. Durch ihn geschieht die Vergöttlichung der Welt."

Das Grundgefühl, dessen ideelle Äußerung diese Lehre war, fand nahezu 100 Jahre später seinen elementaren Ausdruck in der großen messianischen Bewegung, die den Namen Sabbatai Zewis trägt.... Auch diese Erhebung brach zusammen, jämmerlicher und entsetzlicher zugleich als irgendeine der früheren. Das eigentliche Zeitalter der Mortifikation beginnt. (Literatur: Das Geheimnis der Verwesung und Verbrennung aller Dinge, nach seinen Wundern im Reiche der Natur und Gnade usw. Frankfurt a. M. 1742. [Glahn.]) Der Glaube, durch mystische Übung die obern Welten zwingen zu können, dringt immer tiefer ins Volk ein. Manche ziehen, da keine einzelne Kasteiung ihnen genug tun kann, auf die Wanderung, „in die Verbannung", wie sie es nennen, nehmen nirgends Speise oder Trank an, und wandern so, von ihrem Willen getragen, bis mit ihrer Kraft auch ihr Leben erlischt und sie auf fremden Orte unter Fremden tot hinfallen.

Diese Märtyrer sind die Vorläufer der letzten und höchsten Entwicklung der jüdischen Mystik, des um die Mitte des 18. Jahrhunderts entstandenen Chassidismus, der sie zugleich fortsetzte und widerlegte. Der Chassidismus ist die Ethos gewordene Kabbala. Aber das Leben, das sie lehrt, ist nicht Askese, sondern Freude in Gott, Chassid bedeutet der Fromme, aber der Chassidismus ist kein Pietismus. Er entbehrt aller Sentimentalität und Gefühlsostentation. Er nimmt das Jenseits ins Diesseits herüber und läßt in ihm walten und es formen, wie die Seele den Körper formt. Sein Kern ist eine höchst gotterfüllte und höchst realistische Anleitung zur Ekstase, als zu dem Sinn und dem Gipfel des Daseins. Aber die Ekstase ist hier nicht, wie etwa bei der deutschen Mystik, ein „Entwerden" der Seele, sondern deren Entfaltung; nicht die sich beschränkende und entäußernde, sondern die sich vollendende Seele mündet in das Absolute. In der Askese schrumpft das geistige Wesen zusammen, sie erschlafft, wird leer und trübe; nur in der Freude kann sie wachsen und sich erfüllen, bis sie zum Göttlichen heranreift. Die Lehre des Baalschem, des Gründers des Chassidismus, ist uns sehr unvollkommen erhalten. Er selbst schrieb sie nicht nieder. Dennoch ist der wirkliche Sinn seiner Grundlehren unverkennbar. Gott ist das Wesen jedes Dinges. Wer, ungeblendet vom Scheine, in das Wesen der Dinge schaut, der schaut Gott. Gott spricht nicht aus den Dingen, sondern er denkt in den Dingen: und so kann er nur mit der innersten Kraft der Seele empfangen werden. Ist diese Kraft freigemacht, dann ist es dem Menschen an jedem Orte und zu jeder Zeit gegeben, sich mit Gott zu vereinigen. Jede Handlung, die in sich geweiht ist, mag sie noch so niedrig sein und sinnlos erscheinen dem von außen Herankommenden, ist der Weg zum Herzen der Welt. In allen Dingen, auch in den scheinbar toten, wohnen Funken des Lebens, die in die bereite Seele fallen. Was wir das Böse nennen, ist kein Wesen, sondern ein Mangel; es ist „Gottes Exil", die unterste Stufe des Guten, der Thron des Guten; es ist — in der Sprache der alten Kabbala — die „Schale", die das Wesen der Dinge umgibt und verhüllt.

Es gibt kein Ding, das böse und der Liebe unwürdig wäre. Auch die Triebe des Menschen sind nicht böse. „Je größer ein Mensch, desto größer ist sein Trieb"; aber der Reine und Geheiligte macht aus seinem Trieb „einen Wagen für Gott", er löst ihn von aller Schale ab und läßt seine Seele sich daran vollenden. Der Mensch soll seine Triebe in ihren Tiefen fühlen und sie besitzen. „Er soll den Stolz lernen und nicht stolz sein, den Zorn kennen und nicht zürnen. Der Mensch vermag sich mit allen Wonnen zu kasteien; Worten des Scherzes zu lauschen und sich zu betrüben. Und so geschieht es, daß er hier sitzt und sein Herz ist oben; er ißt und vergnügt sich in dieser Welt und genießt aus der Welt der geistigen Seligkeit." Das Schicksal eines Menschen ist nur der Ausdruck seiner Seele: wessen Gedanken an unreinen Dingen herumstreifen, erlebt Unreines, wer sich ins Heil versenkt, erfährt das Heil. Des Menschen Denken ist sein Sein: wer an die obere Welt denkt, ist in ihr. Alles äußere Gesetz ist nur ein Aufstieg zum innern; der letzte Zweck des Einzelnen ist, selbst ein Gesetz zu werden. In Wahrheit ist die obere Welt kein Außen, sondern ein Innen; es ist die Welt der Gedanken. Auf allen Wegen findet der Mensch Gott und alle Wege sind voll der Einung. Aber der reinste und vollkommenste ist der Weg des Gebets. Wer in seinem Feuer betet, in dessen Kehle redet Gott selber das innere Wort. Dieses ist das Erlebnis, das äußere Wort ist nur sein Gewand.

„Die jüdische Orthodoxie bekämpfte den Chassidut, ohne sie besiegen zu können. Ein gefährlicherer Gegner erstand später in der Haskala, der jüdischen Aufklärungsbewegung, die im Namen des Wissens, der Zivilisation und Europas gegen den „Aberglauben" auftrat. Jedoch begann im Chassidismus selbst eine Zersetzung. Ihre erste Ursache bestand darin, daß der Chassidismus auch nach außenhin eine Forderung des Unmöglichen war: daß er vom Volke eine seelische Intensität und Sammlung verlangte, die es nicht besaß. Und so entstand aus der Seelennot des Volkes eine Institution von Mittlern, welche Zaddikim, die Gerechten, genannt wurden. Der Zaddik machte die chassidische Gemeinde reicher an Gottessicherheit, aber unendlich ärmer an dem einzig Wertvollem: dem eigenen Suchen und Eifern. Zuerst wurden nur Würdige zum Zaddikim erhoben. Aber weil der Zaddik von seiner Gemeinde reichlichen Lebensunterhalt bekam, drängten sich bald niedrige Menschen zur Pfründe. Allmählich entstanden richtige Dynastien von Zaddikim. Mochte deren Prachtliebe auch zuweilen der Größe nicht ermangeln, so riß doch gleichzeitig eine Gaukelei und Heuchelei ein, die den Reinern abstieß, die Bestimmbaren erniedrigte und die dunkelste Menge herbeizog. So artete er aus..."

Das ist das offenbar unvermeidliche Ende jeder Religion: sie wird von Priestern zum Geschäft, das seinen Mann gut ernährt, es bildet sich eine Gemeinde, eine Kirche, deren Hirte seine Schafe ganz ernsthaft richtig benennt: der Schäfer lebt eben von seinen Schafen. Die Bedeutung der Darlegungen entschuldige die Länge der Zitate, diese Klarheit fand ich noch bei keinem nichtjüdischen Verfasser kabbalistischer Bücher. Die Gegnerschaft des Chassidim zum Talmudjuden ist offenbar. Ebenso die gute Vergleichbarkeit dieser Lehren mit unsern, wobei nur die Benennungen verschieden sind.

Ist Kabbala in jüdischer Form zu uns gekommen, so ist sie keineswegs rein hebräisch! Im Alten Testament ist sie nicht enthalten, sie hat sich des Alten Testamentes vielmehr bemächtigt!

Wir finden in der Gnosis kabbalistische Elemente, die Gnosis jedoch geht zurück auf die Weisheit Ägyptens, Griechenlands, der Ario-Germanen, der Perser, Chaldäer, Inder, und die Weisheit hat Esra zum Aufbau des Judentums nach der Verbannung benutzt.

Somit münden in die Kabbala die geistigen Kraftströme der wichtigsten Kulturvölker! Daher finden wir bereits im Mittelalter bedeutende Kabbalisten, die keine Juden sind, oft aber Deutsche!

Und das ist der eigentliche Grund: die katholische Kirche verfolgt seit Erlangung weltlicher Macht den Grundsatz, alle vorhandenen Dokumente alter Kultur und alter religiöser Erkenntnisse zu vernichten, um dann die Lüge zu verbreiten: es war nichts da! Die Germanen seien unkultivierte Wilde. So sind wir Arier-Germanen darüber klar, daß unser ererbtes Weistum in der unverdächtigen Form der Kabbala vor dem Vernichtungswillen der Römlinge bewahrt worden ist. Chassidut ist eine spezifisch jüdische Form, die germanische Mystik ist unsere Form. Das Wesen an sich ist gleich, soweit es bei zwei Rassen gleich sein kann.

Und was die Praxis von der römischen Kirche anbetrifft, so diene ein historischer Vorgang als Beweis.

Die geradezu auffällige Gleichheit der Riten im Buddhismus und der katholischen Kirche ist von dem katholischen Priester Abt Huc wahrheitsgemäß geschildert worden. Die katholische Kirche war darüber geradezu bestürzt und erklärte, der Satan — wohl wissend, daß das Christentum im Anzuge sei — wäre demselben zuvorzukommen und hätte die ganze Sache durch eine Art „Vorwegkopierung"(!!) erfunden, um dadurch die unschuldigen Katholiken zu verwirren. Hierauf wurde das Buch des armen Abtes Huc vernichtet, verbrannt. Nur keine Aufklärungsversuche, diese kann die katholische Kirche am wenigsten vertragen. Wir wissen warum! Diese Erklärung soll verhindern, daß etwa antisemitisch Gesinnte sich von der Kabbala fern halten.

Die Sephiroth

Die Zahlenmystik lehrt für jede Zahl eine geheime Bedeutung, ihr unterliegt eine Idee und eine Stufe von deren Auswirkung. Die geistigste Form bietet die kabbalistische Lehre von den S e p h i r o t h (Mehrzahl, die Einzahl heißt S e p h i r a h). Diese werden in einer Figur zusammengestellt, welche B a u m d e s L e b e n s heißt.

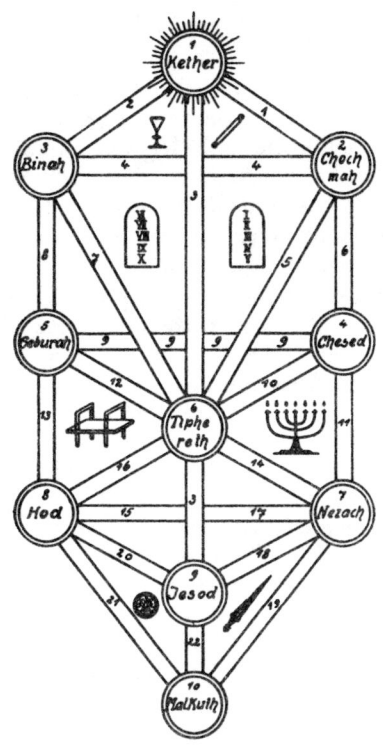

Namen:

1 = Kether	= Krone
2 = Chochmah	= theoretische Vernunft
3 = Binah	= praktische Vernunft
4 = Chesed oder Gedullah	= Huld, Größe
5 = Din oder Geburah	= strenges Recht, Stärke
6 = Tiphereth oder Rachamim	= Herrlichkeit, Barmherzigkeit
7 = Nezach	= Festigkeit
8 = Hod	= Pracht
9 = Jesod	= Fundament
10 = Malkuth	= Reich.

105

Die Punkte sind untereinander durch „Kanäle" verbunden, sie lassen den Lauf der Entwicklung erkennen.

Denn es ist eine theologische Spekulation, in welcher Reihenfolge sich die Eigenschaften Gott-Schöpfers in Tat umgesetzt haben. Jede Sephirah oder Eigenschaft, Idee oder „Wort" Gottes ist wesenhaft göttlich, es sind Wirklichkeiten. Daher gehört diese Lehre zur Gnosis, zur Erkenntnis Gottes.

Ziffer und Sephirah decken sich in der geistigen Bedeutung, es ist dasselbe, ob Ziffer oder Sephirah angegeben werden. Über dem Baum des Lebens wird die Ziffer ∞, das Zeichen für Unendlichkeit, oder der gleichbedeutende Name ain sof. oder Ensophe geschrieben. Die Bedeutung:

∞ = Unendlichkeit. Die unausdenkbare Urquelle, Ursache. Höchste Potenz der Gottheit, Gott vor der Schöpfung.

Kether = Krone. Die Ur-Sephirah, aus der die andern hervorgehen, Bindeglied zwischen Ain soph und den übrigen Sephiroth. Gott Schöpfer. Ewigkeit, Klares Licht. „Der Alte, dessen Name geheiligt sei."

Chochmah. Die erste Ausstrahlung der Schöpferkraft, daher „der Anfang". (Mit dem Anfang schuf Gott Himmel und Erde.) Logos, Mittler, Weisheit, Theoretische Vernunft. Das „Gehirn".

Binah. Selbstbewußtsein. Praktischer Verstand. Einsicht. Das „Herz".

Chesed oder Gedullah, erzeugt von Chochmah und Binah. Größe, Gnade, Liebe. Expansion. Männliche Seele.

Geburah. Stärke, Kraft, strenges Recht. Konzentration. Weibliche Seele.

Tiphereth. Herrlichkeit, Schönheit, Vereinigung von Größe und Stärke. Als Barmherzigkeit der Ausgleich zwischen Liebe, Gnade und strengem Recht.

Nezach. Sieg. Dauer, Intensität der Naturkraft. Konsistenz. Festigkeit.

Hod. Ruhm, Resistenz, Pracht. Widerstandskraft, Jugendfrische.

Jesod. Grund, Fundament. Alles in der Natur kehrt zu Jesod zurück, woraus alles entstanden. Ausgangspunkt der Naturkräfte.

Malkuth. Reich, Herrschaft. Steht unter den andern Sephiroth, wie Kether darüber. Quintessenz aller Naturkräfte, Reich der Elemente. Übergang zur untern Welt. Organ Gottes auf der untern Welt.

Diese Sephiroth setzen sich in gleicher Weise in der Unterwelt fort, mit allen Kanälen. Durch diese gehen die Kräfte von oben nach unten und von unten nach oben. Die untere Welt ist eine Entsprechung der obern. Daher heißen die 10 Sephiroth auch der himmlische Mensch, die Progression nach unten bildet den irdischen Menschen. Ebenso haben die materiellen Planeten ihre geistigen Entsprechungen in der obern Welt. D i e E r f a h r u n g b e s t ä t i g t d i e s e L e h r e n. Oder anders gesagt: D i e s e L e h r e n s i n d d e r g e i s t i g e E x t r a k t d e r E r f a h - r u n g e n i m L e b e n, praktische Philosophie.

Es gibt noch eine Sephirah, die sich dem gezeichneten Baum des Lebens nicht einfügt, die daher ein „wohnungsloses Dasein" führen mußte. Bei meinen Forschungen mit dem Pendel habe ich einen andern Urbaum des Lebens gefunden, in dem diese Sephirah mit Namen D a - a t h, Erkenntnis, Wissen, Platz findet. Es sind zwei Pentagramme, veröffentlicht auf Seite 95 u. f. im Band 6 der Pendelbücherei. Ich lasse den dort abgedruckten Text mit Abbildungen folgen.

D e r „B a u m d e s L e b e n s" v o r d e r S c h ö p f u n g
d e s „R e i c h e s o d e r M a l k u t h"

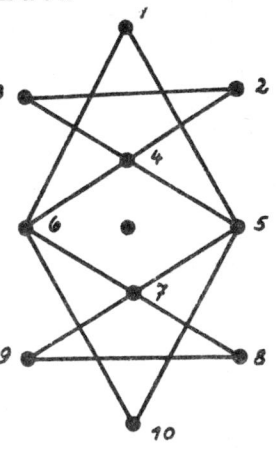

A
1 = Kether, Ur-Sephirah. Die Krone
2 = Chochmah = theoretische Vernunft
3 = Da-ath = Erkenntnis, Wissen
4 = Binah = praktische Vernunft
5 = Chesed = Gnade, Liebe
6 = Geburah = Strenges Recht
7 = Tiphered = Herrlichkeit
8 = Nizah = Festigkeit, Dauer
9 = Hod = Glorie, Pracht
10 = Jesod = Grund, Fundament.

Außer der allgemein üblichen Konstruktion des Lebensbaumes finde ich einen andern, der aus zwei Pentagrammen besteht, wovon das eine eine untere Spiegelung des oberen anderen ist. Hierbei fehlt die Sephirah Malkuth, dafür ist die sonst nicht einzufügende Sephirah Da-ath eingesetzt.

Hier liegt alles noch im reinen, nicht verstofflichten Sein; es ist eine Darstellung von Gott-Sein vor der Schöpfung. Diese Figur ist in sich vollendet, sie besteht nur aus Dreiecken, von denen eine Anzahl nicht ausgezogen ist, um die Grundlage nicht an Deutlichkeit verlieren zu lassen. 2 — 6 — 8 oder 3 — 5 — 9 ergeben vollkommene Dreiecke. 3 — 2 — ● und ● — 8 — 9 ebenso. Der ● in der Mitte ist lediglich zur Verdeutlichung hingesetzt, um die Vorstellung zu erleichtern.

B
1 Kether
2 Chochmah
3 Binah
4 Chesed, Gedullah
5 Geburah
6 Tiphered
7 Nitzach
8 Hod
9 Jesod
10 Malkuth.

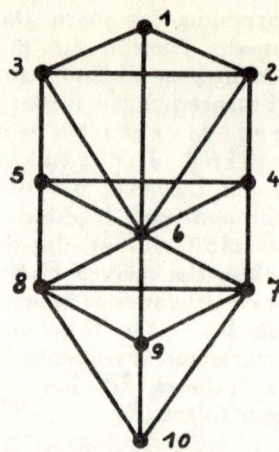

Dieser Baum des Lebens entspricht der Emanation des Gott-Seins im Da-Sein, also als Gott Schöpfer. Daher endet es in Malkuth = das Reich = der Kosmos. Nun finden sich die Vierecke vor! Kein Dreieck ist vollkommen! Dafür nimmt das Kreuz den obersten Platz ein! Betrachtet die Verbindungslinien zwischen den Punkten als Spannkräfte, dann werden viele geheime Zusammenhänge klar werden!

Die Sephiroth sind in drei Kategorien geteilt, die jeweils eine unteilbare Dreiheit bilden. Die erste Trinität hat einen rein intellektuellen Charakter, die zweite einen vorwiegend moralischen, die letzte bezieht sich auf Gott, als in der Natur betrachtet.

„Nach den Alexandrinischen Platonikern kann Gott nur unter der Form der Dreiheit aufgefaßt werden: zuförderst gibt es eine allgemeine Dreiheit, die aus folgenden, der Sprache Platos entlehnten Ausdrücken besteht: Der E i n h e i t oder dem G u t e n, dem V e r s t a n d e und der W e l t s e e l e oder dem D e m i u r g. Aus jedem dieser drei Glieder aber entsteht dann wieder eine b e s o n d e r e Dreiheit. Das Gute oder die Einheit ist nach den Beziehungen, in denen sie zu den Wesen steht, zugleich das Prinzip aller Liebe oder das Objekt der universalen Sehnsucht, die ungeschmälertste Macht und Genugtuung, und endlich die höchste Vollkommenheit." (Kabbala von Franck, S. 211.)

Es besteht ersichtlich eine Ideengleichheit zwischen dieser platonischen und der kabbalistischen Religionsphilosophie, wie ja überhaupt dieser Zweig der Kabbala keineswegs besonders jüdisch ist. Die Juden sind keine Kabbalisten an sich! Es gibt unter ihnen aber neben Sekten, wie Chassidim, Zionisten, Orthodoxe und Materialisten auch Kabbalisten, weniger in Deutschland, als vielmehr in Palästina, Polen und New York. Von Spanien aus wurde sie verbreitet.

Ein jüdischer Freund, der Kabbalist ist, schätzt die geistige Haltung der Juden folgendermaßen ein:

10 % religiös-konfessionell, davon $^2/_3$ orthodox, $^1/_3$ liberal.

30 % Zionisten, jüdisch-völkische Nationalisten.

50 % ohne religiöse Teilnahme „deutsche Staatsbürger", als solche Sozialisten und Demokraten, meist Materialisten, der Weltanschauung nach.

10 % Deutschnational (der Berliner Lokalanzeiger wird von solchen geleitet), Kommunisten, Ausländer.

Viele Juden sind katholisch geworden, es gibt viele katholische Priester von jüdischer Nationalität, aber auch in die evangelische Kirche sind Juden eingedrungen.

Die Sephiroth stellen die einzelnen Eigenschaften Gottes vor. Ihre Namen werden bei allen Gebeten in der ganzen Christenheit benutzt. Das Vaterunser schließt damit und dessen sieben Bitten entsprechen den Planeten wie Sephiroth. Die Psalmen wie alle andern biblischen Bücher bringen diese Namen fortgesetzt, oft in derselben Reihenfolge, wie im Baum des Lebens. Keine Anrufung Gottes, keine Lobpreisung ohne die Namen der Sephiroth! Nur sollten diese „Formeln" auch verstanden werden: hier ist die Eigenschaft zum Verständnis der Bibel überhaupt!

Noch eine Entsprechung: der Beamtenkörper einer Loge.

Und die 3 Säulen:

Säule des Rechts	Säule der Mitte	Säule der Gnade
3 Binah = Vernunft.	1 = Kether = Krone.	2 = Chochmah = Weisheit.
5 Geburah = Recht, Stärke.	6 = Thiphereth = Herrlichkeit	4 = Chesed = Größe, Gnade.
8 Hod = Ruhm.	9 = Jesod = Fundament.	7 = Nezach = Sieg.
	10 = Malkuth = Reich. Herrschaft.	
Die Säule der intensiven Potenzen, der Widerstandskraft.	Die Säule der substantilen Potenzen.	Die Säule der extensiven und expansiven Potenzen.

Diesen 3 Säulen begegnen wir im Tempel der Freimaurer.

In dieser Hinsicht ist es bemerkenswert: Der Meister vom Stuhle und die beiden Aufseher sind die einzigen Beamten, deren Posten nicht doppelt besetzt werden darf. Sie vertreten die ersten drei Sephiroth. Eine weitere maurerische Entsprechung der 10 Sephiroth: die Namen der Meister, vom Salomo zum Tempelbau erwählt:

1 Adon-Hiram (Erhabener Herr)
Nach dessen Ermordung:
2 Moabon (Vom Vater)
3 Jakin (Fest)
4 Boaz (In der Stärke)
5 Ganijam (Bedrängnis des Volkes)
6 Gazar'iah (Hülfe Gottes)
7 Joram (Der Erhabene)
8 Jsst'gi (Meine Hülfe)
9 Achal (Er hat gegessen)
10 Gobed (Der Dienende).

109

Die eingeklammerte Bedeutung der Namen ist vielsagend! Adon-Hiram ist gleich Osiris die Sonne. Die Hiram-Legende nebst Ritual ist eine Parallele zur Osiris/Isis-Mythe. Dieser Hinweis dürfte genügen, um den astralen Untergrund der Freimaurerei anzudeuten.

Hier ist das Vorbild für die 3 Reihen der Tarotkarten.

Die Säule der Mitte korrespondiert mit der Reihe 1 — 4 — 7 — 10 — 13 — 16 — 19 und dem Körper; es ist der erste Weg des Heiles, d u r c h d i e T a t.

Die Säule der Gnade korrespondiert mit der Reihe 2 — 5 — 8 — 11 — 14 — 17 — 20 und der Seele; es ist der zweite Weg des Heiles, d u r c h d i e L i e b e.

Die Säule des Rechts korrespondiert mit der Reihe 3 — 6 — 9 — 12 — 15 — 18 — 21, dem Geiste; es ist der dritte Weg des Heiles, d u r c h d i e E r k e n n t n i s.

Das bedarf aber zur Darstellung ein eigenes Kapitel.

Oswald Wirth als Vertreter der französischen Kabbalisten teilt die Großen Arcana auch in drei Siebenheiten ein, nämlich

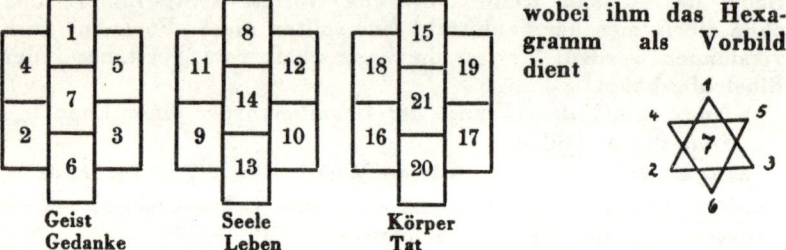

wobei ihm das Hexagramm als Vorbild dient

Geist Gedanke   Seele Leben   Körper Tat

Mir ist es unerfindlich, wieso die Karten 19—20—21 auf den K ö r p e r zielen sollen, dieser ist ja bei Karte 13 bereits abgelegt!

Unterlegen läßt sich ja alles, die verschiedenen Sprachen: Hebräisch, lateinisch, griechisch und französisch bieten einen genügenden Vorrat von schönklingenden Worten. Es kam bei dieser Dreiteilung ersichtlich nur darauf an, die mit 7 springenden Zahlen in den Mittelpunkt zu bringen. Damit ist jedoch herzlich wenig gewonnen! Und bestimmt nichts, was zur Vertiefung der Einsicht beiträgt.

Ein anderes Beispiel gewaltsamer Anpassung: Angleichung von 21 Sternbildern an die 21 Karten. (Der Narr ist noch nicht an den Himmel versetzt.) Er wählt einfach aus, zuerst die 12 Tierkreisbilder, dann 9 andere Bilder. Es sind jedoch 20 Bilder vorhanden! Also bleiben 11 unberücksichtigt, das „System" ist gerettet!

Die französischen Tarotforscher verleugnen nie ihre katholische Erziehung, nur finde ich es dabei etwas aus der Schule geplaudert, wenn dem Papst (Karte 5, Hohenpriester) auch eine Päpstin (Karte 2) zur Seite gesetzt wird. Andere Kirchen erlauben ja ihrem Oberpriester eine Frau, nur die katholische nicht!

110

Erklärung der Sephiroth im Sohar

Aus dem Allerverborgensten seines Lichtkreises ließ „der Alte der Alten" oder „der Verborgendste aller Verborgenen" eine L o h e hervorgehen, deren Strahl auf die unterschiedslose Masse, aus der die Welt gebildet wurde, einwirkte. Dies konnte jedoch nicht direkt geschehen, sondern er mußte Zwischenstufen zwischen sich und der Welt schaffen. Das sind die 1 0 S e p h i r o t h oder g ö t t l i c h e n E i g e n s c h a f t e n, durch die er gleichsam wie durch Kanäle, allen Naturkräften seinen Willen zusendet, der auf die regelmäßige Leitung der ganzen Schöpfung gerichtet ist. Diese aus dem Urpunkt des Göttlichen oder der Krone hervorgegangene Lohe wird En-Sof oder ain soph genannt, eine rein g e i s t i g e S u b s t a n z, in welcher die Kraft der weiteren Entwicklung zum Weltall lag.

Sie teilte ich gleich in zwei Prinzipien, ein männliches oder spendendes, und ein weibliches oder empfangendes, genannt V a t e r und M u t t e r, als Sephiroth W e i s h e i t und V e r - s t a n d genannt. Deren Vereinigungspunkt der S o h n oder Erkenntnis als Sephirah. Diese Dreiheit oder „Krone" folgte nach unten die weitere Entwicklung. Es entsprangen aus der Weisheit d i e G n a d e, aus dem Verstand d i e S t ä r k e, beide verbunden durch die S c h ö n h e i t. Das sind die drei Säulen in der Freimaurerei; sie werden für die f ü h l b a r e W e l t angesehen, denn sie wirken bereits in der untern Welt.

Weiterhin als 3. Dreiheit entspringen: Aus der Gnade d i e M a c h t, aus der Stärke d e r G l a n z, die Verbindung von diesen d i e B a s i s, der Stoff. Diese Dreiheit heißt die n a t ü r l i c h e W e l t, d i e W e l t d e r O f f e n b a r u n g oder d e r U m - f o r m u n g.

Folglich sind die Sephiroth auf der rechten Seite des Baumes männlich, auf der linken weiblich. In der 10. Sephirah Malkuth zeigt sich die fortdauernde und immanente Tätigkeit aller 10 Sephiroth, daher heißt sie d a s R e i c h und begreift in sich die gesamte Welt in der Gegenwart Gottes.

Anders ausgedrückt: der Baum des Lebens stellt die fortschreitende Evolution dar,

die ersten Drei die Welt der Emanation, das Ausströmen des Göttlichen, die intelligible Welt.

Die zweiten Drei die Welt der Schöpfung. Der Plan des nach Erkenntnis ringenden Menschengeistes.

Die dritten Drei die Welt der Handlung und Umformung. Die Welt des Scheins und der Täuschung.

Die 4 Sephiroth der Mitte ist der Stamm, die rechts und links gelagerten Sephiroth die Zweige des Baumes.

Das hebräische Alphabet

Zeichen	Name	Aussprache		Zahlwert	
1 א = Aleph		Ollef	= (Vokaleinsatz)	1	Mutter
2 ב = Beth		Beis	= b	2	doppelt
3 ג = Ghimmel		Gimmel	= g	3	„
4 ד = Daleth		Dolled	= d	4	„
5 ה = He		Hëi	= h	5	einfach
6 ו = vau		Woow	= w	6	„
7 ז = Zain		Sojin	= s weich	7	„
8 ח = chet		Chess	= ch	8	„
9 ט = theth		Thess	= T	9	„
10 י = iod		Jud	= J	10	„
					(Ursprung)
11 כ = caph		Kaff	= K	20	doppelt
12 ל = lamed		Lammed	= L	30	einfach
13 מ = mem		Memm	= M	40	Mutter
14 נ = noun		Nunn	= N	50	einfach
15 ס = samech		Szammech	= s scharf	60	„
16 ע = hain		Ajin	= (Konsonanteneinsatz)	70	„
17 פ = ph		Päi	= F. m. Punkt darin P.	80	doppelt
18 צ = tsade		Tsade	= Z	90	einfach
19 ק = coph		Kuuf	= Qu	100	„
20 ר = resch		Räisch	= R	200	doppelt
21 ש = shin		Schihn	= Sch	300	Mutter
22 ת = thau		Toow	= T	400	doppelt
23 ך = Endbuchstabe		Kaff	= K	500	
24 ם =	„	Memm	= m	600	
25 ן =	„	Nunn	= n	700	
26 ף =	„	Päi	= f	800	
27 ץ =	„	Tsade	= z	900	

Die unsichtbare Welt. Gott Vater.

Engel In der sichtb. Welt, d. h. Gestirne, Gott Sohn.

Elementare Welt. Heilig. Geist. Inneres Sein des Wesens.

Selbstlaute fehlen. Die Bücher Mosis sind eine fortlaufende Reihe von Mitlautern, ohne Worttrennung. Um in spätern Zeiten die richtige Lesart sicher zu stellen, wurden Vokalzeichen eingeführt, die Masorethischen Punkte. Diese werden unter obige Zeichen gesetzt, und zwar:

ָ = a	א	erhält daher erst einen Laut-
ֵ = e		charakter, wenn ein Vokalzeichen
ִ = i		darunter steht. אָ = a, אֶ = e usw.
ֹ = o		Der 16. Buchstabe wird nicht aus-
ֻ = u.		gesprochen.

Ollef = A l e p h א. Karte 1. Der Magier.
Vater. Der Mensch. Entspricht der Sephirah Kether, dem Gottesnamen Ehjeh oder Wesen Gottes. Bezeichnet die „Tiere der Heiligkeit", erster Chor der Engel Seraphim.

Beis = B e t h ‏בּ‏. Karte 2. Hohepriesterin.
M u t t e r. Mund des Menschen. Sephirah Chochmah. Gottes-
name Bachow oder Klarheit. Bezeichnet die Engel 2. Ordnung
Ophanim und Cherubim, die das Chaos ordneten.

Gimmel = G h i m m e l ‏ג‏. Karte 3. Herrscherin.
Natur. Hand beim Greifen. Sephirah Binah. Gottesname
Gadol. Engel Aralym, Form der Materie. Verbindung mit dem
Namen Tetragrammaton, der Vierbuchstabige ‏י ה ו ה‏, der nur
vom Hohenpriester im Allerheiligsten jährlich einmal aus-
gesprochen werden durfte. (Jod-he-vau-he.)

Dolled = D a l e t h ‏ד‏. Karte 4. Herrscher.
Gesetz. Macht. Busen oder Schoß. Sephirah Chesed. Gottesname
Dagoul. Engel Hasmalin. Gestaltung der Materie.

Hëi = H e ‏ה‏. Karte 5. Hohenpriester.
Religion. Atem. Sephirah Gebura — Pachad. Gottesname
Hadom. Engel Seraphim. Elemente.

Woow = V a u ‏ו‏. Karte 6. Scheideweg.
Freiheit. Auge, Ohr. Sephirah Tiphereth. Gottesname Vezio.
Engel Malakim. Metalle, Mineralien.

Sojin = Z a i n ‏ז‏. Karte 7. Triumph.
Eigentum. Der Pfeil. Sephirah Nezach. Gottesname Zakai. Engel
Kinder Elohims. Pflanzen.

Chess = c h e t ‏ח‏. Karte 8. Gerechtigkeit.
Verteilung. Ein Feld. Sephirah Hod. Gottesname Chesed. Engel
Benai Elohim. Tiere.

Thess = Thet ‏ט‏. Karte 9. Weiser.
Klugheit. Das Dach. Sephirah Jesod. Gottesname Tehor. Schutz-
engel.

Jud = J o d ‏י‏. Karte 10. Schicksalsrad.
Ordnung. Zeigefinger. Sephirah Malkuth. Gottesname Jah.
Heroen.

Kaff = C a p h ‏כ‏. Karte Kraft.
Kraft. Die sich schließende Hand. Gottesname Chabir. Erste
Bewegung. Mittatron, Fürst der Gesichter. Vermittler.

Lammed = L a m e d ‏ל‏. Karte Prüfung.
Opfer, sich ausstreckender Arm. Gottesname Schadaï. Sphäre
des Saturns.

Memm = M e m ‏מ‏. Karte Tod.
Tod. Das Weib. Gottesname Meborake. Sphäre des Jupiter.

Nunn = N o u n ‏נ‏. Karte Wiederverkörperung.
Rückfälligkeit. Eine Frucht. Gottesname Nora. Emanuel.
Sphäre der Sonne.

Szammech = S a m e c h ‏ס‏. Karte Schwarzmagier.
Allgemeines Wesen. Schlange. Gottesname Samech. Sphäre des
Merkur.

Ajin = H a i n ע. Karte Blitz.
Gleichgewicht. Materielle Bande. Gottesname Hazad. Sphäre
des Mondes.
Päi = P h e פ. Karte Erlösung.
Unsterblichkeit. Mund und Zunge. Gottesname Phode. Element
Feuer.
T s a d e צ. Karte Blinde Leidenschaft.
Schatten und Reflex. Dach. Gottesname Tsedek. Element Wasser.
Kuuf = C o p h ק. Karte Geistiges Leben.
Licht. Beil. Gottesname Kodesch. Element Erde.
Räisch = Resch ר. Karte Ewiges Leben.
Dankbarkeit. Kopf des Menschen. Gottesname Rodeh. Vege-
tabilien. Tiere.
Schihn = S h i n ש. Karte Alles in Allem.
Einheit. Pfeil. Gottesname Schaday.
Toow = T h a u ת. Karte Der Narr.
Zusammensetzung. Schoß. Gottesname Thechinah.

B e d e u t u n g d e r G o t t e s n a m e n, d i e E i g e n - s c h a f t e n G o t t e s a n g e b e n

Ehjeh =	Ehje	= Wesen Gottes
	Bachour	= Klarheit und Jugend. Der Auserlesene
Godaul =	Gadol	= Der Große
Dogul =	Dagoul	= Der Erhabene
	Hadom	= Der Majestätische
	Vezio	= Der Glänzende
	Zakai	= Herrliche Welt
Chossid =	Chased	= Der Barmherzige. Der Fromme
Tohaur =	Tehor	= Reine Welt = Der Reine
	Kahir	= Der Mächtige
	M'Lammed	= Der Gelehrte, Lehrer
M'wauroch =	Meborake	= Der Gesegnete
	Nora	= Der Schreckliche
	Ararita	= Der Unveränderliche
	Sameck	= Der Stützende
	Hazad	= Der Starke
P'daël =	Phode	= Erlöser. Gott rettet
Zadik =	Tsedek	= Der Gerechte
	Adaun	= Der Herr
	Gibaur	= Der Held
	Hanauro	= Der Ehrfürchtige
	Eljaun	= Der Höchste
Kaudesch =	Kodesch	= Der Heilige
	Rodeh	= Der Herrschende
Schaddai =	Schaday	= Der Allmächtige
	Thechinah	= Der Gnädige.

Dann gibt es noch 10 e i g e n t l i c h e Namen von besonderer Bedeutung.

1. א   Ehjeh = Ehje ascher Ehje = Ich bin, der ich bin.
2. יה   Jah
3. יהוה   Jehorat = Jeoua (durfte nicht ausgesprochen werden).
4. אל   El = Gott.
5. אלוה   Eloha = Elauha = M e i n G o t t.
6. אלהים   Elohim = Elauhim. Gott als Mehrzahl.
7. יהוה   Tetragrammaton (wie 3!) = Der 4buchstabige, eine Umschreibung des Namens.
8. צבאות   Sabaoth = Zewoaus = Heerscharen
9. שדי   Shadai = Der Allmächtige.
10. אדני   Adonai = Mein Herr.

Im Namen wird ein dynamischer Träger von Wesenseigentümlichkeiten erblickt. Ein neuer Name bedingt einen neuen Menschen, so werden Mönche, Nonnen, Päpste, Fürsten beim Eintritt oder Antritt mit einem neuen Namen belegt, der einen bessern Zustand herbeiführen soll. Der „alte Adam" wird mit dem alten Namen abgelegt. Dr. B i s c h o f f erzählt in seinen E l e m e n t e n der Kabbala (Herm. Barsdorf-Verlag, Berlin), daß man Todkranken einen andern Namen gegeben habe, um den neuen Menschen neues Leben zu geben. Erhält nach dieser hebräischen Anschauung ein Mensch den Namen einer göttlichen Eigenschaft, wird er dieser teilhaftig werden, wie die Katholiken wohl erwarten, daß sich die Heiligen aller derer besonders annehmen, die ihren Namen tragen. Die Rabbiner erblicken eine Gefahr für den Monotheismus in der Anwendung von Namen, die Eigenschaften angeben, da diese in der Tat zur Bildung von Gedankenformen und damit von Göttern Anlaß geben.

Der Große Gottesname erscheint zusammengesetzt aus 12, 42 oder 72 Buchstaben, er wird Schem ha = mephorasch, der „auseinandergesetzte" Name genannt.

Dr. Bischoff zieht aus seinen Untersuchungen über diesen Gottesnamen folgenden Extrakt: Der 12buchstabige Gottesname besteht aus den Namen der drei obersten Sephiroth. Der 42buchstabige Gottesname besteht aus den Namen aller zehn Sephiroth, die 42 Mitlaute enthalten. Der 72buchstabige Gottesname besteht außerdem aus En soph und Kadosch, Kadosch, Kadosch; Koneh schamajim wa'arez.

Die mittelalterlichen Kabbalisten erklären: Mit diesem 72er Namen hat Gott die Juden aus Ägypten gerettet. 2 Mose 19—21 schildert diese Errettung, jeder Vers enthält 72 Buchstaben. Der Schem ha-mephorasch nimmt jeweils aus jedem Vers einen Buchstaben und setzt die Endung el dahinter. Ergibt also 72 Namen. Eine andere Deutung versteht darunter den Priestersegen, der bei Juden und Christen gleicherweise lautet: „Gott segne und behüte Dich. Er lasse sein Antlitz leuchten und sei Dir gnädig. Er wende Dir sein Antlitz zu und gebe Dir Frieden."

Hierzu sei bemerkt, daß dieser Segen nicht gesprochen, sondern psalmodiert wird, also Vokalkräfte zur magischen Wirkung benutzt werden, was meinen bezüglichen Ausführungen (S. 42) zur Unterstützung dient.

Das sind die wichtigsten Elemente der Wissenschaft vom Namen Gottes. Darauf bauen die französischen Kabbalisten ihr Tarotsystem.

„Die hebräischen Buchstaben kombinieren heißt also Zahlen und Ideen kombinieren; daraus ergibt sich die Entstehung des Tarot. Jeder Buchstabe ist also eine Macht, mehr oder weniger eng mit den schöpferischen Kräften des Universums verbunden. Indem er diese Kräfte in drei Welten, der psychischen, astralen und physischen auslösen kann, ist jeder Buchstabe der Ausgangs- und Endpunkt einer Menge von Beziehungen. Hebräische Wörter kombinieren heißt infolgedessen auf das Universum selbst einwirken; deshalb finden wir die hebräischen Wörter in den magischen Formeln und Ceremonien."

„Da jeder der Buchstaben eine wirkende Macht ist, so läßt eine Gruppierung dieser Buchstaben nach gewissen mystischen Regeln Centra wirkender Kraft entstehen, die der Mensch nach seinem Willen benutzen kann. Solche Gruppierungen sind die zehn göttlichen Namen." So nach Papus, Kabbala, zitiert. Und so schreibt ein „Nach"denker nach dem andern mit erhabenen Mienen nach, ohne je den Beweis für die ihnen in die Hand gegebenen göttlichen Kräfte zu zeigen. Der Ausgangspunkt ist die Behauptung, das hebräische Alphabet habe genau wie die Großen Arcana 22 Einheiten. Das ist unrichtig! Nämlich die doppelten Buchstaben haben zwei Laute, einen positiven starken und einen negativen sanften! Wird das Alphabet nach Zahlen eingeteilt, so werden es 27 Buchstaben, wie in der Aufstellung vorgestellt wurde.

Soweit werden sie kabbalistisch bewertet.

Wenn nun die 22 Tarotkarten mit dem hebräischen Alphabet übereinstimmen, so können wir die heiligen Namen Gottes mit den Tarotkarten legen. Jud, der Feuerbuchstabe, gilt als Urbuchstabe, alle andern gelten als zusammengesetzte Jud.

Tetragrammaton = Jehova, der Große geheime Namen besteht aus den Tarotkarten Schicksalsrad, Hohenpriester, Scheideweg, nochmals Hohenpriester. Ehjeh (der Mose mitgeteilte Name) aus Magier, Hohenpriester, Schicksalsrad, Hohenpriester, Jah = Gott aus Schicksalsrad und Hoherpriester.

Nora, der Schreckliche, aus Wiederverkörperung, Schicksals-rad, Ewiges Leben, Magier.

Meborake, der Gesegnete, aus Tod, Hohepriesterin, Ewiges Leben, Scheideweg.

Gadol, der Große, aus Herrscherin, Herrscher, Scheideweg, Prüfung.

Hadem, der Majestätische, aus Hoherpriester, Scheideweg. Herrscher, Tod.

Vezio, der Glänzende, aus Scheideweg, Triumpf, Schicksals-rad, Scheideweg.

El, Gott, aus Magier und Prüfung.

Ich denke, diese Proben genügen! Um zu zeigen, daß man die Übereinstimmung an den Haaren herbeizerren muß.

Damit auf das Universum einwirken zu können, ist reiner Unsinn. Man wird auf den Golem hinweisen, der durch Meyrinks Roman die Köpfe der deutschen Kabbalisten verwirrt hat. Da hat Rabbi Löw eine menschliche Figur aus Lehm geformt und dieser einen Zettel mit den heiligen Namen Gottes unter die Zunge gelegt, blies ihn an, küßte ihn und sprach Jod-he-vau-he, das tat er viermal und verneigte sich nach allen Himmelsrichtungen. Als das noch nicht half, rief er seine drei Eidame zu Hilfe und es gelang ihnen, die Figur zu beleben. Das war der Golem, der nun sein Diener wurde.

Ob ich das glaube? Gewiß, zumal in der handschriftlichen Überlieferung des „Nifloch-Mhr L" als „autentische Äußerungen des Rabbi Löw" folgendes zu lesen steht (zitiert aus H e l d, „Das Gespenst des Golem", Allgemeine Verlagsanstalt München 1927, ein sehr belehrendes Buch!):

„Bei der Erschaffung des Golem drängten sich zwei Geister heran, daß er (Rabbi Löw) durch sie den Golem beleben sollte: der Geist des Dämons Josef und der des Dämon Jonatan. Es wurde der Geist des ersteren gewählt, weil dieser schon zur Zeit der Talmudweisen den Juden in bedrängten Tagen Hilfe geleistet hatte. Auch war Jonatan ein Wesen, das keine Geheimnisse wahren konnte."

„Ebenso wie der Geist des Dämons Josef im Golem wanderte und durch ihn, den Tikum, die Wiederbelebung gefunden hat, so werden alle Geister der im Buche Sohar erwähnten „Juden-Dämone" mehrmalige Wanderung durchmachen und zuletzt die Wiederbelebung erreichen..."

„Es findet sich im Golem keine Spur von gutem oder bösem Trieb und alle seine Handlungen sind nur wie die einer auto-matischen Maschine, die den Willen ihres Erzeugers erfüllt."

Ich schlußfolgere: der Name Gottes brachte keine göttliche, sondern eine menschliche Form hervor, der Golem war eine Ab-spaltung von Rabbi Löw und seiner Eidame, wobei sie eine bereits vorhandene belebte Form stärkten und benutzten. Daher war der Golem kein reiner Doppelgänger des wundertätigen Rabbi. Sachlich ist es dasselbe, was ich zur Schaffung und Belebung von Gedankenwesen an Hand der Tarotkarten angegeben habe. Man kann auch die hebräischen Buchstaben als Form benutzen und diese beleben, dem steht nichts entgegen, die Tarotkarten sind aber besser dafür geeignet. Man kann in der Tat auf „das Universum einwirken", das gelingt den Tibetern, denen nachgesagt wird, sie könnten auf der Stelle ein Hagelwetter hervorzuzaubern, — ohne die hebräischen Buchstaben! Wer die deutschen Kabbalisten aus ihren Schriften erkennt, bemerkt sofort, daß diese niemals eine Gedankenform wie ein tibetischer Lama gebildet haben, sie eher im Rausch als in der Konzentration durch unbeschwertes Nachschreiben die Buchseiten füllten. Wer die Buchstaben wesenhaft lebendig gemacht hat, und diese Kraft in den geschriebenen Buchstaben legt, hat damit eine wirksame Form geschaffen, die gemäß Vorschrift weiterwirkt, und wer diese Buchstaben zu Worten formt, w o b e i s i e s i c h g e g e n s e i t i g e r g ä n z e n, und diese b e w u ß t m a g i s c h ausspricht, b e w e g t e i n e w i r k e n d e K r a f t. Das ist die Magie der Beschwörung, des Fluches, des Segens. Gedankenloses Schreiben und Sprechen ist völlig kraftlos und wirkungslos. Es ist weiterhin gleichwertig, ob ich Zahlen, irgendwelche Buchstaben, Runen, Tarotkarten oder sonstige Gestaltungen benutze, um sie lebendig zu machen. Deshalb ist diese Magie bei den verschiedensten Völkern anzutreffen, deren Formbildungen in Symbolen, Zeichen und Mythen durchaus verschieden sind.

Es ist ganz zweifellos, daß durch Kombinieren von hebräischen Buchstaben Formen gebildet und belebt werden können, aber auch das ist zweifellos: es ist leichter möglich, wenn lediglich die mystische Bedeutung der Buchstaben allein und ohne Verkoppelung mit Tarotkarten zur Gestaltung benutzt wird.

Und außerdem steht außer Frage, daß jeder Denkende sich selbst ein System der Kabbala bilden kann und keineswegs darauf angewiesen ist, ein vorhandenes buchstäblich zu übernehmen. Daß die vorhandene Kabbala auf Grund der hebräischen Buchstaben und Zahlen höchst bedeutsam ist, bleibt ebenfalls außer Frage. Das Anwendungsgebiet (Gamatra, Notariken usw.) setzt ausschließliche Hingabe an Thorahstudien voraus und ist keine Spielerei!

Besonders zu beachten ist das Anwendungsgebiet. So ziemlich alle Namen des Alten Testamentes lassen sich durch den Schlüssel der Zahl, also Umwandlung der Buchstaben in Ziffern, erklären. Die neuzeitliche Mode, nunmehr alle Namen der lebenden Generation „zu kabbalieren" und zu deuten, ist eine Verirrung, da unsere Namen keineswegs typisch für die Personentypen sind.

Die alttestamentlichen Namen sind der Person auf den Leib angemessen worden, wobei der Maßstab Zahl und Buchstabe ist. Wer von uns Lebenden kann das von seinem Namen behaupten? Keiner!

Ich will aus einem wenig zugänglichen Werk des früheren Ober-Kreis-Rabbiners I s a a k S a l o m o n B o r c h a r d t e i n i g e s a n f ü h r e n, 1869 als gedrucktes Manuskript im Selbstverlag in Berlin herausgegeben („veröffentlicht" kann nicht gesagt werden): Das Studium der Freimaurerei und die ursprüngliche Geschichte derselben.

„Adam war der erste Priester der Welt. Er hat sich nicht nur selber nach den Grundsätzen der Etymologen den Namen A d a m gegeben, sondern auch den Namen J e h o v a h dem allweisen Baumeister der Welt, der wegen seiner hohen Bedeutung und Heiligkeit durch die Buchstaben der h e b r ä i s c h e n Sprache zu schreiben und auszusprechen nicht erlaubt ist. Durch Benennung der Buchstaben desselben geschieht die Aussprache als „Jod — Heh — Wau — Heh". D i e s e m Meisterworte hat zugleich Adam eine unaussprechliche Fülle von Weissagungen einverleibt."

„Das Fünfeck oder der flammende Stern erfordert, daß man sich darin den hebräischen Buchstaben J o d denken muß."

„Die drei Theile oder Zimmer der Stiftshütte und die des Tempels haben ihre tiefen Bedeutungen, auf die drei Regionen der Schöpfung hinzielend. Sämtliche Symbole, die in der Stiftshütte waren, als Bundeslade, Tisch, Räucherurne und 7röhriger Leuchter, ließ Salomo in den Tempel hineinbringen. Die Bedeutung derselben sind: Krone der Gelehrsamkeit, Krone des Königsthums, Krone des Priesterthums und Symbol des Sonnensystems."

„Zum Gebiete der Freimaurerei gehören 27 Meister, Kreuzstangen und Baum, und zielen auf die 27 Buchstaben des Alphabets. Die 27 Meister müssen in drei Teile gebracht werden, daß zu jedem Teile 9 Meister gehören. Das Geheimnis der Sache zielt auf die 27 Buchstaben des hebräischen Alphabets, von denen jeder ein „Meisterstück" enthält oder ausmacht, als: der erste Buchstabe Aleph, der zweite Beth. Da die „natürliche Offenbarung" nicht das Wesentlichste der Schöpfung ausmacht, sondern im Wege der Notwendigkeit die „geistige Offenbarung" zur Folge haben mußte, so begründete die letzte erst den Begriff Schöpfung, deshalb beginnt die geistige Offenbarung mit dem ersten Buchstaben des Alphabets, nämlich mit Aleph, in dem Worte Anochi in der Bedeutung „Ich", „Senkblei". Die natürliche Offenbarung beginnt mit dem zweiten Buchstaben Beth, in dem Worte Bereschith, welches auf „Weisheit" hinzielt und zur Folge gehabt hat „Stärke und Schönheit". Der letzte Buchstabe ist Thau, zielt auf den Tempel Salomonis, weshalb der weise König Salomo beim Bau des Tempels des Wortes Taschlem sich bedient hat, welches Vollendung bedeutet. Der salomonische Tempel gehört zu den 7 Gegenständen, welche vor der Schöpfung in der Idee des allweisen Architekten der Welt war, derentwegen die Welt zu realisieren. Der Salomonische Tempel war das Symbol für die Totalschöpfung. Die 27 Buchstaben des hebräischen Alphabets präsentieren die 27 Meister, von denen jeder derselben ein Meisterstück enthält. Erwähnte 27 Meister oder Buchstabenfiguren werden in 3 Teile gebracht, d. h. die Buchstaben werden in drei Klassen gebracht, sodann präsentieren sie, da die Buchstaben zugleich Zahlen bedeuten, 9 Einer, 9 Zehner und 9 Hunderter, die 9 Felder einnehmen, wo in jedem Feld Einer, Zehner und Hunderter zusammentreffen, als: die drei Buchstaben Aleph (1), Jod (10) und Kuph (100). Kommen in Einem Felde als ק׳א. Die 9 Felder präsentieren wiederum die Priesterschaft der alten Hebräer, als |_ |·_ |·· , Aleph, Jod und Kuph.

„Der „Baum" hat Bezug auf Aeros-Ceder, der zu den Symbolen der fünf Majestäten gehört, welcher im salomonischen Tempel vorhanden sein mußte. Die 5 symbolischen Majestäten sind: Mensch, Löwe, Ochse, Adler und Aeros."

„Die Totalschöpfung enthält drei Regionen, als 1. das Reich der abstrakten Geister, 2. das Reich der Sonne, des Mondes und der Sterne und 3. das Reich der Sinnenwelt. Erwähnte drei Regionen werden nach den 4 Seiten vermittelst des Durchmessers in 12 Teile gebracht."

Das Buch Thot und die Astrologie

Anders müssen die kosmischen Kräfte sein für ein Menschenleben, so kurz bemessen, und für die Geschicke der Menschheit oder der Gestirne selbst, die auch dem Werden und Vergehen unterworfen sind, wie wir Menschen. Für uns genügen die Planeten in ihrem schnellen Lauf. Das Schicksal der Völker wird besonders beeinflußt durch die großen Konjunktionen, die teilweise eine Zwischenzeit von über 900 Jahren erfordern, ehe sie sich wiederholen.

Zu klein sind diese Zeitspannen für die Menschheit! Zu schwach die Rhythmen! Größere astrale Kräfte müssen wir suchen, die dafür langsamer wirken, die von dem Tagesmenschen nicht empfunden werden, aber tiefer eindringend, das Denken und Fühlen der Menschheit von Grund aus einnehmen.

Es ist die Präzession, das kosmische Sonnenjahr, welches hier wirkt. Frühlingspunkt wird der Augenblick geheißen, in dem die Sonne wieder auf den Nullpunkt des in Grade eingeteilten Kreises gekommen ist und einen neuen Umlauf beginnt. Dieser Augenblick fällt um den 22. März eines jeden Jahres. Im Verhältnis zum Ganzen fällt dieser Punkt nicht immer auf genau dieselbe Stelle, vielmehr schreitet er jährlich um 52 Grad-Sekunden zurück. Also in rund 72 Jahren ist dieser Punkt um einen Grad zurückgegangen. Das ist eigentlich, an einem Menschenleben gemessen, recht wenig. 2160 Jahre sind notwendig, um 30 Grade zusammenzubringen oder durch einen Teil des zwölfteiligen Sternenhimmels zu gehen. Folglich sind 12 × 2160 = 25 920 oder rund 26 000 Jahre zu einem Umlauf erforderlich. Der Mond hat auch seine Präzession, um diesen Ausdruck auch hier anzuwenden, aber sein Punkt — er wird Mondknoten genannt — vollendet einen Umlauf in etwa 19 Jahren. Das ist zu übersehen, er steht dem Menschen näher und er wird daher in der Geburts-Astrologie benutzt. „Tausend Jahre sind vor dir wie ein Tag" singt der Psalmist. Nehmen wir das buchstäblich, so sind es rund 26 Tage vor Gott, was für uns eine unübersehbare Zeitspanne ist. 26 Tage entsprechen ungefähr einem Mondumlauf. 13 Mondumläufe sind gleich einem irdischen Jahr. Wir sehen auch hier: der Mond steht uns näher! Nicht nur körperlich, sondern auch wesentlich in seinen Einflüssen.

Der Prediger klagt über die Kürze unseres Lebens, 70 Jahre und wenn es hoch kommt 80 stehen uns zu. Messen wir es am Leben einer Eintagsfliege, so kommen wir zu andern Anschauungen. Nehmen wir die Lebenslänge, um nicht gerade unbescheiden zu sein, mit 70 Jahre an und rechnen 70×365 Tage, so erhalten wir 25 550 Tage oder aneinandergereiht Existenzen von Eintagsfliegen. Das ist fast die Zahl, die wir eben als Sonnenjahr im Kosmos kennen gelernt haben. Also so, wie die Eintagsfliege zu einem Menschenleben im Verhältnis, steht der Mensch zu einem kosmischen Sonnenjahr. Einen Tag Leben, 359 Tage schlummernd im Ei ruhend, das ist das Muster auch für den Menschen und seine Wiedergeburt.

Noch ein Gleichnis: Der Mensch macht in seinem obigen normalen Leben rund 25 920 Millionen Atemzüge, wie Dr. G. H. v. Schubert mitgeteilt hat!

Der Frühlingspunkt in einem Tierkreiszeichen liefert den starken Einfluß, der die Menschheit bewegt im Innern wie im Äußern.

Unsere ältesten Kulturdokumente und Aufzeichnungen (das Wort „Aufzeichnung" stammt noch aus der Zeit der Bilderschrift!) gehen zurück auf diejenige Periode, wo der Frühlingspunkt im Zeichen Stier war. Vorher war er in den Zwillingen, da war der

Mensch nicht seßhaft, er wanderte ruhelos umher, jagend und hütend. Das Zeichen Zwillinge ist auch das der Verwandtschaft und wir wissen, daß in der Zeit und noch vorher das Mutterrecht herrschte, von dem wir in Volksgebräuchen noch so viele Erinnerungen bewahrt haben. Da war die älteste Mutter, die „Groß"-Mutter, oder noch besser die Ur-Großmutter, der Mittelpunkt der Familie. Nach der Großmutter nannte sich die Familie. Nicht der Vater hatte einen Einfluß auf das Kind, sondern allein die Mutter. Wie in einem Bienenstaate standen alle Männer zur Verfügung aller geschlechtsreifen Frauen, diese konnten sich paaren, mit wem sie wollten. Die individuelle Liebe war noch nicht erkannt oder sie zeigte sich nur in einer Bevorzugung, in einer „Vor"-liebe. Denn als schon die Einehe Gebrauch wurde, war dem Mädchen noch die Vorliebe gestattet, es durfte vor der Ehe mit einem Manne sich mit jedem andern paaren. Daher stammt noch das Recht eines jeden unverheirateten Hochzeitsgastes, mit der Braut zu tanzen, um sie einmal an sich zu drücken. Als der Stiereinfluß kam, wurde der Mensch seßhaft, die Landwirtschaft blühte auf. Von diesem Augenblicke wird die Bibel ein wichtiges Kulturdokument, sie wird so inhaltreich, daß man über die abfällige Meinung der Spötter nur die Achseln zucken kann. Man muß sie nur recht zu lesen verstehen! Die belobte Einfalt vermag das nicht! Es gibt im Bibelverständnis auch drei Stufen, dieselben, die der Gliederung dieses Buches zugrunde liegen. Wer diese drei Stufen erfaßt hat, vermag eher der Bibel gerecht zu werden. Wer nun von der ersten gleich zur dritten mit Überspringung der zweiten übergehen wollte, der würde nicht auf seine Kosten kommen, d. h. er würde den Text nicht voll begreifen. So geht es immer, man kann die tiefsten Geheimnisse ruhig aussprechen und drucken lassen, die Einfalt versteht sie nicht. Sie kann den Wortlaut auswendig lernen und tausendmal aufsagen: es sind und bleiben Worte ohne einen Begriff vom vollem Inhalte. Und alle tiefsten Geheimnisse sind gesagt und gedruckt worden; darnach braucht man nicht Verlangen zu tragen, daß sie wiederholt aufgelegt werden. Um das Begreifen und Verstehen sollte man bitten! Du kannst aber nur das begreifen, was du dir innerlich erworben hast, lieber Leser! Also suche immer in dir die Wahrheit kennen zu lernen, dann begegnest du ihr auf allen Gassen. Fast schäme ich mich, diese alte Weisheit hier noch einmal wiederholt zu haben, aber es gibt wohl junge Menschen, welche darin etwas Neues finden. Sei es für diese gesagt!

Als nun die eben seßhaft Gewordenen die Notwendigkeit einsahen, sich um Zeiten zu kümmern, um darnach Saat und Ernte bestimmen zu können, da fanden sie kein Sonnenjahr vor! Sie sahen, daß im Osten ein Stern aufging und im Westen zugleich ein anderer unterging, beide helleuchtend und rötlich an Farbe. Fand das statt, dann war es Zeit zur Saat, dann begann der Frühling.

Al-Dabaran und Antares sind diese zwei Sterne, der erste im Zeichen Stier, der andere im Zeichen Skorpion stehend. Das waren die Leitsterne erster Ordnung, und dazu der Mond, der so nahe lief und dessen Wirkungen so sympathisch leicht merkbar und für die Landwirtschaft ersichtlich war. Der Mond war mit der großen Mutter der Familie zu vergleichen; er wurde die große Mutter = Isis.

Nach dem Stierzeitalter kam das des Widders, dem Zeichen, in dem die Sonne erhöht ist. Der Widder = das Lamm. Jesus Christus lebte, als das Lamm geopfert wurde, als der Frühlingspunkt in das Zeichen Fische getreten war. Zu Menschenfischern bildete er seine Jünger aus. Zwei Fische sind ein altes Symbol aus den römischen Katakomben, welches sich in die Kirchenbaukunst geflüchtet und dort in den Füllungen der runden Fenster versteinert worden ist. Jetzt stehen wir vor einem neuen Übergang, das Zeichen Wassermann macht sich bereits geltend, all die okkulten Regungen in den Kulturvölkern sind davon Anzeichen, denn es ist das Zeichen des ausgegossenen Geistes.

Jetzt gehe ich zurück zum Stierzeitalter. Dieses Zeichen ist weiblich, Herrscherin ist Venus, erhöht darin ist der Mond. Das Zeichen gibt Beharrlichkeit in den Anschauungen, Festigkeit, Leidenschaftlichkeit, Sinnlichkeit, Fruchtbarkeit, Zeugung, das sind die Grundlagen. Unter dem Einflusse des Zeichens Stier konnte die Sonne gegenüber dem Monde keine Macht gewinnen. Und als das Zeichen Widder zum Einfluß kam, da mußte es einen erbitterten Kampf geben. Er ist heute noch nicht abgeschlossen. Der Mond im Stier vertritt das vegetative Leben, das Verlangen nach Genuß und Besitz. Wir finden den Stiertypus heute noch in dem sogenannten runden Kommerzienratsschädel, der auf einem dicken, kurzen Hals und ebensolchem Körper sitzt. Verdienen, um zu genießen, ist da die Losung. Nachruhm erwerben sie nicht. Da findet heute noch wie zu alten Zeiten der Tanz um das goldene Kalb (Stier) statt. Gegenüber diesen materiellen Bestrebungen haben die Geistesmenschen einen erschwerten Standpunkt. Der Widder aber vertritt das Haupt, das Denken, Erfinden, Vorwärtsstreben, auf idealer Grundlage.

Nun finden sich vielleicht unter den Lesern solche, welche sich mit der Physiognomik befaßt haben, diese werden mir vielleicht Namen von Chemikern oder Ärzten nennen, die unter den Stiertypus fallen, aber sehr tüchtig gewirkt haben. Stimmt! Es gibt namhafte Pharmazeuten und Chemiker unter diesem Einflusse, aber wodurch sind sie bekannt geworden? Durch die Ausnutzung einiger Präparate, sie haben dadurch Besitz erworben, sie sind durch die finanziellen Erfolge bemerkenswerter als durch die Güte der Erfindungen. Man wird finden, daß der von mir geschilderte Typus besondere Vorliebe für die Ausnutzung der Produkte der

Erde besitzt und sich gern mit Nahrungsmitteln, Arzneien, Chemikalien usw. befaßt. Hält man sich den technischen Industriellen vor Augen, z. B. den alten Krupp, so erkennt man hier gleich einen andern Typus.

Der Kampf zwischen Stier und Lamm füllt die Seiten des alten Testamentes Seite für Seite. Er wird verständlich, wenn man Jehova als den neuen Sonnengott, als den Ur-Lichtgedanken, ansieht. Das jüdische Volk und alle Nachbarvölker pflegten den Dienst der großen Mutter und des Stieres. Kinder und Jungfrauen waren das Opfer, denn die große Mutter gab nicht nur das Leben, sie regierte auch in dunkler Gestalt in der Unterwelt. Der Mond geht auf wie unter, regiert hier oben, da unten, schenkt hier Leben und nimmt es da. Daher wurden die Früchte der Gebärenden geopfert. Jeder Abfall von Jahve bedeutete einen Rückfall in die Religion des Stier-Mondes. Ob die Göttin Isis, Isthar, Artemis, Diana, Demeter geheißen wurde, war belanglos, immer ist es die Mondgottheit, das Weib, welches als Lebensgeberin regiert.

Der männliche Sonnengott aber mußte die Mondgöttin entthronen.

Gott hatte Sarah unfruchtbar gemacht, d. h. den Monddienst aufgehoben. Als Abram seinen erweiterten Namen Abraham erhielt, als er seinen Bund mit Gott gemacht hatte und da noch von dem Mondkult eine Frucht sich erbat, da wurde ihm diese gewährt, aber er mußte seinen Sohn zum Opfer bringen, wie Gott es mit seinem eigenen vorhatte. Abraham ist das Opfer erlassen worden. Sarah ist deutlich als Vertreterin des Mondes gekennzeichnet, wie Abraham als der der Sonne.

Was ist eine Mondstation? Es sind Etappen des Mondes von einem Tag zum andern in seinem täglichen Lauf. Die Mondstationen bilden daher einen Zodiak für sich und da der Winkel zwischen dem Erdäquator und der Mondbahn etwas größer ist, als der entsprechende der Sonne, so umfaßt der Mondzodiak noch Sternbilder, welche beim Sonnenzodiak nicht erfaßt werden. Wir haben also im Mondzodiak das astrale Urbild der Thotkarten zu suchen. Die 22 Großen Arcana halte ich daher für den Ur-Thot, denn die Kleinen Arcana halte ich für die Erweiterung, die notwendig wurde, als das Widder-Zeitalter kam.

Mit dem Sonnenjahr, welches in Ägypten entstanden ist, kam auch das Mondjahr auf. Da wurde angepaßt, damit dieses in eine gewisse Übereinstimmung mit dem Sonnenjahr kam. Aus den 22 Stationen waren durch Verdoppelungen schon 26 geworden, welche sich ja auch dem Kreise besser anpassen. Dann wurde die Zahl auf 28 erhöht, womit der Ausgleich gefunden war.

In der Jehovarede im 38. und 39. Kapitel Hiobs finden wir nun die Mondstationen der Reihe nach beschrieben! Gott liest einfach bei seinen Fragen an Hiob mit „Hast du?" oder „Kannst du?" den Himmel ab! Und nun das Seltsame: er fängt mit der zweiten Station, dem Buchstaben B an, er setzt die große Mutter auf ihren Thron! Bildkarte Hohepriesterin, Isis! Der Buchstabe A (Aleph) findet sich an einer andern Stelle! Am Schluß! Nun können wir den Text von Hiob und die Mondstationen und die Buchstaben und die Bildkarten des Buches Thot nebeneinanderstellen und wir haben die astrale Bedeutung der Großen Arcana entdeckt!

Und nun nehme man das Buch Jezirah in die Hand und lese es: mit welcher Eindringlichkeit werden die Grundlagen des Sonnendienstes, das heißt des Sonnenzodiaks, vorgetragen! „Und setze den Bildner an seinen Platz" erhält eine ganz neue Bedeutung: gib den Monddienst auf und setze I E O U A oder die Sonne auf den Thron! Füge dich der astralen Notwendigkeit, ziehe ein neues Kleid des Denkens an, nicht der Stier herrscht mehr, der Widder sendet seinen Einfluß und seine Boten ins Land, sei ein Prophet des Höchsten!

Man könnte mir einwenden: warum folgt Jehova nicht dem Sonnenzodiak, wenn er den Monddienst verbieten will? Weil wohl die astralen Kenntnisse noch nicht alle vorlagen, die alte Reihenfolge das Bewußtsein beherrschte. Solche Sachen kann man auch heute noch erleben, der Neugedanke ist da, aber die Begründung ist noch schwach, so wird argumentiert mit alten Gründen.

Die französischen Kabbalisten können keine Erklärung für die Entstehung der Kleinen Arcana geben, diese werden einfach mit dem Namen Tetragrammaton in Verbindung gebracht und eben, weil sie da sind, als daseiend hingenommen. Ich bringe sie aber mit dem Sonnendienst oder Widderzeitalter in Verbindung. Die vier Bildkarten entsprechen den vier Eckpunkten im Horoskop und gleicherweise der Welt. Immer steht ein negatives Bild einem positiven gegenüber, der König entspricht dem Zeichen Löwe, die Königin dem Zeichen Stier, der Ritter dem Zeichen Skorpion und der Bube dem Zeichen Wassermann. Sind die vier Endpunkte bezeichnet, dann ergeben sich die übrigen Zeichen von selbst. In der Bibel werden ja auch nur immer die vier Eckzeichen angeführt, dem Leser bleibt es überlassen, die andern 8 Zeichen an die Zwischenräume in Gedanken einzusetzen. Tiede weist darauf hin, daß As mit Ar zusammenhängt. Ar haben die Ägypter umgekehrt Ra gelesen. Ra ist der Sonnengott. Die höchste „Farbe" ist der Stab. Ich bringe das Symbol des Stabes zusammen mit dem damaligen Symbol der Schöpferkraft, dem Phallus, ebenso die Pokale mit dem Lingam. Eins, zwei, drei entsprechen der Dreinigkeit oder deren astralen Entsprechungen Zentralsonne, Zentralmond oder Neptun. Zentralmerkur oder Uranus. Dann folgen die sieben Planeten in der Reihenfolge Saturn, Jupiter, Mars, Sonne, Venus, Merkur, Mond. Die Sonne in der Mitte, Saturn an der einen Flanke, der Mond an der andern. Saturn ist aber die Sonne des Geisterreiches. Die Planeten gehören zum Sonnenkreis. Sie hatten keine Bedeutung unter der Herrschaft des Stieres. Vergeblich sucht man sie im Buche Hiob. Wenn daher von anderer Seite die Meinung ausgesprochen ist, die Kleinen Arcana entsprächen den Mondstationen, so kann ich dem nicht beipflichten oder man müßte eine doppelte Bedeutung annehmen. Nur wird es dann schwer, die doppelte Anzahl Mondstationen zu begründen. Das ließe sich mit 2 Farben, etwa Stäbe und Pokale, durchführen und sagen, die roten Karten entsprechen den über dem Horizont befindlichen, die schwarzen den untenstehenden Mondstationen.

Ich komme hier zu einer anderen Lösung. Wie wir vier Weltecken haben, so haben wir auch vier Buchstaben, die den heiligen Namen bilden. Jeder Buchstabe hat seine Bedeutung, in jedem strahlt das ganze Universum wieder; daher, wenn wir die Karten 1—10 viermal vorfinden, so haben sie aber jedesmal eine andere Bedeutung. Wir kommen hier unserer Astrologie näher.

Ich habe daher den 10 Karten mit Ziffern immer in derselben Reihenfolge die 9 Planeten mit der Zentralsonne an der Spitze beigefügt.

Im ersten Teile habe ich die Verkörperung, die Darstellung in Symbolen und Gebräuchen gezeigt. Im zweiten Teile zeige ich die astrale Unterlage, zeige ich diejenigen Kräfte, welche diesen Einfluß ausgeübt haben oder noch richtiger, vermittelst welcher die Lehren in die einfachste Gestalt, dem Verständnis der Völker entsprechend, verwirklicht worden sind. Der dritte Teil wird uns die Urkraft und seine Ausstrahlungen näher bringen. Jeder Teil lehrt dasselbe, aber das Verständnis wird immer weiter geführt, bis man den Schleier der Isis ungestraft heben kann.

Denn dem bleibt die Strafe erspart, der eingeweiht den wahren Grund der Isis erkannt hat. Wer aber aus bloßer Neugierde und ohne Wissen sich der Göttin naht, dem wird es gehen wie dem Jüngling von Sais, im Schillerschen Gedichte.

„Daß astrale Vorstellungen den ganzen alten Orient schon von der ältesten Epoche beherrschten, läßt sich durch eine ganze Reihe von Beispielen belegen und wird heute nur noch von solchen bestritten, die tatsächlich nicht mit den Quellen vertraut sind und noch in veralteten, jetzt längst überholten Anschauungen stecken . . . Und wo wir hinblicken im Bereich des orientalischen Altertums treten uns in Bildern oder in Anspielungen, so besonders auch im Alten Testament, astrale Anschauungen entgegen, so daß man deutlich den Eindruck bekommt, daß das vornehmlich die Welt war, in der jene Alte lebten und heimisch waren.“

Diese Worte des Münchner Orientalisten Fritz Hommel möchte ich mir ganz zu eigen machen, da sie meiner Denkweise entsprechen. Auch Hommel sucht den Ursprung des Alphabetes im Zodiak, dem Sternhimmel; nur teilt er nicht ganz die Ansicht von Ed. Stucken.

Auch die Planeten will er im Alphabet finden, nämlich M e r k u r im Buchstaben Jod = 10. Tarotbild, V e n u s im Buchstaben Kaph = 11. Tarotbild, worauf sich allerdings eine Venusfrau befindet, die S o n n e im Buchstaben Ain = 16. Tarotbild, der Blitz, M a r s im Buchstaben Phe = 17. Tarotbild „Erlösung", J u p i t e r im Buchstaben Resch = 20. Tarotbild oder ewiges Leben, S a t u r n im Buchstaben Thau = 21. Tarotbild Alles in Allem.*)

Man kann Entsprechungen bei einzelnen Buchstaben finden, besonders beim 20. Tarotbild. Im ganzen bezweifle ich die volle Richtigkeit. Hommel erblickt im „Gitter" (vielleicht in der Himmelsfarbe) die Milchstraße, die „Tür" (der Buchstabe Daleth) führt durch diese. Weiterhin haben die Sternbilder Zwillinge, Stier, Widder auf der einen Seite der Milchstraße, Fische, Wassermann, Steinbock, auf der andern Seite die Buchstaben geliefert. (Die Milchstraße ist aber auch auf der andern Seite des Tierkreises, zwischen Zwillingen und Stier.) Das sind 6 Zeichen, die andern 6 gegenüberliegenden Zeichen seien jeweils verbunden zu denken. Das findet in der Tat zum Teil statt, ich werde darauf zurückkommen. Das alte Alphabet ist wie unser heutiges in 2 Hälften geteilt. Bei uns geht die eine Hälfte von A—N = 13 Buchstaben, die andere von O—Z = 12 Buchstaben, hätten wir für Sch-Laut das fehlende Zeichen, so wären es auch 13 Zeichen, 26 zusammen = den 26 Mondstationen. Diese Teilung hat offenbar einen esoterischen Ursprung. Sie findet sich auch im Tarot, denn nach dem 12. Bilde springen die astralen Entsprechungen auf die gegenüberliegende Seite und die gedruckten Texte verheimlichen, „verkalen", den tiefen Sinn, der nur in den Mysterien enthüllt wurde. Diesen geheimen Sinn enthüllen aber die Bilder des Tarots! Daher tragen sie den Charakter von Einweihungsbildern. Ich schließe mich aus dieser Erkenntnis heraus den Gedankengängen von Ed. Stucken an, verkenne aber auch nicht die Möglichkeit, daß als Vorhang zur Verbergung der Mysterien die materiellen Planeten benutzt worden sind. Denn ich wiederhole: der Fixsternhimmel wirkt auf das Geistige, Ursprüngliche, die Planeten auf die individuellen Verkörperungen. Von untergeordneter Bedeutung ist die Frage nach dem Ur-Alphabet. Dieses soll arischen Ursprungs sein, das „Futhark"-Alphabet soll das Muster für alle Schriften abgegeben haben, nicht das phönikische. Guido v. List vertrat auch die Meinung, Kabbala sei ur-arische Erkenntnis. Daß die Hebräer nicht die Erfinder davon gewesen sind, erscheint wahrscheinlich. Ebenso leuchtet es mir ein, daß die chaldäische Geisteskultur arischen Ursprungs gewesen ist. Nur haben diese an sich sehr wichtigen und anregenden Forschungen nichts mit dem Buche Thot an sich zu tun. Wir nehmen es, woher

---

*) Die Arbeit von Fritz Hommel verdanke ich Herrn Dr. Erich Bischoff.

wir es bekommen haben, aus dem Orient, gelesen aus den Sternen. Ich verspreche mir auch nichts davon, wenn wir die Quelle verfolgen bis zur ersten Ausbruchstelle, denn es fehlt die Wahrscheinlichkeit, dabei zu tieferen Erkenntnissen zu kommen. Müssen wir, um zur vollkommenen Erkenntnis eines Dampfschiffes zu kommen, bis zum ersten Versuchsschiff zurückgehen? Sagt uns ein moderner Ozeanbezwinger nicht viel mehr darüber? So sei es auch mit dem Buche Thot, dem Tarot!

Die Tarotbilder werden wie die Mondstationen am sichersten im Buche Hiob erklärt, dieses stützt in der Tat das ganze System.

Da die Darlegung, in der ersten Auflage enthalten, zu weit abführt, gehe ich nicht weiter darauf ein. Ich mache auf eine Eigentümlichkeit aufmerksam, vor der Ed. Stucken gestanden hat, ohne sie zu verstehen. Nach dem Zeichen Löwe springen die Mondstationen auf die „Wasserregion" über, wie der Sternhimmel um das Zeichen Fische genannt worden ist und nach dieser Abschweifung springt der Mondzodiak zurück auf das Zeichen Skorpion. Er meint, Jungfrau, Waage und Skorpion sei ursprünglich ein Zeichen gewesen. Wäre das richtig, so wäre damit das Loch im Zodiak noch verschlossen worden, denn die Stationen gehen sonst lückenlos ihren Weg am Himmel hin. Das Loch ist aber da. 22 Stationen füllen den Kreis nicht aus, es sind aber ursprünglich eben nicht mehr gewesen.

Das Zeichen Skorpion wurde im Altertum Schlange oder Drache geheißen, da waren also zusammengestellt Jungfrau und Schlange. Das führt zur Mythe vom Sündenfall. Dann wurde das Zeichen der Gerechtigkeit, die Waage, dazwischen ausgesondert.

Ich mache auf eine andere Eigentümlichkeit aufmerksam: der Sonnenzodiak hatte bei seinem Auftreten auch nur 10 Zeichen, auch hier ist ein Loch, es fehlen auch hier die Zeichen Jungfrau und Waage!

Von dem Rade des Ezechiel sehen wir die fünf ersten und letzten Zeichen des Tierkreises, herausgenommen sind Jungfrau und Waage!

In dem Buche von Jennings „Die Rosenkreuzer" usw. befindet sich die Abbildung von der Arche Noah, in dieser liegt der Länge nach der Körper eines Mannes, die Abteilungen entsprechen der körperlichen Bedeutung, wie wir sie heute kennen: der Kopf entspricht dem Widder, die Füße den Fischen. In der Mitte befindet sich die Eingangspforte, da, wo Jungfrau und Waage ihren Platz haben sollen. Die Pforte ist offen, die „Zeichen sind entschlüpft", als Rabe und Taube hat sie Noah fliegen lassen!

Wofür war unter dem Mutterrecht noch kein Platz im Horoskop? Für die Stelle der Arbeit und für Ehe und Öffentlichkeit, für das VI. und VII. Haus! Diese Häuser setzen die organisierte Familie auf Grund der Einehe oder doch des Patriarchates mit einer Hauptfrau voraus, diese Voraussetzung fehlte in Urzeiten! Krankheiten waren die Gaben der bösen Dämonen, das fiel also unter das XII. Haus, wenn wir uns der Einteilung späterer Zeiten bedienen wollen, um den Gedanken anschaulich zu machen. Nun finden wir einen Zusammenhang: 10 Zahlen, 10 Sephiroth, 10 Zeichen, 22 Buchstaben, 22 Mondstationen!

Wer die Bedeutung der Tarotkarten nach Papus und Eliphas Levy studiert, wird immer bei 12, 13, 14, 15 den logischen Zusammenhang vermissen, es macht alles einen sehr gekünstelten Eindruck und ich war längst willens, die Folge der Karten umzuändern, mit derselben Freiheit, als dies andere Leute vor unseren Tagen auch getan haben. Hinter Tod und Teufel wollte ich die Auferstehung setzen. Gewissermaßen die Folge unsern christlichen und okkulten Anschauungen anpassen. Bis ich durch eine Notiz bei Erich Bischoff und Eduard Stucken auf den richtigen Pfad gelenkt wurde.

Das Zeichen Waage betrachte ich als die Achse des Rades, das Zeichen Jungfrau als die Nabe. Durch das Loch aber schien das Zeichen Fische und deutete auf Unterwelt, auf das andere Leben, auf den Fischemenschen Christos, der Behemoth oder den Teufel zur Voraussetzung hat, auf die Erlösung, welche die Verdammnis bedingt. Das Zeichen Jungfrau aber ist das aufgehende Zeichen der Geburt des Erlösers, diese ist die „Nabe am Rade", ohne die kein Rad bestehen kann!

In den 10 Zeichen und den 22 Mondstationen, sowie zuerst allein dem Monde, später auch der Sonne, erblicke ich die ersten Elemente der Astrologie. Als das Buch Jezirah geschrieben wurde, waren die Planeten bekannt und deren wirksame Einflüsse.

Ich versage es mir, hier mit Jahreszahlen aufzumarschieren, denn wir wissen sie nicht genau. Ehe sich ein Gedanke durchsetzen kann, wie der von der Wirksamkeit der astralen Einflüsse, mögen Kulturen aufkommen und vergehen. Der Kampf um den Stier und den Widder tobt heute noch unvermindert, nachdem wir bereit sind, das Wassermannzeitalter zu empfangen. Es ist ein Unterschied, ob nur einige Erleuchtete den Zusammenhang erkennen, oder ob eine Wahrheit ins Volksbewußtsein gedrungen ist. Mir kommt es oft vor, als wenn unsere Zeit sich herzlich wenig von der Kultur von 2000 Jahren zurück unterscheiden würde. Gewiß hat uns die Technik neue Errungenschaften in großer Zahl gebracht, nur wissen wir nicht, welche früheren Errungenschaften wir verloren haben. So lange man die Erbauung der Pyramiden bautechnisch nicht erklären kann, so lange müssen wir mit dem Verlust von alten Kenntnissen auch technischer Art rechnen. Nehmen wir aber das geistige Leben, so möchte man verzweifelt jeden Fortschritt in Abrede stellen. Was die seelische Kultur angeht, so kann es größere Scheußlichkeiten, als deren Zeitgenossen wir geworden sind, auch früher nicht gegeben haben.

Da ist es besser, einfach auf die Dinge hinzuweisen, ohne sie zu datieren: Das Buch Hiob kennt nur die alten Anschauungen, den verkürzten Zodiak, das Buch Abraham, Jezirah, trägt die neue Wissenschaft vor und sucht diese auf das alte Schema zu pressen, genau wie es heute auch noch zu tun beliebt wird. Das Buch Thot bringt in den Großen Arcana die alte Wissenschaft von den astralen Einflüssen, in den Kleinen Arcana die neue. Sobald wir aber kabbalistisch das Buch Thot betrachten, dann müssen wir unsern Ausgangspunkt von den Großen Arcanas nehmen. Die Progression geht aber immer mit drei, also: 1, 4, 7, 10, 13, 16, 19,

$$2, 5, 8, 11, 14, 17, 20,$$
$$3, 6, 9, 12, 15, 18, 21,$$

in diesen 21 Arcana liegen die göttlichen Geheimnisse, 3 mal 7, 7 mal 3, wer aber diese nicht erkennt, ihnen nicht anhängt und nachstrebt, ist ein Nichts, die Null, der . . . Narr. Daher ist das die letzte Karte im Buche der göttlichen Geheimnisse mit der Ziffer 0.

Bemerken wir uns im Vorübergehen, daß dieser Narr im österreichischen Tarock der „oberste Matador" ist, vor den Großen Arcana 1 und 2. Könnte sich unsere Zeit besser charakterisieren? Er spielt auf den Kartenbildern meistens die Gitarre, tanzt und singt.

Die Vergleichung vom Buche Hiob und dem Alphabet bezw. den Tarot beginnt mit Kap. 31, 31. Der Stoff hat nur Interesse für Forscher, diese seien auf die erste Auflage und die angegebene Literatur verwiesen.

Der Schem-ha-mephorasch

M	J	H	L	A	H	K	A	L	M	A	S	J	V
B	L	H	A	L	S	H	Ch	L	H	L	J	L	H
H	L	A	V	D	J	Th	A	H	Sch	M	T	J	V
14	13	12	11	10	9	8	7	6	5	4	3	2	1

Sch	J	H	N	H	M	J	N	P	L	K	L	H	H
A	R	A	Th	H	L	J	L	H	V	L	A	Qu	R
H	Th	A	H	V	H	J	K	L	V	J	V	M	J
28	27	26	25	24	23	22	21	20	19	18	17	16	15

M	H	J	R	Ch	A	M	K	L	J	V	L	A	R
J	H	J	H	A	N	N	V	H	Ch	S	K	V	J
K	H	Z	A	M	J	D	Qu	H	V	R	B	M	J
42	41	40	39	38	37	36	35	34	33	32	31	30	29

N	P	M	N	N	A	H	D	V	M	A	A	S	J	V
M	V	B	J	N	M	Ch	N	H	J	Sch	R	A	L	V
M	J	H	Th	A	M	Sch	J	V	H	L	J	L	H	L
57	56	55	54	53	52	51	50	49	48	47	46	45	44	43

M	H	J	R	Ch	A	M	D	M	A	J	V	M	H	J
V	J	B	A	B	J	N	M	Ch	N	H	M	Tz	R	J
M	J	M	H	V	O	Qu	B	J	V	H	B	R	Ch	L
72	71	70	69	68	67	66	65	64	63	62	61	60	59	58

Verbindung mit dem Zodiak

1– 6 ♈	Herrscher	♂
7–12 ♉	„	♀
13–18 ♊	„	☿
19–24 ♋	„	☽
25–30 ♌	„	☉
31–36 ♍	„	☿
37–42 ♎	„	♀
43–48 ♏	„	♂
49–54 ♐	„	♃
55–60 ♑	„	♄
61–66 ♒	„	♄
67–72 ♓	„	♃

Dr. Bischoff sagt:

Zum Aussprechen eignen sich die meisten der 72 Schemwörter überhaupt nicht, da sie meist überhaupt gar keine hebräische Wortstämme darstellen, geschweige denn einen Sinn ergeben.

	☽	☿	♀	☉	♂	♃	♄	Engel
Th	L	V	H	D	G	B	A	A
Sch	N	M	L	K	J	T	Ch	B
R	Sch	R	Qu	Tz	P	O	S	G
Q	V	H	D	G	B	A	Th	D
Tz	M	L	K	J	T	Ch	Z	H
P	R	Qu	Tz	P	O	S	N	V
O	H	D	G	B	A	Th	Sch	Z
S	L	K	J	T	Ch	Z	V	Ch
N	Qu	Tz	P	O	S	N	M	T
M	D	G	B	A	Th	Sch	R	J
L	K	J	Th	Ch	Z	V	H	K
K	Tz	P	O	S	N	M	L	L
J	G	B	A	Th	Sch	R	Qu	M
T	J	T	Ch	Z	V	H	D	N
Ch	P	O	S	N	M	L	K	S
Z	B	A	Th	Sch	R	Qu	Tz	O
V	T	Ch	Z	V	H	D	G	P
H	O	S	N	M	L	K	J	Tz
D	A	Th	Sch	R	Qu	Tz	P	Q
G	Ch	Z	V	H	D	G	B	R
B	S	N	M	L	K	J	T	Sch
A	Th	Sch	R	Qu	Tz	P	O	Th
Dämonen	♄	♃	♂	☉	♀	☿	☽	

Diese Tabelle zur Bildung von Namen für Engel und Dämonen beruht auf der Erfahrung, daß Schatten als Gegensatz von Licht überhaupt erst durch Licht entsteht.

Schatten ist die Umkehrung von Licht. R e c h t s ist das hebräische Alphabet von oben nach unten, l i n k s von unten nach oben aufgeführt.

Ebenso sind die Planetensymbole recht und verkehrt aufgeführt. Was im Reiche der Engel der Mond bedeutet, ist im Reiche der Dämonen Saturn. So stehen sich ferner gegenüber ☿ — ♃ und ♀ — ♂. Nur die Sonne hat kein Gegenüber, hier wird allein nach Buchstaben der erste im Reiche der Engel der letzte bei den Dämonen.

Suche ich für den Gottesnamen 34 Leha Chiah Engel- und Dämonennamen, so suche ich Merkur auf und in dessen Reihe für L = P, H = L, ch = K = PeLaKiah und bei den Dämonen für L = V, H = K, Ch = L = VoKuLel.

Bei den Dämonen wird el = Gott angehängt, bei den Engeln iah, ivd oder on.

131

Die Kabbalisten haben entgegen dieser Ansicht viel mit diesen „Gottesnamen" gearbeitet, sie zu Anrufungen und Amuletten benutzt. Daher wird für solche, die davon Gebrauch machen wollen, eine genaue Uebersicht beigefügt:

Grade des Zodiaks	0—4°	5—9°	10—14°	15—19°	20—24°	25—29°
♈ Widder Anrufung	1 Vehuiah Jehouah Ps. 3. V. 4	2 Jeliel Aydy Ps. 22. V. 20	3 Sitael Allah Ps. 91. V. 2	4 Elamiah Hava Ps. 6. V. 5	5 Mehasiah Toth Ps. 34. V. 5	6 Lelahel Ahgo Ps. 9. V. 12
♉ Stier	7 Achaiah Ps. 103. V. 8	8 Kahatel Moti Ps. 95. V. 6	9 Haziel Agzi Ps. 25. V. 6	10 Aladiah Syri Ps. 33. V. 22	11 Laauiah Deus Ps. 18. V. 47	12 Haiah Theos Ps. 9. V. 22
II Zwillinge	13 Jezalel Boog Ps. 98. V. 4	14 Mebahel Dios Ps. 9. V. 10	15 Hariel Idia Ps. 94. V. 22	16 Hakamiah Dieu Ps. 88. V. 2	17 Lauviah Gott Ps. 8. V. 2	18 Kaliel Boog Ps. 7. V. 9
♋ Krebs	19 Lewowoiah Bogy Ps. 40. V. 2	20 Pahaliah Ps. 120. V. 2	21 Nelchael Ps. 31. V. 15	22 Jujuael Ps. 121. V. 5	23 Melahel Ps. 121. V. 8	24 Hahiwoiah Ps. 33. V. 18
♌ Löwe	25 Nithaiah Ps. 9. V. 2	26 Haaiah Ps. 119. V. 145	27 Jerathel Ps. 140. V. 2	28 Scheaheiah Ps. 71. V. 12	29 Rejiel Ps. 54. V. 6	30 Osmael Ps. 71. V. 5
♍ Jungfrau	31 Lekabel Ps. 71. V. 16	32 Vesariah Ps. 33. V. 4	33 Jehuiah Ps. 33. V. 11	34 Leihaiah Ps. 131. V. 3	35 Kewakiah Ps. 116. V. 1	36 Menadel Ps. 26. V. 8

♎ Waage	37 Aniel	Ps. 80. V. 8	38 Haamiah	Ps. 91. V. 9	39 Rehael	Ps. 30. V. 11	40 Jeiazel	Ps. 88. V. 15	41 Hahael	Ps. 120. V. 2	42 Michael	Ps. 121. V. 7
♏ Skorpion	43 Wevaliah	Ps. 88. V. 14	44 Jelaiah	Ps. 119. V. 108	45 Sealiah	Ps. 94. V. 18	46 Ariel	Ps. 145. V. 9	47 Asaliah	Ps. 104. V. 24	48 Mihael	Ps. 98. V. 2
♐ Schütze	49 Vehuel	Ps. 145. V. 3	50 Daniel	Ps. 103. V. 8	51 Hahasiah	Ps. 104. V. 31	52 Omamiah	Ps. 7. V. 18	53 Nanael	Ps. 119. V. 75	54 Nithael	Ps. 103. V. 19
♑ Steinbock	55 Mebaiah	Ps. 102. V. 13	56 Poviel	Ps. 145. V. 14	57 Nemamiah	Ps. 115. V. 11	58 Jejaliel	Ps. 6. V. 4	59 Harahel	Ps. 113. V. 3	60 Mizrael	Ps. 145. V. 17
♒ Wassermann	61 Umabel	Ps. 113. V. 2	62 Jahahel	Ps. 119. V. 159	63 Anianuel	Ps. 2. V. 11	64 Mehiel	Ps. 33. V. 18	65 Damabiah	Ps. 90. V. 13	66 Menakel	Ps. 38. V. 22
♓ Fische	67 Eiael	Ps. 37. V. 4	68 Habuiah	Ps. 106. V. 1	69 Rochel	Ps. 16. V. 5	70 Jobanuiah	1. Mos. 1. V. 1	71 Haiaiel	Ps. 109. V. 30	72 Mumuiah	Ps. 116. V. 7

Franz Buchmann (Schlüssel zu den 72 Gottesnamen der Kabbala, Max Altmann 1925) betont, der lateinische Text der Psalmen müsse benutzt werden, da die W o r t z a h l entspreche, was im Deutschen nicht der Fall sei. Die Bibel ist aber nicht in der lateinischen Sprache geschrieben worden. Die Wortzahl wird Gott nicht messen, sondern d e r T o n macht auch hier die Musik. Alle Anrufungen, auch die fürchterlichen Beschwörungen gemäß den Zauberbüchern, haben doch genau wie Räucherung usw. den Zweck, die Gedankenkräfte des Anrufenden zu stärken und zur Formung von Bildern zu benutzen. Vergebliche Anrufungen sind mir genügend mitgeteilt worden. Ein Unbeteiligter, ein Gedankenloser, kann ohne jede Wirkung stundenlang Invokationen der schlimmsten Art ablesen, kein Dämon wird sich bemerkbar machen.

Die 72 vorstehenden Gottesnamen sollen kräftige Talismane liefern. Genau nach Vorschrift habe ich Dutzende hergestellt, geweiht und geräuchert. Darauf wurden sie mit dem Pendel geprüft. Alle jene, die ich gedankenlos einfach geschrieben habe, pendeln meine Handschrift, sonst nichts. Alle jene, die ich mit Gedankenkräften geladen habe, zeigten durch den Pendel die Wirkung und Kraft an. Nun liegen alle seit Jahren friedlich beieinander, es wurde keine Ladung mehr vorgenommen, sie sind nun alle gleichwert, nämlich nichts. Hätte ich täglich weitergeladen, würden die Talismane jetzt große Kraft haben. Es sind also — — Sparkassen, zur Hilfe in schlechten Zeiten.

Da habe ich vor Jahren einem Herrn, der als Fischegeborener kein forsches Auftreten hat, geraten, ein rotes Tuch über das Herz und ein gelbes in seinen Hut zu legen und täglich zu tragen. Jetzt schreibt er, das wäre allein wirksam, ohne diese Tücher fühle er sich völlig verlassen. Und schickt mir zur Untersuchung 3 Talismane von einer okkulten Loge hergestellt, reich graviert mit allen möglichen Symbolen, sie pendeln nur Metall, sonst nichts und der Herr erklärt, er habe nie die geringste Hilfe davon gehabt.

Auch Franz Buchmann hat nicht bemerkt, daß es seine eigenen Kräfte waren, mit denen er seine geschriebenen Anhänger geladen hat. So werden auch die 72 Namen des Schem genau wie die Engel- und Dämonennamen nur als Mittel für sich selbst zu gelten haben. Wenn viele Menschen regelmäßig eine Form beleben, wie es in spiritistischen Zirkeln der Fall ist, so kann auch ein gemeinschaftliches Bild belebt werden, das erscheint und — redet! Das sind die f a l s c h e n Erscheinungen, zum Unterschied von echten, weit selteneren.

Sicherlich sind wir von Dämonen mehr als von Genien umgeben, in dieser Zeit schärfsten Hasses. Jeder zieht mit seinen Gedanken gleichgeartete Kräfte an. Im Gebet werden die guten, bei Haß und Fluch die bösen Kräfte zur Verstärkung der eigenen angezogen.

Die Kabbalisten haben aus 72 Sprachen, diese aus mehr denn Tausend, Gottesnamen gewählt und den 72 Gottesnamen des Schem angefügt. Das hat keine Bedeutung!

So sagt der Kabbalist:

Die Engelnamen sind von der Gottheit ausgehende Kraftstrahlen, deren Aussprechen zieht diese Strahlen an.

Die Dämonennamen sollen bekannt sein, weil es die entgegengesetzten Kraftstrahlen sind, die also nachteilig wirken. Abzuwehren sind Dämonen nur, wenn ihre Namen ausgesprochen oder ausgeschrieben sind. Deren Kraft versagt, wenn sie sich erkannt sehen!

Der ausgesprochene Name soll nur für den Augenblick des Gebrauches wirken, der aufgeschriebene soll Dauerwirkung haben, daher deren Anwendung bei Talismanen und Schutzkreisen.

Die Anwendung der Gottesnamen wirke positiv anziehend, die der Dämonen negativ abwehrend und verhindernd.

Wobei ich zufüge: jawohl, falls erhebliche Gedankenkräfte eingebunden werden, sonst nicht! Ohne eigene Anstrengung kommen keine Hilfskräfte!

Die Anwendung der B u c h s t a b e n m y s t i k setzt sehr viel Zeit, sehr viele Kenntnisse überhaupt und der hebräischen Sprache insbesonders voraus; sie kommt für uns somit nicht in Betracht.

G e m a t r i a ist die Deutung dunkler Worte durch Austausch von Buchstaben, die denselben Zahlenwert haben. So haben die Namen Mipal, Plami, Zibo, Bizo denselben Zahlenwert wie mein Name Glahn .... falls jemand dadurch klüger werden sollte.

Es können ferner alle Worte, Sätze und Namen in Zahlen umgesetzt werden, wobei diese eine Erklärung abgeben. Sämtliche Namen des Alten Testaments sind damit aufzuschließen. Eine kleine Auswahl folgt.

N o t a r i k o n. Ein Abkürzungsverfahren, die Anfangsbuchstaben der Wörter werden nebeneinandergesetzt. Diese Art ist heute fast unerträglich eingerissen, in Jahrzehnten werden unsere Zeitungen mit diesen Abkürzungen nicht mehr verständlich sein, weil der Zahn der Zeit stolze Gebilde, wie N W K schon heute, beseitigt hat. Wer weiß heute noch, was Ila ist? Vor 22 Iahren die erste Internationale Luftschiffahrt-Ausstellung in Frankfurt a. M. R e s c h L a k i s c h heißt z. B. Rabbi Schimeon ben Lakisch. Dieser ist noch nach Jahrhunderten bekannt, ob jedoch A u w i auch solange leben wird, ist heute noch sehr zweifelhaft.

T h e m u r a h ist Buchstabenversetzung. Israel wird durch Themurah erklärt, Schir'el = Preislied Gottes. So wird aus Maleachi Michael. 2. Mose 23, 23 besagt somit, daß der verheißene Engel Michael heißen werde.

Überhaupt ist kabbalistisches Lesen gründliches Lesen, jedes Wort wird nach allen Richtungen bedacht, das bezweckt die vorgeschriebene Übung der Wortmeditation. „Ich bin der Herr Dein Gott" bedeutet bereits eine völlige Religionsvorschrift, wobei Gott als der Seiende allein Herr und allein m e i n Gott ist, was gegen jede Kirchenbildung spricht. Das angeführte Gebot „Du sollst Dir von mir kein Bild oder Gleichnis machen" ist Grundlage der Religionsphilosophie und aller angegebenen Übungen in diesem Buche. Bilder und Gleichnisse können nur sterbliche Götter werden, deren Verehrung k e i n G o t t e s d i e n s t i s t i m S i n n e d e r R e l i g i o n.

Aig Bekar, die 9 Kammern

In 9 Kammern werden die 27 Buchstaben und 27 Zahlen geschrieben

300	30	3	200	20	2	100	10	1
Sch	L	G	R	K	B	Q	J	A
.	.	.	.	.	.	.	.	.
600	60	6	500	50	5	400	40	4
M*)	S	V	K*)	N	H	Th	M	D
.	.	.	.	.	.	.	.	.
900	90	9	800	80	8	700	70	7
T_s*)	T_s	T	P*)	P	Ch	N*)	O	Z
.	.	.	.	.	.	.	.	.

Zusammengesetzt:

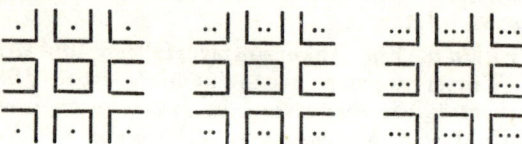

Wie ersichtlich, das Schema für eine Geheimschrift. Nur für kabbalistische Zwecke genau vorgeschrieben, sonst kann jeder die Buchstaben anders verteilen.

Hieraus werden die Sigille der Genien und Dämonen gebildet! Z. B. Lekabel: ·· ∟ ∟ ∟ ∟ ∟ ∟ ·· ⌐. Daraus kann folgendes Sigel zusammengesetzt werden: Aus meinem Namen

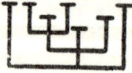   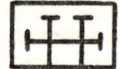

Das zeige ich bloß, um die Herkunft der „höllischen" Schriftzeichen zu erklären. Belebung nach Belieben! Es gibt jedoch noch andere „Kammern", diese geben andere Bilder: z. B.

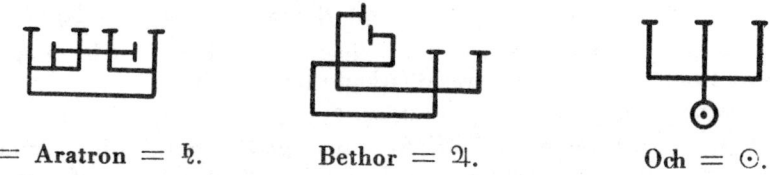

= Aratron = ♄.   Bethor = ♃.   Och = ☉.

Die Zahlenlehre

Soweit sie die Kabbala der Juden angeht, ist sie niedergelegt im B u c h e J e z i r a h, Buch der Schöpfung, das Abraham zugeschrieben wird.

L i t e r a t u r : Dr. Erich Bischoff, Die Elemente der Kabbalah, Berlin 1913, Hermann Barsdorf, 2. Bände.

„In 32 geheimnisvollen Bahnen der Weisheit hat Jah, Ih wh der Heerscharen, der Gott Israels, der lebendige Gott und König der Welt . . . seinen Namen eingegraben. (Geschaffen aber hat er seine Welt durch drei Ur-Zählformen: Zählen, Zählender und Gezähltes.)"

„(Jene 32 Bahnen sind): 10 in sich geschlossene Zahlen (Sephiroth!) und 22 Grundbuchstaben."

(In folgendem gekürzt):

E i n s : der Geist des lebendigen Gottes; dies ist der heilige Geist.

Z w e i: Geist aus Geist, er grub hinein 22 Grundbuchstaben, drei Mütter, sieben doppelte und 12 einfache. (= 29 Laute!)

D r e i: Wasser aus Geist; er grub darein Wüste und Leere, Schlamm und Lehm.

V i e r: Feuer aus Wasser; er grub darein den Thron der Herrlichkeit: die Seraphim, Ophanim, heiligen Tiere und Dienstengel.

F ü n f: Er versiegelte die Höhe, indem er sich nach oben wandte und sie mit Ih w h (Jod-He-Vau-He) versiegelte.

S e c h s: Er versiegelte die Tiefe mit I w h.

S i e b e n: Er versiegelte den Osten mit Hjw.

A c h t: Er versiegelte den Westen mit Hwj.

N e u n: Er versiegelte den Süden mit Wjh.

Z e h n: Er versiegelte den Norden mit Whj.

D r e i M ü t t e r: Ihr Prinzip ist Wagschale des Verdienstes, Wagschale der Schuld und die Zunge als vermittelnde Norm zwischen beiden.

Alpha = Luft	Mem = Wasser	Schin = Feuer
= Himmel	= Erde	= Wind
= Laues	= Kälte	= Wärme
= Oberleib	= Bauch	= Kopf

S i e b e n d o p p e l t e: Ihr Prinzip ist: Leben, Friede, Weisheit, Reichtum, Anmut, Fruchtbarkeit, Herrschaft.

Welche Gegenstücke darstellen: Leben und Tod, Frieden und Böses, Weisheit und Torheit, Reichtum und Armut, Anmut und Häßlichkeit, Fruchtbarkeit und Unfruchtbarkeit, Herrschaft und Knechtschaft.

Entsprechend den 7 Endpunkten der sechs Dimensionen: Oben, Unten, Osten, Westen, Norden, Süden — und der heilige Palast in der Mitte, der alles trägt.

(Überhaupt jede Siebenheit steht damit in Beziehung, die 7 Wochentage, die 7 Planeten, die 7 Pforten im Körper.)

B = B e i s: König der Weisheit, und über Saturn, den Sonntag, das rechte Auge.

G = G i m m e l: König des Reichtums, über Jupiter, den Montag, das linke Auge.

D = D o l l e d: König der Fruchtbarkeit, über Mars, den Dienstag, das rechte Ohr.

K = K a f f: König des Lebens, über die Sonne, den Mittwoch, das linke Ohr.

P = P ä i: König der Herrschaft, über die Venus, den Donnerstag, das rechte Nasenloch.

R = R ä i s c h: König des Friedens, über Merkur, Freitag, das linke Nasenloch.

Th = T o o w: König der Anmut, über den Mond, Sonnabend, den Mund.

Wie verband er sie miteinander?

Steine:	2 = 2	Häuser
„	3 = 3 × 2 = 6	„
„	4 = 4 × 6 = 24	„
„	5 = 5 × 24 = 120	„
„	6 = 6 × 120 = 720	„
„	7 = 7 × 720 = 5040	„

Z w ö l f E i n f a c h e. Ihr Prinzip ist: Gesicht, Gehör, Geruch, Sprache, Geschmack, Beischlaf, Werktätigkeit, Gehen, Zorn, Lachen, Denken, Schlafen.

Alles, was mit 12 ausgeht: Monate, Organe im Körper, Kompaßrose, Sternbilder usw.

H	= König über die Sprache,	Sternbild Widder,	Monat Nisan,	die rechte Hand
W	= „ „ das Denken,	„ Stier,	„ Ijjar,	die linke Hand
S	= „ „ das Gehen,	„ Zwillinge,	„ Siwan,	den rechten Fuß
CH	= „ „ die Sehkraft,	„ Krebs,	„ Tammne,	den linken Fuß
T	= „ „ das Gehör,	„ Löwe,	„ Ab,	die rechte Niere
J	= „ „ die Werktätigkeit,	„ Jungfrau,	„ Elul,	die linke Niere
L	= „ „ den Beischlaf,	„ Waage,	„ Tischri,	die Leber
N	= „ „ den Geruch,	„ Skorpion,	„ Marcheschwan,	die Milz
Sz	= „ „ den Schlaf,	„ Schütze,	„ Kislew,	die Galle
A	= „ „ den Zorn,	„ Steinbock,	„ Tebeth,	die Speiseröhre
Z	= „ „ den Geschmack,	„ Wassermann,	„ Schebat,	den Magen
Q	= „ „ das Lachen,	„ Fische,	„ Adar,	den Darm

Eine N o r m ist die Zwölfzahl, die Siebenzahl, die Dreizahl. Eins über 3, 7 und 12. Aber alle hängen trotz der Gegensätze eng zusammen."

Die Philosophen anderer Völker haben andere Zahlenphilosophien aufgestellt. Daraus entstand folgende Darstellung in der ersten Auflage dieses Buches, die ich wiederhole:

Was die Zahlen lehren

Wir alle haben im ersten Schuljahre gelernt, 1 mal 1 ist eins, eins und eins ist zwei, eins und zwei ist drei. Jede andere Zahl mit sich selbst malgenommen ergibt eine höhere Zahl, eine Progression. Dann ist also 1 keine Zahl, die Zahlen beginnen erst mit zwei, als der ersten Zahl, welche mit sich selbst multipliziert eine höhere Zahl ergibt. Aber die 2 ist aus der 1 entstanden, durch 1 und 1. Die 2 bildet sich, wenn sich die 1 doppelt setzt, aus sich herausgeht.

Die Zahlen sind Symbole, Bilder für vorhandene Dinge, welche die Ursachen der Zahlen sind, seien es Dinge geistiger oder materieller Art. Wir können Ideen zählen wie Äpfel.

Da haben wir im ersten Schuljahre bereits die tiefste Weisheit unter dem Bilde von Zahlen gelernt. Das soll einmal klargestellt werden. Wofür ist die 1 das Symbol, wenn alle vorhandenen Dinge die Ursachen der Zahlen sind, die mit 2 beginnen? Das ist die Ursache der vorhandenen Dinge, ist Gott. Gott kann nicht multipliziert werden, 1 mal 1 ist und bleibt 1. Er kann nicht im Geschaffenen gefunden, sondern nur geahnt werden. Auch wenn Gott andere Götter schaffen würde, so würden es Geschöpfe sein, wie Menschen, Tiere, andere Welten oder deren Lenker, immer stände dahinter die einzige Eins. Demnach existiert außer der Eins, Gott nichts, was nicht durch Gott geschaffen und zu erklären wäre. Gott kann nur sich selbst denken, weil außer ihm nichts ist. Jeder Gedanke ist ein Wort, durch das Aussprechen des Wortes wird geschaffen (das Denken ist bereits das Aussprechen). In jedem Wort ist Gott enthalten, wie die 1 in allen Zahlen enthalten ist, ohne jedoch eine Zahl zu sein. Die Schöpfung „erschöpft" Gott daher niemals, ebensowenig, als die 2 die 1 erschöpfen kann. Die 1 ist vor der 2 und allen Progressionen dagewesen.

1 ist Gott, 2 ist sein Gedanke, das Wort, 3 ist die Folge, die Realisation. Das ist die Dreieinigkeit, weil das eine nicht vom andern zu trennen ist. Darum ist der Sohn, die 2 bildend, von Ewigkeit geboren; er ist, seit Gott denkt, und Gott denkt, seit er ist: immer!

Alles das haben wir im ersten Schuljahre gelernt in 1 mal 1 ist 1, und 1 ist zwei, und eins ist drei!

Jeder Gedanke Gottes wirkt als Naturgesetz, jedes Gesetz hat die Kraft der Verwirklichung in sich. Das Gesetz verwirklicht sich, ohne im Gesetz unterzugehen. Du hast, lieber Leser, eine Idee, diese verdichtet sich zu einem Plan; nach diesem Plane arbeitest Du. Der Plan hat das eigentliche Sein, er steckt in jeder Ausführung, die ein Abbild von ihm ist, aber er ist nicht mit der Ausführung identisch. Ein Baumeister kann nach einem Plane 3, 4, 6 oder mehr Häuser bauen, diese können durch Feuer, Wasser, Krieg vernichtet werden, der Plan ist nicht vernichtet und er kann immer wieder verwirklicht werden, ohne sich zu vermindern. So kann der allmächtige Baumeister aller Welten viele solche Welten geschaffen haben, wie unsere Welt, alle ein Bestandteil von ihm selbst, keine ihn enthaltend. Er steht hinter allen Welten, wie die 1 hinter allen Zahlen, auch den unendlichen. Keine Zahl ohne diese Eins! Keine Welt ohne Gott. Kein Gott ohne Welt.

Nun verstehen wir alle Progressionen der Zahlen, das ganze kleine und große Einmaleins.

Alles, was ist und sein wird, hat das Gesetz seiner Existenz in sich. 3 setzt 2, 2 setzt 1 voraus.

Gedanke, Wort, Tat oder Gott, Naturgesetz, Geschaffenes oder Ursache, Wirkung, Folge oder Vergangenheit, Gegenwart, Zukunft oder 1, 2, 3.

Halt! Da ist ja die Zukunft eine gesetzmäßige Folgeerscheinung! Allerdings! Zähle ich 1 und 2, Vergangenheit und Gegenwart, zusammen, so erhalte ich die Zukunft, die 3. Wer daher die Naturgesetze und die 1 und 2 kennt, muß durch vernünftige Progressionen zur Zukunft, zur 3, vordringen. In der Ewigkeit gibt es ja nur ein Sein, weder Vergangenheit, Gegenwart oder Zukunft; alles ist zugleich vorhanden. Man muß es nur erkennen können! Dazu sind Hilfsmittel und Verständnis erforderlich. Eins davon ist die Astrologie.

Nun gehen die Zahlen über drei hinaus, und dazu finden sich ebenso tiefgründige Erklärungen.

Bedenke, lieber Leser, einmal gründlich folgende Gleichsetzungen:

1 =	Einheit	= Vernunft	= Kraft
2 =	Progression	= Emanation	= Extension
3 =	Zahl	= Idee	= Dasein
4 =	Ziffer	= Begriff	= Sache

5 = Verhältnis	= Verhältnis	= Verhältnis
6 = Ordnung der Ziffer	= Ordnung	= Ordnung
7 = Inneres Verhältnis als Zahl	= Inneres der Idee	= der Idee, die Existenz
8 = Äußeres Verhältnis als Ziffer	= Äußeres der Begriffe	= das Äußere, die Wirklichkeit
9 = Eigenschaften und Bestandteile	= Bestandteile und Eigenschaften	= Bestandteile und Eigenschaften
10 = Sämtlicher Zahlen	= der Ideen u. Begriffe	= der physischen Welt

Der Kabbalist erkennt hierin die Sephirot.

Du wirst sagen: Die Sache scheint System zu haben! In diesem System setzt immer das eine das andere voraus, folgt immer eins aus dem andern. Und wenn wir die 10 Zahlen — es gibt ja nicht mehr — untersuchen und uns recht wissenschaftlich ausdrücken wollen, so finden wir 4 Natur-Grundgesetze: das Emanationsgesetz, das Progressionsgesetz, das Extensionsgesetz und das Expressionsgesetz. Das Emanationsgesetz im Denkbaren, das Progressionsgesetz im Zählbaren, das Extensionsgesetz im Meßbaren und das Expressionsgesetz im Physischen.

Wer sich diesen Schlüssel zu eigen gemacht hat, kann damit auch die verschlossene Tür der Zukunft aufschließen, wie er die Gegenwart aus der Vergangenheit erschließt.

Die Schöpfung, das menschliche Leben — — — ein Spiel! im kindlichen, schöpferischen Spiel die tiefste Weisheit!

„Wahrlich, ich sage euch: Wer nicht das Gottesreich nimmt als ein Kind, der wird nicht hineingenommen."

Wer das Spiel Thot oder Tarot gelernt hat, der gehört zu den Weisesten im Volke. Das Reich Gottes ist darin dargestellt und alles, was vorher war und kommen wird.

Wahrsagung
oder Schlußfolgerungen durch die Zahlen

Ausführung

Die Eins ist die Grundlage aller Zahlen, also die Urkraft, welche in allen Zahlen steckt. Die Keimwurzel des Baumes, der seine Wipfel gen Himmel streckt. Von dieser Keimwurzel gehen die andern aus. Jede folgende Zahl hat die vorhergehenden zur Vorbedingung, so daß man immer zurückgehen kann bis zur 1. Andererseits wissen wir, daß alle Zahlen, seien sie so groß als angängig, immer auf die Zahlen 1 — 10 zurückgeführt werden können.

Da alles, was wir als wirklich ansehen, gemessen oder gezählt werden kann, so liegen in den Zahlen von 1—10 grundlegende Kräfte, d. h. Bedeutungen, ein geistiger Inhalt. Das ist seit uralten Zeiten erkannt und wer sonst nichts davon gehört hat, muß doch bei dem Satz in der Offenbarung Johannes „666, welches ist die Zahl des Menschen" stutzig geworden sein, wenn er überhaupt gewohnt ist, sich bei den Worten etwas zu denken. Das ist nämlich gar nicht so sehr verbreitet und in Übung! Wer die okkulten Bücher, von denen eins der wichtigsten die Bibel ist, mit dem gerühmten „schlichten Verstande" liest, gleitet über die wundersamsten Punkte hinweg. Er steht auf dem Vorhof des Tempels und kommt nie zu einem „Blick hinein". Seltsamerweise finden sich sogar Bibelausleger, Prädikanten, die vom Heiligtum auch nicht mehr kennen als die Außenmauern, die das Nichtwissen sogar als Tugend ansehen! Heilige Einfalt! Auch sie kann selig machen durch den Kindessinn. Wem es aber gegeben ist, durch die Gaben des Geistes in das Heiligtum geführt zu werden, würde sich am Heiligen Geiste versündigen, wollte er einfältig bleiben!

Dazu kommt ein anderes Gesetz: was durch Eintreten in den Zyklus der Zahlen „Wirklichkeit" geworden ist, muß die Progression zu Ende führen; es gibt kein Aufhörenwollen. Da ist der Grundirrtum z. B. aller Selbstmörder, die sich dem Verhängnis der Progression durch Aufhören des Seins entziehen wollen; es sind die schwachsinnigsten Augen, die nur das vermeinte einzige Diesseits real halten und die ebenso reale Jenseite nicht sehen können — — — — oder wollen. „Vom Irrtum verblendet" pflegt man zu sagen; der Astrologe sagt: von kosmischen Kräften getrieben, den Furien des Schicksals, die der Mensch durch seine eigenen Taten an seine Fersen gefesselt hat.

Wer also die geistige Bedeutung der Zahlen 1—10 kennt, kann von jedem Zustande eines Dinges die Folgen sehen, wenn er auch mit geistigen Augen die vorhergehenden Zustände nach dem Gesetz der Zahlen sieht. Vergangenheit plus Gegenwart gibt Zukunft, wie $1 + 2 = 3$ gibt. Am klarsten hat das K. v. Eckartshausen in seiner Probaselogie, Leipzig 1795, erkannt, dem wir hier in grundlegenden Punkten folgen. Die Zahlenlehre baut sich auf die Stufe der Vernunft; in der letzten Stufe werden wir sie in vertiefter Bedeutung wiederfinden. Materie, Seele, Geist oder Symbol, Wissenschaft, Weisheit, das sind unsere 3 Stufen der Einweihung, wie es auch 3 Stufen der Erlösung gibt: Tat, Erkenntnis, Liebe; körperliche — seelische — geistige Liebe.

1. Das bist du, deine Individualität, Persönlichkeit, der Ausgangspunkt;
2. Gedanke, Idee, eine Wirkung von dir; eine Kraftäußerung. Ein Heraustreten aus dir selbst;
3. die Verdichtung einer Idee, die Planlegung, Zusammensetzung;
4. Bestimmung der Ausführung, Wahl des Ortes, der anzuwendenden Kraft, der zu bildenden Form;
5. der Kampf bei der Verwirklichung, die Gegenkräfte, Oppositionen; Vertrag, Ausgleich;
6. es bildet sich das Mögliche heraus, dessen Harmonie, Abrundung, Zusammenhang;

7. das Innere, Geistige der Schöpfung oder des Werkes;
8. das Äußere, Physische, Materielle, Greifbare des Werkes;
9. Summe aller Eigenschaften und Kräfte des
10. fertigen Werkes.

Diese Einteilung ist vollkommener, weil sie das Werk von innen und außen und in der Gesamtheit der Eigenschaften würdigt. Wir könnten, das fertige Werk vor Augen habend, mit 7 eine neue Einheit beginnen und sagen $7 = 1$, $8 = 2$, $9 = 3$, $10 = 4$. Das 4 addiert $1 + 2 + 3 + 4 = 10 = 1$ gibt, ist dir als aufmerksamer Schüler ja schon bekannt. Wir könnten bei 5 fortfahren, und das fertige Werk im Kampf und Streben und Wirken erforschen.

Das sei an einem Beispiele erläutert.

Du bist noch unverheiratet $= 1$. Es kommt der Gedanke: Heirate! $= 2$. Du beschließest, es zu tun und überlegst, wie du zu einem Ehepartner kommen kannst $= 3$. Nun suchst du Treffpunkte, Gesellschaften auf oder siehst in die Zeitung, was sich da anbietet, oder du erläßt selber eine Anzeige $= 4$. Du kommst zu Beziehungen, findest Schwiegereltern vor, die Finanzlage muß geprüft werden, all der Kribbelkram, der einer Verlobung und Heirat vorausgeht $= 5$. Nun bist du entschlossen, der Rahmen des künftigen Heims liegt vor dir, es findet die Verlobung statt $= 6$. Jetzt gilt es, sich und den Ehepartner geistig zu erkennen, der Hausgeist, Familiengeist wird ausgebildet $= 7$. Das Heim wird hergerichtet, die Wirtschaft beschafft, die Wohnung bezugsfertig gemacht, Haushaltsgeld wird vereinbart und alles, was zum „Rahmen" gehört, geordnet $= 8$. Nun ist alles vorbereitet $= 9$. Und du heiratest $= 10$. Das Werk ist abgeschlossen.

Sieh, das ist das Schöpfungsschema in seiner Vollendung. Nichts wird geschaffen, was nicht diesen Weg der Dinge gegangen wäre. Und was dir auch vor Augen kommt, es steht in einer dieser Entwicklungsstufen. Das ganze Leben und Streben ist gefüllt davon. Denn das dritte Gesetz sagt: es gibt keine Beharrung ohne Veränderung! Immer bilden neue Impulse und von außen herandrängende Einflüsse neue Ausgangspunkte. Daher das Wogen und Weben des Lebens! So viele Veränderungen überall und immer wieder das allein unveränderliche Gesetz der Zahl! Die ausgesprochen das Wort ist — doch das gehört noch nicht in diese Stufe.

Aber wir wollen einmal die Zahl des Menschen nach dieser Erkenntnis untersuchen. 666. Drei mal 6. 6 ist die Zahl der möglichen Verwirklichung, der Harmonie auf der gegebenen Grundlage, der fertige Zusammenhang. 3×6: Körper, Seele, Geist, jedes auf der gegebenen Grundlage. $3 \times 6 = 18$, $1 + 8 = 9$. Neun ist die Summe aller Eigenschaften und Kräfte des fertigen Werkes. Gehen wir von 9 zurück (aufwärts!), so landen wir bei 1, der Urkraft.

Um nun die Arbeit mit diesem Gesetz der Zahl zu erleichtern, bringe ich eine ganze Reihe von Progressionen, denn der Schüler muß lernen, die Zahl einer Sache zu erkennen, diese sei beschaffen wie sie wolle. Die notwendige Einsicht soll durch diese verschiedenen Progressionen gewonnen werden. (Siehe die folgenden Tabellen.)

Jeder mag fortfahren, dann nimmt die Liste kein Ende.

Das sieht ein bißchen schwer aus, wie? Vor lauter Folgerichtigkeit und Bestimmtheit wird man ja ganz krank! Man sollte meinen! Aber so schlimm ist es ja nicht, man soll sich all das Zeug nicht einprägen, sondern darüber etwas nachdenken, um den Gang einer Prüfung völlig zu begreifen und dann zu urteilen nach 1 — 2 — 3 — 4 — usw. Überhaupt sehen solche Tabellen grauslich ernst aus. Man denke, mit welchem süßen Gefühle der Ausdruck der Liebe in verschwiegener Stunde zustandekommt, wie selig die jung Verlobten träumen vom künftigen ehelichen Glück, welche Seligkeit! Und dann lese man die Paragraphen des Bürgerlichen Gesetzbuches über die Ehe oder den Paragraphen des Preußischen Landrechts: Die Ehe hat die Kinderzeugung zum Zweck. Punkt! Wo bleibt da die Poesie der Liebe? So geht es mit der Paragraphierung und Tabellierung. Aber ich habe ja zuerst so ein leicht verständliches Beispiel mit der Heirat gegeben. Das würde tabelliert auch so wie oben die — fast hätte ich Scheusale gesagt — Beispiele aussehen. Lies, was dir eingeht, sieh nach, wenn etwas derartiges in Frage kommt, so wächst du in die Schule der Folgerichtigkeit spielend hinein. Soll ich verschweigen, daß das auch ein Zweck des Buches ist? Ob Ernst, ob Scherz, es liegt immer etwas im Hintergrunde! Ja, ich wage es zu behaupten, wer die drei Stufen der Einweihung nicht bloß gelesen, sondern völlig in sich aufgenommen hat, den wird jedermann zu den Klugen und Weisen im Lande zählen.

	Die Existenz	Die Kraft	Die Ursache	Die Quelle	Der Charakter	Raum und Zeit	Die Konstitution
1	deren Ursache	Eine wirksame Kraft	Anfang, Kraft	die Quelle der Sache	Einfachheit	außer Raum und Zeit	Einheit
2	wirkliche Existenz	deren Organ	Wirkung, Organ, Mittel	das Gleichgültige, Existenz	Gleichgültigkeit	in der Zeit	Progression
3	Verhältnis der Existenz	die Form, in der sie wirkt	Folge, Form, Zweckmäßigkeit	das Aehnliche, die Folge	Aehnlichkeit	im Raume	Zahl
4	Realisation	ein Zweck dafür	Zweck, Ziel, Bestimmung	das Absolute	Verwandtschaft	In Zeit und Raum	Ziffer
5	inneres u. äußeres Verhältnis	Ein Verhältnis für die Wirkung	Verhältnis, Gesetz, Austeilung, Unterschied	das Relative	Verschiedenheit	In Raum und Zeit	Verhältnis
6	Ordnung	Die Ordnung für die Wirkung	Zusammenhang Uebereinstimmung	das Positive	Zusammengesetztes	Ordnung	Aequation
7	Inneres, Geistiges	im Innern	Geistiges, Intellektuelles	Innerliches	das Wesentliche	des Innern	Quotient
8	Aeußeres, Materielles	im Aeußern	Körperliches, Physisches	Aeußerliches	das Eigentliche	und Aeußern	Faktor
9	Eigenschaften	Eigenschaften od. die Konstitution	Bestandteile, Zergliederung	Bestandteile	das Gemeinsame	des Anschauens	Teile
10	der Existenz eines Dinges	einer jeden wirkenden Kraft	das Ganze	des Ganzen	des Ganzen	Eigenschaften	des Ganzen

	Die Rechnung	Die Qualität	Der Plan	Die Folge	Die Erleuchtung	Die Erkenntnis	Das Urteil
1	Einheit	Zahl	Punkt	Ursache	Licht	Vernunft	Vernunft
2	Zusammensetzung, Addition	Maß	Extension	Wirkung	Expansion	Verstand	Emanation
3	Teile = addenda	Gewicht	Linie	Folge	Strahl	Abstraktion	Idee
4	das Ganze = Summa	Solidität	Zeichnung, Riß	Realisation	Schein	Erfahrung	Begriff
5	Absonderung = Subtraktion	Bewegung	Größe	Differenz	Farbe	Verhältnis	Vergleichung
6	das Ganze = Minuendum	Gleichgewicht	Proportion	Concordanz	Harmonie	Ordnung	Urteile
7	Bestimmung = Multiplikation	im Innern	Inneres	des Innern	Inneres	im Innern	Abstraktion
8	Faktor = Resultat	im Aeußern	Aeußeres	des Aeußern	Aeußeres	im Aeußern	Erfahrung
9	Devisor	Eigenschaften	Eigenschaften	Eigenschaften	Bestandteile	Eigenschaften	Anschauung
10	Quotus	des Ganzen	des Ganzen	im Ganzen	des Ganzen	des Ganzen	im Ganzen

	Das Prinzip	Das Sein	Die Größe	Die Dauer	Die Macht	Der Wille
1	Dasein der Sache	das Unerschaffene	Intension	die ewige	ewig unerschaffen	Hang
2	Größe der Sache	das Erschaffene	Extension	die der ewigen gleiche	zeitlich erschaffene	Trieb
3	die Dauer	das Wesentliche	Retension	die zeitliche	natürliche	Tätigkeit
4	die Potenz	das Selbstbeständige	Größe	Dauer der Körper	körperliche	Wille
5	die Erkenntnis	das Zufällige	Verhältnis	Dauer des Verweslichen	politische, arithmetische	Bedürfnis
6	der Wille	das Notwendige	Körper	Dauer des Unverweslichen	sittliche, geometrische	Entschluß
7	die Kraft	das Innere	Inneres	Dauer des Innern	innere	Geistiges
8	der Ausdruck	das Aeußere	Aeußeres	Dauer des Aeußern	äußere	Physisches
9	die Bestandteile	das Glück oder Unglück	Bestandteile	Länge od. Kürze als Bestandteil	stärkere oder schwächere	Eigenschaften
10	einer Sache	das Dasein einer Sache	der Größe	der Dauer	Macht od. Dinge	des Willens

	Die Wahrheit	Der Zweck	Die Differenz	Der Gegensatz	Die Schöpfung	Die Frage
1	ewige	der ewige — Gott	Differenz	wird reduziert auf	Gott	Welche Kraft?
2	geistige	der geistige — Engel	Concordanz	Licht	Engel	Welche Wirkung, Organ?
3	vernünftige	geistig und zeit-lich — Mensch	Opposition	Finsternis	Geist u. Himmel	Welche Folge, Form?
4	körperliche	körperlich — Welt	das Prinzip	Wahrheit	Mensch	Wie erscheint sie?
5	sinnliche	sittlich — der Gerechte	das Medium	Falschheit	Tier	In welchem Ver-hältnis
6	harmonische	harmonisch — das Ganze	Finis	Mittel	Pflanze	und Proportion?
7	innere	innere — Seele	Majoritas	Einheit	Mineralreich	Im Innern?
8	äußere	äußere — Körper und Geist	Aequalität	Teilung	das Instrument	Im Aeußern?
9	Eigenschaften	Zweck der Glück-seligkeit	Minoritas	Mittel	Wesen- und Be-schaffenheiten	Mit den Eigen-schaften
10	der Wahrheit	aller Geschöpfe od. des Ganzen	Totum	Zweck	der Dinge	dieser oder jener Sache?

Die Bedeutung der Zahlen

1. Die Einheit, der Grundstein. Das All-Eine oder auch das eine All. Der Ursprung. Das Maß. Die Quelle. Aller Dinge Anfang und Ende. Ur-Adam oder Adam-Kadmôn. Ist keine Zahl, sondern ein Symbol für Gott, Weltseele, Sonne, Ich, Vater, Geist.

2. Noch eins dazu. Ein Paar. Gegensatz zwischen Jenseits — Diesseits. Ja — Nein. Gut — böse. Der Zweifel, die Doppelnatur, die Abhaltung, der Sohn. Symbol für Engel, Mond, Gehirn, Seele. Doppelgeschlechtlichkeit. Die Mutter.

3. Die erste materielle Zahl. Heiligkeit, Vollkommenheit, Macht. Thesis — Antithesis — Synthesis. Anfang — Mitte — Ende. Vergangenheit — Gegenwart — Zukunft. Der Kubus-Körper. Vater — Sohn — Geist.

4. Erste gerade Zahl. Quadrat. 4 Richtungen, Elemente, Temperamente. Gott Vater als Weltschöpfer, ewige Quelle der Natur. Sein — Leben — Fühlen — Denken. Vollendet die Wissenschaft, denn $1 + 2 + 3 + 4 = 10$. Symbol der physischen Welt.

5. Positiv und negativ, daher Symbol der Verbindung. Zahl des Menschen, der Glückseligkeit und Gnade. Siegel des heiligen Geistes. Band des Kreuzes. Jesus. Das Meer. Fünf Sinne. Finger, die Faust. Fünf Dinge, aus denen Gott alles erschaffen.

6. Zahl der Vollkommenheit innerhalb der 10. $1 + 2 + 3 = 6$. Erzeugung, Heirat, Abdruck der Welt; weder Mangel noch Überfluß. Sechs Schöpfungstage. Zahl der Erlösung, der Arbeit, auch der Knechtschaft (sechs Arbeitstage). Doppelte Dreiheit. Schild Davids. Symbol für Gott und Welt.

7. Schließt das Erhabene in sich $1 + 6 = 7$; $2 + 5 = 7$;

$3 + 4 = 7$, oder 1 2 3 4 5 6. Vehikel menschlichen Lebens. Leib 4 + Seele 3 = 7. Erschaffung des Menschen. Periode im Wachstum und Leben. Zahl der Jungfrauschaft, unteilbar, kann auch innerhalb der 10 nicht verdoppelt werden. Zahl des Eides, der Ruhe, des Kreuzes. Reinigung. Buße. Bitten. Rache. Die wirksamste Zahl. Viele Kräfte in der Welt. Gott, der ist, war und sein wird. Doppelnatur: gut und böse. 7 Teufel, böse Geister. Schmerzen. 7 Himmel, Tugenden. 7 Planeten. Symbol der Zeit.

8. Zahl der Gerechtigkeit und Fülle. Erste Kubikzahl. Zahl des Bundes der Beschneidung. Symbol der Ewigkeit. Zahl des Heils und der Erhaltung. Pflichterfüllung im Streben nach Vollendung. Rettungs- und Glückszahl. 8 Seligpreisungen, der achtfache Pfad.

9. Zahl der Ordnung, der Musen, Sphären. Merkmal der Unvollkommenheit, weil eins an 10 fehlt. Dreimal drei. 9 Weltpunkte (auch im Kegelspiel). Rundzahl. Vollendungsverhältnis. Schicksalsvollendung.

10. Volle, vollkommene Universalzahl. Begreift den ganzen Lebenslauf in sich. Nach ihr nur Wiederholungen möglich. Enthält in sich alle Zahlen. 10 himmlische Ordnungen. 10 Finger. Summe von $1 + 2 + 3 + 4 = 10$. Sinnbilder der Vollkommenheit. Inbegriff der ganzen Schöpfung.

Wie können nun Zahlen zugleich gut und böse sein? Das ist leicht verständlich zu machen. Würden wir den Schatten kennen, wenn es kein Licht gäbe? Nenne ich etwas gut, so setze ich die Möglichkeit von Bösesein voraus. Ohne Gott kein Teufel! Somit ist der Teufel ein untrüglicher Beweis von der Existenz Gottes. Hat somit eine Zahl eine gute Bedeutung, so muß auch als Gegensatz eine schlechte Bedeutung möglich sein. So verstehe die böse 7 und die heilige 7. Immer bleibt aber die Grundbedeutung dieselbe, sei es in der guten, sei es in der schlechten Richtung. Ebensogut kann ich auch sagen: fällt die siebener Karte gerade, so hat sie eine gute Bedeutung, fällt sie verkehrt, eine schlechte.

Die bisherigen Kartendeutungen haben dieses Grundverhältnis nicht berücksichtigt, daher sind sie nicht folgerichtig. Hier ist der Versuch gemacht, das System symbolisch durchzuführen.

Sinnlose Spielereien

In diesem kritischen Abschnitt werden „Lehren" behandelt, die ziemlich zahlreich in der Literatur vorkommen. Sie seien dem Fluche der Lächerlichkeit preisgegeben.

Zähle das Jahr des Ereignisses zu....
Hierbei wird von allen Jahreszahlen die Quersumme gerechnet und diese zur normalen Jahreszahl hinzugezählt. Das damit gefundene Jahr soll dann bedeutsam sein.

Am meisten verbreitet und überall bekannt in der sagenhaften Prophezeiung einer Zigeunerin an Kaiser Wilhelm I. Dann werden durch den Druck verbreitet: Napoleon I. und III., Marie Antoinette und ihren Louis usw.

Es ist nicht merkwürdig, daß einzelne Fälle als zutreffend gefunden werden, nur ist die Ursache nicht die angegebene; es sind andere Rhythmen dafür bestimmend gewesen. Vor allem sei auf die Systemlosigkeit der veröffentlichten Beispiele hingewiesen. Da wird mit Geburtsjahr, Gegenwartsjahr, Ereignisjahr solange jongliert, bis eine passende Jahreszahl „herauskommt". Sobald die benutzte Methode weiter fortgesetzt wird, versagt sie restlos. Auch die Hohenzollernprophezeiung macht davon keine Ausnahme!

Merkwürdig ist nur die Urteilslosigkeit der Autoren und Leser, die diesen Unsinn immer aufs neue verbreiten und glotzäugig verschlingen. Jeder nehme nur sein eigenes Leben unter die Lupe und das der Umgebung!

Ich nehme mein Leben als Beispiel. Geboren 1865 = 20. 1865 + 20 = 1885. Da bin ich nicht gestorben, machte keine Geburtsperiode durch, ich zeugte auch kein Kind, kurz, es passierte nichts Bemerkenswertes! Ebensowenig 1905 und 1925.

1880 Eintritt in das Berufsleben = 17. 1897 keine Berufsänderung, kein Wechsel, kurz: nichts. Zähle ich 20 zu 1880 = 1900, so ist es dasselbe Ergebnis.

1891 Heirat = 19. + 1891 = 1910. Da habe ich weder eine Frau verloren noch genommen, auch 1929 ereignete sich so etwas nicht. Dann trat ich 1891 eine wichtige Berufsstellung an, die bis 1910 währte, wo ich sie gegen eine bessere vertauschte. Das ist der einzige Fall meiner Lebensgeschichte, wo die Rechnung gestimmt hat. Hingegen wird kein Jahr getroffen von: Tod der Eltern, Tod von Kindern, Inflationsverluste, einem Schicksalsschlag in der Familie. Wirkungszeit im Ausland, zweite Ehe, unbeabsichtigter Eintritt in den Schriftstellerberuf unter freiwilliger Aufgabe des bisherigen Berufes. Welche Bedeutung hat da der eine Treffer? Gar keine! Die Rechnung müßte doch mindestens 7 : 3 oder 8 : 2 für das Jahreszahl-Orakel ergeben!

Ich habe das Leben einer Anzahl von Personen durchgerechnet: das Orakel stimmte nie! Diese Art Orakel ist sinnlos, es liegt ihr keine Naturgesetzlichkeit zugrunde, auch keine mystische „okkulte" Ursache, ist selbst als Unterhaltungsspiel wertlos, da langweilig infolge Ausbleibens von Treffern. Nur wer es fertig bringt, die Rasse seines Hundes, die Himmelsrichtung seiner Wohnung, die Farbe einer Rose, den Duft von Veilchen mit der letzten Hutform seiner Frau zusammenzuzählen, hat die Aussicht, damit das Sterbejahr seines Verstandes zu errechnen.

Zählung von Buchstaben in Verbindung mit Jahreszahlen.

Ich bin getauft auf die Namen

Friedrich Heinrich August Glahn
    8   7   6   5 Buchstaben
zusammen 26 Buchstaben

Schon diese Abstufung ist doch sehr geheimnisvoll! Da finde ich die Möglichkeit, nach bedeutsamen Mustern zum Geburtsjahr zu zählen 5, 6, 11, 14 (Friedrich August) und 26. Natürlich müssen dabei in einem etwas bunten Leben Treffer herauskommen.

151

```
 1865
+  26
─────
 1891.   Heirat, Antritt einer langen Berufstellung.
+  26
─────
 1917.   Eine Auslandsreise (davon gibt es eine Auswahl in meinem
+  26                                                        [Leben).
─────
 1943.   ??
─────
 1865
+   5
─────
 1870   1875   1880   1885   1890   1895   1900   1905   1910
                B     Berufsjahre              H             B
        1915   1920   1925   1930 = erlebt.
          B      8 Nieten
        H = Ich kaufte mir ein Wohnhaus.
 1865
+   6
─────
 1871   1877   1883   1889   1895   1901   1907   1913   1919
                B                                              B
        1925 erlebt. 2 Treffer, 8 Nieten.
 1865
+  11
─────
 1876   1887   1898   1907   1920
          B             L      B
        B = Beruf. L = ein schwärmerisches Verhältnis. 3 : 2.
 1865
+  14
─────
 1879   1893   1907   1921
                4 Nieten.
```

Ich finde also 11 Treffer, 22 Nieten. Die wichtigsten Lebensjahre sind nicht erfaßt. Nun werden auch Namen verbundener
Personen herangeholt, um „geheimnisvollen Zusammenhängen auf
die Spur zu kommen".

1891 = Doraline, meine erste Frau. Verneinendes Ergebnis!
     8

1916 = Anna Negrita, meine zweite Frau bis zum heutigen Tag.
    11   [Ich finde nichts!

Seit 1907 habe ich als Schriftstellernamen Frank = 5 Buchstaben angenommen. Damit treffe ich noch nichtmal die Jahre
des Erscheinens wichtiger Bücher von mir.

Allerdings gehen die mit hochgezogenen Augenbrauen, erhobenem Zeigefinger, tiefem Innenblick und leiser Stimme mit-
geteilten Treffer nur Fürsten an, darunter finden sich die großen

152

Ver- und Zerbrecher, zu dieser ehrenwerten Zunft habe ich allerdings keine Verbindung erhalten, das mag die Ursache des Mißlingens sein.

Ich habe das Beispiel durchgeführt, um meine Leser ebenfalls dazu anzuregen, denn Probieren geht über Studieren!

Orakeln aus dem Geburtsdatum

Werden Datum und Monatszahl zusammengezählt, so ergeben sich in der Grundzählung immer nur drei Typen, nämlich solche vom Stamme 1, 2 oder 3. Auch die Geburtsjahre bringen immer nur eine dieser drei Zahlen heraus. Selbst die Berücksichtigung der Geburtsstunde und Minute kann nur eine diese drei Zahlenstämme liefern. Wird bedacht, daß das Jahr bürgerlicher Rechnung keine kosmische Richtigkeit hat — dieses würde mit dem Eintritt der Sonne in das Zeichen Steinbock beginnen und mit der Sonne im 30. Grade des Zeichens Schütze enden —, folglich auch die Monatszählung nicht den kosmischen Verhältnissen entspricht, so hat das Orakeln keinen vernünftigen Sinn. Der vierte Teil aller Geburtsdaten ist kosmisch unrichtig.

Nun könnte ja anders gerechnet werden, nämlich Monatszahl und Geburtstag zusammengezählt ergibt eine Zahl, die höchstens 41 ist, während die niedrigste 2 sein kann. Das würde 40 Schicksals- und Anlagemöglichkeiten ergeben. Es beansprucht die Kenntnis von einer unendlichen größeren Anzahl von Typen nur wenig Erfahrung vom Dasein! Rechnen wir nur mit drei von den zahlreichen astrologischen Möglichkeiten, indem nämlich Aszendent, Sonne und Mond gewertet werden, so haben wir 12 mal 12 = 144 Kombinationen zwischen Aufgangszeichen und Sonnenstand. Dazu der Mond ergibt 144 mal 12 = 1728 verschiedene Typen. Werden weiterhin die drei Dekanate einbezogen, so ist 1728 mal 12, mal 12, mal 12 zu rechnen, wir erhalten eine derartig große Zahl von Typen, daß die 40 der Geburtsdaten verschwinden. Unzulänglichkeit auf der ganzen Linie. Wir können also auf diese Orakel völlig verzichten und müssen es bedauern, daß derartige Kindereien immer wieder als Ausgeburt hoher Weisheit vorgesetzt werden. Die Weisheit geht andere Wege.

Der geheime Sinn von Zahlen

Die Zusammengezählten. Theosophische Rechnung

Eins ist in jeder Zahl enthalten, alle andern Zahlen sind Ausstrahlungen der Eins. Man stellt sich am besten die Elementarreihen aus der Chemie vor, wobei jedes zugefügte Atom eine neue Wesenheit, einen andern Stoff bildet.

Die schöpferische Grundlage durch Eins dargestellt, ist zugleich positiv und negativ, wie in einem Magnetstab.

1 positiv $+$ 1 negativ $=$ 2. Ausfluß, Wirksamkeit, Logos, Sohn.
1 $+$ 2 $=$ 3. Der Geist zwischen 1 und 2. Idee von Eins ausgesprochen, gezeichnet durch Zwei.

$$1 + 2 + 3 = 6$$
$$1 + 2 + 3 + 4 = 10$$
$$1 + 2 + 3 + 4 + 5 = 15$$

$1 + 2 + 3 + 4 + 5 + 6$	$=$	21	Anzahl der Großen Arcana ohne 0
und 7	$=$	28	
und 8	$=$	36	
und 9	$=$	45	
und 10	$=$	55	
und 11	$=$	66	
und 12	$=$	78	$=$ Anzahl der Tarotkarten.

Nun verbinden sich zu periodischen Reihen:

1 mit	2	$1 : 2 =$	$^1/_2$		Für die Großen Arcana
2 „	3	$3 : 2 =$	$1^1/_2$		bilden sich aus den ganzen
3 „	6	$6 : 3 =$	2		Zahlen folgende Verbindungen:
4 „	10	$10 : 4 =$	$2^1/_2$		gen:
5 „	15	$15 : 5 =$	3		3 zu 6 und 2
6 „	21	$21 : 6 =$	$3^1/_2$		5 „ 15 und 3
7 „	28	$28 : 7 =$	4		7 „ 4
8 „	36	$36 : 8 =$	$4^1/_2$		9 „ 5
9 „	45	$45 : 9 =$	5		11 „ 6
10 „	55	$55 : 10 =$	$5^1/_2$		13 „ 7
11 „	66	$66 : 11 =$	6		15 „ 8
12 „	78	$78 : 12 =$	$6^1/_2$		17 „ 9
13 „	91	$91 : 13 =$	7		19 „ 10
14 „	105	$105 : 14 =$	$7^1/_2$		21 „ 11
15 „	120	$120 : 15 =$	8		
16 „	136	$136 : 16 =$	$8^1/_2$		Deren Sinn möge sich
17 „	153	$153 : 17 =$	9		der Leser durch Nachdenken
18 „	171	$171 : 18 =$	$9^1/_2$		erschließen.
19 „	190	$190 : 19 =$	10		
20 „	210	$210 : 20 =$	$10^1/_2$		
21 „	231	$231 : 21 =$	11		
22 „	253	$253 : 22 =$	$11^1/_2$		

Das Geheimnis der Zahl
Kritik

Seit Plato geschrieben hat, die Welt sei auf Grund der Zahlen aufgebaut, haben sich viele Denker mit der Magie der Zahlen befaßt.

Die G a u k l e r z u n f t behauptet frischweg, den Zahlen lägen gewaltige Kräfte bei, die D e n k e r erkennen jedoch diesen Irrtum und sagen: Jede Tätigkeit ist Ausdruck folgerichtigen Denkens, es muß alles „der Reihe nach geschehen", soll es richtig geschehen. Da nur das „Richtig Geschaffene" Bestand hat, so ist am Altbestand der Geschehnisse das Tatfolgegesetz zu ermitteln. Ist eine Folgereihe gefunden, so wird diese beziffert, die Zahl gibt einen Zustand von wirkenden Kräften an.

Es wird der Ausgangspunkt gesucht, an den die Entwicklung des Vorganges zu knüpfen ist, er wird mit 1 bezeichnet (oder mit Buchstaben a). Daran schließen sich 2—3—4— oder b—c—d usw. bis zum Ende.

Die Zahlen sind demnach K e n n z e i c h e n für wirkende Kräfte, sind weder Täter noch Kraft. Und da etwas Gesetzmäßiges darin erkannt wird, so liegt in der Folge der Zeichen die D u r c h -s e t z u n g s k r a f t   e i n e s   N a t u r g e s e t z e s, nicht die S c h a f f e n s k r a f t selbst.

Wird in der Folge einer Schöpfung dieses Gesetz des Folgerichtigen erfaßt, so wird ein Rhythmus erkannt. Alles Naturgeschehen erfolgt rhythmisch, beginnend mit der Bewegung der Gestirne. Diese Rhythmen sind in Zahlen festzulegen, nicht nur die Sternkunde ist auf Erkenntnis der Rhythmen gegründet, sondern auch jede andere Wissenschaft. Jede Erfahrung zeigt einen Rhythmus, der in Zahlen seinen klaren Ausdruck findet.

Jede Tätigkeit, die immer wiederholt wird, erfolgt rhythmisch. Schon der Gang aller Wesen bezeugt das, mit Torkeln wird das Fehlen des Gehrhythmus bezeichnet.*) Die Erfahrung hat eindringlich gelehrt, daß die höchste Arbeitsleistung durch Anwendung von Rhythmen mit dem geringsten Kraftaufwand erzielt wird. Rhythmus ist Harmonie, ist Zweckmäßigkeit, Sparsamkeit des Aufwandes, ist Schönheit. Und alles das muß sich in den Zahlen wiederfinden, die ja die Sprache für Harmonie ist.

Die Erforschung des Rhythmus an sich ist M a t h e m a t i k, die Erforschung der Harmonie der zugrunde liegenden Naturgesetze oder Ideen P h i l o s o p h i e. Die Beschäftigung mit der Schöpferkraft führt zur erkenntnistheoretischen M y s t i k, der M e t a -p h y s i k.

Da die Zahlen somit auch die Grundlage für den Tarot bilden, werden diese zuerst in ihrer Bedeutung gelehrt. Immer schließt sich an den erklärenden Teil der Orakelteil, in welchem gezeigt wird, welche zweckmäßige Benützung zur Weiterführung eines wirkenden Rhythmus, in der Vergangenheit angefangen, in der Gegenwart wirkend, in den zukünftigen Ablauf angängig ist.

Unter Orakeln „Wahrsagen" versteht der unbelehrte Mensch etwas Zauberhaftes. Sicherlich sind wir fortgesetzt von Bezauberungen umgeben, der belehrte Mensch vertieft sich in den Zauber der Erkenntnis, des Betrachtens einer vom Ursprung aus erkannten Erscheinung, der unbelehrte denkt an geheimnisvolles Geschehen, das außerhalb der Naturgesetze vor sich geht. Orakel, Wahrsage. Weissage, was richtiger Weih-Sage heißt, — alle diese Ausdrücke

---

*) Mit Quasseln der fehlende Rhythmus im Denken und Sprechen.

haben denselben Doppelsinn, bei dem Wissenden ist es „tiefe Kenntnis der Dinge", der Ungebildete, der Verständnislose versteht darunter Gaukelei. Ohne Berechnung der Zukunft ist unser Dasein unmöglich. Der tägliche rhythmische Ablauf des Lebens zwingt zur Vorausschau. Da ist es lediglich eine Frage des Besitzes von Kenntnissen, wie weit jemand vorauszuschauen vermag. Der Gipfel der Einsichtslosigkeit wird von denen erreicht, die alle Voraussagen von Geschehnissen als Gaukelei womöglich bestraft sehen wollen. Diese Einsichtslosen sitzen nicht selten in den „maßgebenden" Stellen, die Verwirrungen in Staaten und Wirtschaften bezeugen deutlich die Unfähigkeit solcher Menschen. Denn jede Disharmonie hat falsches Handeln zur Voraussetzung. Alles, was dem Rhythmus des folgerichtigen Geschehens widerstrebt, wird vernichtet, „geht unter".

Wenn der Ausdruck „Gaukler" auf Voraussager angewendet werden soll, so kann damit lediglich jemand bezeichnet werden, der auf einem Wissensgebiete „orakelt", das er nicht beherrscht. Dabei ist an sich die Fähigkeit zu beurteilen, mit den gegebenen Möglichkeiten verständnisvoll zu arbeiten. So ist ein Finanzminister, der falsche Voraussagen macht, die Kenner der Verhältnisse als unrichtig beurteilen, ein Gaukler, der zu bestrafen wäre, wenn „Gaukelei" strafwürdig ist. Nun bringt jeder Tag aufs neue so viele unrichtige Voraussagen, daß die Bestrafung nicht möglich wird. Der Ausdruck „Spekulation auf die Dummheit" ist ebenfalls unzureichend, denn wie der als Beispiel genannte gaukelnde Finanzminister spekulieren alle Politiker und Staatslenker mit der Dummheit der Bevormundeten, d. h. der beherrschten Völker.

Da sich niemand selbst bestraft, so wird jedes Strafgesetz diejenigen Gaukler grade nicht erreichen, deren Gaukeleien die schwersten Schädigungen verursachen. Die Richter hätten also nur die ganz kleinen abzuurteilen, damit wird jedoch die Rechtspflege selbst als Gaukelei gestempelt.

Das Orakeln mit Zahlen ist vernunftgemäße Berechnung eines vorhandenen Zustandes in der Entwicklung des Geschehens. Eine Zahl kann hierbei einen Z e i t p u n k t treffen, denn alles Geschehen ist zeitlich zu bestimmen, infolge des herrschenden Rhythmus. Die Zahl kann ebenso M a ß und G e w i c h t bedeuten, also Abmessung und Bewertung von Zuständen oder Stufen in einem klargegliederten Entwicklungsgang. Orakel ist nichts weiter als eine Angabe, die sich aus dem Wissen von Sein herleitet. Im täglichen Leben wird fortgesetzt mit Zahlen orakelt. Jede Statistik ist eine Unterlage für Zahlenorakel, sie zeigt Vergangenheit und Gegenwart an, aus beiden geht die Entwicklungskurve weiter in die Zukunft. Wer die meisten Kenntnisse, d. h. „Einsichten" hat, kann am zuverlässigsten orakeln. Diese „Weitsichtigkeit" kennzeichnet die großen Führer.

Der Mathematiker erforscht ohne Absicht zu Voraussagen die inneren Rhythmen und Gesetze im Aufbau der Zahlen, der Philosoph vergleicht Zahl und Dasein, er kommt zum Schluß, daß „die Zahl in jedem Dinge steckt", wie die eins in jeder andern Zahl. Der Zahlensystematiker erblickt in jeder Zahl eine innere Bedeutung. Derjenige Mensch lernt das am ersten, wenn er sein erstes beziffertes Schulzeugnis erhält. Der Mystiker denkt weiter: was ist die Ursache, die in der Übereinstimmung in allem Bestehenden mit dem Zahlenaufbau zum Ausdruck kommt, er sucht jenen Zustand, jenes „Ist" auf, wo Kennzeichen und Ursache eins (1!) werden. Ihn führen die Zahlen zur reinen Religion, die zur Bildung der vielen Glaubens- und Kirchenformen als weltliche Mächte anreizt. Der Mystiker erblickt in allen kirchlichen Verzerrungen den Strahl der reinen Religion, die unvergänglich ist, während alle Kirchen untergehen, weil sie Religion verstofflichen.

Für Zahlenmystik ist der Ausdruck Kabbalah üblich. Die Trennung in Magie der natürlichen Zahlen und Kabbalah als Magie der geistigen Zahlen ist zweckmäßig. Wurde diese nicht immer durchgeführt, so war Verwirrung der Begriffe die Folge. Diese soll wieder beseitigt werden.

Im Geiste Karl v. Eckartshausen:

„Wenn sie aber stutzen und den Kopf darüber schütteln:

daß die ihnen nur rechnerisch bekannte Zahl einen doppelten Aspekt hat, einen quantitativen und einen qualitativen;

daß die Zahl nicht nur im gewöhnlichen Sinne etwas Formales, sondern auch etwas Reales ist, daß sie Substanz ist; ja

daß gerade die Form „ist" und ein sogenannter Inhalt — nur vorübergehend — „wird";

daß wir Menschen und alles Kreatürliche (Natürliche) in einem kosmischen Weltgitter gefangen sitzen, das uns — die Individuen — von außen durchdringt und determiniert;

daß (um ein Beispiel zu nennen) nicht die Pflanze die Rinde bildet, sondern umgekehrt die Rinde die Pflanze, die Haut den Menschen, die Oberfläche die Kugel — — —;

daß das Geheimnis der Haut und ihrer näheren Umgebung das größte Naturgeheimnis ist (der Volksmund spricht: er steckt in einer schlechten Haut...);

daß hier im „Perisoma" — lokal nämlich — der geometrische Ort, die Ursprungstätte luzider und okkulter Phänomene ist;

daß das relativ-individuelle Perisoma morphologisch ein „zweites Gehirn", psychologisch ein „magisches Ich" ist";

daß auch heute noch und immer der physische und individuell-psychische Inhalt nichts — fast nichts — bedeutet, sondern alles auf den transindividuellen, überpersönlichen, kosmischen „Aushalt" ankommt;

daß übersinnliche, dämonische Kräfte „magisch" in Formen,
Charaktere, Sigille gebannt werden können;
daß u. s. w.,
so darf ich ihn wohl an L i c h t e n b e r g s Ausspruch erinnern:
Wenn ein Buch und ein Kopf zusammenstoßen und es klingt hohl,
so liegt's nicht allemal am Buch.

Dr. F. Maack, Die heilige Mathesis.

Zur Philosophie des Tarots

Ein Rückblick

Die seltsamen Bilder der Großen Arcana haben seit Jahrhunderten denkende Köpfe in Bewegung gesetzt. Die Urgeschichte
des Buches Thot war eben nicht bekannt, und wenn ich in diesem
Buche mit neuen Ideen komme, so wird wohl damit das letzte Wort
auch noch nicht gesprochen sein. Warum sollten nicht andere
Erkenntnisse möglich sein?? Auf jedes Philosophiesystem ist ein
anderes gefolgt. Keines war deshalb überflüssig, denn jedes zeigt
nur das Ding an sich von einem andern Gesichtswinkel aus, alle
können deshalb ewige Wahrheiten enthalten.

Zur Zeit der Renaissance wurden alle Musen und symboli-
sierten Tugenden und Eigenschaften mit dem Tarot verbunden.
Dabei haben sich die Großen Arcana am lebenskräftigsten erwiesen.
Später folgten die kabbalistischen Ideen, vor rund 150 Jahren
scheint die Zahlenmystik herangezogen zu sein, von der Etteilla
so köstliche Zerrbilder im Buche Thot liefert.

Eine alte Quelle bringt meines Wissens erstmalig die Großen
Arcana in drei Reihen von je 7 Karten. Diese gehen von
21 — 15, 14 — 8, 7 — 1. Sie werden bezeichnet mit goldenem,
silbernem und eisernem Zeitalter. Eine nähere Erklärung der
einzelnen Karten in bezug auf diese Einteilung fehlt leider, nach
meiner Auffassung ist die Reihenfolge falsch, sie müßte umgekehrt
1 — 7, 8 — 14, 15 — 21 lauten. Aber auch dann ist die Bezugnahme dunkel.

Etteilla änderte das System, indem er die Karten der
Schöpfung anpaßte, wie sie in der Genesis erzählt ist. Durch Austausch von 4 Karten verwirrte er das Buch noch mehr.

Ein geschlossenes und durchdachtes System finden wie bei
den großen französischen Kabbalisten, am meisten ausgebildet
durch Dr. Gérard Encausse, Pseudonym Papus.*) Hier liegt der
Schwerpunkt in der Verbindung des hebräischen Alphabets mit
den Tarotkarten, soweit die großen Arcana in Frage kommen, und
des Gottesnamens Tetragrommaton mit den Kleinen Arcanas.

---

*) P a p u s heißt der Engel der ersten Stunde der Sonnabendnacht nach
der Aegyptischen Lehre. Zuständig für Arzneien. Dr. Encausse hat als Arzt
diesen Namen gewählt.

Ich begann damit, meine astrologischen Erkenntnisse auf das Buch Thot anzuwenden. Die Dreiheit Körper — Seele — Geist suchte ich auf die Karte zu übertragen. Die drei Siebenreihen paßten so gut damit. Und als ich dann die Entdeckung machte, daß die alten Mondstationen darin in esoterischer Weise geschildert sind, wurde mir das Buch Jezirah klar, und so formten sich die Erkenntnisse, die ich hier mitteile.

Die ägyptische Herkunft der Großen Arcana berechtigt zu der Auffassung, auf alte mythologische Darstellungen, auf wichtigen Bestandteilen der Priesterweisheit gestoßen zu sein. Waren es Einweihungsbilder aus Tempeln? Diese Vermutung ist bei mir Überzeugung geworden.

Gewiß kann die kabbalistische Philosophie damit verbunden werden, weil sie gleiche Grundideen hat, daher nimmt die Kabbalah einen Platz in dem Buche Thot ein. Die dreimal sieben Karten lassen aber auch eine rein geisteswissenschaftliche Deutung

zu. Das ist der G e i s t des Buches, die Astrologie die S e e l e, die symbolische Andeutung der K ö r p e r. Durch diese drei Stufen führe ich den Leser, überall die Praxis der Wahrsagung oder Erkenntnis damit verbindend, wie es wohl die weisen Priester auch gemacht haben. Dieser praktische Teil hat eine vielseitigere Ausgestaltung gefunden, als es bei den bisherigen Tarotbüchern der Fall ist.

Um von dem System des Dr. Eucausse einen Begriff zu geben, füge ich eine zeichnerische Darstellung (siehe Seite 157) bei.

Der grundlegende Unterschied zu meiner Auffassung ist in der Verteilung der Großen Arcana zu erblicken. Ich bilde 3 Reihen mit je sieben Karten.

1 4 7 10 13 16 19 = Geist, Gott Vater. Gedanke.
2 5 8 11 14 17 20 = Seele, Sohn, das Wort. Idee der Schöpfung.
3 6 9 12 15 18 21 = Körper, heiliger Geist, Verwirklichung. Plan der Schöpfung.

Papus aber nimmt nur 7 × 3! Dadurch wird der tiefsinnige Gedanke der Großen Arcana zersplittert, notdürftig werden diese 7 Teile den Kleinen Arcana angehängt, während in Wahrheit die Großen Arcana die geistige Seite, die Kleinen Arcana die materielle Seite des Seins darstellen. Das hat die Menschheit doch wirklich empfunden: die Gewinnspiele benutzen mit einer Ausnahme, und diese, der österreichische Tarock, ist zu klobig, um ernst bewertet zu werden, die Kleinen Arcana! Aber die Karte 0, der Narr, der ist in die Patiencekarten übernommen worden, er spielt darin eine recht überflüssige Rolle.

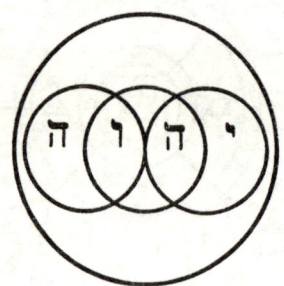

Papus hat den geheimnisvollen, unaussprechlichen Gottesnamen י ה ו ה mit den Kleinen Arcana verbunden; ich will ihm nicht widersprechen. Nur muß die Verbindung mit der Dreiheit gekannt sein; er hat sie scheinbar nicht gekannt, obgleich sie recht alt ist. Obenstehende Figur zeigt die Lösung: die Vierheit in der Dreiheit und diese in der Einheit. Entnommen ist sie dem Buche Manuel Maçonnique usw. Paris 1820, Hubert. Dessen Verfasser, der „alte Veteran", bezieht sich seinerseits auf den Fortsetzer von Josephus' jüdischer Geschichte, dieser lebte im 12. Jahrhundert. Dort befindet sich S. 62 noch folgende Ergänzung: „Dieser Name יהוה enthält das Geheimnis der Dreieinigkeit, wie die alten Juden, als Vorgänger Christus, in ihren Traditionen ausgesprochen haben. Denn unter dem י ist zu verstehen der Vater, welcher der Anfang und Ursprung aller Dinge ist. Unter dem ה, der Sohn durch den alles, was gemacht ist, sein Dasein erhielt. Unter dem ו, der verbindenden Konjunktion, ist der heilige Geist zu verstehen, die Liebe und die Vereinigung beider, der von beiden ausgeht. Das ה ist doppelt, wegen der doppelten Natur in Christus. Durch das erste ה wird dessen göttliche, durch das zweite ה dessen menschliche Natur angedeutet."

Papus baut sein System auf den Begriff „Übergang". Wie viel besser, hätte er den Begriff „Vereinigung" oder „Vermittlung" gewählt! Christus i s t der Vermittler, er steht zwischen der unsichtbaren und sichtbaren Welt, zwischen Gott und dem Menschen. Daher seine männlich-weibliche Doppelnatur.

Der einzig wahre Übergang im Buche Thot ist die Karte 0, der Narr. Das wird wohl verstanden werden, als der Übergang von der geistigen zur materiellen Sphäre.

Nach Meinung der Kabbalisten bestand die sichtbare Welt vor der Schöpfung als unsichtbare, oder mit den Worten alter Philosophen: es war die Welt der Ideen ursprünglich, diese wurde realisiert. Dazu dienten die Eigenschaften Gottes, die Sephirot. Jede Eigenschaft ist ein Teil Gottes, daher göttlich. Was in der göttlichen Welt Idee oder Eigenschaft, ist in der sichtbaren Ideal. So ist Gerechtigkeit eine Eigenschaft Gottes und ein leitendes Ideal der Menschheit. Das Grundpostulat der Smaragdinischen Tafel ist dieselbe Lehre, es lautet: Wie oben, so unten. Und umgekehrt: Alles Untere ist in der unsichtbaren Welt, in der Göttlichkeit, beschlossen und enthalten. Jede Bezeichnung einer Eigenschaft Gottes ist daher auch ein Name Gottes, der längste, umfassendste Name ist die Reihung aller Namen. So ist die Kette der Namen aller Sephiroth ein langer Name Gottes. Vor den Eigenschaften jedoch stehen die Kräfte, die durch die Buchstaben angegeben und zu schöpferischen Worten vereinigt werden.

Das „Leben" ist auch ein Geheimnis, das heute nicht deshalb geklärter ist, weil man dafür Bios sagt. So wird in einer kabbalistischen Schrift folgendes Experiment angegeben:

„Es heißt sonst insgemein und wird vor ganz bekandt augenommen, Gott habe die Welt aus nichts erschaffen. Und da mag der also übersetzte Locus Ebr. XI. V. 3 Gelegenheit mitgegeben haben, man kan es aber aus dem Grundtext nicht beweisen / dann die Dinge, die nicht erscheinen und von unsern Augen nicht können gesehen, noch von den Händen betastet werden, wird niemand vor nichts, das gar kein Wesen hat, halten, es seye denn, daß es ad absurda fallen wolle, nun heists daselbst, die Dinge, die gesehen werden, seyen aus denen, die nicht erscheinen und gesehen werden, visibilia ex invisibilibus, geschaffen worden; was will es anderst sagen, als ein unsichtbahres Geist-Wesen könne sichtbahr und cörperlich gemacht und ein Cörper so sichtbahr in ein unsichtbahres Wesen zurückgeleitet werden, solches ex Phisicis in etwas klar zu machen, kann folgendes Experimentum Erläuterung geben; wann man einen jungen Baum ohngefähr eines kleinen Fingers dick aus der Erden gräbt und scheidet solche rein von seinen Wurtzeln ab, wiegt den Baun accurat und schreibt das Gewicht auf, hernach nimmt man ein Gefäß von Holtz, oder Thon, füllet solches mit guter Erde, die glüht man wohl aus, wiegt sie ebenfalls und merckt ihr Pondus wohl, feuchtet dieselbe wieder mit Regen oder anderm Wasser an, und setzt den Baum mit dieser Erden in die Scherbe hinein, stellt solchen an die Lufft, so wird in 2. Jahren ein gewaltig Argumentum des Gewichts am Baum, kein Abgang aber an der ihme zugefügten Erden verspühret werden, woher ist es gewachsen? ex invisibilibus und non apparentibus, der unsichtbahre Geist in der Lufft, ist zum greifflichem Leib worden, der sich vor allem Regen und Thau-Wasser coaguliren läßt, dann daß er nicht vom groben Wasser / damit die Erde angefeuchtet worden, sondern nur von dem subtilen Reach der Lufft, so sich darein versenckt, dick worden und gewachsen, so will auch die Schrifft vid Job 14 V. 9 e i n B a u m g r ü n e t w i e d e r v o m G e r u c h d e s W a s - s e r s / will man ihn nun zerstöhren, so geht so wohl durch die Verwesung als Verbrennung der mehrste Teil im subtilen und gröbern Wasser, oder im stinckenden Oel, Rauch und saurem Sampff wieder in die Lufft, und resolvirt sich dergestalt in der- selben, daß man keinen Unterschied und nichts grobes cörperliches mehr sehen kann, so wenig wie das in gesaltzene Meer fließende süße Wasser von dem andern wieder erkennen noch scheiden mögen, das ist annulus platonicus, da das Ende den Anfang, das aus dem Unsichtbahren ausgegangene und sichtbahr gewordene. seine Ursprung abermahl gefunden hat."

Dazu aus einer andern alten Schrift: . . . daß nur ein einiger Grund aller Dinge sey, in welchen alle Dinge in der Welt zusammen fließen, und ein einiges Wesen werden könne, und solches ist gezeiget worden, da wir Principia geleget, nach welchen sich, beson- ders in Philosophia hermetica gar leicht alle Dinge werden resol- viren und harmoniren lassen. Wir setzen ein allgemeines Leben, welches die Ursache der Bewegung ist, derer so vielfältiger Cörper, und dieses ist gantz allgemein, das allersubtilste Wesen, so in der Schöpfung aus der Ewigkeit in die Zeit gegangen, und nun Natur genennet wird ... (Geheimnis von dem Leben usw. Leipzig 1748.)

Die Sephiroth werden in drei Gruppen getrennt: die drei Welten, der oberen, mittleren und untern. Die ersten drei Sephiroth sind intellektueller oder metaphysischer Natur; sie drücken die absolute Identität des Seins und Denkens aus, sie bilden die i n t e l l i g i b l e W e l t. Die drei folgenden haben einen moralischen Charakter; einerseits stellen sie Gott als die Identität der Güte und Weisheit dar, andererseits zeigen sie uns den Ursprung der Schönheit und der Herrlichkeit in der Güte. Daher die Bezeichnung „f ü h l e n d e W e l t". Die letzten 3 Sephiroth bedeuten die universale Vorsehung, den erhabenen Baumeister, die absolute Kraft, das zeugende Element alles Seienden, kurz die „n a t ü r - l i c h e W e l t". Oder ein Vergleich: Gehirn, Herz, Magen. Das ganze System lautet in der Ziffernmystik 3 × 3 + 1.

Diese Figur ist 3 + 3 = 6, nämlich sie ist aus 6 Linien gebildet und enthält im Dreieck als Einheit drei Drittel. Die 3 kleinen Linien stellen die nordische Man-Rune vor, das Zeichen des wirkenden Mannes.

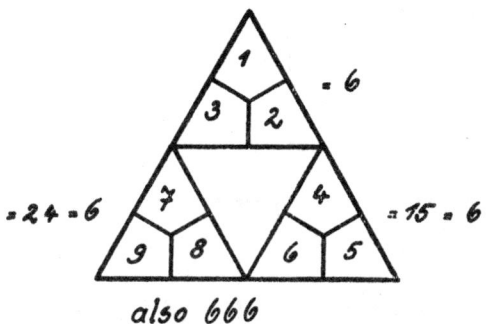

also 666

Diese Figur stellt die Pyramide dar, denn 3 × 3 + 1 und 666. Wird das innere Dreieck auch gedrittelt, so erhalten wir 12 Felder. 10 Felder, 10 Sephiroth entsprechen dem uralten Zodiak, der sich aus 10 Zeichen zusammensetzte. Der spätere, noch jetzt gültige Zodiak hat 12 Zeichen. An späterer Stelle werde ich hierauf noch eingehen.

Hier soll jedoch die Zahl 666, gemäß Offenbarung Joh. XIII. 18 „Die Zahl eines Menschen" in die Betrachtung einbezogen werden. Nach der Umsetzung von Zahlen in Buchstaben kommen eine Anzahl von Namen heraus, wie Kaiser Nero, die uns hier nicht berühren. Das erste Wort in der Bibel gemäß hebräischer Sprache lautet „Bereshith", der Anfang („Mit dem Anfang schuf Gott" usw.). Dieses Wort in Buchstaben lautet ebenfalls 666. Da muß 666 doch auch noch einen auf die Schöpfung hinweisenden Sinn haben. Diesem bin ich durch die Zahl 36 (6 × 6) auf die Spur gekommen. Zerlege ich 36 in 3×12, so erhalte ich als Aufzählung von 1—12: 78, die Zahl der Tarotkarten. 13—24 = 222. 25—36 = 366. Als Quersumme 6—6—6—.

In diese Pyramide läßt sich weiterhin der 4-buchstabige Name Gottes setzen יהוה

Der strahlt dann auch die Kleine Arcana aus.

Zählen wir die 3 Stämme zusammen und nehmen davon die Quersummen, so erhalten wir aus dem Einerstamm 210 = 3, dem Zweierstamm 222 = 6, dem Dreierstamm 366 = 15 = 6. Diese Stämme mit der Zahl 36 sind Grundlagen des übelberufenen Roulettespiels. Es ist allerdings völlig korrumpiert, der Satan hat sich in der Banknummer 0 verkörpert und er hat die Reihenfolge der Zahlen verdorben. In Wahrheit ist es der Sonnenkreislauf! Die richtige, völlig ausgeglichene Reihenfolge der Nummern 1—36 auf der Scheibe, in der wir den Zodiak mit 36 Dekanaten erblicken wollen (36×10 = 360 Grade) lautet:

36.	23.	10.	33.	24.	11.	34.	21.	12.	1. Quadrant (oder Weltecke), zus.	204 =	6
35	22	9	32	19	6	29	20	7.	2. „	„ 179 =	8
30	17	8	31	18	5	28	15	2.	3. „	„ 154 =	10
25	16	3	26	13	4	27	14	1.	4. „	„ 129 =	12
										666	

Diese Zahlen werden auf dem „Spielplan" richtig gestellt.

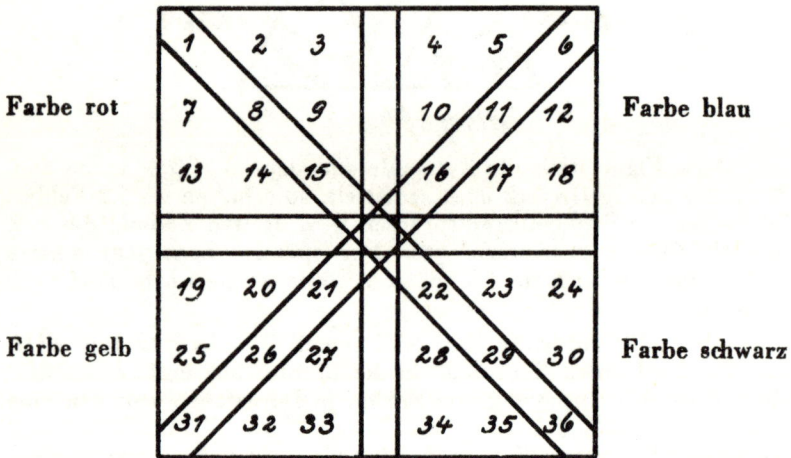

Farbe rot   Farbe blau

Farbe gelb   Farbe schwarz

Die Balken des ×-Kreuzes ergeben in beiden Fällen 111 = 3, sie umfassen 12 Nummern. Nun kann diese Figur aufgezählt werden wie man will, immer kommen 3 = 6 = 9 = 666 heraus

164

Diese Betrachtung führt somit zur reinen Astrologie und ermöglicht eine kabbalistische Auslegung des Bibelanfanges Bereshith, die lautet: Mit der Schöpfung des Zodiaks begann Gott, der Erhabene, die Schöpfung der Welt!

Das Roulette ist daher ein kosmisches Spiel, die Kugel vertritt die Sonne, die Drehscheibe den Jahreslauf, die 36 Zahlen die 36 Dekanate der 12 Tierkreiszeichen.

Das unverfälschte Roulettespiel ohne 0 ist daher ein höchst anregendes geistiges Sportspiel, das dem Schach gleich zu achten und nur in verderbtem Zustande als Glücksspiel möglich ist.

Wenn sich Freunde dafür zusammenfinden, lassen sich die Geräte besonders herstellen, Spielregeln sind ausgearbeitet.

Von dieser Abschweifung vom Thema zurückkehrend, so stehen in grader Verbindung: die zehn Sephiroth mit dem Zodiak, der Zahl 36 und der Zahl des „Tieres" = Therion 666. Und dazu: mit dem Tarot!

Dies ist ein Beispiel für praktische Kabbala!

Tarot-Praxis

Tarot-Praxis

Der symbolische Tarot
Der astrologische Tarot
Der magisch-kabbalistische Tarot
Runen-Praxis

Es wird jedermann klar geworden sein, daß die Einübung des magisch-kabbalistischen Tarots nicht so schnell geht, wie man zur Praxis kommen möchte.

Deshalb wird in Stufen gelehrt.

Fasse keiner den Plan, jede Methode beherrschen zu wollen, sondern fange mit einfachen Methoden an. So hat der astrologische Tarot eine durchaus abgesonderte Technik, deren Bewältigung vom Besitz astrologischer Kenntnisse abhängig ist. Wer diese erlernen will, befasse sich nur mit Astrologie und dem astrologischen Tarot, bis dieser völlig beherrscht wird, worauf der magisch-kabbalistische Tarot angefügt wird, als verdiente Ergänzung. Was keineswegs notwendig ist!

Alle andern beginnen mit der Praxis der Großen Arcanas und wählen sich anschließend e i n e Methode mit allen 78 Karten aus. Wer dabei bleiben will, kann es sich mit der magischen Schulung leicht machen. Wer den magisch-kabbalistischen Tarot, die Prophetie der Priester in Ägypten, befassen will, muß viele Zeit auf die magische Schulung verwenden, die allerdings einen völlig klaren, gereiften und urteilsfähigen Geist hervorbringt.

Die Runenpraxis ist neu gestaltet. Die auf dem Großen Arcana angebrachten Runen können weiterhin auch noch benutzt werden. Dazu wird eine neue Runentafel beigegeben, deren Benutzung den letztgewonnenen Kenntnissen und Erfahrungen entspricht.

Zur Deutung sind. jeweils jene Unterlagen zu benutzen, die für die Methode vorgeschrieben sind. D i e u m d i e T a r o t - b i l d e r g e d r u c k t e n A u s l e g u n g e n b e z i e h e n s i c h a u f d e n s y m b o l i s c h e n T a r o t m i t 7 8 K a r t e n. Und n u r darauf.

D e r T a r o t a l s B e r a t e r

Das Wahrsagen steht tief in der Achtung, es verbleibe da! Dem Urteil liegt die Einsicht zugrunde, daß der Wahrsagung Heischende sich willenlos und tatenlos einem unvermeidlichen Schicksal verfallen däucht und nichts aus seinen Kräften zu schaffen gedenkt. Als Minderwertige erscheinen diese Menschen.

Anders der wirkungskräftige Mensch! Was er zu erhalten wünscht, sind Ratschläge für sein Verhalten; sind Einsichten in das Werden – Walten und Wandeln der Dinge. Der Mensch ist selbst im Wandel begriffen, alles um ihn ist eine endlose Kette vom Werden — Walten — Wandeln. Nichts ist dauernd als Sache, als Gebilde, vielmehr ist alles in einem gewissen Z u s t a n d e, einer vorübergehenden E r s c h e i n u n g. Darin steht der wirkende Mensch und sucht den Ablauf zu ergründen, um darnach sein Handeln zu bestimmen.

Der Mensch ist Gegenstand des Waltens in den Vorgängen der Natur, die auf ihn einwirkt. Demnach ist nicht alles zwangsmäßig hinzunehmen! Noah hatte Einsicht und schaffte sich jene Arche, die ihn vor dem Ertrinken schützte. So auch der Deichbauer, der sich vor Überschwemmungen zu schützen weiß. Und das Dach über meinem Haupte, die Wände, der wärmespendende Ofen: es sind Schutzmittel gegen Naturkräfte.

Hat der Mensch starken Lebenshunger, wird er durch kluges Verhalten sein Leben verlängern, während der Esel auf dünnes Eis geht, einbricht und ertrinkt.

Da jedoch unzählbare wirkende Einflüsse um jeden Menschen branden, so bedarf er der Einsicht, der Anleitung oder des Rates. Das ist nicht die Rolle des Wahrsagers, sondern des Lehrers, des Freundes, der das Durcheinander der Einflüsse ordnen hilft und dem Menschen sagt: dieses ist im Werden, jenes im Vergehen: so walte klug!

Es ist gar nicht zu leugnen, daß jedes Kartenlegen, jedes Pythiaspiel, auch mal Richtiges voraussagen kann. Ist der Fragende nur tatenlos erwartend, wird ihn das Schicksal treffen. Es sieht und fühlt ja jeder Kartendeuter oder Orakelnde, ob der Fragende ein Mensch des Willens und Schaffens ist, der R a t verlangt, oder eine Tränendüte, leer und zum Gebrauchtwerden willig, der sein Schicksal erfahren will.

Vielleicht sind die Wahrsager sich ihrer inneren Eingebungen nicht klar bewußt, sie sind aber allein die Quelle ihrer Aussagen; Karten, Kaffeesatz oder Kristall sind lediglich Hilfsmittel. Alles das versagt in dem Augenblick, wo der Wahrsager nicht die Ausstrahlungen des Fragenden empfängt und verarbeitet, nicht von der Person beeindruckt ist. Die Karten selbst sind stumm, sie müssen immer erst belebt werden, bevor sie reden können.

Das Erlernen der Karten, welche es auch immer sein mögen, erfordert daher immer die Fähigkeit, sie zu beleben.

Da gibt es rein mediale Personen, die etwa Hellsehen oder Hellfühlen, es sind meist schlechte Berater! Andere verlassen sich auf ihr „inneres Gefühl", was die Fähigkeit bedeutet, die Ausstrahlungen der Personen, Lichtbilder und Schriften zu erkennen und zu beurteilen, was der Pendelkundige mit seinem Pendel mit vollem Bewußtsein erkennt und richtig beurteilt.

Für die Tarotkarten wird eine andere Grundlage gelehrt, hier soll jede Karte zu einer lebendigen und tätigen Gedankenform entwickelt werden, nicht im mystischen Geheimnis des „Jenseits".

sondern unter Beteiligung eigener bewußter Geisteskräfte. Wir lernen das „Jenseits" genau kennen und bevölkern es mit unsern eigenen Geistern, die unserer und nicht fremder und unbekannter Herrschaft unterworfen sind.

Kurz und gut: Der Tarotkundige ist zum weisen Magier geworden. Als solcher gewinnt er Einsicht in die Geschehnisse, er entwirrt die Fäden des „Zufalls" (es gibt an sich keinen Zufall, dieser Ausdruck ist zu dem Zwecke erfunden worden, fehlende Einsicht und Erkenntnis schamhaft zu verdecken) und kann sich und andern Aufklärer und Wegweiser sein.

Der Tarot ist daher kein Kartenlege- und Kartendeutungsbuch im Sinne der zünftigen Wahrsager, sondern ein Buch der Lebensweisheit und Erkenntnis. Nicht dem blöden A n s c h a u e r, sondern dem wissenden D u r c h s c h a u e r der Zukunft ist es geschrieben.

Es sagt nicht: Paß auf! Das trifft ein!

Sondern: handle so und so gestalte selbst die künftigen Ereignisse.

Diese neue Grundlage macht es völlig überflüssig, die auf andern Fundamenten errichteten Lehrgebäude der vorhandenen Tarotliteratur mit ihren Wahrsagemethoden einzubeziehen. Was davon aus französischen Quellen in die deutsche Sprache gebracht wurde, ist im Vergleich zu den Quellschriften ungenügend, wenn nicht bereits minderwertig.

Wer den kabbalistischen Tarot in der Auffassung der französischen Forscher ausführlich kennen lernen will, beschaffe sich folgende Werke:

Oswald Wirth, Le Tarot des Imagiers du moyen age. Paris 1927. (Emile Nourry). Frs. 125.—.

Dr. Gerard Encausse, alias „Papus" Le Tarot.

Von diesem Buche habe ich die englische Übersetzung: The Tarot of the Bohemians, London, W. Rider & Sons, Limited 1910. 6 sh.

Die genannten Bücher sind vorwiegend religionsphilosophisch gehalten, zur Erlernung der Praxis genügen sie durchaus nicht. Dieser religionsphilosophische Inhalt ist auch im deutschen Tarotbuche enthalten, wie auch eine Systemübersicht, nur in knapper Form. Hingegen fehlt die Hauptsache des deutschen Tarotbuches in der bisherigen Literatur. Praktiker des Tarot sind in Deutschland noch selten anzutreffen; diese 2. Ausgabe des deutschen Tarotbuches wird mit seiner magischen Schulung zur Vermehrung führen. Immerhin: es ist kein schnell zu ergreifender Erwerbszweig, er verlangt seine regelrechte Ausbildung, die zugleich eine völlige Umstellung und Reifung der geistigen Fähigkeiten bedingt.

Die Vorbereitung zum Kartenlegen

Nimm sie als Spiel oder nimm sie ernst; betrachte ihren Inhalt als Aberglaube, indem du den Weisen von gestern folgst, oder betrachte ihn als eine Methode zur Erweckung schlummernder, psychischer Kräfte, dich den Weisen von morgen zugesellend; immer wende deine Aufmerksamkeit ganz und ungeteilt den folgenden Blättern zu. Wohl finden sich darin Spiele, die der Unterhaltung dienen können, meistens wird aber dein Geist in seiner Fülle verlangt. Glaube zunächst nicht, dein Wissen erhebe dich über den Inhalt dieses Buches. Wenn du am Ende angelangt bist und dann noch diesen Glauben hast, beuge ich demutsvoll mein Haupt: ich habe einen Meister gefunden! Dann gehörst du zur Minderheit, das ehrt dich! Wer aber noch zur Mehrheit gehört, kann einiges lernen, was auch abseiten des Spieltisches nützlich zu gebrauchen ist.

Wer aber glaubt, in einem Kartenspiele Meister zu sein, sei es selbst Skat oder Meine Tante — Deine Tante, dessen Intelligenz dürfte vielleicht nicht ausreichen, um den Inhalt dieser Spiele auszuschöpfen. Denn hier wird gegen den Stumpfsinn zu Felde gezogen! — — —

Ich rate, in der Einsamkeit zu beginnen, in der nichts die Aufmerksamkeit ablenkt, nichts den Flug der Gedanken hemmt.

Lege auf den Tisch eine wollene einfarbige Decke, es spielt sich leichter und angenehmer.

Lege die zum jeweiligen Spiel erforderlichen Karten auf den Tisch und rühre sie um. Stelle dir vor, deine Hände wären nun das Werkzeug deines Schutzgeistes, einer wissenden Intelligenz, von dieser würden die Karten so gemischt, wie es die Antwort auf deine Frage erfordert. Denn an diese denkst du ausschließlich.

Da es bei den meisten Methoden wichtig für die Deutung ist, ob die Karten gerade oder verkehrt fallen, ist das Umrühren besser, als das Mischen in der Hand.

Da kommt dir der Gedanke: nun sind die Karten richtig gemischt. Jetzt schiebst du die Karten zusammen und legst sie zum Abheben auf den Tisch. Hebe dreimal ab.

Merke: immer werden die Karten von rechts nach links gelegt!

Nachdem die Karten wieder in einem Stoß vereinigt sind, kann das Auflegen beginnen.

Es handelt sich darum, deinen inneren Sinn zu erwecken, der auch als der VI. Sinn bezeichnet worden ist. Dazu können auch Hilfsmittel verwendet werden, z. B. Räucherungen. Mit diesen betreten wir bereits das Gebiet der magischen Einwirkung. Es ist nicht belanglos, womit geräuchert wird! Wer die Sache mit vollem Ernst betreibt, achte auf Stunde und Stundenregenten, er sucht sich die passenden Tage und Stunden aus und wählt solche Räuchermittel, welche dem herrschenden Planeten angepaßt sind.

Günstig sind vor allen die Jupiterstunden, denn Jupiter regiert die Prophetie. Es gibt hier verschiedene Einteilungen, wir folgen der kabbalistischen. Nach dieser beginnt der Tag abends 6 Uhr und er hat 24 Stunden, von denen jede einen Regenten hat. Am Ende des Buches findet sich eine Tabelle der Tages- und Stundenregenten, ferner Angaben über Räucherpulver, die für jeden Regenten zusammengestellt sind. Weihrauch ist meistens nützlich. Auch die Saturn- und Mondstunden, selbst die Sonnenstunden sind zum Beginn des Werkes günstig. Auf den Anfang kommt es allein an.

Man hat auch magische Kreise und Anrufungen empfohlen, ich rate davon ab. Damit soll nicht gespielt werden! Wir wollen alles unterlassen, was über die Öffnung der geistigen Sinne hinausgeht, denn da lauern Gefahren für die Gesundheit.

Wenn du nun über deine Frage nachdenkst, die Personen vor Augen stellst, die davon berührt werden, so wird die Phantasie sich des Gegenstandes bemächtigen: hindere sie nicht, so soll es sein. Deine Gedanken sind zu lenken, die Phantasie nicht, die folgt andern Kräften.

Lege nun die Karten nicht gedankenlos auf, sondern betrachte jede Karte und suche nach einem Zusammenhang mit den bereits aufliegenden. Da kann eine Karte einen ganz neuen Eindruck vom Ganzen bringen, suche ihn zu erfassen, ehe weiter gelegt wird. Deine Gedanken gehen hin und her, es tauchen neue Ideen aus dem Unterbewußtsein auf; immer bestimmter formt sich eine Gedankenfolge; du „siehst" den Zusammenhang in großen Linien: die Antwort auf die Frage steigt aus dem Innern herauf!

Ist alles aufgelegt, wird mit der Deutung der einzelnen Karten beziehungsweise Kartengruppen begonnen. Jetzt finden sich die Einzelheiten, mit denen sich der Vorgang abspielen wird.

So haben die alten ägyptischen Priester die Zukunft erforscht, haben unsere Vorfahren durch Losen mit Runen deren geheimen Sinn enthüllt.

Wer wagt zu behaupten, es sei Unsinn gewesen? Wird das Gegenteil nicht berichtet? Kann sich ein „Unsinn" Jahrtausende erhalten?

Räuchermittel

Manchen Personen fällt die Einfühlung in die Gedankenformen, das Schauen der Zusammenhänge, die Gewinnung der Intuition leichter, wenn die Sinne durch Räuchermittel erregt werden. Andere, scharfe Denker, verzichten besser darauf, um die Stärke der Gedankenwellen nicht zu vermindern. In der Praxis des Legens ist ein leichter Geruch unbedingt vorteilhaft. Es gelten folgende Zuteilungen:

Weihrauch ist Grundstoff der Mischung, dazu:

Sonne: Safran, Ambra, Moschus, Aloëholz, Balsamholz, Lorbeeren, Gewürznelken, Myrrhen, Kamille, Rosmarin, Wacholder, Lavendel, Majoran, Thymian, alle wohlriechenden Harze.

Mond: Kampfer, Samen des weißen Mohn, Narzisse, Gurkenkerne, Kerne von Melonen, Kürbis, Kresse, Bohnen, Gänsekraut. Wurzeln von Schwertlilien, Kümmel, wilde Veilchen, Kalmus, Lindenblüten, Mondkraut.

Saturn: (Magier-Planet!) Myrrhen, Samen vom schwarzen Mohn und Bilsenkraut, Alraunwurzeln, Magnetstein, Holunder, Eichenrinde, Raute, Zwiebel, Aloë, Lein, roter Fingerhut, Efeu, Mispel, Distel, Linsen, Schlehen, Tulpen, Kümmel, alle wohlriechenden Wurzeln. (Erleichtert das Sehen der gebildeten Gedankenformen.)

Jupiter: Eschensamen, Aloë, Storax, Benzoeharz, Lasurstein, Spitzen von Pfauenfedern, Lilien, dunkelrote Rose, Lorbeer, Sandelholz, Anis, Aprikosenkerne, Maronen, Feigen, Datteln, Nelken, Jasmin, Ahorn, Salbei, Pfirsichkerne, Himbeere, Wacholder, Klee, Spargelsamen, Melisse, Süßholz, Tolubalsam, alle wohlriechenden Früchte.

Mars: Ammoniak, Euphorbie, Bedellium, Nießwurzwurzeln, Magnetstein, ein wenig Schwefel, Senf, Knoblauch, Genzian, Geisblatt, Hopfen, Lauch, Tollkirsche, Brennessel, Zwiebeln, Tabak, Feuerlilie, Sturmhut, Wermut, Arnica, span. Pfeffer, Baldrian. Wohlriechendes Holz.

Venus: Moschus, Ambra, Aloëholz, rote Rosen, rote Korallen, Myrthe, Dattel, Banane, Erle, Maiglöckchen, Birke, Brombeere, Marone, Crocus, Angelica, Himmelsschlüsselchen, Preißelbeere, Gänseblümchen, Pfefferminze, Waldmeister, Birne, Kirsche, Pflaume, Erdbeere, Wollkraut, Malve, Königskerze, Veilchen, Thymian. Alle duftenden Blumen.

Merkur: Weihrauch, Mastix, Gewürznelken, Achat, Tormentilla, Majoran, Akelei, Ehrenpreis, Kümmel, starke Parfüms. Alle duftenden Rinden und Früchteschalen, z. B. Zimt, Muskatrinde, auch alle wohlriechenden Samen.

Wer astrologisch so weit gebildet ist, daß er das aufsteigende Tierkreiszeichen jeweils berechnen kann, vermag auch das jeweils zuständige Räuchermittel zu verwenden, es den andern Mitteln zusetzend, oder damit allein räuchernd:

Widder: Myrrhe,	Waage: Halbanum,
Stier: Kostwurz,	Skorpion: Saft des Panax,
Zwillinge: Mastix,	Schütze: Aloëholz,
Krebs: Kampfer,	Steinbock: Asant,
Löwe: Weihrauch,	Fische: Thymian,
Jungfrau: Sandelholz,	Wassermann: Euphorbie.

Folgendes Räuchermittel vereinigt die Kräfte der 7 Planeten, es ist also ein Universalräuchermittel:

Kostwurz (Saturn), Muskatnuß (Jupiter), Aloëholz (Mars), Mastix (Sonne), Safran (Venus), Zimt (Merkur), Myrrhe (Mond). Nicht alle aufgeführten Mittel sind wohlriechend, obgleich ich hier bereits eine Auswahl getroffen habe. Für unsern Zweck sollen aber vorwiegend wohlriechende Mittel verwendet werden. Von allen scharf riechenden Stoffen ist daher nur recht wenig, von den wohlriechenden recht viel in die Mischung zu tun. Auch verfalle man nicht in den Fehler des Zuviels! E s s o l l e i n l e i s e r D u f t e n t s t e h e n , d i c k e R a u c h w o l k e n s i n d z u v e r m e i d e n. Im Übermaß riechen bald alle Mittel brenzlich und scharf.

Die Räucherungen haben den Zweck, die höheren Geisteskräfte freizumachen. Das kann nicht in vollem Maße ohne Vorbereitung geschehen. Wer es streng nehmen will, wer sich eine sehr ernste Frage vorzulegen hat, dem seien folgende Anweisungen dienlich:

1. Sich eine Woche vorher von allen Leidenschaften freihalten; eine ernste, nachdenkliche Stimmung pflegen.
2. Vermeidung des Alkohols während dieser Zeit.
3. Aufsuchen einsamer Stunden.
4. Geschlechtliche Enthaltsamkeit.
5. Lesen ernster Bücher über die Vergänglichkeit des Lebens, z. B. die Weisheit Salomonis, das Buch Hiob.
6. Tägliches Nachdenken über die zu stellende Frage.

Mehrere Stunden vor der Befragung nichts essen oder trinken!

Diese Vorbereitung macht für höhergeistige Einwirkungen empfindlich, daher ist der Antwort Bedeutung beizumessen. Auch halte der Fragende sich die Ermahnung der ägyptischen Priester bei der Einweihung vor Augen: Wissen, Wollen, Wagen, S c h w e i - g e n. Schweigen vorher und nachher! Gegenüber andern Menschen!

Für einfache Angelegenheiten werden diese erschwerenden Bedingungen nicht empfohlen, ganz unvorbereitet werde aber keine Frage gestellt! Gönne dir wenigstens 5—10 Minuten Schweigen und Nachdenken, ehe du das Buch Thot öffnest!

Fachausdrücke

Familie: Alle Karten, die zu einer „Farbe" gehören. Es gibt also 4 Familien: Stäbe, Degen, Pokale, Münzen.

Stamm: Teile einer Familie, also 3 — 4 — 5 — aufeinanderfolgende Karten einer Familie.

Aufsteigende Ordnung: wenn jede folgende Karte höher ist. Z. B. 3 — 4 — 5 — 6 — oder Bube — Ritter — Dame — König usw.

Absteigende Ordnung: wenn jede folgende Karte niedriger ist. Z. B. 6 — 5 — 4 — 3 — oder König — Dame — Ritter — Bube usw.

Sippe: eine Reihe aufsteigender oder absteigender Karten, ohne Berücksichtigung der Familie, also gemischt.

Farbe: ist 1. gleichbedeutend mit Familie. 2. Gegensatz von Rot (Pokale, Münzen) und Schwarz (Degen, Stäbe).

Familien, Stämme, Sippen werden „aufgebaut".

Tote Karten: solche Karten, die zu einem Spiel nicht gebraucht und vorher aussortiert werden.

Talon: Was nach dem Auslegen der Karten noch übrig bleibt. Dieser liegt immer verdeckt, also Bildseite nach unten, in der linken Hand.

Der Talon wird „umgeschlagen", wenn seine Karten einzeln aufgehoben werden.

Stoß: solche Karten vom Talon, welche nicht aufgelegt werden können und zur Seite als Hilfspäckchen hingelegt werden.

Arcana: Geheimnis.

Große Arcana: die 22 Bildkarten.

Kleine Arcana: die 56 „Familien"-Karten.

Merke: Stäbe = Kreuz, Treff, Eicheln. Pokale = Herz. Degen = Schüppen, Laub. Münzen = Careau, Schellen. Degen werden auch Schwerter genannt. Münzen werden auch Pentakel genannt. Tarot ist verändert in Tarock.

Die Deutung der Karten

Jede Karte hat eine besondere Bedeutung und es ist die wichtigste Aufgabe, bevor an die Deutung der Kartenorakel gegangen werden kann, diese zu wissen, zu lernen. Für die meisten Menschen wäre es ein nicht zu erfüllendes Verlangen: lerne alles auswendig! Darum tragen meine Karten Hinweise verschiedener Art. Eindeutig ist keine Karte, jede kann aus verschiedenen Gesichtswinkeln betrachtet werden und bietet dabei verschiedene Anblicke. Ist es im Leben anders? Hat nicht derselbe Vorgang für mehrere Personen jeweils besondere Bedeutung? Darum handelt es sich. Durch Übung muß das geistige Auge „sehend" gemacht werden, dann sieht es ganz klar, worum es sich handelt. Das gibt sich kund als Gedankenblitze, plötzliche Einfälle.

Der geborene Seher ist inspiriert.

Es ist wichtig, ob eine Karte richtig oder verkehrt fällt. Daher sind alle Kartenspiele wenig zum Kartenlegen geeignet, die immer recht fallen, also die üblichen „französischen" Spiele. Umgekehrt, wie die Karte fällt, ist auch die Bedeutung! Glück wird Unglück, Gewinn wird Verlust, Liebe wird Haß. So liefert jede Karte mehrere Stäbe oder Staben = Buchstaben. Jeder Buchstabe ist eine Marke, ein Sigel, eine Abkürzung für einen Satz oder Satzteil. Nichts ist ohne innern Zusammenhang! Jedes Wort, jedes Zeichen ist Teil eines Systems. Hier Symbolik, da Astrologie, dort Kabbala. Auf jeder Stufe wird ein System gelehrt. Der Meister versteht alle Systeme und verbindet alle untereinander; er sieht am tiefsten.

Ehe nicht ein System durchgearbeitet, ist auf keine gute Deutung zu rechnen, soll aber auch nicht weitergegangen werden.

Zuerst ist ein Überblick über alle gelegten Karten zu gewinnen, hierbei tauchen die ersten Eindrücke über den Zusammenhang auf; das ist der Leitfaden. Ohne einen solchen werden es bei den Einzeldeutungen zusammengewürfelte Aussagen, die kein befriedigendes Bild geben. Daher sind diejenigen Methoden des Kartenlegens am besten, welche mit offenen Karten arbeiten. Wo die Karten verdeckt gelegt werden sollen, suche man die Leitideen bei den ersten drei aufgedeckten Karten.

Nun können immer mehrere Karten zu einzelnen Aussagen zusammengedeutet werden, bis zu 7 Karten. Da von Aussage zu Aussage weitergeschritten wird, so werden die einzelnen Karten in immer neue Kombinationen verwoben. So ist es ja auch im Leben, da knüpft sich ein Ereignis an ein neues, das Gewirke wird immer bunter, wie ein Teppich, der als Beispiel für die aufgelegten Karten dienen mag.

Wer die Karten recht einfältig auslegt, deutet jede Karte nur einmal. Nicht klüger handelt, der die Karten oder Sigel zu einem Satz verbindet, während ja ein selbständiger Gedanke damit zum Ausdruck gebracht ist. Lägen z. B. zur Deutung die drei Karten „Ärger, blonder Mann, Geld", so ist es ungeschickt zu deuten: „Durch eine ärgerliche Angelegenheit wird ein blonder Herr veranlaßt, Ihnen Geld zu geben." Nehmen wir an, die Leitidee laute: Es liegen Verwicklungen vor, entstanden aus Differenzen mit Verwandten, diese haben in den Beruf gegriffen, ihn geschädigt, es muß Ordnung geschaffen werden. Seien wir ferner dessen eingedenk, daß jeder Vorgang eine Vorgeschichte hat und auch die künftigen Ereignisse beeinflußt. Wir sollen Vergangenheit, Gegenwart, Zukunft überblicken und suchen die Vergangenheit in der rechts liegenden Karte. Da haben wir also zu kombinieren: Geld mit Vergangenheit, blonder Mann mit der Gegenwart, Ärger mit der Zukunft. Aber wir finden weitere Zusammenhänge: waren die Karten für die Person bestimmt? Für Haus und Familie? Für die

Überraschung? Oder sind wir bei einem Plan, der ausgeführt werden soll und er befindet sich auf der 1. oder 2., 3., 4., 5. Stufe der Ausführung (wie das bei den einzelnen Methoden des Kartenschlagens näher angegeben ist)? Da haben wir schon eine Anzahl Möglichkeiten, welche die Deutung der drei Karten überraschend vielseitig zuläßt.

Also kurz und gut: zu jeder Karte, zu jeder Kartengruppe muß die Ergänzung, das zuständige Gebiet „gesehen" werden. Daher ist jede Methode des Kartenlegens zu studieren, man beginne mit den einfachsten und steigere sein Können. Durch fortgesetzte Übung wird der Verstand behende, das geistige Auge heller, die Inspiration unfehlbarer.

Hinter all den Karten steht die Person, welche mit fragenden Augen deine Antworten von den Lippen liest. Und hinter dieser Person stehen ihre Verhältnisse, ihre Beziehungen, Familie.... Nicht nur Personen sind mit den Karten zu verbinden, obgleich jede Karte nicht nur einen Vorgang andeutet, sondern auch Menschen, die Auslöser des Ereignisses gewesen sind. Es fallen darunter auch Gesellschaften, Testamente, Staat, Gemeinde, Behörden, Haus (das Haus des Schiffers ist z. B. das Schiff), Wertstücke, Mittel und Wege.

Denke immer daran: die Vergangenheit war Gegenwart, die Zukunft wird Gegenwart, alle sind verknüpft, jeder Faden führt zur fragenden Person! Du kannst nicht aus der Vergangenheit berichten, ohne die Folgen in der Gegenwart zu sehen, ohne auf die Notwendigkeit der Zukunft zu achten. Von der Gegenwart kannst du nicht auf die Zukunft schließen, wenn dir die Vergangenheit als Urquell des Geschehens unbekannt ist. Vergiß nie: Vergangenheit plus Gegenwart bedingt die Zukunft!

Ist dir der Zusammenhang nicht klar, und das kann leicht vorkommen, so frage ruhig die auskunftheischende Person, frage, bis dir der Sinn der Karten klar ist, dann erschließt sich mit Sicherheit die Zukunft. Auf diese ist es doch abgesehen, deswegen wird doch gefragt! Wer sich des Fragens schämt, muß orakeln, er kann nicht der intime Vermittler prophetischer Ratschläge sein. Kann doch auch der Arzt nichts ohne Untersuchung sagen, der Anwalt nichts ohne genaue Kenntnis der Sachlage.

Orakel waren und sind noch heute vieldeutige Hinweise. Der von Leidenschaften geblendete Blick sucht darin eine Bestätigung seiner Wünsche, er vermag nicht alle Möglichkeiten zu erkennen. Deshalb haben sich die Orakel in einer Weise erfüllt, die völlig unerwartet war.

Crösus erhielt auf seine Frage, ob er den Krieg gegen die Perser gewinnen würde, die Antwort vom Delphischen Orakel, er werde ein großes Reich zugrunde richten, wenn er den Fluß Halys mit seinem Heer überschreite. Es geschah, er vernichtete sein eigenes Reich.

F r a g e r: „Wie ist der Ausgang des Weltkrieges für Deutschland?" *)

O r a k e l: „Nach dessen Beendigung wird jeder Deutsche ein Millionär werden."

Buchstäblich eingetroffen! Als Zeichen des Zusammenbruches aller Verhältnisse, der völligen Niederlage. Denn was ist eine Million, wenn ein Brot etwa 400 Milliarden kostet? Der Frager hat aber die Antwort in seiner Verblendung umgekehrt verstanden!

Wer das Orakel an Hand der Tarotkarten kontrolliert, urteilt sicherer.

Um nun zu unserm Beispiel zurückzukommen: es müssen also die Karten in Verbindung gebracht werden. Das kann durch Hinzunahme der dabei liegenden Karten geschehen. Die gefundene Person tritt nun als Mitspieler auf, ob mit Vorteil? Oder ist es ein Gegenspieler: mit Erfolg oder Mißerfolg? Auch darüber geben die umliegenden Karten eine Andeutung.

So werden immer mehr Karten zur Ausdeutung herangezogen, bis für jede Karte Klarheit geschaffen ist. Dann ist es leicht, den Vorgang aus der Vergangenheit in die Gegenwart zu verfolgen und die Zukunft zu deuten.

Wer aber der Meinung ist, nach einer tabellarischen Zusammenstellung von „Bedeutungen der einzelnen Karten" könne das berühmte „Kind" die Karten auslegen, ist ahnungslos. Das ist, als wenn ich jemanden das Handwerkszeug eines Taschenspielers auf den Tisch lege und sage: so, nun zaubere, da hast du alles, was du dazu gebrauchst. Da würde ich wohl spöttisch angesehen werden: mache mir das vor! Und ich wäre kein Taschenspieler! Müßte ich da nicht sagen: Verzeih, ich handelte unüberlegt? Wer kennt aber bessere Bücher? Ich habe keines gefunden.

Mit meinen geistigen Ohren höre ich da viele Einwendungen, mehr spöttische als ernsthafte. Ich kenne alle diese Meinungen: Telepathie, geschicktes Aushorchen, Mumpitz usw. Ich kenne auch eine große Anzahl Fälle, wo wirkliche Kartenleser unglaublich Richtiges vorausgesagt haben. Gibt es eine Zukunftstelepathie? Würde jemand um eine Sache fragen, die er bereits weiß? Denn ohne dies Wissen und Denken ist ja Telepathie unmöglich!

Will ich denn nur berufsmäßige Kartenleger ausbilden? Das ist nicht der wahre Zweck dieses Buches! Aber das will ich: deinen innern Sinn aufschließen, deinen Verstand, deine Einsicht will ich schärfen! Was ist auf die Dauer bildender, Skat oder Schaffkopf spielen, oder sich selbst und seinen Angehörigen die Tarotkarten legen? Versuche es gründlich, dann urteile, ich kann ruhig auf die Antwort warten!

*) Gemeint ist der erste Weltkrieg.

Wer in die Zukunft schauen will, bedarf eines hohen Fluges des Geistes. Nicht nur Wissen und Lernen ist es: abgeschüttelt sei alle Erdenschwere!

Die Zukunft ist Gegenwart für den Seher, hoch genug stehend, um Anfang wie Ende mit einem weiten Blick überschauen zu können. Vergangenheit, Gegenwart, Zukunft sind Blickweiten, keine Rätsel.

Die irdischen Augen genügen dazu nicht, die geistigen sind es, die Raum und Zeit durchschauen. Aber wie kann der mit geistigen Augen sehen, der in der Materie, dem Getriebe des Tages versunken ist!

Auch das sinnfällige Wissen ist Materie!

Mache deinen Geist frei von dieser Binde, ehe du „schauen" willst. Vergiß deinen Körper, vergiß Essen und Trinken, lasse alle Buchklugheit fahren, laß deinen Geist aufsteigen mit der Phantasie. Dann mische die Karten, unbewußt, geistesabwesend. Nur der eine Wunsch erfülle dich: weit zu sehen, bis an das Ende des Weges, den du oder die andern wandern.

Lege die Karten und schau von der Geisteshöhe auf sie herab, sie umfassend mit der fragenden Person, ihrer Art und Veranlagung. Da erschließt sich dir die ferne und nahe Zukunft!

Auch das geistige Auge muß sich im Sehen üben, dem Anfänger ist manches in Nebel verschleiert, was der Meister klar sieht. Nebel, Wolken, Schleier sind Formgebilde der Materie, noch nicht überwundene, den freien Blick hindernd.

Exstase!

„Es gibt also eine gewisse exstasische oder hinreißende Kraft, die, wenn sie einmal durch ein glühendes Verlangen und eine sehr lebhafte Einbildungskraft geweckt oder angeregt wird, den Geist von mehr äußerlicher sogar zu einem abwesenden, weit entfernten Gegenstand hinzuversetzen imstande ist....", sagte van Helmont.

Der wahre Seher ist geistesabwesend. Träumt er? Wacht er? Hoch schwebt er über der Enge des Tages und dem Maß der Jahre.

Die Pythia weissagte in der Exstase!

Der zur Erkenntnis Strebende geht in die Wüste und hungert, um seinen Geist frei und leicht zu machen. Ist dein Magen gefüllt und schwer, suche nie die Zukunft zu ergründen, folgerichtig zu denken. In diesem Zustande kannst du mit den Karten „spielen", aber nicht durch sie zum Sehen kommen.

Das Buch Thot oder Tarot verdient ein Volksbuch zu sein, darum enthält es Anregungen zur Unterhaltung, zum Spielen, wobei Witz und Humor ebenso zu ihrem Recht kommen sollen, wie tiefgründiger Ernst. Immer aber soll der Geist lernen, weiter zu schauen, richtig zu denken, bis er bei den Sternen schwebt und von den Sternen weitersteigt bis zum Grundpfeiler des Seins.

„Im übrigen fand Glyndon zu seiner Überraschung, daß Mejnour sehr an den abstruseren Mysterien hing, welche die Pythagoräer der verborgenen Wissenschaft der Z a h l e n zuschrieben. Hinsichtlich dieses letzteren Punktes dämmerte seinem Auge neues Licht auf und er fing an zu bemerken, daß selbst das Vermögen, Ereignisse vorherzusagen oder vielmehr vorauszuberechnen wohl durch — — — (hier ist in dem Manuskript einiges ausgelöscht). (Bulver, Zanoni, 4. Buch, 5. Kap.)

Es sei mir gestattet, da fortzufahren, wo das Dokument unleserlich gemacht worden ist.

„— — — Progressionen der Zahlen möglich und logisch ist. Nur muß man in den Zahlen mehr sehen, als bloß eine Methode der Quantitätbestimmung. Wundere dich nicht, wenn die Wahrheit so simpel ist! Aber ist es je anders, als daß die höchsten Erkenntnisse e i n f a c h e r Natur sind? Aus der Einheit entwickelt sich das ganze Zahlensystem; keine höhere Ziffer wäre denkbar ohne die Eins! Eins = Ur-Sache aller Sachen. Eins = Gott. Eins = dein Ich! Der Ausgangspunkt. Die Position gegenüber der Negation. Nimm eins mal eins, es kommt wieder eins heraus. Darum kann es nur ein Höchstes, einen Anfangs- und Ausgangspunkt geben. Nichts, in dem nicht die Eins, Gott, stäke! Denkt Gott, so kann er mangels anderm Sein nur sich selbst denken. Da entsteht sein Gedanke, sein Wort! Eins und eins sind zwei, die erste Progression. Und doch: G o t t w a r d a s W o r t ! Durch das Wort ist alles geschaffen, die Schöpfung = 3!

Fahren wir mit den Progressionen fort, so kommen wir zur X; das Stundenglas ist e i n e Verkörperung der X, es sagt dir viel, es spricht vom Wechsel des Bestehenden, Kommen, Gehen. Der Tod wird damit abgebildet. Was setzt er voraus: die Existenz des Seins!"

Hier breche auch ich ab, aber das Weitere findet sich in diesem Buche.

Wahrsagen ist nicht schlechthin prophezeien! Prophetie steht außerhalb aller Berechnungs- und Erfahrungsmethoden. Das Wahrsagen vermittelst Zahlen ist aber ein D e n k p r o z e ß, ist B e r e c h n u n g.

E s b e f ä h i g t z u k l u g e m R a t !

Aber es gibt auch Inspiration, das „Einblasen" der Gedanken durch jenseitige Geistwesen.

„Ist es nicht eine auffallende Abgeschmacktheit, anzunehmen, daß, während jedes Blatt von Wesen wimmelt, sie doch in dem unermeßlichen Raume fehlen werden? Das Gesetz des großen Systems verbietet die Verschwendung auch nur eines Atoms; es kennt keinen Ort, wo nicht etwas Lebendiges atmet. Das Beinhaus selbst ist die Pflanzschule der Erzeugung und Belebung. Noch ist der mechanische Tubus nicht erfunden, mit dem man die edleren und begabteren Wesen entdeckt, die sich in dem unbegrenzten Aether umtreiben. Und doch besteht zwischen diesen letzteren und dem Menschen eine geheimnisvolle und fürchterliche Verwandtschaft. Und wie der Wilde auf die Entfernung von Meilen die Spur eines Feindes sieht oder wittert, welche den plumpen Sinnen des zivilisierten Tieres ganz entgeht, so ist auch die Scheidewand zwischen diesen und den Geschöpfen der Luftwelt weniger dicht und dunkel. Aber zuerst muß, um diese Scheidewand zu durchdringen, die Seele durch aufs höchste gespannten Enthusiasmus geschärft, von allen irdischen Wünschen gereinigt werden. Nicht ohne Grund haben die sogenannten Magier in allen Ländern und zu allen Zeiten auf Keuschheit und enthaltsame Träumerei gedrungen, als auf die vermittelnden Eigenschaften der Inspiration. Nach dieser Vorbereitung kann ihr die Wissenschaft zu Hilfe kommen — — —" (Zanoni.)

Ich werde keine Toten- oder Geisterbeschwörungen lehren. Ich stütze mich auf das Gesetz der Anziehung. Zieht jeder diejenigen Wesenheiten an, die seinem innersten Denken angemessen sind. Diese „blasen dir ein," inspirieren dich! Sind die Gedanken rein und weise, so wird man im guten Sinne inspiriert; sind sie bös und schwarz, wird man das Opfer, die Wohnung von Dämonen, denen nur schwer zu entrinnen ist.

Sucht Inspiration durch höhere, edlere Geister, nur ihnen öffne deine Brust, dann wird man Wahrheiten erkennen und verkünden. Treibt Magie, wie im ersten Teil gelehrt, dann weiß jeder, welche Geister ihn begleiten!

Dahin sollen die Blätter dieses Buches führen!

Der symbolische Tarot

Tarotkarten

Über das Buch Thot ist schon viel nachgedacht und philosophiert worden, und wer vollständig zu einer Lösung gekommen ist, war bestrebt, seine Theorie in die Form eines Kartenspiels zu gießen. Hätten nicht die Zigeuner durch Jahrhunderte hindurch das richtige Spiel erhalten, so wäre es noch viel schwieriger gewesen, die 78 Blätter des Buches Thot darzubieten.

Selbst die Blätterzahl ist nicht immer eingehalten worden. Die Grenze zwischen den Großen und Kleinen Arcana ist verwischt worden. Die bildlichen Darstellungen haben auf ganz andere Gebiete übergegriffen. So sind die Tarockbilder eines Wiener Spieles, welches ich habe, auf Liebe, Gesang, Tanz und Wein abgestimmt. Die Kleinen Arcana sind um den Ritter vermindert, als

Patiencekarten verbreitet. Werden auch noch die 2—5er Karten entfernt, erhalten wir das Piquetspiel mit 32 Karten, mit denen die meisten Kartenspiele ausgeführt werden.

Die französischen Karten dieser Art sind durchweg in geistloser Form erstarrt, von Symbolen ist nichts erhalten geblieben. Sie haben den Vorzug leichter Zählbarkeit, dieser könnte sogar noch gesteigert werden durch einfache Angaben wie

Kreuz	Herz
6	8

denn wozu noch 6 Kreuze oder 8 Herzen abbilden, wenn Nüchternheit, Geschäftsmäßigkeit Trumpf ist?

Die deutschen Karten sind in dieser Hinsicht etwas selbständiger, sie haben für die vier Farben neue Motive in Eicheln, Laub und Schellen, sie sind aber sonst wenig besser.

Für den Zweck des Kartenlegens sind zulänglich nur solche Spiele, welche ein Oben und Unten erkennen lassen, also ganze Figuren haben; diese sind aber schwer erhältlich.

Franzosen, Italiener und Engländer haben korrekte Tarotspiele. Der alte Tarot von Marseille hat die Motive zu den Zeichnungen der französischen Kabbalisten geliefert. Neben diesen wird zu Wahrsagezwecken in Paris bis heute noch in jeder Kartenhandlung das Spiel von Etteilla verkauft, welches Papus als schlecht bezeichnet. Nicht etwa deshalb, weil die hebräischen Buchstaben fehlen, sondern weil die Symbolik nicht richtig ist. Ich verweise hier auf die Studie über Tarotsysteme. Hegte Etteilla die Auffassung, das Buch Thot wäre eine Illustration zur biblischen Schöpfungsgeschichte, so mußte er ja entsprechende Bilder zeichnen lassen. Das in Stuttgart 1857 herausgegebene Buch Thot stammt ursprünglich von Etteilla, es ist textlich unvollständig. Es enthält das Spiel auf Papier gedruckt, zum Aufkleben. Mit solchen Karten kann aber nicht gut gespielt werden.

Mein deutscher Vorgänger hat diese Karten übernommen bis auf vier, diese hat er ersetzt durch solche, die dem französischen Tarot entnommen sind. Dagegen hat er die symbolischen Bedeutungen der Karten für Wahrsagezwecke von den Karten entfernt und diese schematisch dem Buchtext angefügt. Diese Änderung halte ich nicht für glücklich, denn nur wenige Menschen können ihrem Gedächtnis 156 und mehr Bedeutungen einprägen. So habe ich viele Spiele gesehen, auch englische, bei denen die Bedeutungen zur Erleichterung handschriftlich angebracht waren. Ich habe sie wieder zugefügt, aber bei diesen selbst bin ich selbständig vorgegangen, denn wie an anderer Stelle erwähnt, verstand Etteilla die Bedeutung der Zahlen nicht.

In der ersten Auflage hatte ich die Deutungen von Etteilla mitgeteilt, daraus sind so viele Mißverständnisse entstanden, daß ich sie fortlasse; zumal sie nicht belehrend sind.

Zum Spielen mit Karten gehören vollgültige Spielkarten. Darunter verstehe ich einen feinen, festen, gut satinierten Karton mit aufgedruckten Bildern. Die Bilder müssen eine symbolische Bedeutung haben, die der Grundidee entspricht; sie müssen mehrfarbig sein. Die Großen Arcana sollen sich von den Kleinen deutlich unterscheiden. Man bedenke den Unterschied im Alter, die Kleinen Arcana sind um Jahrtausende jünger! Die Symbolik soll aber kein Hindernis für schnelle Lesbarkeit sein.

Der mit diesem Buche dargebotene Tarot ist der erste deutsche überhaupt, er ist in enger Zusammenarbeit des Verfassers mit dem Lübecker Maler H. Schubert entstanden. Die Druckausführung ist so gewählt, daß die künstlerischen Feinheiten des Striches originalgetreu erhalten geblieben sind. Die Großen Arcana haben außerdem: hebräische Buchstaben, ferner mit den Kleinen Arcana gemeinsam die astrologischen Bezeichnungen und die symbolische Bedeutung in Worten über und unter den Bildern. Bei den Kleinen Arcana befindet sich überdies seitwärts der Wert der Karte, z. B.

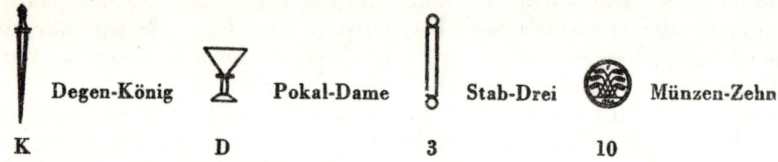

| Degen-König | Pokal-Dame | Stab-Drei | Münzen-Zehn |
| K | D | 3 | 10 |

Somit sind die Karten für alle Zwecke zu gebrauchen, man kann restlos jedes Kartenspiel damit spielen.

Daher wird dieses Buch Thot auch selbst über die Vorkriegsgrenzen Deutschlands hinaus Aufmerksamkeit erregen; nunmehr kann kein Mensch mehr sagen, die deutschen Karten wären die schlechtesten.

Zu einem d e u t s c h e n Tarotbuch gehören eben auch d e u t s c h e Karten.

Nunmehr haben die Deutschen neben Engländern, Italienern und Franzosen richtige Tarotkarten. Mehr als 8 vollständige Tarotsysteme existieren aber überhaupt nicht auf der Erde, von diesen haben allein 3 die Franzosen, je 2 die Engländer und Italiener.

Die Großen Arcana des Tarot

Die Karten 1—21 sind eine Darstellung von Gott als Schöpfer, seine Emanationen oder Ideen, seine „Abspaltungen", die sich im Werk verkörpert haben. Ausgehend von der Erkenntnis „Wie oben, so unten" wurde umgekehrt geschlossen: „wie unten, so oben". Dem Menschen fehlt jede Möglichkeit einer andern Auffassung und Schlußfolgerung. Mit größter Denkkraft haben die Kabbalisten ihre Zergliederungen vorgenommen. Sie beziehen sich dabei auf die wichtigsten Religionsschriften, nicht zum wenigsten auf die Bibel. Sie erkennen in den heiligen Texten wie im irdischen Wort drei Deutungen, eine s t o f f l i c h e, irdisch-menschliche, das sind die Mythen und biblischen Geschichten, eine s e e l i s c h - a s t r a l e, in der die kosmischen Kräfte zwangsmäßig den Ausdruck bestimmen, und eine g e i s t i g e, die den eigentlichen Sinn betrifft, wie den verborgenen Sinn im Volksmärchen. Die Kirchen verstehen diese drei Schlüssel meist nicht, sie nehmen die Geschichten und Mythen menschlich, wie unsere Kinder die Märchen.

Baue ein Haus: zuerst entstand die Absicht, der Willen trat hervor; dann wird die Idee ausgearbeitet und darnach die Zeichnung angefertigt. Nach dieser wird der Bau vollendet. So ist es nun, im Bau sind Zeichnung und Idee verkörpert, sie stecken darin, völlig unkörperlich, und ohne den Bauwillen wären weder Bau, noch Zeichnung, noch Idee zum Dasein gekommen.

Alles Wahrnehmbare ist Wirkung, durchgeführte Absicht, ist Geschaffenes. Daraus geht hervor, ist feststellbar: ein Schöpfer, eine Ursache, ein Wille. Darnach kann der Bauplan jederzeit entnommen werden und aus diesem das vorhandene Wissen, Verstehen, kurz: der Geist.

Beziffern wir das mit 1: der Schöpfer, 2: das „Wort", 3: der Heilige Geist und 4: die Welt als Bauwerk.

1 = Energie, 2 = statisches Prinzip, 3 = dynamisches Prinzip.

Indem der Schöpfer derart schöpfte, unterschied sich die Wirkung von der Ursache, das K a u s a l g e s e t z trat in Erscheinung, dem jede Wesenheit fürderhin unterworfen wurde.

Damit ist zugleich schlüssig bewiesen, daß Gott-Schöpfer als Gott-Sein weder eine Wesenheit noch eine Person ist, er „ist" vor diesen Begriffen vorhanden gewesen.

Im Ablauf gliedert sich das Kausalgesetz in 1. Werden, 2. Walten, 3. Wandeln, was im ursächlichen Zusammenhang mit den drei Abspaltungen von Gott-Sein steht, der demnach vor der Schöpfung nicht 1, sondern als 0 oder ∞ beziffert werden muß. Null oder Nichts ist demnach etwas, das vor der Schöpfung der Zahlen war. Null oder Nichts in diesem Sinne ist daher keineswegs etwas Nichtdaseiendes! Das geht beim Zahlenrechnen auch deutlich hervor: — 3 — 2 — 1 — 0 + 1 + 2 + 3. Minus 3 ist aber eine vorhandene Größe, denn wenn — 3 mal — 2 gerechnet wird, so kommt + 6 heraus.

Durch das Kausalgesetz wurde d i e Z e i t geschaffen, die sich seitdem in Vergangenheit, Gegenwart und Zukunft gliedert, durch Plangestaltung wurde d e r R a u m geschaffen. Wir kennen den durch einen sich fortbewegenden Punkt: d i e L i n i e.

Wird die Linie herumgeführt bis zum Ausgangspunkt, so entsteht d i e F l ä c h e.

Werden Flächen übereinander gestapelt, so entsteht d e r K ö r p e r.

Die Linie ist eindimensional; die Fläche zweidimensional, weil sie Länge und Breite hat; der K ö r p e r ist dreidimensional, weil er Länge, Breite und Höhe hat.

Der Mensch vermag nur diese drei Dimensionen mit seinen Sinnen wahrzunehmen. Er kann jedoch keineswegs beweisen, daß es keine andere Dimensionen gibt, vielmehr müssen diese als vorhanden angenommen werden, weil sie rechnungsmäßig vorhanden sein müssen: 1^4, 1^5 usw.

Der Stoff wird unterschieden nach Aggregatzuständen ihrer Erscheinung, nämlich in feurige, luftige, flüssige, gasige oder fluidale und irdische. Jede Form ist aus Stoff gebildet, dieser wird von einem andern Aggregatzustand dicht umgeben. Die Form verliert ihre Existenz, wenn sie mit Stoff desselben Elementes fest verbunden ist, ein Tropfen Wasser verliert im Meer seine Form.

Da eine Lufthülle unsere Erde umgibt, muß um diese Stoff eines andern Aggregatzustandes sein, es ist Feinstoff oder Äther, von den Griechen genannt. Äther strahlt, diese Feinkraftströme sind durch den Pendel nachweisbar. Demnach durchdringt der Feinstoff auch die Erde mit ihren stofflichen Zuständen. Die okkulten Probleme sind vornehmlich mit dem Feinstoff verknüpft, es erscheint die Annahme begründet, daß in der Feinstoffwelt die vier — oder noch höher dimensionalen Wesenheiten leben, die als Geister, Engel, Genien usw. bekannt sind. Deren Einwirkungen wird mit Einblasen oder Inspiration, Einfall oder Intuition, Eingebung, Offenbarung bezeichnet, auch als das Genialische im Menschen. Goethe und Sokrates nannten es das Dämonische.

Wenn Flächen oder Körper durch Gedankenkraft belebt werden, so ist diese auch Feinkraft. Wirkungen auf andere Seelen durch Strahlungen erfolgen durch Feinkraftstrahler. Psychometrie, Telepathie, Sympathie erklären sich dadurch ebenso zwanglos, wie die psychischen Wirkungen der Farben.

Beziehungen der drei Stämme unter sich und zur Astrologie:

D e r e r s t e S t a m m

Der Mittelpunkt ist das S c h i c k s a l s r a d. Darum legen sich 3 Sphären,

1 und 19 Magier und geistiges Leben entsprechend wie oben
Kardinalzeichen: Eckhaus; Körper;

4 und 16 Herrscher und Blitz entsprechend wie oben fixes Zeichen; nachfolgendes Haus; Seele;

7 und 13 Triumph und Tod entsprechend wie oben gemeinschaftliches Zeichen: fallendes Haus; Geist.

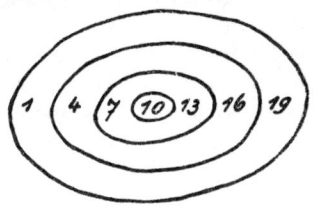

Welche Gedanken strömen auf uns ein, bedenken wir diese Verbindungen! Welche Harmonie im Aufbau! Eins das andere erklärend! Ich überwinde die aufkeimende Neigung zu einer weitausholenden Auseinandersetzung, denn ich will keine Geister fixieren, jeder geistige Mensch kann Ideen von eigener Schönheit haben und ihnen nachgehen. Anders wird ein gläubiger Christ, anders ein aus orientalischen Quellen gesättigter Geist diese Zeichen deuten.

Der zweite Stamm

Die K r a f t ist der Mittelpunkt des andern Kreises, Heilsweges. Kraft spenden die fixierten Zeichen und nachfolgenden Häuser, Durchhaltigkeit, Geduld. Und so betrachten wir

Hohepriesterin und Ewiges Leben = Körper = Kardinalzeichen = Eckhaus.

Hoherpriester und Erlösung = Seele = fixe Zeichen = nachfolgendes Haus.

Gerechtigkeit und Wiederverkörperung = Geist = gemeinschaftliches Zeichen = fallendes Haus.

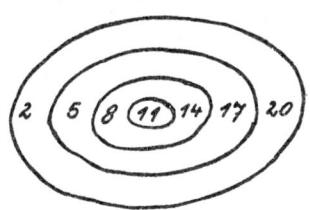

Noch mehr ringt sich der Gedanke durch: Die Reihenfolge der Tarotkarten ist ungeheuer tiefsinnig, sie erschließt ihre Schönheiten, sobald der Schlüssel der Zahl benutzt wird. Ein neuer Strom von Gedanken und Empfindungen braust durch unsere Brust, die tiefsten Zusammenhänge stehen klar vor erkennenden Augen hingestellt! Die Religion ist in diesen Progressionen mit sicheren

Strichen gezeichnet, die Religion, aufgefaßt geistig, seelisch, symbolisch körperlich! Jeder findet hier „seinen Glauben"! Weiter:

Der dritte Stamm

Die P r ü f u n g , das Opfer, als Mittelpunkt des Heilsweges des Geistes, der unendlichen Vernunft.

Herrscherin und Alles in Allem = Kardinalzeichen = Körper.

Scheideweg und Blinde Leidenschaft = fixes Zeichen = Seele.

Weiser und Schwarzmagier = gemeinschaftliches Zeichen = Geist.

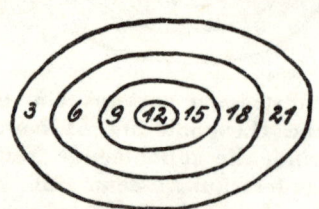

Diese Folge führt uns durch die dunklen Gründe der menschlichen Natur, hier findet die Prüfung statt. Es gilt ein Opfer zu bringen: was willst du opfern, lieber Leser? Deine Vernunft der Leidenschaft? Deinen Geist den Trieben? Den Himmel der Hölle? Oder wählst du den rechten Weg? Vertrauest dich der reinen Jungfrau Sophia an?

Und wir sind noch nicht am Ende!

1	4	7	10	13	16	19
2	5	8	11	14	17	20
3	6	9	12	15	18	21

Jeder Seitenflügel hat auch seinen Mittelpunkt und nun haben wir 7 mal 3 Zahlengruppen.

1— 2— 3 = Die schöpferische Dreieinigkeit.

4— 5— 6 = Die geistige und materielle Macht, die M e n s c h - h e i t am Scheidewege.

7— 8— 9 = Die materiellen und geistigen Waffen zum Kampf.

10—11—12 = Die Seelenkräfte als Schicksalsbildner.

13—14—15 = Der tiefste Punkt in der Verbindung mit der Materie.

16—17—18 = Die aufrüttelnden Kräfte, welche den Menschen zum Ende oder zum

19—20—21 = Aufwärtsstreben und zu Gott führen.

Das ist e i n e Deutung, auch noch nicht die beste; suche, lieber nachdenklicher Leser, die zwei andern! Wir sind in Gefilden des Geistes, in denen jeder selbst suchen und Wahrheit haschen soll: s e i n e Wahrheit, nicht d i e Wahrheit. Meine Deutungen sollen nur locken, auf dem betretenen Wege weiterzugehen.

Wir haben 7 materielle Planeten. Diese vertreten gewiß nicht die geistige Dreieinigkeit, sie können erst mit 4 beginnen. Wir wollen sie hinschreiben, in der alten kabbalistischen Ordnung

$$\hbar \quad \boxed{4} \quad \delta \quad \boxed{\odot} \quad \varphi \quad \boxed{\varphi} \quad \mathbb{C}$$

$$4 \qquad 5 \qquad 6 \qquad 7 \qquad 8 \qquad 9 \qquad 10$$

Das ist mit den Tarotkarten zu vergleichen: es paßt genau dazu. S o ist die eigentliche Bedeutung des Tarots, man wird nun meinen Tadel verstehen, den ich dem Erzvater Abraham und seinem Buche Jezirah spenden mußte; er hat schnelle, aber keine gründliche Arbeit geleistet, als er die Planeten und Tierkreiszeichen dem Buche Thot und dem hebräischen Alphabet in seiner Weise anpaßte. Lange habe ich geschwankt, ob ich eine Richtigstellung vornehmen sollte, schließlich habe ich es unterlassen, weil eine völlig befriedigende Lösung nicht zu finden ist. Der Sonnenzodiak ist eben kein natürlicher Bestandteil des Ur-Thot, nach welcher Art er damit verbunden wird, kann belanglos sein.

Zu obiger Planetenfolge ist noch eine Anmerkung zu machen: die g e i s t i g e Bedeutung überwiegt die materielle. Saturn ist die g e i s t i g e S o n n e im Jenseits. So verstehe die 4! Für materielle Dinge schwingt er die Geißel, ist er die Plage, die Strafe.

Lieber Leser! In diesem Kapitel habe ich dir einen Schlüssel in die Hände gedrückt. Einer Gebrauchsanweisung gleich sind die Hinweise. Nun gebrauche ihn fleißig, er öffnet manche geheime Tür, zu Räumen der Einweihung führend. Wer ihn nicht gebraucht, messe sich die Schuld bei, nicht mir, weil ich nicht alles so mundgerecht gemacht habe, daß es sofort genußfähig ist. Das hat seine Gründe, w e r n i c h t s e l b s t s u c h t, f i n d e t n i c h t s. Die verborgene Quelle des Geistes erquickt nur den, der den Weg nicht scheute, sie zu suchen. Ist es nicht eine Erleichterung, daß ich für dich Wegmarken angebracht habe?

Die 21 Großen Arcana entsprechen dem Werden,
Die 16 Bildkarten entsprechen dem Walten,
Die 40 Zahlkarten entsprechen dem Wandeln.

Es sind noch andere Gruppierungen vorgeschlagen worden, doch vermehren diese lediglich den Stoff, ohne neue Erkenntnisse beizutragen. Die Verbindungen

Anlauf — Ablauf
1 zu 21
2 zu 20
3 zu 19
usw.

sind von mir erkannt.

Die Anordnung im Tempel zu Theben war in 2 Reihen, an den gegenüberliegenden Seitenwänden eines Saales.

```
1 - 2 - 3 - 4 - 5 - 6 - 7 - 8 - 9 - 10 - 11 -

0 - 21 - 20 - 19 - 18 - 17 - 16 - 15 - 14 - 13 - 12 -
```

Hingegen ist meine Anordnung:

```
O   1 - 2 - 3 ‖ - 4 - 5 - 6 ‖ - 7 - 8 - 9 ‖ - 10 -
                                                      11
    21 - 20 - 19 ‖ - 18 - 17 - 16 ‖ - 15 - 14 - 13 ‖ - 12 -
```

So erblickt der Mensch, eintretend in den Saal der Erkenntnis, zuerst die L i e b e, diese verleiht ihm Kraft und leiht ihm Führung. wie Goethe es in den letzten Szenen von Faust, II. Teil, und Dante in der Göttlichen Komödie in Gestalt der Beatrix dichterisch erschaut haben.

D i e s y m b o l i s c h e B e d e u t u n g d e r 2 2 G r o ß e n A r c a n a.*)

Die Großen Arcana haben den ersten Rang, sie geben einem Kartenspiegel das eigentliche Gepräge. Sie sind stärker als die Kleinen Arcana, haben einen geistigen Untergrund, der später noch eine eingehende Beleuchtung erhält. Die Kleinen Arcana sind Wegweiser für die Wirkung der großen!

Die Nebenbedeutung gilt, ob die Karte gerade oder verkehrt fällt. Die umliegenden Karten erläutern diese!

Siehe die Tabelle auf Seite 190/191.

D e r C h a r a k t e r d e r v i e r F a r b e n

S t ä b e

Diese Farbe vertritt Würde, Besitz, Regierung, Ehrbarkeit, Treue, Fleiß, Beständigkeit. Ältere und verheiratete Personen, Macht, Landbesitz und Landwirtschaft, Bergbau. Ansehen. Arbeitgeber, Vorgesetzte, Verteidiger der Ordnung und des Bestandes. Erfolge durch Ausdauer. Dementsprechend auch die Eigenschaften.

---

*) An dieser Stelle wiederholt, um alle Elemente beieinander zu haben.

Wenn die Karten verkehrt fallen, ist ein Mangel der guten Eigenschaften vorhanden, aber es fehlen die bösen. Unbedeutende, kraftlose Menschen können an sich gutherzig sein, aber sie bleiben arm und unbedeutend.

Pokale

Diese Farbe vertritt Glück, Liebe, Geld, aber auch Gerechtigkeit, Anstand, Barmherzigkeit, Gelehrsamkeit, Religion, Adel, Behörden. Die recht fallenden Karten bedeuten immer positiv Gutes und Edles, die verkehrt fallenden Karten deuten auf Charaktermängel, Ausschweifung, Verschwendung, Unglauben oder Heuchelei. Dabei wird man bemüht sein, eine gute Außenseite zu zeigen. Dagegen kommt bewußt böses Handeln wenig in Betracht. Aber Unglück, Geldverluste, Überwiegen der sinnlichen Leidenschaften. Deutet auf den Wohnort.

Degen

Diese Farbe vertritt im guten Sinne die Verteidigung, Mut, Willenskraft, Energie, rasches Handeln, Unternehmungslust, Begeisterung, Kühnheit, im schlechten alles positiv Böse und Schlechte; deutet auf eine Stadt. Wir finden hierunter scharfe Denker, energische Personen, Militärs, Techniker, Berufe mit Feuer, Waffen, Werkzeuge, Chemikalien. Tüchtige Kameraden. Eroberungslust. Angriff. Das geht dann immer weiter auf der bösen Leiter: Haß, Begehrlichkeit, Rachsucht, Eifersucht, Laster aller Art. Diese Farbe duldet keine Unterordnung und keine Passivität. Fehlt das Gute, ist die Gegenseite wirksam da. Wenn die Karten verkehrt fallen, ist immer positives, böses Handeln anzunehmen. Stark in Liebe, wie in Haß, selten treu und beständig.

Münzen

Diese Farbe vertritt Unbeständigkeit, Reisen, Veränderungen, Vorwiegen des Verstandes, gänzlicher Mangel an echten Gefühlen, an Gemüt. Deutet auf das Ausland, auf Post, Eisenbahn, Telegraph, Fahrzeuge, Botschaften, Briefe. Geschäftssinn, Ausbeutung mit erlaubten und unerlaubten Mitteln, Bestechlichkeit, Käuflichkeit, Treulosigkeit, Verrat. Die recht fallenden Karten sind eher günstig, aber ohne gute Absicht, die verkehrt fallenden sind immer ungünstig, mit böser Absicht, falls nicht das Fehlen aller guten Eigenschaften damit bezeichnet werden soll. So fällt z. B. krankhafte Einbildung, Mangel an Geisteskräften auch hierunter.

Diese Grundcharaktere müssen völlig eingeprägt sein, dann fällt das Weitere leicht. Wer sich dann die Personalbedeutung der Bildkarten zu eigen gemacht hat, versteht dann gleich die Eigenschaften, die damit verbunden sind. So erübrigt sich das Auswendiglernen, weil alles gesetzmäßig ist, wie $2 \times 2 = 4$.

		Recht fallend.	Nebenbedeutung.	Verkehrt fallend.
1 Magier	Männern	Diese Karte wirkt durch die linke Nebenkarte in verstärktem Sinne. Sie ist gut bei guten, schlecht bei schlechten Karten.	Es ist eine starke Kraftquelle da, wo sie liegt. Diese Karte verdient neben der Karte für die Person die erste Beachtung. Personalkarte für männliche Fragende. Wird auch für weibliche Fragende als Personenkarte verwendet.	Die gute Bedeutung der Nebenkarte wird abgeschwächt, die schlechte Bedeutung dagegen verstärkt.
2 Hohepriesterin	Männern	Ruhm, Belohnung, Klugheit.	Das Volk.	Beratung.
3 Herrscherin	Frauen / Männern / Frauen	Bevorstehende Heirat. Ehefrau. Weite Reise. Gatte. Blonder reicher Mann.	Einer Ehefrau schöne Kinder.	Es gibt dabei Hindernisse. Oeffentliche Meinung. Unterstützung durch Verwandte und Freunde.
4 Herrscher	Männern	Beschlagnahme, Heuchelei, Mann.	Gesetzlichkeit, Norm.	Böser Wille, gewaltsame Handlung, Sturm, Ungewitter, Schiffbruch.
5 Hoherpriester		Inspiration, Glück, Reichtum.	Belehrung.	Heirat.
6 Scheideweg		Himmlische Liebe.	Tag	Nacht Irdische Liebe.
7 Triumph	Männern / Frauen	Sieg, glänzender Erfolg. / Reicher angesehener Gatte.	Göttlicher Schutz.	Streit, offene starke Feinde, verhinderte Ränke.
8 Gerechtigkeit		Gerechtigkeit.	Obrigkeit	Strafende Justiz.
9 Weiser		Klugheit, Prozeßgewinn.	Einsamkeit.	Kommende Prozesse, Verleumdung, Falschheit.
10 Schicksalsrad		Vermehrung, Glück durch Mäßigkeit.	Verhängnis.	Tödliche Krankheit, hartes Schicksal.

NB. Die umgebenden Karten geben die näheren Bedeutungen besonders an.

		Recht fallend.	Nebenbedeutung.	Verkehrt fallend.
11 Kraft		Erfüllung aller Wünsche, Macht.	Hartnäckigkeit.	Unfälle.
12 Prüfung		Mahnung zu kluger Vorsicht.	Opfer, Wendepunkt.	Streit, Zwietracht.
13 Tod		Tod, Verschwinden aller Leiden.	Das Nichts.	Unglück, Abbruch von Beziehungen.
14 Wiederverkörperung	Männern	Mäßigkeit. Hüte dich vor schweren Fehlern.	Geistlichkeit.	Sparsamkeit.
	Frauen	Liebeskummer.		Entehrung.
15 Schwarzmagier		Verderbliche Macht, Trübsinn.	Teufel.	Krankheit, Irrsinn.
16 Blitz		Baldiger Ausgang einer strittigen Sache. Verderben.	Einschließung, Vorsatz.	Vernichtete Hoffnungen, Unglück.
17 Erlösung	Männern	Hoffnung. Tod eines Verwandten.	Luft.	Beraubung.
	Frauen	Fortgesetzte Trübsal. Hindernisse.		
18 Blinde Leidenschaft		Betrug, Verrat. Verborgene Feinde.	Wasser, Gefahren durch Leidenschaften.	Spätere Reue bei Betrügern.
19 Geistiges Leben		Unvorhergesehene Ereignisse, Glück, Geld, Heirat.	Feuer, Aufschlüsse.	Gefangenschaft.
20 Ewiges Leben		Aemter, Vermögen.	Gericht, Urteil.	Dasselbe Gute, nur vermindert.
21 Alles in Allem		Erfolg, Glück.	Erde, Reise, Wanderung.	Wortwechsel, Bruch, Beunruhigung.
0 Der Narr		Irrtümer, Torheiten, die man begehen wird.	Geistige Blindheit.	Narrheit. Tolle Streiche, die man gemacht hat.

NB. Die umgebenden Karten geben die näheren Bedeutungen besonders an.

Die Kleinen Arcana

Die Spielkartenfabrikanten haben aus der Gewöhnlichkeit einen Trumpf gemacht. In der Eleganz unterschieden, in der Unnatürlichkeit und Ideenlosigkeit einig. Das gilt von den Zahlkarten noch mehr als von den Bildkarten. Denn alle „gewöhnlichen" Spielkarten sind verhunzte Tarotkarten! Noch vor 150 Jahren gab es ideenreiche künstlerische Karten. Was jetzt zum Spielen benutzt wird, ist grauenhafte Gedankenleere.

Ich war daher bemüht, etwas besseres zu schaffen. Der Ideengehalt der Zahlen und Farben bietet genügend Symbole und Sinnbilder, um jeder Karte einen Inhalt zu geben. Sollen die Karten Wecker und Aufrüttler der mentalen Kräfte sein, müssen sie auch die Möglichkeit zur Belebung geeigneter Formen bieten. Wer meine Karten nicht begreifen und verstehen will oder kann, steige herab und wähle Spiel- oder irgendwelche Pythiakarten. Jedem das Seine!

Die Charakteristik der vier Farben:

Stäbe: Kraft, Ernst, Würde, Besitz, Redlichkeit, Gesetzlichkeit. Der Stab vertritt auch das Zeugungsorgan, neben Szepter, Priester-, Zauber- und Feldherrnstab. Sie haben weiterhin Beziehung zum Land und Landleben, zum Bauwesen, ferner zu ehrbaren älteren Leuten. Dunkelfarbige Personen. Erde als Element. Kreuz oder Eicheln in den Spielkarten.

Pokale oder Becher: Güte, Liebe, Glück, Besitz, Religion, Freundschaft. Ferner Gerechtigkeit, Justiz, Kunst, Bildung, Geistesleben. Sie versinnbildlichen das Mutterorgan, deshalb Fruchtbarkeit und Fülle. Die Pokale haben Beziehung zum Ausland, Kirchen, Regierungsgebäude, Schlösser, Villen, Kunst- und Gaststätten. Die Personen sind stattlich, rötlich, blond und sie sind liebenswürdig. Luft als Element. Herz oder Laub in den Spielkarten.

Degen oder Schwerter: Macht, Stärke, Härte, Willenskraft, Unternehmungsgeist, Kampflust, Ausschweifung, Streit, Laster, Raub. Sie deuten auf Eroberer, Soldaten, Verführer, Spione, falsche Freunde, Trinker. Dann Techniker, Handwerker, Industrielle. Die Personen sind eher jugendlich, männlich, dunkel oder rothaarig. Die Degen deuten auf Werkstätten, Fabriken, Großstädte, Kasernen, Gefängnisse. Feuer als Element.

Münzen: Die Ausnützung des praktischen Verstandes, alles Streben nach Geld und Gewinn, ohne Gefühl und Gewissen. Daher Handel, Verkehr, Post, Eisenbahn, Fuhrwerk, auch Verkauf und Vermittlung. Darbietung gegen Geld; Gaukler, Fälscher, Betrüger, Diebe. Alle Handelsstätten, Lagerhäuser, Verkehrseinrichtungen, öffentliche Häuser, Restaurants, Varietés.

Wasserläufe, Schiffahrt, Handelsstraßen, Inland und Ausland, Großstädte bis zu den Kleinstädten. Die Personen sind beweglich, blond bis dunkel, auf Verdienst bedacht. Wasser als Element.

König, Königin, Ritter und Knappe vertreten in jedem Konzert einer Farbe die sozialen Stufen und die Geschlechter. Immer ist der König der Mächtige, Herrschende, Besitzende, der Ritter sein Ausführungsorgan, der Knappe dessen Gehilfe und Handlanger, immer vertritt die Königin das weibliche Element dieser Art und das Volk im allgemeinen.

Die Kartenbilder lassen die Charakteristik, wie hier geschildert, in Blick, Haltung und Äußerem erkennen.

1. Die Eins oder As ist in jeder Farbe der typische Ausdruck des Prinzips der Farbe. Dabei ist der Nebenbegriff des Schöpfens, Zeugens, Gestaltens gegeben. Stab eins = Ich.

2. Wir betreten den Weg der Verwirklichung. Bei den Stäben ist das Kreuz gewählt, welches Symbol des Lebens ist, auch des ewigen Lebens, durch keinen Tod aufzuhalten. Die gekreuzten Degen deuten auf Kampf, Dualismus, Angriff und Verteidigung. Die überfließende Liebe, auf den Mitmenschen übergreifend, lehren die Pokale. Die Anziehungskraft des Geldbesitzes erläutern die Münzen, nach dem Spruch: wer hat, dem wird gegeben.

3. Bei den Stäben das Triangel als Bild der Dreieinigkeit. Bei den Pokalen die Andeutung, daß Liebe die Grundlage der Dreieinigkeit ist. Die Degen bilden das Monogramm des Überwinders des Todes, Christus. Die Münzen deuten auf fortgesetzte Bewegung, welche durch die Schöpfung den Kosmos erhält. Geld ist Symbol des Rollenden, sich Bewegenden.

4. Das Quadrat ist Symbol der Form, der Materialisierung, daher von Stäben gebildet. Die Pokale haben die Aufgabe, das Vorhandensein der schöpferischen Liebe auch in der Materie anzudeuten, diese ist nicht starr, nicht leblos. Aber im steten Kampf begriffen, im Widerstreit der Interessen, denn ohne Kampf kein Fortschritt. Dieses Motiv findet sich bei den Degen. Die Münzen vier deutet auf die Bewegung von oben nach unten. Über dem lichten obern Kreis denke an J e h o v a. In den Kreis setze M a r i a, in das Dreieck G e i s t. Der hellschattierte Kreis = der h i m m l i s c h e M e n s c h, der dunklere dritte Kreis = die S e e l e, der dunkle Kreis = der K ö r p e r. Das sind die vier Bewußtseinsformen, jede untere in der obern enthaltend, aber nur darüber das wahre Ich.

5. Hier ist das P e n t a g r a m m durch Stäbe und in anderer Form durch Degen gebildet. Dieses stellt den Menschen mit seinen fünf Sinnen dar, das kleine Ich. Aber auch andere Lehren

werden dadurch symbolisiert, z. B. die 5 Tattwas, ferner: Verstand, Gemüt, Selbstbewußtsein. Intellekt, Intuition. Die Freimaurerei kennt es als flammenden Stern. Die Degen deuten auf die Verbindung der Kräfte zum gemeinsamen Wirken. Pokale und Münzen bilden Kreuze in verdeckter Form, auf das Kreuz des irdischen Lebens, durch Sinne und Elemente erklärt. Die 5 hat einen gewissen Kampfcharakter gegen das Schicksal!

6. Die Stäbe bilden den Schild Davids mit seinen vielen tiefsinnigen Bedeutungen, die hier nicht entfernt gewürdigt werden können. Die Becher umstellen den Stein der Weisen, aus dem das arische Alphabet entwickelt worden ist. (Siehe G o r s l e b e n, Hoch-Zeit der Menschheit, Kochler & Amelung in Leipzig.) Die Degen wiederholen 2 × die 3 Degen, oben befreiend als Christi Monogramm, darunter als Symbol des nicht abgeschlossenen Kampfes. Die 6 Münzen deuten auf 6 Planeten, die im Menschen verwirklicht sind. Es fehlt der geistige Jupiter, der erst im vollkommenen Menschen realisiert ist, wie in der Lotosblume, die deshalb ein Symbol des vollkommenen Menschen ist. 6 ist die Zahl der Durchdringung der obern und untern Welt!

7. Die Stäbe bilden ein Quadrat, darin ein Triangel: Die Dreieinigkeit ist in der materiellen Welt enthalten. Denselben Gedanken wiederholen in einer andern Form die Pokale: die Liebe hat die Welt geschaffen, die göttliche Liebe schwebt darüber, sie regierend. Die Degen bilden das Symbol der siegenden Sonne. Die 7 Münzen deuten auf die 7 Planeten, zugleich aber auch auf die 7fache Konstitution des Menschen: Atma, Buddhi, Manas, Kama, Prana, Maya oder Rupa, gemäß der indischen Lehre. Diese erklärt die Dreieinigkeit in der Form des Menschen, was die Stäbe als Prinzip erklären.

8. Die Stäbe bilden 2 ineinander geschobene Quadrate, als Symbol für die enge Verbindung der materiellen Reiche. Dieser Gedanke wird in andern Formen von Pokalen und Münzen wiederholt. Die Degen bilden Winkelmaß und Zirkel = Gerechtigkeit aus Liebe, das freimaurerische Symbol für das 8. Tarotbild Gerechtigkeit. Diese Tugenden können nur durch Selbstbekämpfung und Selbstüberwindung erworben werden!

9. Die Stäbe bilden aus 3 Triangeln eine Pyramide, es wird damit ein viertes Triangel als Inhalt, herabschwebend, gebildet. Das 3 × 3 bezieht sich auch auf das Ritual der Freimaurer. Die Pokale stellen die Form der 9 Kegel beim Kegelspiel vor. Die Degen bilden ebenfalls 3 Triangel in einer andern Form, sie deuten auf Dächer, als auf Schutz hin. Die 9 Münzen stellen 9 sichtbare Planeten dar.

10. Die Stäbe bilden nunmehr eine Pyramide mit einem eingeschlossenen Quadrat. Ich verweise auf das Buch von Dr. N o e t l i n g*), darin finden sich die überraschenden Bedeutungen dieser Pyramide erklärt. Die Degen bilden, von 2 Reihen Männern gehalten, ein Ehren- und Schutzdach. Dieses Symbol findet sich in gewissen Graden der Freimaurerei: Die Pokale deuten auf den Baum des Lebens, auf die Sephiroth. Die Münzen stellen die Rechnung vor Augen $1 + 2 + 3 + 4 = 10$.

Es sei ausdrücklich betont: diese Andeutungen sind nicht erschöpfend! Wer tiefer graben will, sei auf die Literatur verwiesen. Der bei den Kartendarstellungen angewendete Grundsatz dürfte nun aber verständlich sein.

D i e 1 6 B i l d k a r t e n d e r 4 F a r b e n a l s S y m b o l e f ü r P e r s o n e n

Nach alter Überlieferung haben die Bildkarten der Kleinen Arcana einen Bezug auf die Art von Persönlichkeiten. Wenn jemand die Karten befragt, so ist die bezügliche Personalkarte besonders zu berücksichtigen. Es genügt durchaus nicht immer den Pokalkönig für männliche, Pokaldame für weibliche Fragende zu verwenden. Daher folgt eine genaue Angabe dieser Bedeutungen. Gerade fallend = gute Bedeutung, verkehrt fallend: schlechte Bedeutung vorherrschend.

Wenn Stab und Pokale, verkehrt fallend, eine ungünstige Deutung zulassen, so ist der Widerstand den Wünschen der fragenden Person entgegengesetzt, aber es ist zum besten, ist Erziehung, Ermahnung. Hingegen sind bei Degen und Münzen bei verkehrtem Fall die gehegten Wünsche gut, der Widerstand ist nachteilig und feindlich, unberechtigt.

Könige.

Stab: Gute, ernste, verheiratete, ältere Standespersonen oder Männer. Landleute. Mächtige Freunde. Lehrer. Berater. Gute Vorgesetzte. Väter. Dunkle Haare.
Pokale: Priester, Richter, Regierende, gute Anwälte. Aerzte. Städter. Lehrer. Gelehrter. Künstler. Nützliche Freunde. Blonde verheiratete Männer.
Degen: Bösartige, leidenschaftliche, unzuverlässige verheiratete oder ältere Männer, Stadtleute, gewissenlose Anwälte, gehässige Vorgesetzte. Witwer. Höhere Militär. Mächtige Feinde; dunkle Haare.
Münzen: Geschäftsleute. Reisende, Händler, Vermittler, Ausbeuter. Lasterhafte Verheiratete. Gleichgültig oder feindlich gesinnt. Braun. Unbeständig.

Königinnen.

Stab: Mutter, verheiratete, würdige, dunkle Frau. Lehrerin. Beraterin. Landfrau. Sehr moralisch, ernste Freundin.
Pokale: Liebende, blonde Frau. Aus dem Ort. Geliebte, Braut. Gute, unverheiratete Freundin. Künstlerin.

---

*) Die kosmischen Zahlen der Cheopspyramide. Stuttgart 1921. Verlag Schweizerbart.

Degen: Witwe. Dunkle, böse Frau, Feindin, Verleumderin, Klatschbase. Sittenlose Frau. Intrigantin.

Münzen: Braune Frau, von außerhalb. Ist gleichgültig oder feindlich gesinnt. Unzuverlässig. Käufliche Liebe. Geschäftsfrau, auf Gewinn sinnend.

Ritter.

Stab: Guter Jüngling. Vom Lande. Dunkel. Junger Freund. Unverheiratet. Auch von Stande.

Pokale: Blonder, junger Mann. Liebhaber, Bräutigam. Künstler. Guter Freund, Kollege. Hilfreich. Aus dem Orte.

Degen: Dunkler oder rothaariger, unverheirateter Mann. Spion. Feind. Verführer. Aus der Stadt. Soldat. Unmäßig, lasterhaft. Räuber, Einbrecher. Techniker. Chemiker. Energisch, angreifend.

Münzen: Brauner, junger Mann von auswärts. Ausländer. Ankömmling. Verschwender. Leichtsinnig. Unzuverlässig. Dieb. Betrüger.

Buben.

Stab: Dunkler Knabe, gutartig. Ueberbringer guter Nachrichten vom Lande. Botschaft von Nahestehenden. Trauerbotschaft.

Pokale: Blondes Mädchen, gutartig. Bote aus dem Ort, günstige Nachricht.

Degen: Dunkler Knabe, bösartig. Ueberbringer böser Nachrichten aus der Stadt. Aufschub. Botschaft von Feinden. Bote vom Gericht.

Münzen: Braunes Mädchen, bösartig. Bote aus der Ferne, böse Nachricht. Absagebrief. Briefträger, Brief von außerhalb, Ausland. Ueberbringer von Geld. Liebesbrief. Bote von Behörden.

Die Eigenschaften, vertreten durch die Bildkarten der 4 Farben

	Recht fallend.	Verkehrt fallend.
	Könige.	
Stäbe:	Ehrbarkeit, Sparsamkeit. Gerechtigkeit.	Strenge. Hartherzigkeit. Unbarmherzigkeit.
Pokale:	Milde. Wohltätigkeit. Barmherzigkeit. Glaube.	Heuchelei, Unglaube. Ungerechtigkeit, Verschwendung.
Degen:	Tatkraft, Mut, Klugheit. Festigkeit. Willenskraft.	Haß. Rachsucht. Kraftvergeudung. Überreizung. Grausamkeit.
Münzen:	Ordnung, Verstand, Redlichkeit.	Aberglaube, Unordnung, Unredlichkeit. Uebervorteilend.
	Königinnen.	
Stäbe:	Pfleglichkeit, Sorge. Mütterlichkeit. Güte.	Sorglosigkeit. Unachtsamkeit. Vernachlässigung.
Pokale:	Liebe, Ordnung. Gesinnung, Planmäßigkeit, Sittlichkeit.	Unordnung. Planlosigkeit. Gesinnungslosigkeit, Stumpfsinn. Pflichtvergessenheit.
Degen:	Hoffnung. Beschützend. Kameradschaftlichkeit.	Verführung, Treulosigkeit, Verzweiflung. Lüge.
Münzen:	Reiselust. Wißbegierde. Gastfreundschaft.	Verleumdung. Klatschsucht. Käuflichkeit. Bestechung. Neugierde.
	Ritter.	
Stäbe:	Unternehmungsgeist. Strebsamkeit, Ausdauer.	Faulheit. Nachlässigkeit.
Pokale:	Mäßigkeit, Gesinnungsadel.	Unmäßigkeit, Ausschweifung, Schlemmerei.
Degen:	Tapferkeit. Aufrichtigkeit.	Rauflust, Laster. Haß.
Münzen:	Beweglichkeit. Scharfsinn.	Unehrlichkeit. Bestechlichkeit.

Stäbe: Pünktlichkeit, Gewissen-	**Buben.**
haftigkeit.	Unpünktlichkeit. Langsamkeit.
Pokale: Geduld. Zufriedenheit. Lob.	Unzufriedenheit. Tadel.
Degen: Ehrgeiz. Zuverlässigkeit.	Unzuverlässigkeit, Rastlosigkeit, Unge-
	duld.
Münzen: Bedachtsamkeit. Aufmerk-	Gedankenlosigkeit, Gleichgültigkeit.
samkeit.	

Bedeutung der Zahlkarten

1: Der Ausgangspunkt. Anfang. Unternehmen. Absicht.

2: Die erste Opposition. Erster Widerstand. Einschränkung der Absicht. Ausbau der Idee.

3: Die mögliche Grundlage bei der ersten Verwirklichung. Planlegung und Fixierung.

4: Angriffe auf das Unternehmen. Der Widerstand des bisher Bestehenden. Die dauernde Form der Verwirklichung wird herausgearbeitet. Schwere der Materie. Die Existenz.

5: Streben nach Erweiterung, Vermehrung. Arbeit. Nachdenken. Verteidigung der Existenz.

6: Gewinn oder Verlust. Ausgleich der Kräfte. Anpassung an die Verhältnisse. Konsolidierung.

7: Glück oder Unglück. Weitere Fortschritte oder eintretendes Mißgeschick. Einwirkung auf den Geist oder die Seele. Froher oder bedrückter Sinn. Ende der ersten Periode.

8: Kritische Zeiten und deren Einwirkung. Beginn der zweiten Periode.

9: Unvollkommenheiten machen sich bemerkbar, Ausbau des Ganzen, Abrundung.

10: Das Bleibende, Dauernde. Der Fragende und seine Verfassung in diesem Stadium, Vergehen und Werden.

Wir können diese 10 Progressionen in vier Gruppen einteilen:

1—3: die geistige Seite. Der Geist sucht sich zu manifestieren.

4—6: die seelische Seite. Das Gefühlsleben wird in Mitleidenschaft gezogen.

7—9: die Materialisierung, die Form hat sich endgültig ausgebildet.

10: die fragende Person zusammen mit dem Werk betrachtet.

Es braucht kaum betont zu werden, daß jede der vier Farben ihren Charakter auf diese Zahlenfolge prägt, wie es vorher schon gezeigt ist. Ob es sich um eine Liebschaft, ein Geschäftsunternehmen, eine Reise oder was sonst immer handelt, ob wir die Karten nach dieser oder jener Regel legen: obiges Schema erklärt das symbolische Lesen der Karten. Wie bisher gelehrt, gelten gerade fallende Karten für günstig, verkehrt fallende für ungünstig im Sinne der Farbe. Die folgende Übersicht zeigt nun, wie dieser Plan „materialisiert" ist. Auch hier wird betont: verstehen, selbständig kombinieren können, ist wichtiger als auswendig lernen!

Symbolische Bedeutung der 16 Bildkarten
der Kleinen Arcana
wenn die Nebenkarten nichts Gegenteiliges sagen.

Recht fallend.	Verkehrt fallend.
Stab König: Unerwartete Ankunft eines nutzbringenden Verwandten.	Erwarte nichts von Verwandten.
Stab Königin: Eine Frau, die Anteil an uns nimmt.	Ein Mann verhindert sie daran.
Stab Ritter: Entfernung, Reise.	Zwietracht. Vernichtung der Pläne.
Stab Bube: Gute Nachrichten.	Schlimme Botschaft.
Degen König: Hüte dich vor Advokaten, schlechter Gesellschaft.	Unglück durch böse Männer.
Degen Königin: Witwenschaft.	Böse Haushaltung.
Degen Ritter: Militärperson. Krieg.	Unbesonnenheit im Handeln.
Degen Bube: Spionieren. Neugierde.	Eine Unvorsichtigkeit.
Pokal König: Hilfe durch Gönner, Protektion.	Hüte dich vor einem Heuchler.
Pokal Königin: Einem Mann: Eine blonde Frau hat Neigung zu dir. Einer Frau: Erfüllung deiner Wünsche.	Glück in der Liebe.
Pokal Ritter: Gewünschte oder unerwartete Ankunft.	Betrug. Spitzbüberei.
Pokal Bube: Erwarte eine Anstellung, Wohltat, ein Geschäft.	Deine Erwartung erfüllt sich nicht.
Münzen König: Wohlwollender, dienstfertiger Mann.	Ein bösartiger, gefährlicher Mensch.
Münzen Königin: Edelmütige, verliebte brünette Dame.	Ein ausschweifendes, verdächtiges Frauenzimmer.
Münzen Ritter: Nützliche Dinge.	Faulheit, Sorglosigkeit.
Münzen Bube: Liebschaft mit jungen Burschen.	Eitelkeit, übermäßiger Aufwand.

Symbolische Bedeutung der Zahlkarten

	Recht fallend: Degen.	Nebenbedeutung:	Verkehrt fallend
1	Rang, Würde, Ehrgeiz.	Feuer, Plötzlichkeit.	Feindschaft, Angriff.
2	Freundschaft, Kameradschaft.	In der Stadt.	Treulosigkeit, Falschheit.
3	Annäherung. Neue Verbindung.	Beschleunigung.	Entfernung, Abbruch.
4	Erfolg gegen Feinde.	In der Küche.	Verlassenheit, uneheliche Schwangerschaft.
5	Ausdehnung, Vermehrung.	Handeln.	Einbuße, Verminderung.
6	Sicherung, Vertrag.	Laster.	Streit. Beraubung.
7	Hoffnung. Sieg.	Kritik.	Bedrückung, Unterwerfung.
8	Auseinandersetzung. Klarheit.	Das Ziel.	Unentschlossenheit. Schwanken.
9	Gerechtigkeit, Vertrauen.	Gegenwart.	Ungerechtigkeit, Mißtrauen
10	Vorteil. Freude.	Landstraße.	Nachteil, Tränen, Todesfall

	Recht fallend:	Nebenbedeutung:	Verkehrt fallend:
	Münzen.		
1	Wirtschaftlichkeit. Geldeinnahme.	Wasser, Meer.	Leichtsinn, Geldausgabe.
2	Briefe, Botschaft, Ankunft.	Ferne Gegend.	Verlegenheit. Zweifel.
3	Reise mit Erfolg. Abreise.	Entfernung, Veränderung.	Reise mit Mißerfolg, Verirrung.
4	Ehrlichkeit.	Im Vorratsraum.	Fälschung, Übervorteilung.
5	Sittsamkeit. Erlaubte Liebe.	Sprechen.	Sittenlosigkeit, verbotene Liebe.
6	Geiz, Knappheit, Mangel.	Zerstörter Plan.	Verschwendung, Bestechlichkeit.
7	Gelungene Spekulation. Verdienst.	Phantasie.	Spekulationsverlust, Zusammenbruch.
8	Praktische Idee. Vorschlag.	Schreiben.	Krise. Unsichere Lage.
9	Lotterieglück. Geschenk.	Abenteuerlichkeit.	Aeffung. Arglist.
10	Haus. Grund.	Straße.	Seereise. Expedition.
	Stäbe.		
1	Unternehmung, Beruf. Stand.	Erde, Gebirge.	Armut. Schwäche.
2	Widerstand. Irrtum.	Auf dem Lande.	Krankheit, Unglücksfall.
3	Ueberraschung.	Verzögerung.	Vorübergehend. Uebel.
4	Fortschritt durch Fleiß.	Im Hause.	Kummer, Enttäuschung.
5	Prozeßgewinn, Zufriedenheit.	Denken.	Prozeßverlust.
6	Häuslichkeit. Würde.	Aufrichtigkeit.	Herabsetzung, Verminderung.
7	Ruhe. Kraft. Vorsicht.	Das Gewissen.	Zweifel, Unvorsichtigkeit. Unruhe.
8	Landleben, Behaglichkeit.	Einsamkeit.	Obdachlosigkeit, Unsicherheit.
9	Aufschub.	Vergangenheit.	Mißerfolg, Einschränkung.
10	Standpunkt. Macht.	Im Zimmer.	Zusammenbruch, Schande.
	Pokale.		
1	Gastmahl. Fest, Tanz.	Luft.	Beginn einer Liebschaft.
2	Liebesbande.	Im Orte.	Erklärung. Sehnsucht.
3	Verlobung. Treue.	Verhinderung.	Unglückliche Liebe, Verführung.
4	Neue Bekanntschaft.	Im Wohnzimmer	Hintertreibung, Langeweile
5	Erbschaft. Gewinn. Gunst. Nutzen.	Erinnerung.	Verwandtschaft, Verlust. Trauer.
6	Beförderung, Protektion.	Erwartung.	Verrat, Trennung, Entfernung.
7	Glückliche Ehe. Freude.	Unterbewußtsein	Unglückliche Ehe. Leid.
8	Genugtuung, Vorschlag, Spielgewinn.	Hoffnung.	Getrübtes Glück, Gedanke. Spielverlust.
9	Mutterschaft, Geburt.	Zukunft.	Unfruchtbarkeit.
10	Gnade, Reichtum, Beamtung.	Öffentl. Gebäude	Ungnade, Armut, Einschließung, Gefängnis, Asyl.

Kombinationen

Es wird von der rechten nach der linken Seite gelesen. Die rechts liegende Karte entspricht dem Hauptwort oder Subjekt, die links liegende dem Eigenschaftswort, die darüber liegende Karte dem Objekt, die darunterliegende Karte dem Ausgang. Daraus kann die Aussage formuliert werden. Ist der Ausgang verheißungsvoll, so sind die verkehrt liegenden Karten links und darüber Widerstände, die überwunden werden. Sie verhindern und verderben, wenn die für den Ausgang mangelnde Karte unglücklich ist. Die links schräg oben liegende Karte deutet auf Einwirkungen aus der Vergangenheit, die links schräg unten liegende auf kommende Einflüsse von Belang.

5	3
2	1
6	4

Also:

1 zu deutende Hauptkarte. Das Hauptwort oder Subjekt.

2 Das Eigenschaftswort oder Tätigkeitswort, Menge und Güte.

3 Das Objekt der Absicht, das Ziel.

4 Der Enderfolg, Ausgang.

5 Einwirkungen aus der Vergangenheit.

6 Einwirkungen in der Zukunft.

Liegen die Karten in einer Reihe, so werden die beiden rechts und links liegenden Karten zur Beurteilung herangezogen. Die rechts liegende bezeichnet fremde Einflüsse, eher feindlich, die links liegende den Ausgang, eher freundlich.

Bei der ersten Karte oder obersten Reihe würde nun ein Manko sein, weil keine Karte rechts oder darüber liegt. Da nimmt man die letzte Karte in der Reihe oder die unterste Kartenreihe zur Ergänzung. Denn die Welt ist rund, das Leben ein Kreislauf, es gibt kein Vacuum in der Natur.

Liegen die Karten in einer Reihe, so ist die rechts liegende immer bedeutsam für die Vergangenheit, die mittlere für die Gegenwart, die linke für die Zukunft.

Kartenbilder der Kleinen Arcana, welche der Personalkarte den Kopf zuwenden, sind ihr grundsätzlich wohlgesinnt. Abgewendete Bilder bedeuten feindliche Personen. Dreht deine Personalkarte einer andern Bildkarte den Rücken zu, so wendest du dich ab, hast keine Zuneigung.

Wenn gewisse Karten aufeinanderfolgen, so hat das seither seine besondere Bedeutung gehabt. Etteilla hat diese auch dann berücksichtigt, wenn die Karten überhaupt in einem Spiegel oder einem Bilde offen lagen. Man betrachte die nachfolgende Tabelle.

Wie nun im einzelnen die Karten zu verbinden und zu deuten sind, läßt sich nicht genau vorschreiben wegen der zu vielen Möglichkeiten. Hier entscheidet der Gesamteindruck, den man sich durch Betrachten der Karten verschaffen muß. Auch ist es das ureigenste Gebiet der Inspiration. Die erforderliche Übung erwirbt der Schüler durch das Legen der Karten für sich und seine Nahestehenden. Bald werden die richtigen Ideen auftauchen, es kommt das tiefere Verständnis für jede einzelne Karte. Mechanisch nach Regeln läßt sich das nicht mit Karten erreichen, was selbst in der Astrologie mit ihrem Übermaß von Regeln nicht gelingt. Hier wie dort muß die eigene Einsicht die Deutung formen; damit wird die Meisterschaft erworben.

	Gerade / Verkehrt		
Könige	2 Könige: Freundschaft, gute Ratschläge / Pläne	3 Könige: Gute Unternehmung / Händel	4 Könige: Erfolg mit Ehrenbezeugungen / Schnelligkeit
Königinnen	2 Königinnen: Freundschaft / Klatschsucht	3 Königinnen: Boshafte Streiche / Schwelgerei	4 Königinnen: Streit zwischen Frauen Verleumdung / Schlechte Gesellschaft
Ritter	2 Ritter: Rivalität / Duell	3 Ritter: Gefolgschaft / Komplott	4 Ritter: Geschäfte / Prahlsucht
Buben	2 Buben: Verrat / Gesellschaft	3 Buben: Händel / Faulheit	4 Buben: Widerwärtigkeiten, ansteck. Krankheiten / Qual und Zwang
As	2 As od. Einer: Hoffnung / Feindschaft, Gefahr	3 As: Neuigkeiten / Liederlichkeit	4 As: Verschiedene Vorfälle / Unerwartet. Todesfall
Zehner	2 Zehner: Glückliches Ereignis / Enttäuschung	3 Zehner: Unentschlossenheit / Verlust	4 Zehner: Glücklicher Ausgang / Unangenehme Ereignisse
Neuner	2 Neuner: Vorübergehende Freude / Gewinn	3 Neuner: Besorgnisse / Unklugheit	4 Neuner: Ueberraschung / Wucher
Achter	2 Achter: Gleichgültige Liebe / Neue Bekanntschaft	3 Achter: Heirat / Eifersucht	4 Achter: Guter Erfolg / Irrtum
Siebener	2 Siebener: Erklärung / Liebschaft	3 Siebener: Freude / Zank	4 Siebener: Kinder / Schande

Mehrere Stäbe: Wohltaten und Geschenke
Mehrere Degen: Streitigkeiten
Mehrere Pokale: Freuden
Mehrere Münzen: Reisen

Ahmes

Es sind 4 Karten zu ziehen: 1. für die Person. 2. Vergangenheit oder Werden. 3. Gegenwart oder Walten. 4. Zukunft oder Wandeln.

| 4 | 3 | 2 | 1 |

Es wird gemischt und abgehoben. Die 3. Karte wird Nr. 1. Dann die folgende 7. Karte Nr. 2, dann jeweils die folgende 7. Karte Nr. 3 und 4.

Für die Deutung folgen besondere Deutungen, unterschieden danach, ob die Karten aufrecht oder auf dem Kopf stehend gezogen werden. Bei der Ausdeutung wird die Reihenfolge wie beziffert eingehalten. Die 5. Karte ist die eigentlich prophetische. Aus den 4 Elementen der ersten 4 Karten muß der abschließende Rat erteilt werden.

Um ängstliche Gemüter zu beruhigen sei erwähnt, daß 17.036.448 verschiedene Kombinationen möglich sind. Nämlich 73 Stichworte mal 233.376 Kartenkombinationen. Sollten diese nicht genügen?

Beschreibung der Personen gemäß augenblicklicher Wesensart

1. Ideenreich, willensstark, selbständig handelnd, ordnend; eine schöpferische Natur.
2. Wohlwollend, gütig, einsichtig, hilfsbereit, vermittelnd.
3. Klug, intuitiv erfassend, mit Wissen und Verständnis. Künstlerisch.
4. Energisch, befehlend, eigenwillig, stolz, rücksichtslos.
5. Umständlich, zeremoniös, streng in höflicher Form, lehrhaft, nicht anziehenden Wesens.
6. Schwankender Charakter, unschlüssig, zu beeinflussen, wird leicht ausgenutzt.
7. Herzhafter Gemütsmensch, gewinnendes Wesen, tätig, zielbewußt.
8. Pedant, urteilend, sittenstreng, alten Sitten anhängend.
9. Schweigsam, zurückgezogen lebend, verstehend, verzeihend. Gelehrter. Sonderling.
10. Impulsiv, übereilt handelnd, nicht verläßlich, meist Geschäftsmann, Werktätiger.
11. Gütig, hingebend, liebevoll, tüchtig als Kamerad, verbessernd.
12. Verständnisvoll, aufopfernd, human, Altruist, jedoch wenig werktätig.
13. Kraftloser, passiver Mensch, schon apathisch werdend, mutlos. lustlos, kalt.

14. Hat Kummer und Leid überwunden, gütig, freundlich, wie ein schöner Herbsttag.
15. Doppelzüngig, überredend, egoistisch. Ausbeuter, Verdreher, Hetzer; gefährlich.
16. Vom Schicksal gezeichnet. Opfer falscher Ansichten, Handlungen, sowie Vererbung.
17. Abgeklärter, einsichtiger Freund, wunschlos zufrieden.
18. Leidenschaftlicher Mensch, süchtig, lebenshungrig, von Gefühlen gelenkt.
19. Überlegener, klarer Geist, durchschauend, erklärend, regelnd. Berater.
20. Aufnehmend, passiver Genießer, anziehender Charakter, aber wirkungslos.
21. Umsichtig, gebildet, künstlerisch veranlagt. Tätige, großzügige Natur.
0. Unbedeutend, Mensch der Masse, abhängig, wechselnd, ziemlich haltlos.

Das Geschlecht färbt ab!

Fällt die Karte verkehrt, so werden die guten Eigenschaften vermindert oder von schlechteren überwuchert. Die schlechten treten stärker hervor.

Farben von Haaren und Augen sind ohne Einfluß.

Hingegen kann die Gestalt beurteilt werden. Kurzhalsige, rundköpfige und gesetzte Figuren sind materieller im Denken und Handeln, genießerischer, aber auch praktischer.

Schlanke, straffe Figuren, ausgeprägte energische Gesichtszüge deuten auf Vorhandensein von Stärke, Spannkraft, Durchgriff, Streitbarkeit, Heftigkeit.

Schlanke, weiche Figuren mit langen, schmalen Gesichtsformen und bedeutender Stirn sind Idealisten, Intellektuelle, Intuitive, Lernfreudige, Lehrende, aber untüchtig im praktischen Werk.

Der Augenausdruck, nebst Weichheit oder Entschiedenheit in den Bewegungen und Klarheit im sprachlichen Ausdruck sind Kennzeichen einer positiven Natur, im Gegensatz zu einer negativen.

Jede dieser zu beobachtenden Eigenschaften stellt einzelne Elemente der Persönlichkeit gemäß gezogener Karte in den Vordergrund.

Die folgenden Stichworte geben die Veranlassung zur Befragung.

Stichwörter

Die Nummern der gezogenen 4 Karten werden zusammengezählt von 6 bis 78, soviel als es Tarotkarten gibt. Wer zwei Stichwörter haben will, nimmt die Quersumme der 4 Karten, etwa 1 — 10 — 2 — 20 = 6, sonst 33. 9 — 17 — 5, 16 = 29, sonst 47.

6	Liebestat	30	Ausnutzung	54	Abschied
7	Humanität	31	Schwanken	55	Erleichterung
8	Sozial	32	Aufraffen	56	Verstoß
9	Vorbeugung	33	Entscheidung	57	Unlauterkeit
10	Liebe	34	Ueberlegenheit	58	Strafe
11	Wendung	35	Ansehen	59	Einsicht
12	Umstellung	36	Unsicherheit	60	Mitleid
13	Befreiung	37	Verlust	61	Urteil
14	Verführung	38	Betrug	62	Aufhören
15	Irrtum	39	Ermahnung	63	Gnade
16	Ueberwindung	40	Besserung	64	Wahl
17	Zweifel	41	Gutheit nützt	65	Durchgriff
18	Einbildung	42	Sicherung	66	Erkenntnis
19	Durchdringung	43	Vorsicht	67	Umkehr
20	Erreichung	44	Hilfe	68	Einfluß
21	Mißlingen	45	Veränderung	69	Beispiel
22	Ueberhebung	46	Abschluß	70	Vorleben
23	Falsche Wahl	47	Verzeihung	71	Dauer
24	Trotz Irrtum Sieg	48	Ausgleich	72	Angriff
25	Redlichkeit	49	Vertrag	73	Vergeudung
26	Gradheit	50	Ordnung	74	Entschädigung
27	Erbe	51	Abgehen	75	Flucht
28	Belastung	52	Nachlaß	76	Bann
29	Berechnung	53	Vereinzelung	77	Aufbau
				78	Anpassung

Jedes Stichwort kann aktiv oder passiv sein, oder: die Person verursacht oder muß leiden. Hat die Karte der Person eine ungrade Nummer, so ist sie Verursacherin, hingegen muß sie nehmen, erleiden, über sich ergehen lassen, wenn die Nummer grade ist (2 — 4 — 6 — 8 — 10 usw.).

Die Karte Ursache, Werden, Vergangenheit

Recht fallend:	Nr.	Verkehrt fallend:
Schaffenslust. Unternehmen	1	Falscher Plan, Fehlgriff
Hilfeleistung kommt	2	Gegner
Guter Plan	3	Unfähigkeit
Reichliche Mittel	4	Bedürftigkeit
Gemeinnützigkeit	5	Einspruch, Aufschub
Aenderung im Plan	6	Zaudern
Bewegliche Tatkraft	7	Aeußere Gewalt hindert
Oeffentliches Interesse fördernd	8	Verstoß
Wissenschaftliches Interesse fördernd	9	Einwände
Gunst der Lage	10	Krise
Kunstbestrebung	11	Sittenverderbnis
Protektion	12	Uebermacht zwingt
Freie Bahn	13	Erloschenes Bedürfnis
Wiederaufbau — Neu-Einrichtung	14	Richtungsänderung
Begünstigung, Partei	15	Soziale Kämpfe
Krieg, Streit	16	Krieg, Streit
Beseitigtes Hindernis	17	Zusammenbruch
Ehrsucht	18	Unverstand
Reichtum	19	Armut, Krankheit
Ehrung	20	Aufhebung der Freiheit
Macht	21	Ungunst, einsame Lage
Ausnützung von Fehlern	0	Wüste, Phantasie, Einbildung

Ob auswirkend oder duldend wie vorhin.

Die Karte Zustand, Walten, Gegenwart

Recht fallend:	Nr.	Verkehrt fallend:
Begünstigend, Fortschritt	1	Stillstand
Gut organisiert	2	Gleichgültigkeit
Vortreffliche Leitung	3	Nachlässigkeit, Unordnung
Flotte Entwicklung	4	Erzwungene Ruhe
Pfleglichkeit, Erhaltung	5	Eifersucht
Wegweisende Führung	6	Verlorenes Interesse, Abtritt
Umsicht, Verteilung	7	Ablenkung, Verdunkelung
Ausgleich, statisch	8	Rechtsverletzung
Geprüft, bewährt	9	Veraltet
Wagemut, Ausdehnung	10	Vorsicht, Zurückhaltung
Gewinnbringend	11	Verlustbringend
Opfer aus Berechnung	12	Neue Absichten hemmen
Vorsichtiges Einhalten	13	Unglücksfall
Laufender Betrieb	14	Streit der Meinungen
Ausnützung von Fehlern anderer	15	Rücksichtslosigkeit
Im Dienste der Allgemeinheit	16	Einstellung, Stillegung
Befriedigung von Bedürfnissen	17	Verleumdung, Trennung
Befriedigung von Leidenschaften	18	Aenderung der Tätigkeit
Festlichkeiten, Vergnügen	19	Verdruß, Kränkung
Kultus, Lehre	20	Schwerer Wettbewerb
Forschung, Wissen	21	Günstigere Entdeckungen
Einschränkung	0	Nachwirkung früherer Fehler

Ob wirkend oder duldend wie vorher festgestellt.

Die Karte Wandeln und Zukunft

Recht fallend:	Nr.	Verkehrt fallend:
Vollendung	1	Zusammenbruch, Mißgeschick
Günstige Entwicklung, Teilhaber	2	Verlust an Verbindungen
Mit Hilfe zu Ende geführt	3	Verzögerung
Protektion, Begünstigung	4	Abstieg, Sorgen
Neue Belehrungen nützen	5	Feindliche Einflüsse hindern
Veränderung der Ziele	6	Trennung. Abbruch, Aufhören
Fortschritt, Ausdehnung	7	Widerspruch und schlechte Kritik
Anerkennung, Lob	8	Tadel
Zufriedenheit	9	Größere Bescheidenheit
Erfolge und Glück	10	Verlust, Konkurs
Liebe, Heirat	11	Ablehnung des Antrages
Wendung zum Guten	12	Wendung zum Ueblen
Ortswechsel, Ueberwindung	13	Krankheit, Gefahr
Ein neues Unternehmen	14	Neuer schwächerer Versuch
Zunahme der eigenen Kräfte	15	In Anstalt, Unfall, Einsperrung
Ueberwindung, Sieg	16	Besiegung
Gesicherte Lage	17	Gefährdete Existenz
Leidenschaft schafft Leiden	18	Unzureichendes Können
Ein Kind beglückt	19	Uneheliche Schwangerschaft stört
Freuden, Geselligkeit, Reise	20	Beitritt zu einer Gesellschaft
Man kann, wie man möchte	21	Es reicht zum Leben
Gute Reisen, Ankunft	0	Schlechte Reise, Abfahrt. Nachwirkung der Fehler

Losen

Bei vielen Völkern des Altertums wurden zum Prophezeien Stäbe benutzt, auch bei unsern Vorfahren. Auf diese Stäbe waren Zeichen geritzt, Runen oder Buchstaben, so heißen sie in Anlehnung an diese Stäbe heute noch. Die alte Literatur ist voll von solchen Hinweisen. Von den ägyptischen Priestern wird aber berichtet, daß diese das Buch Thot dazu benutzt und aus einer Karte die Wahrsagung abgegeben hätten. Ob Holz oder Karten, das Material ist belanglos, genug, das Buch Thot hat alle Vorbedingungen zur Anwendung dieser Auskunftsmethode. Denn es handelte sich gar nicht immer um Prophezeiungen, sondern um Ratschläge. „Soll ich etwas tun oder nicht?" — „Was soll ich von mehreren Möglichkeiten oder Plänen zuerst ausführen?" Solcherart Fragen tauchen auch heute noch oft auf. Mit Nachdenken kommt man nicht mehr weiter, es wird ein äußerer Anstoß gesucht, um die ins Stocken gekommene Maschinerie wieder in einer Richtung in Bewegung zu setzen. In solchen Fällen rät man scherzhaft: Strohhalm ziehen! Knöpfe oder Geldstücke zählen, Würfeln auf Gerade oder Ungerade. Lachend wird der Vorschlag ausgeführt .... und ernsthaft danach gehandelt.

Nehmen wir dazu das Buch Thot, welches auch mehr sagen kann als zwei verschieden lange Strohhalme oder die Augen eines Würfels!

L o s e n m i t 3 K a r t e n , Nr. 0, 1, 2

Bedeutung der Karten:

    0 = Nein. Du bist voller Irrtum und Schwäche.
    1 = Beginne mit einem andern Plan.
    2 = Ja. Verfolge deinen Plan.

Die Karten werden verdeckt gemischt und ebenso hingelegt und eine Karte aufgedeckt, welche die Antwort entweder mit unbedingtem Nein oder Ja oder den Rat, sich auf einen bessern Plan zu besinnen, erteilt.

Die obigen drei Karten sind die „Matadore" im Tarockspiel!

L o s e n m i t 7 K a r t e n , N r. 4—10

Die Karten haben folgende Bedeutung.

Richtig fallend:	Verkehrt fallend:
Nr. 4: Durch ernste anhaltende Arbeit zum Gewinn.	Du sollst nicht begehren!
„ 5: Du wirst erfolgreich sein!	Verminderung von Besitz und Ansehen!
„ 6: Durch Einsetzung aller Kräfte nahst du dem Ziele.	Du bist der Aufgabe nicht gewachsen!
„ 7: Es kommen Hilfskräfte, dir zu nützen!	Erst lerne den Kampf, dann kämpfe!
„ 8: Du hast Glück.	Durch Leidenschaften verführt, verfehlt!
„ 9: Gewinne durch bewegliche Klugheit.	Du wirst überlistet, daher Mißerfolg.
„ 10: Mäßiges Glück; Frauenhilfe; wurzele im Volk!	Erwarte Unbeständigkeit im Schicksal.

Die Karten werden gemischt, verdeckt hingelegt und es wird eine Karte aufgedeckt. Diese gibt die Antwort gemäß obiger Angabe.

Die vernünftige Sieben, mit den Großen Arcanas gelegt

Ohne Orakel

Der Fragende ist ein Mann. Es liegen XV, XVI verkehrt, XIX, XVIII verkehrt. XIV, XX, XII. Bedeutung der Karten:

XV: Verderbl. Macht, Trübsinn. Teufel.	Siebener Schlüssel: Beginn.
XVI: Verkehrt. Vernichtete Hoffnung, Unglück. Einschließung, Vorsatz.	Verhältnisse, Einflüsse.
XIX: Unvorhergesehene Ereignisse. Glück, Geld, Heirat, Feuer, Aufschlüsse.	Das Bleibende davon.
XVIII: Verkehrt. Späte Reue bei Betrügern. Wasser, Gefahren durch Leidenschaften.	Der Einfluß davon.
XIV: Mäßigkeit. Hüte dich vor schweren Fehlern. Geistlichkeit.	Das Verhalten demgegenüber.
XX: Aemter. Vermögen. Gericht, Urteil.	Wünsche und Hoffnung.
XII: Mahnung zu kluger Vorsicht. Opfer, Wendepunkt.	Der Ausgang.

Welche Verwirrung herrscht bei Ihnen, mein Herr! In welche Gesellschaft sind Sie geraten! Sie verzweifeln, weil Sie sich unter schlechte Einflüsse begeben haben, die Ihnen noch alle Freude am Leben, an dem eigenen Schaffen nehmen werden! Daraus die Enttäuschungen, das Unglück! Wer soll Ihnen Vertrauen schenken bei diesen Verbindungen, in die Sie sich begeben haben! Nun ist das Unglück da, Sie wollen gern einen Wendepunkt haben, wollen Sie den Weg erfahren? Gut, Sie müssen bei sich anfangen, müssen den Vorsatz fassen, sich von diesen Verbindungen frei zu machen. Schließen Sie sich ein, lassen Sie sich verleugnen, versperren Sie Ihren bösen Freunden und Genossen das Haus!

Sie haben dann, aber auch nur dann! mit glückbringenden, unerwarteten Vorkommnissen zu rechnen! Eine Dame hegt Zuneigung zu Ihnen und sucht Aufschlüsse über Ihren Charakter, Ihre Verhältnisse zu erlangen. Diese Dame hat Vermögen, sie könnte Ihr Glück sein! Aber: wenn Sie nun Ihren Lebenswandel erfährt, Ihre Leidenschaften! Ob dann nicht die Reue bei Ihnen zu spät kommen wird? Lassen Sie sich von einem gutmeinenden Menschenkenner beraten: Lassen Sie ab von den Fehlern, eignen Sie sich eine geistigere Auffassung der Zustände an, denn jedem Verhältnis liegt geistige Idee zu Grunde! Wiederholen Sie nicht mehr die bisherigen Fehler! Üben Sie sich in Mäßigkeit! Verwechseln Sie nicht spirituell mit spirituös!

Sie streben nach einem Amt, nach finanzieller Behaglichkeit. Ehe Sie das erhalten, müssen Sie danach streben, besser beurteilt zu werden! Opfern Sie alles, was die Vergangenheit übel gemacht hat, handeln und wandeln Sie mit Vorbedacht. Sie stehen vor einem Wendepunkt in Ihrem Leben! Jetzt — — — oder nie! Die Lenker des Schicksals bieten Ihnen noch einmal die helfende Hand, ergreifen Sie diese mit heißem Dank und Sie werden aus der Trübsal erlöst werden.

Nur mit den Kleinen Arcana
Vier mal vier

Zu dieser Methode des Kartenlegens werden nur die Kleinen Arcana genommen. Diese werden nach der Mischung in vier Haufen von je 14 Karten geteilt. Hierauf nimmt man von den ersten Haufen die 1., 5., 9., 13. Karte und legt sie einzeln hin. Darauf nimmt man den zweiten Haufen und sucht auch hier dieselben Karten heraus und legt diese der Reihe nach auf die zuerst ausgelegten vier Karten. Auch mit dem dritten und vierten Haufen wird in gleicher Weise verfahren. So hat man vier Häufchen mit je vier Karten vor sich, die nun gedeutet werden. Das erste Häufchen gibt Auskunft über die Person selbst, das zweite über Haus und Familie, das dritte über kommende Ereignisse und das letzte ist für die Überraschung.

Beispiel. Fragender: Ein junger Mann.

Der Spiegel enthält folgende Karten

Schlüssel:

32	66	54	52 verk.	Über die Person
39	74 verk.	38 verk.	23	Über Haus und Familie
28	75 verk.	28 verk.	69 verk.	Über kommende Ereignisse
25	34	73 verk.	76	Für die Überraschung.

3 Damen, 2 verkehrt. Boshafte Streiche, Schwelgerei.

2 Ritter: Rivalität.

5 Stäbe: Wohltaten und Geschenke.

7 Münzen: Reisen. Davon 4 verkehrt, was ungünstig für Finanzen und Reisen ist.

Mein Herr! In Ihre gegenwärtige Lage sind schon manche anständige junge Leute geraten, die verführerischen Schmeicheleien zum Opfer gefallen! Da kommen Sie in die fremde Großstadt, finden ein Zimmer bei einer gefälligen Dame und werden von dieser umgarnt! Mit Lügen werden Ihnen Rittergüter ausgemalt, die junge Witwe stellt sich ins beste Licht. Ihre Pläne und Absichten enthüllen Sie ihr und diese werden zu Ihrer Ausbeutung benutzt. Bald wurde Ihre Brieftasche geleert für Liebkosungen! Sie sind in schlechte Hände geraten!

Aber eine gute, anständige, brünette Dame hat Gefallen an Ihnen gefunden und denkt darüber nach, Sie in zufriedenstellende Verhältnisse zu bringen und es Ihnen zu ermöglichen, durch einen geschickt geführten Prozeß das Geliehene von dem Vampir wieder herbeizuschaffen. Reiselustig und lebhaft wie sie ist, wendet sie sich an Ihren Vater und veranlaßt diesen, zu Ihnen zu kommen, um die Verhältnisse mit Ihnen zu ordnen und Ihr Fortkommen zu sichern. Es wird ihm nichts übrig bleiben, Sie aus der sittenlosen Umgebung zu befreien, er wird mit Ihrer Witwe sprechen und das große Liebesglück bezahlen. Er wird einen andern Herrn veranlassen, zu Ihnen zu kommen und Sie werden durch Klugheit und Mäßigkeit Ihr Haus vorbereiten, um einer erwünschten Gattin den Boden zu bereiten.

Aber Sie müssen sich in acht nehmen! Während einer Reise, die längere Zeit in Anspruch nehmen wird, kommen Sie in verführerische Gelegenheiten, man sucht Sie zu übervorteilen und zu unwirtschaftlichen Ausgaben zu verleiten! Auch zu Hause bleibt nicht alles wie es sein sollte. Während Ihr Freund eine erfolgreiche Reise unternimmt, um eine Veränderung herbeizuführen, wird man versuchen, Ihre Absichten zu hintertreiben, Ihren Plan zu zerstören. Selbst vor Bestechlichkeit wird die zornerfüllte verlassene Witwe nicht zurückschrecken! Doch Ihr Freund kommt überraschenderweise zurück. Die geplanten Veränderungen werden eine Verzögerung erfahren. Aber dann werden Sie den gefährlichen Ort zusammen verlassen und an günstiger Stelle mit Erfolg Ihr Unternehmen aufbauen können.

Mit dem vollen Spiel
Sieben auf Zwölf
mit 78 Karten zu legen

Nachdem die Karten gut gemischt und abgehoben sind, lege die oberste Karte zu deiner Rechten. Dann schlage die Karten in deiner Hand um und lege jeweils die siebente Karte an die erste nach links zu. Wenn der Talon durchgezählt ist, so hast du 12 Karten vor dir liegen. Es soll nun eine Karte dabei sein, welche den Fragenden vorstellt. Dafür werden genommen:

Pokalkönig für einen blonden verheirateten Mann;
Stabkönig für einen verheirateten Mann mit braunen oder dunklen Haaren;
Pokalbube für einen blonden Jüngling;
Stabbube für einen dunklen Jüngling;
Pokalkönigin für eine blonde Frau oder Jungfrau;
Stabkönigin für eine dunkle Frau oder Jungfrau.

Ist die zugehörige Karte nicht gefallen, so muß sie ausgewählt werden und wird zunächst über die 12 Karten gelegt. Nun werden alle Karten gedeutet, wobei immer eine mit der drittfolgenden verbunden wird, also 1 mit 4 und 7 und 10; 2 mit 5, 8 und 11; 3 mit 6, 9 und 12. Das ergibt eine zusammenhängende Deutung im allgemeinen. Dann werden die Karten zusammengemischt, wobei die Karte für die Person mit untergemischt wird. Verdeckt wird nun eine Karte herausgezogen und zum Stoße als erledigt gelegt; das darf aber nicht die Karte der Person sein. Dann wird gemischt und es werden 4 Häufchen gebildet, welche von rechts nach links folgende Bedeutung haben:

> das erste Häufchen: für die Person;
> das zweite Häufchen: für Haus und Familie;
> das dritte Häufchen: für die künftigen Ereignisse;
> das letzte Häufchen: für die Überraschung.

Da, wo nun die Karte der Person liegt, ist das Hauptmerkmal für die Frage zu erkennen und darauf ist bei der Deutung Rücksicht zu nehmen. Denn auch die andern Häufchen sind darnach mit dieser Bedeutung in Einklang zu bringen.

Beispiel: Fragender: ein älterer dunkler Herr, jovialer Eindruck. Personalkarte: Stabkönig. Es fallen folgende zwölf Karten, die wie folgt geordnet werden.

$$23$$
$$\longleftarrow$$

31 ←———	XI ←———	54 ←———	74 verk.
39 verk. ←———	49 verk. ←———	25 verk. ←———	27
77 ←———	24 verk. ←———	41 ←———	38

Da die Personalkarte nicht herausgekommen ist, wird sie herausgesucht und oben hingelegt.

Das Nichtherauskommen der Personalkarte kann andeuten, daß der Fragende weniger persönlich beteiligt ist, als vielmehr Klarheit haben will über das, was um ihn hergeht.

In der folgenden Lesung werden zur vermehrten Übung besonders die Nebenbedeutungen der Karten herangezogen.

Vorerwägung. Der Fragende hat die 23. Karte. Folglich steht er über zwei Parteien, durch die rechts und links liegenden je sechs Karten beschrieben.

Die erste Partei:

74—54 = Vergangenheit: Ein Bote brachte dem Fragenden einen Brief, der ihn ersuchte, sich sprechen zu lassen; er soll um Mitwirkung bei einem beabsichtigten Ausgleich widerstrebender Ansichten gebeten werden.

27—25 = Gegenwart: Er empfängt einen dunklen jungen Mann, dessen Eltern einen guten Besitz auf dem Lande haben. Seine Pläne sollen von einflußreicher Seite vernichtet werden.

38—41 = Er liebt ein blondes Mädchen, auf dessen Gegenliebe er rechnen kann. Dieses Ziel wird er auch erreichen, das Werk wird mit der Trauung einen guten Abschluß finden. Das kann dem Fragenden schon jetzt zugesichert werden.

212

Die zweite Partei:

XI—31 = Vergangenheit: Eine anständige, begeisterte Dame, jetzt im Orte wohnend, erstrebt ebenfalls eine Verbindung mit dem jungen Herrn, da ihr beiderseitiger Besitz sich ergänzt und die Erlangung eine einflußreiche soziale Stellung ermöglicht.

49—39 = Gegenwart: Ein wenig solider blonder junger Mann bemüht sich um diese Dame und er schreckt nicht vor unlautern Mitteln zurück, ein Ziel zu erreichen, welches ihm Vorteile und Vermögen verspricht, womit er seinen Neigungen nachgehen kann.

24—77 = Zukunft: Die begeisterte Dame muß veranlaßt werden, sich von dem dunklen jungen Landmann zurückzuziehen, denn Liebe ist ein besserer Ehekitt als Geld. Der Fragende wird eine ältere, einsichtsvolle und vernünftige Frau bitten, die Dame einzuladen, damit sie erstmals den Schauplatz verläßt, die junge Dame von ihren Wünschen abbringt. Der Fragende verhindert die Beteiligten, dem jungen, unsoliden Störenfried zu helfen, er muß durch die Not gezwungen werden, sich einer geordneten Lebensführung zuzuwenden.

Die Grundidee der Lesung hat sich herauskristallisiert. Jetzt werden die Karten in anderer Folge gelesen.

74—54—XI—31 = Vergangenheit: Der sittenlose junge Mann, eifersüchtig auf den dunklen Landmann, spionierte nach allen Seiten. Er wollte seinen Nebenbuhler schädigen, bloßstellen bei der von ihm erstrebten Dame. Denn diese hat er dringend nötig, um zu einer gefestigten, angesehenen sozialen Stellung zu kommen. Dahin strebt sein Ehrgeiz; seine Augen sind nach Geld gerichtet. Die Dame zweifelt. Allerdings traut sie sich auch die Energie zu, einen Mann beherrschen zu können, wie ihren Bernhardiner. Aber es müßte doch wohl ein solider, wohlhabender Mann sein. Sie kennt aber nicht die schlechten Verhältnisse ihres Anbeters, der ihr Urteil durch Vorspiegelungen trübt.

27—25v—49v—39v = Gegenwart: Es prallen jetzt die Gegensätze aufeinander: jede Partei sucht ihren Standpunkt durchzusetzen, sucht die Pläne der andern zu vernichten. Die Geliebte des Landmanns ist durch schlechte Botschaften unsicher geworden, denn der Unmoralische schreckt vor Spitzbübereien nicht zurück, er erzielt damit jedenfalls eine völlige Verwirrung, zu deren Beseitigung der Fragende angerufen wird.

38—41—24v—77 = Zukunft: Das gelingt ihm mit Hilfe der alten klugen Freundin. Diese wird wohl der übrigbleibenden tüchtigen Dame zu einer passenden Partie verhelfen. Der

Landmann heiratet seine Geliebte. Er erhofft noch pekuniäre Hilfe bei einer bemittelten Tante, aber es gelingt dem Unmoralischen, diese davon abzubringen. Das ist für ihn die letzte Möglichkeit gewesen, zu schaden. Der junge Ehemann vermag durch energische Ausnutzung einer Idee, mit der er heraustritt, sein Vermögen zu vermehren, seinen Besitz abzurunden.

Der Fragende wird große Zufriedenheit und reichen Dank für sein Eingreifen ernten.

Jetzt werden die 13 Karten gemischt, die Karte 24 wird ausgelost und die restierenden 12 Karten in 4 Häufchen sortiert.

Die gelten nun für die Frage selbst.

27 verk. 41—49 verk.: für die Person:
2 Zehner: Glückliches Ereignis, Enttäuschung.
2 Pokale: Freuden.

Die Beseitigung der schändlichen Pläne führt zu der fröhlichen Feier in Rathaus und Kirche. Die Enttäuschung auf der einen Seite gestattete das glückliche Ereignis auf der anderen. Das Heraustreten des Fragenden, seine Autorität, hat die Sehnsucht der Liebenden gestillt. Im Fragenden aber bleibt der Wunsch bestehen, auch fernerhin zur Klärung von Streitigkeiten beitragen zu können.

25—31 r—XI: für Haus und Familie:
2 Stäbe: Wohltaten und Geschenk.

Der Fragende hat großen Unternehmungsgeist, mit Ausdauer strebt er darnach, seine Position zu befestigen. Zur Zeit hat er einen Verlust zu beklagen, sein Besitz hat sich vermindert. Aber das ist vorübergehend, er wird durch Wohltaten oder Geschenke gefördert und seine Wünsche werden sich erfüllen. Ein Sohn von ihm wird das Haus verlassen und seinem Beruf in der Ferne nachgehen.

38—23—74 verkehrt: für die künftigen Ereignisse.

Die guten Eigenschaften des Fragenden werden ihm zum Nutzen gereichen. Planmäßiges Handeln wird ihn leiten. Eine vortreffliche Dame wird sich ihm zuwenden und häufig mit ihm sprechen. Der Sittenlosigkeit wird er entgegentreten, wenn sie ihm vor Augen kommt. Ein Verwandter, der ihm nützen kann, wird plötzlich zu Besuch kommen.

39—54—77 für die Überraschung.

Eine weitere Ueberraschung wird der Besuch eines jungen, würdigen Mannes sein, der sehr ehrgeizig ist und Förderung nachsucht. Ein Bote wird eine Einladung überbringen, eine Besuchsreise zu unternehmen. Auch kommen Briefe aus der Ferne, die wertvoll sind.

Die Karte der Person liegt im 3. Häufchen, die künftigen Ereignisse sind also am wichtigsten und dem Fragenden am meisten erwünscht, da die Gegenwart, wie festgestellt (siehe Haus und Familie), nicht befriedigt.

Der Plan

Ein Fragespiel für eine Person, enthaltend den Siebener-Schlüssel.

Die Karten werden wie üblich gemischt und stufenförmig in sieben Reihen aufgelegt. In die oberste Reihe kommt eine Karte, in die zweite 2 Karten, in die dritte 3, in die vierte 4, in die fünfte 5, in die sechste 6 und in die siebente 7 Karten.

 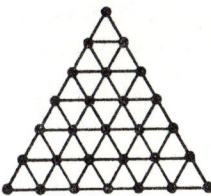

Merke: zwischen den Karten der einen und der folgenden Reihe werden drei Karten zur Seite abgelegt; zwischen den Karten in einer Reihe wird je 1 Karte abgelegt.

Also: eine Karte in die 1. Reihe auflegen; drei ablegen. 1 Karte rechts in die 2. Reihe legen; eine Karte ablegen; 1 Karte links in die 2. Reihe legen; drei Karten ablegen; 1 Karte rechts in die 3. Reihe legen, eine Karte ablegen usw. In den 7 Reihen liegen 28 Karten = 2 + 8 = 10 = 1 = Magier. Du bist also selbst der Magier, der Schöpfer; du hast geschöpft: einen Plan. Der soll nun kritisch geprüft werden.

Die erste Reihe = oberste Karte: Dir ist ein Gedanke gekommen, der dir gefällt.

Die zweite Reihe = Der Gedanke verdichtet sich zu einem bestimmten Plan.

Die dritte Reihe = Du überlegst die Verhältnisse, die vorhandenen Vorteile und Widerstände. Was ist davon am stärksten?

Die vierte Reihe = Welchen Einfluß können die Verhältnisse, Vorteile, Nachteile oder Hemmungen auf das Gelingen ausüben?

Die fünfte Reihe = Was wirst du dann machen können, um den Plan durchzuführen?

Die sechste Reihe = Wie wird die Durchführung auf deine sonstigen Verhältnisse wirken?

Die siebente Reihe = Wie wird das Endergebnis nach allen Möglichkeiten sein, wie stehst du dann da?

Im Leben ist alles miteinander verknüpft. Jedes Ding berührt die Seiten eines andern; immer knüpfte sich ein Ereignis an ein anderes. Jede Sache hat diese drei Anknüpfungspunkte: sie kann den Körper, die Seele oder den Geist eines Nebenmenschen oder dessen verkörperte Schöpfungen berühren. „Einfach" ist gar nichts!

215

Diesen Zuständen soll sich die Deutung der Karten anschließen. Die 28 aufgelegten Karten bilden lauter △, große und kleine; von letzteren 48, 4 + 8 = 12 = 3. Drei ist die Zahl des festen Planes der Ausgießung, sie verhält sich zu 1 wie Gott Schöpfer zur Weltschöpfung. Betrachte sie recht nachdenklich! Dieses Netz von △ läßt sich in viele größere △ zerlegen, welche 4 oder mehrere kleinere △ in sich schließen.

Nun gehe diesen Verbindungen nach, Reihe für Reihe, △ für △, geradeaus und schräg nach oben und unten, sieh wie sich alles auf die obere Karte zurückführen läßt, wie jede einzelne Karte ausstrahlt bis auf das gemeinsame Fundament: Deine wirtschaftliche Existenz, deine Persönlichkeit. Da gibt es gar viele Verbindungen und Anknüpfungspunkte. Ob dein Kopf diese streng gesetzmäßige Denkoperation wohl aushält? Versuche es immer wieder, lieber Leser! Es ist eine wundervolle Schulung des Geistes für das praktische Leben, denn der Pläne tauchen gar viele auf, sie wollen alle sorgfältig überlegt werden. Prüfe sie an Hand dieses „Spieles".

Ein Fragender.

Der Spiegel:

		70v				7 Münzen: Reise
	XIIIv	30				6 Pokale: Freuden
	VIIv	69v	37v			2 Ritter: Rivalität
45	56v	75	0v			3 Zehner: Verlust, Unentschlossenheit
29	XIV	XVIv	V	43		2 Neuner: vorübergehende Freuden, Gewinn
59	41	74v	47	X	54	3 Achter: Eifersucht, Heirat
73	71v	72	35v	27v	39 III	11 Karten liegen verkehrt!

Der Spiegel macht einen unerfreulichen Eindruck. Er wird beherrscht durch die vielen verkehrt liegenden Karten, die doch immer Verzögerungen, Mißgeschick, falsche Handlungen, Opposition gegen den Plan ankünden. Die 7 Münzen-Karten stellen Geldangelegenheiten, Wechsel, Unbeständigkeit, Reisen in Aussicht. Dann betrachte die mittlere Reihe von oben ab, die auf die Person des Fragenden besonders zielt: alle sind verkehrt liegend! Die ausgesprochene Unglückskarte XVIII ist dabei! Gleich die oberste Karte ist doch vielsagend genug! Drei verkehrte Karten in der Vergangenheit, vier auf der Zukunftsseite! Der Gedanke ist schlecht (1. Reihe), die Verhältnisse sind schlecht (3. Reihe!). Fehler bei der Durchführung, ein schlechtes Ende durch die letzte Karte!

Was kann der Plan sein? Mitgeteilt wird er nicht, es kann sich um zweierlei handeln: Beruf oder Heirat, oder beides vereinigt!

Ein unzuverlässiger Patron ist unser Fragender. Die Summe seiner Eigenschaften ist Abenteuerlichkeit, Arglist, Veränderlichkeit; materielle Interessen bewegen ihn, er sucht auf gerissene Art und Weise Geld zu verdienen. Er fordert Rivalität heraus, sie beginnt bereits in der 3. Reihe, welche die Verhältnisse schildert.

diese sind restlos nachteilig! Auf Hilfe angewiesen, fällt er in schlechte Hände, wie denn das Böse in ihm auch zu unsauberen Verbindungen führt. Dazu Unbesonnenheit im Handeln, als Kern seines Wesens! Wir wollen die einzelnen Reihen betrachten, nachdem die erste bereits erklärt worden ist.

2. R e i h e, der Plan: Dieser setzt einen Menschen voraus mit Gewissen, Kraft, Vorsicht, alles das fehlt, dafür abgebrochene Verbindungen mit guten Menschen (rechts Vergangenheit!), das Unglück haftet schon dem Plan an! (links Zukunft).

3. R e i h e, die Verhältnisse: Er soll Vorsicht vor Heuchlern üben, läßt sich aber zu einer weiten Reise verleiten, die ihn an den gegenwärtigen Ort geführt hat. Hier findet er offene, starke Feinde vor, die seine Ränke zu verhindern wissen. Wie soll er in dem Streit gewinnen, wo bessere Verhältnisse notwendig wären? Ja, wenn er sich eines besseren Ichs zu erfreuen hätte, da könnte er Hoffnungen für die Zukunft hegen, aber das Gute liegt ja hinter ihm!

4. R e i h e, wie die Verhältnisse auf das Gelingen einwirken: In einer geistigen Blindheit trägt er an den Folgen törichter Handlungen und Fehlern. Früher ist er ehrlich gewesen. Reste davon können noch vorhanden sein, aber er begegnet Mißtrauen. Vielleicht gewinnt er noch einmal Förderung, er rechnet damit, er muß sich nur gut betragen. Wir wollen mal annehmen, er bekomme Kredit und kann damit beginnen.

5. R e i h e, was hat er sonst zur Förderung des Planes einzusetzen? Hoffnungen auf leichte Gewinne, die ja so leicht trügerisch sind, Hoffnung auf eine gute Heirat, die ihm Geld zubringt. Aber ihm liegt Unglück zu, seine Hoffnungen verwirklichen sich nicht! Ob er in sich geht und durch Mäßigkeit, Vermeidung von schweren Fehlern zu einem gesicherten Leben in Behaglichkeit kommt? Er hat wohl die Absicht, falls die Verhältnisse es ihm nach den Fehlschlägen gestatten! Er müßte auf Geselligkeit, zunächst auch auf die Heirat Verzicht leisten und ehrlich arbeiten.

6. R e i h e, wie der Plan auf seine Verhältnisse einwirkt: Er setzt seinen Ehrgeiz in Bewegung, wird aber von seinen Rivalen beobachtet, seine schwachen Punkte werden ausspioniert. Da ist der Schicksalspunkt, er macht eine neue, gute Bekanntschaft, die ihm Freude macht. Aber das Unglück liegt über der Bekanntschaft, er muß wieder kämpfen, gegen andere und gegen seine eigenen schlechten Eigenschaften. Noch einmal taucht die Hoffnung auf, er gewinnt neue Mittel, die ihm neue Hoffnungen geben. Ist es ein gutes, weibliches Wesen? Wir wollen es annehmen, glauben, er könne noch eine gute Heirat schließen.

Der Ehevertrag ist seinen Plänen günstig. Ob er seine Laster nun ablegt?

7. R e i h e, das Endergebnis: Es läßt sich gut an! Seine Frau hat zunächst einen guten Einfluß auf ihn, er übt Mäßigkeit und eine gute Gesinnung. Darunter liegt das Schicksalsrad, der letzte Punkt der Entscheidung kommt! Vergeblich, sein Werk bricht zusammen! Unbesonnenheit hat sich wieder eingestellt, seine Phantasie arbeitet krampfhaft, um mit neuen Ideen das Übel zu bekämpfen. Er spekuliert und — verliert! Die materielle Unterlage des Planes, des Werkes, ist verloren! Der Plan ist zerstört, Mangel tritt auf. Damit ist das Schicksal besiegelt.

Wie wir jetzt auch die Karten kombinieren — es sind in obigen Deutungen bereits eine Anzahl von über- und untereinanderliegenden Karten verbunden worden — es kommen immer dieselben Ergebnisse heraus. Anfang schlecht — Ende schlecht. Dazwischen allerlei Versuche zum Gewinn, allerlei falsche Handlungen, ungenügende Selbstbeherrschung.

Fünf mal sieben
Mit 78 Karten zu legen

Nach dem Mischen und Abheben werden die Karten verdeckt in die linke Hand genommen und die erste Karte aufgelegt, danach jeweils die 5. Ist der Talon durchgearbeitet, kommt der Stoß an die Reihe, das wird einmal wiederholt. Die aufgelegten 5×7 Karten werden in folgender Reihenfolge aufgelegt:

	VII	V	III	I	II	IV	VI
IV	34	24	14	4	9	19	29
II	32	22	12	2	7	17	27
I	31	21	11	1	6	16	26
III	33	23	13	3	8	18	28
V	35	25	15	5	10	20	30

Wenn die Karte, welche die Person bezeichnet, herausgekommen ist, so hat jene Reihe besondere Wichtigkeit, in der sie liegt. Der Magier bezeichnet die Absichten, der Narr falsche Handlungen und Ideen. Die mittelste Karte deutet auf die Ursache der Fragestellung hin.

Die waagerechten Reihen haben folgende Bedeutung:

I Die Person selbst und die Gegenwart.
II Die Vergangenheit.
III Die Zukunft.
IV Haus, Familie, Liebe.
V Geld, Reisen, Briefe, Überraschungen.

Die senkrechten Reihen werden nach dem Siebenerschlüssel gedeutet, der hier nochmals mitgeteilt wird.

I Der Beginn einer Angelegenheit und was dabei vorkommt.
II Gute oder schlechte Verhältnisse und Einflüsse, die den Plan treffen.
III Was von der Absicht durchgesetzt werden kann und was nicht.

IV Wie die Angelegenheit sich in der Praxis gestaltet. Die bleibende Form.

V Wie sich die fragende Person zu dieser Entwicklung stellt, Mißfallen oder Befriedigung.

VI Hoffnungen und Wünsche, deren Erfüllung noch aussteht.

VII Der schließliche Ausgang der Angelegenheit und dessen Rückwirkung auf die fragende Person.

Die Deutung beginnt mit der mittelsten Karte und deren Umgebung, so daß Gegenwart, Vergangenheit und Zukunft stets zusammen beurteilt werden. Die Reihen werden wie beziffert waagerecht und senkrecht durchgenommen. So kommt jede Karte mehrfach zur Ausdeutung, in immer neuen Beziehungen.

Das ist eine ausgezeichnete Originalmethode des Kartenlegens, sehr beziehungsreich, viele Aufschlüsse zulassend; sie erfordert aber schon Übung.

Beispiel: Die Fragende ist ein blondes Mädchen aus dem Orte, welches eine Liebe im Herzen trägt.

Der Spiegel:

	VII	V	III	I	II	IV	VI
IV	56v	41v	XIVv	60	53	XI	II
II	62	48v	32v	66v	40v	28v	44v
I	34	Iv	39v	77	74v	XVII	VIIv
III	51v	24v	27v	XIXv	67v	XX	31
V	57v	52v	68v	XVIIIv	71	38v	55v

4 verkehrt liegende Königinnen = Streit zwischen Frauen, Verleumdung, schlechte Gesellschaft.
3 Ritter, 2 v.: Gefolgschaft, Komplott.
2 Buben, v.: Gesellschaft.
3 Zehner, v.: Verlust.
2 Neuner, v.: Gewinn.
2 Achter, 1 v.: Gleichgültige Liebe, neue Bekanntschaft.
24 Karten liegen verkehrt, über ⅔!

Personalkarte ist 38v in IV/V Feld liegend.

Der Spiegel zeigt wenig erfreuliche Bilder! Verzögerungen und Enttäuschungen auf der ganzen Linie. Schon aus Mitgefühl werden wir die Deutung nicht trostlos gestalten.

Die Person in der Gegenwart. I. Reihe. Offene Feinde, die ein Komplott angerichtet haben, woraus fortgesetzte Trübsal entstanden ist, denn allen Absichten stellen sich Hindernisse entgegen. Auch wenn es gelingt, Ränke in der Auswirkung zu verhindern, so wird eine Verzögerung unvermeidlich sein. Sie hat zu leiden unter verdächtigen, sittenlosen Frauen, die sie verleumden. Wie ist sie in diese schlechte Gesellschaft nur geraten?

Sie hat einen Brief bekommen von einem jungen Mann, der unter einer gefälligen Außenseite ein ausschweifendes Wesen verbirgt und der gewillt ist, sie zu verführen. Er sucht sie mit aller Energie zu überraschen, vielleicht ist es schon gelungen! Sie traut ihm nicht mehr ganz und ist daher unglücklich.

Die Vergangenheit. II. Reihe. Sie hat das Leid unglücklicher Verbindung schon einmal gekostet. Das hat ihr Schicksal verschlechtert, sie wurde gezwungen, sich mehr einzuschränken; die Nichterfüllung der Hoffnungen hat sie mit ihrem Schicksal hadern lassen. Es läßt sich nicht leugnen: sie ist damals gefallen, verführt worden und als sie klagte, um ihrem Kinde einen Verpflegungszuschuß zu sichern, ist sie durch Verleumdung bestochener Gestalten mit ihrer Klage abgewiesen worden. Nun ist die neue Verbindung dazu gekommen.

Die Zukunft. III Reihe. Jetzt möchte sie schnell zur Häuslichkeit kommen, um wieder Ansehen vor den Leuten zu erlangen. Sie hofft, daß der Mann ein Amt erhält und durch gute Beurteilung seiner Person wirtschaftlich vorankommt. Aber er wird sich als ein schlechter Arbeiter erweisen, der sich sogar bestechen lassen wird! Das wird ihn ins Gefängnis bringen! Damit wird Schande über ihn kommen, unter der Wust dieser Ereignisse wird unsere Klientin zusammenbrechen! Sie sucht bei einer guten, ernsten, einsichtsvollen Frau Hilfe, aber deren Mann ist dagegen. So wird durch böse Männer Unglück über unser blondes Mädchen kommen.

Haus, Familie, Liebe. IV. Reihe. Dieses zweite Verhältnis war also auch nicht zur Ehe gediehen. Da bietet sich eine neue Gelegenheit zur Ehe, sie strebt mit aller Kraft darauf zu. Die Hoffnung auf Glück läßt alles Zögern vermissen. Da erfährt er ihre frühere Entehrung, er verläßt sie! Ob die eintretende Armut sie zu Gesetzwidrigkeiten verleiten wird, die sie ins Gefängnis führen? Jedenfalls müssen wir ernstlich warnen! In der Gegenwart wird sie mit Mißtrauen betrachtet, das kann ungerecht sein, aber schließlich kann der fortgesetzte Verdacht die Widerstandskraft erlahmen lassen: soll ich denn durchaus schlecht sein, so will ich es auch!

Geld, Reisen, Briefe, Überraschungen. V. Reihe. Die erste Karte meldet einen Todesfall an, die zweite Pflichtvergessenheit, Unordnung, dabei Liebe. Ob das nicht ihr Kind betrifft? Sie teilt es dem Vater mit, dieser bereut seine zügellose Leidenschaft. Aber was hilft es? Das Unglück hat die Gefühle abgestumpft, das Mädchen wird unordentlich, sucht durch Putz sich ein Ansehen zu geben, aber sie bleibt ein Opfer von Treulosigkeit, Verführung, Lüge. Kein festes Ziel liegt vor ihr. Unentschlossenheit bleibt. Anknüpfungen kommen und gehen, ohne das erloschene Feuer echter Liebe wieder in Glut versetzen zu können.

Das ist das Bild, welches uns der Spiegel von der Fragenden entwirft. Über das Besondere der Gegenwart unterrichtet uns der Siebener-Schlüssel.

I. Der Beginn einer Angelegenheit. Eine Nachricht steht im Mittelpunkt. Das sagt ja auch die Lage der Personalkarte. Diese Nachricht soll eine wichtige Entscheidung bringen. Der Schreiber sitzt im Gefängnis. Es sind scheinbar Verleumdungen zu ihm gedrungen, er will Aufschlüsse haben. Das Mädchen erwartet von der Antwort Gutes für sich.

II. Verhältnisse bei der vorliegenden Absicht. Sie hofft auf Unterstützung von einem früheren Kameraden vom Militärdienst, der aufrichtig und gut ist. Dieser tadelt aber ihren Freund und weigert sich zu helfen. Man hat zu ihm von ihrer Sittenlosigkeit gesprochen. Sie wird ihm wegen der Unehrlichkeit der Komplottstifter schreiben.

III. Was durchgesetzt werden kann. Nichts! Sie ist entehrt, so denkt der Kamerad, die Spitzbüberei der „edlen" Genossen siegt. Darunter bricht sie zusammen! Selbst übermäßigen Aufwand hat man ihr nachgesagt. Es ist schlimm!

IV. Wie sich die Sache gestalten wird. Alle Hartnäckigkeit hilft nicht, die Vergangenheit drückt auf die Gegenwart, Trübsal und Hindernisse nehmen kein Ende, das Urteil ist eben zu ihren Ungunsten, sie muß das genossene Liebesglück mit ungeordneten Verhältnissen begleichen.

V. Die Stellung der Fragenden dazu. Was soll man anders sagen als: Gib das Hoffen in dieser Richtung auf. Diese Serie unglücklicher Karten, jede schlagend die Ereignisse der Vergangenheit aufzählend, nebst deren Nachwirkung auf die Zukunft! Welchen Trost sollen wir noch spenden? Wir müssen sie aber aufrichten, nicht der Verzweiflung überantworten, denn die folgende Serie ist noch ermunternd!

VI. Hoffnungen, Wünsche, noch offen. Der Wunsch nach baldiger Heirat steigt aus dem Unterbewußtsein immer wieder auf! Sie hofft auf Überwindung aller Schwierigkeiten, auf eine geordnete Häuslichkeit — aber unsere Karten sind nicht hoffnungsvoll! Sie sprechen von unglücklicher Ehe, Nachteilen, Trauer — — —

VII. Der schließliche Ausgang. Man lese die Serie ab und bleibe haften an der einen: Unglück durch schlechte Männer. Ungewiß ist das Ziel! Dieses aufzudecken war nicht die Aufgabe dieser Lesung.

Aus diesen Methoden ist die zunehmende Schwierigkeit ersichtlich, die bei den 78 Karten in ihrer Gesamtheit auftritt. Dafür nehmen die Einzelbedeutungen zu, es entwickelt sich jeweils eine ganze Geschichte daraus. Man muß zur Übung und Sicherheit jeweils mit den einfachen Methoden beginnen.

Original-Methoden. Ausgenommen Himmel, Erde, Hölle.

Folge der Spiele:

Quartette. Ehelotterie. Wer heiratet
zuerst? Frank. Negritta. Turisses.

Quartette
Patience mit 56 Kleinen Arcana

Die Karten werden gut gemischt und offen in 8 Häufchen zu
je 7 Karten gelegt, 2 Reihen zu je 4 Kartenhäufchen.

Die Aufgabe ist, jeweils 4 Karten, unbekümmert um die Farbe,
abzuheben, welche zusammen genau 30 Augen zählen. Diese werden
abgelegt.

Wenn es nicht möglich ist, solche 4 Karten abzuheben, so ist es
einmal gestattet, eine obere Karte unter das Häufchen zu unterst
zu legen. Dann läßt sich wohl wieder ein passendes Quartett auf
verschiedene Weise zusammenstellen. Es gilt zu überlegen, was
am geschicktesten für das nächste Quartett ist, damit die Möglichkeit des Weiterspielens bestehen bleibt.

Im günstigsten Falle geht das Spiel ohne Lizenz restlos auf,
das ist aber selten.

Wird es als Orakel benutzt, so ist das hemmungslose Aufgehen eine volle Bejahung, das Aufgehen mit einer Lizenz eine
beschränkte Bejahung, „mit Hindernissen", das Nichtaufgehen ist
Verneinung. Da das letztere aber am häufigsten vorkommt, so
erachte ich dieses Spiel nicht als günstig für Orakelzwecke. Nur
wenn es sich um die Frage eines seltenen Glückes handelt, mag
man es probieren.

Die Ehelotterie
Ein Gesellschaftsspiel für mindestens 5 Personen

Es werden soviele Könige und Damen im Spiel gelassen, als
Mitspieler da sind, dabei immer jeweils von einer Farbe. Ist eine
ungleiche Anzahl Spieler vorhanden, dann ist also 1 Farbe nur
mit 1 Karte vertreten, ob Dame oder König entscheidet die Anzahl der Personen männlichen oder weiblichen Geschlechts. Diese
Einteilung kommt natürlich nur in Betracht, wenn weniger als
8 Personen vorhanden sind. Da jede Person 8 Karten haben soll,
werden die überflüssigen vorher entfernt. Das geschieht in der
Weise, daß zuerst die notwendigen Könige und Damen herausgesucht, die überflüssigen ganz bei Seite gelegt werden. Dann
werden die andern Karten gemischt mit den im Spiel bleibenden
Königen und Damen, abgehoben (immer von rechts nach links!)
und ausgeteilt: 1, 3, 4, = 8 Karten. Die Personen, welche Dame

und König von einer Farbe haben, setzen sich als zusammengehörig zusammen, wenn sie verschiedenen Geschlechts sind. Fallen diese Karten an Personen gleichen Geschlechts, so wollen sie nicht heiraten. Die Männer widmen sich nach eigener Wahl dem Stammtisch, der Kunst, der Wissenschaft, der Politik oder einem Geschäfte oder werden Kaplan, die Frauen wählen für sich alte Jungfer, Nonne, Schwester, Krankenpflegerin, Kindergärtnerin, einen Beruf der Kunst oder einem öffentlichen Amte, in dem nicht geheiratet werden kann. Wer keinen Partner findet (Einzelkarte!) hat verloren, er möchte heiraten, bekommt aber nur Absagen. Die richtigen Paare haben gewonnen. (NB. wenn mehr als 8 Mitspieler dabei sind, muß die Karte 21 (der Narr) im Spiel bleiben; wer diese bekommt, hat in jedem Falle verloren.) Die zusammengekommenen Paare legen nun ihre Karten zusammen, mischen und legen sie in 7 Häufchen aus, wobei das erste und das letzte Häufchen je 1 Karte mehr bekommen. Dann wird gedeutet, wie die Ehe oder Verbindung ausgehen wird. Diese Paare deuten ihre Karten selbst. Die unverheirateten Personen legen ihre Karten hin, nennen den Beruf, den sie ergreifen wollen, die Deutung geschieht aber unter Beziehung auf den Beruf von der links sitzenden Person. Dasselbe geschieht bei dem Verlierer, indem hier derjenige, der die Karten ausgegeben hat, die Deutung übernimmt. Der Verlierer gibt dafür das nächste Spiel aus und kann sich „rächen". Wird um Geld gespielt, so teilen sich die zusammengekommenen Paare in die Kasse, der Verlierer muß aber einen Einsatz extra zur Strafe für das nächste Spiel zahlen.

Wer die Deutung nicht ordentlich macht, kann durch Abstimmung aller Spielenden zu einem halben Einsatz verurteilt werden. Weigert sich jemand, die Deutung vorzunehmen, muß er zwei Einsätze als Strafe zahlen, es kommt dann die rechts zunächst sitzende Person zur Deutung. Weigert sich auch diese, muß der Ausgeber des Spieles den Ausleger bestimmen.

Wer heiratet zuerst?
Wie wird die Ehe sich gestalten?

Ein Gesellschaftsspiel

Das ganze Spiel wird gemischt, abgehoben, und es werden soviel mal 8 Karten abgezählt, als Spieler vorhanden sind. Die übrigbleibenden Karten werden daraufhin untersucht, ob die Karte 6 dabei ist. Ist das der Fall, so kommt sie zu den abgezählten, ist es nicht der Fall, so wird von einem Mitspieler aus dem Rest noch eine Karte gezogen und zu den abgezählten gelegt. Diese werden hierauf wieder gemischt und ausgeteilt: 1 Karte, dann 3 und schließlich 4 Karten, die übrigbleibende Karte wird dann ebenfalls der an der Reihe befindlichen Person gegeben, diese hat also 9 Karten. Die Karten hält jeder Spieler verdeckt. Nun wird von Nachbar zu Nachbar von links nach rechts gezogen, wobei die Person, welche 9 Karten hat, zuerst ziehen läßt. Wer gezogen hat, kann ablegen und zwar jedesmal

1 großes Arcanum, 1 Bildkarte und 1 Zahlkarte
von gleicher Farbe.

Nur die Karte 6 darf nicht abgelegt werden. Wenn keine Person mehr ablegen kann, so wird die Karte 6 aufgerufen, wer sie hat, heiratet zuerst, gewinnt das Spiel.

Nun wird der Rest der Karten eingesammelt, vom Gewinner gemischt und aufgelegt, wobei zuerst drei Karten hingelegt und gedeutet werden, dann kommen jeweilig 2 dazu und diese werden mit der letzten der drei vorhergehenden wiederum gedeutet, bis alle Karten an die Reihe gekommen sind. An der Deutung beteiligen sich der Reihe nach alle Mitspielenden, die heiratende Person deutet die ersten drei, der linke Nachbar die folgenden, dann kommt der rechte Nachbar, dann die zweite links sitzende Person, dann die zweite rechts sitzende und so weiter. Sind aber alle Karten abgelegt, und bleibt nur die Karte 6 übrig, dann ist das große Glück da, die Ehe bleibt frei von fremden Einmischungen. Bleiben aber nur 3 Karten übrig, so liegt das Glück und die Ausdeutung ganz im Belieben des Gewinners des Spieles. Wer gewonnen hat, gibt das nächste Spiel aus.

Frank
Eine Patience für Nachdenkliche

Zu dieser nicht ganz leichten und nicht oft rein aufgehenden Art des Kartenlegens werden alle 56 kleinen Arcana verwendet.

Platz für 4 Könige	10	9	8	7	6	5	4	3	2	1	Platz für 4 Asse
☐ ☐ ☐ ☐	10	9	8	7	6	5	4	3	2	1	☐ ☐ ☐ ☐
		19	18	17	16	15	14	13	12	11	
			27	26	25	24	23	22	21	20	
				34	33	32	31	30	29	28	
					40	39	38	37	36	35	
						45	44	43	42	41	
							49	48	47	46	
								52	51	50	
									54	53	
										55	

Nach gründlichem Mischen werden die Karten in 10 Reihen untereinander hingelegt. In die erste Reihe kommen 10 Karten, in jede folgende eine Karte weniger, so daß in der letzten Reihe nur noch eine Karte liegt. Auf der rechten Seite liegen alle Karten senkrecht untereinander, auf der linken findet in jeder folgenden Reihe eine

Verminderung um eine Karte statt. Die 55 Karten bilden also ein Dreieck. Während alle andern Karten verdeckt liegen, wird immer die an der linken Seite liegende Karte offen aufgedeckt, somit liegen 10 Karten offen, also die untersten von 10 senkrechten Reihen.

Die fettgedruckten Karten liegen offen, alle anderen verdeckt.

Es sollen nun die vier Farben auf die Asse aufgebaut oder von den Königen abgebaut werden. Im letzteren Falle folgt immer auf eine rote Karte eine schwarze, auf diese wieder eine rote. Dieser Farbenwechsel findet beim Aufbau auf die Asse nicht statt.

Wiederholt: auf die Asse kommen die Karten derselben Farbe, Stäbe auf Stäbe, Schwerter auf Schwerter usw. Auf das As kommt die 2, auf diese die 3, darauf die 4 und so fort. Aber auf einen roten König kommt eine schwarze Dame, auf diese ein roter Ritter, darauf ein schwarzer Knappe, dann folgen im gleichen Wechsel die 10, 9, 8, 7, 6 usw. Es müssen alle Karten also entweder auf die Asse aufgebaut oder bei den Königen abgebaut sein, dann ist das Spiel aufgegangen.

Befinden sich bei den aufgelegten 10 offenen Karten Könige oder Asse, so werden diese zur Seite gelegt, die Könige rechts, die Asse links.

Für jede auf- oder abgebaute oder angelegte Karte wird die nächste Karte in der Reihe nach oben (also in der senkrechten Reihe!) aufgedeckt. Es muß demnach in jeder der senkrechten Reihe die unterste Karte aufgedeckt sein.

Das Anlegen der Karten geschieht in der Weise, daß mit Wechsel der roten und schwarzen Farben immer eine folgende niedrigere Karte angelegt wird. Unter einen Buben legt man eine 10, unter diese ein 9 usw., bis es gelingt, den Buben mit seiner ganzen Suite unter einen passenden Ritter zu legen, dieser findet dann seinen Platz unter einer aufgelegten passenden Dame, schließlich findet sich ein König, dem die ganze versammelte Gesellschaft angehängt wird. Man muß also sehen, möglichst viele verdeckte Karten aufzudecken und unterzubringen. Mit der einen übrig gebliebenen Hilfskarte wird das nur höchst selten der Fall sein, daher gibt es noch einige zugelassene Erleichterungen, um der Aufgabe gerecht zu werden:

1. Für jeden seitwärts gelegten König oder jedes As wird eine Karte in den Talon getan.

2. Für jede aufgearbeitete senkrechte Reihe darf eine andere aufgeschlossen werden, d. h. dürfen alle in einer senkrechten Reihe offen und aneinander gereihten Karten weggenommen und in den Stoß getan werden.

3. Es dürfen Karten, die bereits auf die Asse gebaut sind, wieder in das Spiel genommen und unter eine Reihe angeschlossen werden, was oft sehr nützlich ist, um eine Karte unterzubringen und eine Reihe weiter aufarbeiten zu können.

4. Es dürfen zwei gleichwertige Karten ausgetauscht werden, um den Aufbau weiter zu bringen. Das kann aber nur geschehen zwischen den beiden schwarzen und den beiden roten Farben.

5. Man kann die angelegten Karten in den Reihen vertauschen, um neue Spielmöglichkeiten zu bekommen. Also ist alles Vertauschen und Verschieben gestattet und darin liegt nicht der geringste Reiz des Spieles! Nur darf niemals eine Reihe in der Folge eine Lücke bekommen.

Daher muß man es sich überlegen, ob nicht durch zu starkes Abbauen einzelner Reihen eine Benachteiligung eintritt, indem die Bewegungsfreiheit gehemmt wird. Wer zum Schluß noch eine Reihe übrig hat und davon, um weiter spielen zu können, mehrere Karten zurückkaufen muß, der ist um seinen Gewinn betrogen!

6. Man kann die Hilfskarte nach Belieben vertauschen und damit das Spiel auch noch als gewonnen bezeichnen.

Gelingt es nun, mit diesen sechs Erleichterungen das Spiel zu Ende zu führen, alle Karten auf- oder abzubauen, der hat gewonnen, hat großes Glück und seine Frage ist beantwortet mit Trommeln und Trompeten.

Man wird jedoch finden, daß trotz Aufgebots alles Scharfsinnes — und dieser findet ein großes Feld zur Betätigung! — dieses restlose Aufgehen nicht allzuoft gelingt. Daher gibt es Lizenzen, die den Gewinn schmälern.

7. Man kann Karten „zurückkaufen", d. h. man nimmt offenliegende Karten zum Stoß, um nach Aufdeckung einer neuen Karte das Weiterspielen zu ermöglichen. Jede dieser Karten wird gezählt, jede vermindert den Gewinn oder bringt Strafpunkte.

Hier ist nun die Gewinn- und Verlustliste:

1. Aufgehen ohne Lizenzen: Gewinn 6. Volles Glück, Harmonie, unbedingtes Ja.

2. Es sind zwei Karten zurückgekauft: Gewinn 5. Erfolg mit mäßiger Einbuße.

3. Es sind bis 4 Karten zurückgekauft: Gewinn 4. Die Absicht wird nur teilweise durchzuführen sein.

4. Es sind bis 6 Karten zurückgekauft: Gewinn 3. Der Plan werde verschoben.

5. Es sind bis 8 Karten zurückgekauft: Gewinn 2. Die Verhältnisse sind unzureichend.

6. **Es sind bis 10 Karten zurückgekauft: Verlust 2. Die Idee ist unreif.**

7. **Es sind bis 12 Karten zurückgekauft: Verlust 4. Man ist der Sache nicht gewachsen.**

8. **Sind noch mehr Karten erforderlich, so wird das Beginnen immer strafbarer, für je 2 Karten mehr wird ein Strafpunkt angerechnet.**

Da möchte sich ein Schlaukopf drücken, er bricht das Spiel ab und schwätzt was von Langeweile, Dummheit, Müdigkeit, zu großem Gedankenreichtum und dergleichen, aber das gilt nicht, wer einmal etwas anfängt, muß seine Suppe auch auslöffeln, sonst brummen wir gleich 12 Strafpunkte auf.

Irrig wäre die Meinung, es hier mit einer leichten Aufgabe zu tun zu haben, keiner hat zu viel Scharfsinn, um dafür nicht eine Anwendung zu finden. Immer gibt es mehrere Möglichkeiten des Handelns, da kann einer blind darauf loslegen und sich festklemmen und der andere mit Überlegung handeln, um es zu einem viel vorteilhafteren Ergebnis zu bringen. Wer nun beim Spiel und Fragen mit großem Scharfsinn vorgeht, der wird es auch im praktischen Leben nicht unterlassen, mit Recht wird er die besten Erfolge einheimsen. Darüber läßt auch der Ausgang des Spieles nicht im Zweifel.

Daher ist dies Spiel eine ausgezeichnete Abwechslung nach einseitigen Anstrengungen. Wer es mit Strategie und Finessen spielen kann, verdankt diesem Spiel ebensogut Anregung wie dem Schach, nur daß hier kein Mitspieler erforderlich ist.

Sensitiven gebe ich folgenden Rat: wenn du nicht weißt, welche von zwei Karten sonst gleichen Wertes vorteilhafter in der Folge sein wird, lasse dich bewußt „leiten", gib also die Hand unsichtbaren Intelligenzen zum Dirigieren frei.

Zur Fragebeantwortung wähle man diese Methode nur bei wichtigen und schwer durchsichtigen Dingen. Für leichtere Fragen lasse ich eine leichtere Methode folgen, die aber dieselbe Grundlage hat. Diese eignet sich auch zum Einüben der Frank-Patience.

Negrita
Eine Patience zum Spiel und zur Fragebeantwortung.

Sämtliche Kleine Arcana werden benutzt. Die Karten werden in 9 Reihen aufgelegt. In die oberste Reihe kommen 9 Karten, in jede folgende eine Karte weniger, in der 9. Reihe liegt also nur noch eine Karte. Die auf der linken Seite liegende jeweilige Endkarte wird aufgedeckt, alle andern sind verdeckt. Wenn aufgelegt, hat man auch 9 senkrechte Reihen, in denen die unterste Karte offen liegt, die darüberliegenden aber verdeckt sind. Zusammen werden 45 Karten aufgelegt, 11 Karten bleiben im Talon.

Die Spielweise ist nun genau so, wie in der vorhergehenden Frank-Patience beschrieben, nur ist hier das Spiel wegen des größeren Talons viel leichter und es geht häufiger glatt auf.

Auch die Bewertung von Gewinn und Verlust ist dieselbe, daher erübrigt sich eine nochmalige Beschreibung.

Wem nach häufigem Spielen die Aufgabe zu leicht wird, dem wird geraten, von den Lizenzen die eine oder andere auszuschließen; das wirkt gleich sehr merkbar ein.

Negrita-Patience ist vortrefflich zur Beantwortung von Fragen, bei denen eine Antwort, abgestuft von Gut und Schlecht zulässig und erwünscht ist, wobei aber auch das spielerische Interesse gefesselt werden soll; eine Verbindung von Unterhaltung und Prophetie, dieses Wort mit Einschränkung benutzt.

Werden die Männer die Frank-Patience vorziehen, so die Frauen die Negrita-Patience.

Turisses
Patience mit 56 Kleinen Arcana

Bei diesem Spiel kommen die Pärchen in den Himmel, wenn sie rote Farbe haben, in die Hölle, wenn sie schwarz sind, sie bleiben auf der Erde zum Weiterstreben, wenn sie rot und schwarz gemischt sind.

Es werden 12 Karten offen in 3 Reihen mit je 4 Karten gelegt. Dann werden Pärchen gebildet aus zwei Karten, welche zusammen 15 Augen zählen. Sind beide Karten rot, so kommen sie auf einen Haufen oberhalb der 12 Karten, sind sie gemischt, kommen sie rechts zur Seite, sind sie schwarz, unter die 12 Karten. Aus dem Talon werden die weggenommenen Karten jeweils ergänzt. Wenn es geht, sollen die Farben abwechseln, einmal 2 rote, dann 2 schwarze. Hierbei geht das Spiel oft nicht auf, hingegen es aufgehen kann, wenn ein gemischtes Paar herausgenommen wird. Dann geht es fast immer auf. Wenn das Spiel aufgeht, so sind alle Karten gepaart, kann man aber nicht weiter, weil keine Paare mehr zusammenzubringen sind, ist das Spiel mißlungen.

Als Orakel: hat rein aufgehend seine Freude, nicht rein aufgehend Leid statt Lust. Die gemischten Pärchen geben der Zahl nach an, wieviel Widerstand überwunden werden muß.

```
        ┌────────┐
        │ Himmel │
        └────────┘

  □   □   □   □
                    ┌──────┐
  □   □   □   □     │ Erde │
                    └──────┘
  □   □   □   □

        ┌────────┐
        │ Hölle  │
        └────────┘
```

Prophetie aus Runen

Aus der Unzahl bekannt gewordener Runen kommen nur 18 für Weihsagung in Betracht, W e i h s a g e n, nicht Weissagen! Heilige Rede mit Rat! Diese 18 Runen sind im Odhies Runenlied der Edda besonders hervorgehoben. Nach Prof. M o n e, „Gottesdienst der Teutschen", II. 232: Zu den allgemeinen Gebräuchen gehört Loos, Weihsage ... Am häufigsten das Looswerfen, der Gebrauch selbst ist einfach. Man schnitt eine Rute von einem Fruchtbaume ab, zerteilte sie in Zweige und unterschied diese mit gewissen Zeichen. Diese Hölzlein wurden dann aufs Geradewohl auf ein weißes Kleid hingeworfen, worauf bei öffentlicher Beratung der Priester, bei geheimer der Hausvater ein Gebet an die Götter verrichtete, zum Himmel schaute und jeden Zweig d r e i m a l aufhob und nach dem Zeichen, welches darauf war, auslegte. War es ungünstig, so unterblieb für den Tag die Beratung, im andern Falle mußten noch die Weihsager hinzukommen. Außer den Runen wurden weiße Pferde, die in den heiligen Wäldern auf Gemeindekosten unterhalten wurden, zur Weihsage herangezogen: Die Pferdeorakel wurden hochgeschätzt, ihr Wiehern und Schnaufen wurde beobachtet. Die Priester hielten sich für Diener der Götter, die Rosse aber für deren Mitwisser.

„Im Werfen lag schon der Begriff des Losens, weil die Zweige hingeworfen wurden. Nun sagen wir auch Würfelspiel, die Alten Wurfzaplo, und Freilassung drückten sie aus mit Scazwurp (richtiger wohl Scozwurp), was mit dem longobardischen Pfeilwurf der Freiung dasselbe ist. Lehre und Unterricht überhaupt und was dazu gehört, wurde mit auffallenden Namen bezeichnet, die gerade dadurch ihren religiösen Ursprung und Charakter verraten. Überlieferung und Erzählung heißt S a g a , so wird auch Zustimmung und Versicherung genannt, und bezeugen heißt s a g e n, das Wort hat also eine größere Bedeutung als jetzo. Aber noch merkwürdiger ist der Vielsinn des Wortes B i l d , P i l i d i. Argumentum heißt U r d a n c , Grundgedanke, aber noch öfter Pilidi, einmal auch List, Kunstgedanken. Nun wird aber auch der Schatten Pilidi genannt und ebenso die Gestalt und verwandeln wird mit f e r b i - l i d e n, verbilden, ausgedrückt. Ferner heißen z. B. Pilidbuch, Bildbücher, ebenso wird hexapla übersetzt. G e d a n k e n u n d B i l d s i n d a l s o e i n s , Gedanken sind Bilder der Seele und dem Worte nach eins mit Ideen. Unsere Sprache geht noch weiter, Einbildung ist ein Seelenvermögen, mit Bildung und Ausbildung bezeichnet sie das, was die Römer Humanität und wir mit dem fremden Worte Kultur nennen. Diese ausländischen Sprachen sind also nicht nur in diesen Wörtern, sondern auch in den durch sie bezeichneten Gedanken himmelweit von der deutschen verschieden, ein auffallender Beweis, wie unsere Sprache nach ganz andern Ideen denkt, als jene."

Wir müssen also die Runenb i l d e r neben dem Laut betrachten und müssen in dem alten Sinn unserer germanischen Sprache denken.

Es kann nur der wahre Runen-Weihsage ausüben, der die alte Sprache kennt. Dazu ist notwendig: G u i d o v. L i s t, Die Ursprache der Germanen und ihre Mysteriensprache, Wien o. J. (nun 1902), 645 S. Ferner: R. J. G o r s l e b e n, Hoch-Zeit der Menschheit, Leipzig, Köhler & Ameling 1929. 689 S.

Wer nun die Runen wie die Großen Arcana lebendig macht, vermag mit Runen zu raten! Zur Erleichterung sind auf der Rückseite der Runenkarten, die auszuschneiden sind, Leitworte angegeben.

Günstig sind die Runen in der Deutung, wenn sie beim Auflesen recht fallen, dämonisch schlecht, wenn sie verkehrt fallen.

Doch betone ich nochmals: ohne Quellenstudien, ohne genaue Kenntnis von der Edda lasse man die Hände davon, Runen sind kein Spielzeug! Auch keine Modesache!

Aus den Eddatexten ist zu schließen, daß die Runen mit psychischen Kräften begabt und belebt worden sind, also dasselbe, was ich für die Großen Arcana, die Symbole, die hebräischen Buchstaben, es muß dabei Magie angewendet werden.

Der astrologische Tarot

Seele — Verstand
Der astrale Ur-Thot

Aus Briefen an eine nunmehr verstorbene Freundin

Es ist natürlich kein Zufall, daß die Astrologen seit dem Mittelalter den Kreis als Form des Horoskopes bevorzugen vor dem Viereck der Alten: wurde doch der Kreislauf der Planeten durch Kopernikus und Kepler entdeckt, das Sonnensystem unserer beschränkten Welt als Typ der viel größeren mit den ungezählten Sonnensystemen! Da wurde intuitiv die Sonnenscheibe des Râ als Symbol für den Kosmos gewählt. Die Alten lebten mehr in der Vorstellung von der Welt mit den 4 Ecken, besetzt mit Engeln, die Adler-, Menschen-, Stier- und Löwenkopf trugen. So bei Ezechiel, den Propheten, so in der spätern Offenbarung Johannis.

Diese 4 Weltecken, unser „fixes Quadrat", haben Sie als Astrologie erkannt, auch der Tarot der Zigeuner erscheint Ihnen nun der Astrologie verdächtig zu sein? Da müssen wir tiefer schürfen: nicht nur der Tarot, sondern alle Kartenspiele, vom Tarot restlos abgeleitet, sind — — — Astrologie, wenn auch in kaum noch erkennbarer Form! Auch das Schachspiel und wohl die meisten anderen Spiele sind es, das Wahrsagen aus Karten ist verhüllte Astrologie!

Sie erschrecken doch nicht über diese Eröffnung?, sind wohl gar froh darüber? Haben Sie mir nicht geschrieben: „Gott! wie ist doch alles, was mit der Astrologie zusammenhängt, so interessant und wunderbar; ich kann es schon gar nicht erwarten, bis ich tief genug werde eingedrungen sein! Wie glücklich werde ich sein, überall helfen und raten zu können, der armen gedrückten Menschheit damit zu dienen." Jetzt werden sie erschrocken ausrufen: Nein, so habe ich das nicht gemeint, mit Kartenlegen — —. nein, daran habe ich nicht gedacht!

Aber sehen Sie, verehrte Freundin, wie bei jeder Kunst kommt es nicht auf das „was", sondern auf das „wie" an. Leonardo, Raphael, Dürer, Grünewald, alle malten mit Pinsel und Farbe, wie Hans Klex; und Bach der Einzige, Beethoven, Mozart bis Wagner schrieben dieselben Notenzeichen, wie Nante Klimperkasten und Maxe Kitsch. Und es war doch in jedem Falle etwas anderes! Meister durften neben einer Messe einen Karneval oder Tänze komponieren, warum soll ein anderer Meister nicht auch die Karten legen, neben der Astrologie?

Verehrte Freundin!

Mehr davon! lautet Ihre Forderung. Im Geiste sah ich Ihre großen fragenden Augen mit ihrem warmen Ausdruck, angeregt bittend — — —, sah sie auf mich gerichtet voll Spannung. Dabei ein warmer, weicher Luftzug durch's offene Fenster, sonnendurchglüht, um dessenthalben ich die liebliche Umgebung hier so gerne habe — — — —, einen langen, nachdenklichen Blick auf die Schweizer Alpen jenseits des Sees, träumend — — — und ich antwortete:

Was in alten Zeiten ein Mysterium, wurde profaniert, als das Volk, unwissend wie heute, es in die Hände bekam. Die Mehrheit der Menschen untersteht dem Monde, irdisch praktisch ausgedrückt: den Trieben, dem Sinnenleben, der Jagd nach Verdienst, Geld, Besitz, Genüssen. Geben Sie ihm die höchsten geistigen Güter, sie werden ausgemünzt. Teilen Sie der Masse in klarsten, dürren Worten die erhabenste Weisheit mit: Sie werden nicht verstanden, d i e Wahrheiten kann es nicht in die Sprache des Tages übersetzen, es bilden sich die ungeheuerlichsten Mißverständnisse. Das Volk schafft sich irdische persönliche Götter, malt sich Kartenbilder und nicht lange, so weiß keiner mehr, was damit gesagt werden soll. Die Enkel lachen über die komischen Darstellungen der Urväter, um dereinst die eigenen, sehr ernst gemeinten Darstellungen ebenso verlacht zu finden. Fühlen sich unsere Kinder nicht bereits viel klüger als wir? Sie werden erst unser Alter erreichen müssen, um uns begreifen zu können, wenn sie bereits ebenfalls von unsern Enkeln verspottet werden.

So ist es unsern Karten ergangen!

Die 22 Großen Arcana oder „Geheimnisse" sind eine Darstellung der Mondstationen, uns bekannt aus der chaldäischen und indischen Astrologie, als der Frühlingspunkt unter den Einfluß des Tierkreiszeichens Stier gekommen war. Als es die „Kuh"göttinnen gab, die weiblichen Göttinnen und Mütter: Isis, Astarte, Isthar, Rhea Cybele. Als die Juden um das goldene Kalb tanzten, als die Frau von Hiob diesen in seiner Not, seinem Elend verspottete und mit Wasser begoß (Wasser = Meer, Mare; bitter: Maria, die bittere, schmerzensreiche Gottesmutter; alle Mütter haben den Wortstamm *Ma*, wie *Maya, Magd, Gemächt, machen*, d. i. schöpfen, schaffen). Als da Jahwe Hiob aufrichtete und seine große, unsern gelehrten Dienern am Wort so schwer verständliche Rede hielt, da . . . machte er einen netten Fehler!

Sehen Sie, damals war der Frühlingspunkt in das Zeichen Widder getreten, der „Lamm"gedanke kam auf, leise, schüchtern. Bis dahin hatte man Göttinnen und Göttern — die Göttinnen brauchten doch zeugende Gatten! — Kälber geopfert und wollten die Frauen mehr tun, so brachten sie ihre eigenen Früchte, ihre Kinder, zum Brandopfer dar, es wurde üblich, die Erstgeburt, die Frucht der ersten Liebe, im Tempel darzubringen. „Gräßlich!" werden Sie ausrufen. Ja, aber es galt damals als heilig. Nun kam der Gedanke des Opferlammes. Die geschenkte Opferung von

Isaac und dessen Ersatz durch einen Widder, der sich in einem Dornbusch gefangen hatte (Achten Sie auf, der Dornbusch ist ein Mondsymbol!) ist der symbolische Ausdruck dafür. Bis auch das Lammopfer durch das göttliche Opferlamm, den Gottessohn abgelöst wurde, denn nun war der Frühlingspunkt in das Zeichen Fische getreten.

Als Astrologiefreundin werden Sie wissen: im Zeichen Stier ist der Mond erhöht, im Zeichen Widder aber die Sonne! Der Sonneneinfluß verdrängte im Geiste der hervorragendsten Geister der Zeit den Mondeinfluß, sie hatten dabei schwere Kämpfe zu bestehen, die heute noch nicht abgeschlossen sind, der Mondeinfluß mit dem Stiercharakter hat noch jetzt große Macht!

Hiob, Abraham, Melchisedeck, Moses: das waren Propheten des Sonnengeistes! Mit diesem Gott machte Abram seinen Bund und als Abram von Gott besucht wird, opfert er ihm das Rind, das er schlachtet und zum Verspeisen vorsetzt. Die Frauen dieser biblischen Sonnenpropheten sind Personifikationen des Mondes, sie stehen im Gegensatz zu ihren Männern. Darum verschloß Jahwe den Leib der Sarai, Abram aber befruchtete die HAG-AR, die gehegte Sonne!, die ihm Ismael gebar.

Und nun kann ich Ihnen erklären, welchen Fehler Jahwe in seiner pompösen Sonnenrede gemacht hat: er hat am Himmel die Mondstationen beschrieben, nicht die Sonnenbahn! Da können Sie sehen, wie schwer es ist, eingewurzelte Vorstellungen los zu werden! Selbst wenn man dagegen eifert. Wir verdanken diesem Fehler viel, nämlich die Bedeutung unserer 22 Großen Arcana.

Zugleich erfahren wir damit deren Alter: mindestens 5000 Jahre! Und nun sehen Sie sich an, was Ihre Landsleute in Wien daraus gemacht haben: die „komischen Bilder" des Tarocks sind unsere 22 großen Geheimnisse.

Dieser Stiergedanke hat auch in der alten parsischen Religion seinen Niederschlag. Ormuzd schuf aus dem Stiermenschen Kaiamortes alle Getreidearten und Pflanzen. Darum buk Sarai, als Mondfrau, aus Getreide Kuchen, Gott zu bewirten, während Abram den Mond durch das Rind opferte.

Ist wohl ein bischen viel geworden? Aber Sie haben es gewollt. — — — —

Meine verehrte, wißbegierige Freundin!

Bitte fortfahren — darin klingt Ihr lieber Brief aus. Wie der Kampf ausgegangen sei. Nun, man hat Lämmer geopfert bis zu dem erwähnten Hauptopfer, bis die Menschenfischer am Werke waren. Ach, wie wenige haben sich fischen lassen! Jesus brachte die ersten Fische und sättigte damit 5000 Menschen; dazu Gerstenbrot. Warum kein Weizenbrot? Weil dieses schmackhaft ist, Gerstenbrot aber nicht zum Wohlleben einladet! Hunger und Not haben seitdem Orgien gefeiert bis auf den heutigen Tag. Es finden sich immer „große" Männer, die dem lieben Gott oder dem Vaterland (was man sich darunter vorstellt) zuliebe Millionen Mitmenschen verhungern oder verkommen lassen, oder wohlwollend dem Schauspiele zusehen. Sie wissen, das Zeichen Fische entspricht dem XII. Orte des Horoskopes: Einschränkung, verminderte Freiheit, Feindseliges. Nun stehen wir am Beginn des Zeichens Wassermann, es verheißt den heiligen Geist, der über die Menschheit kommen soll, läßt wieder Hoffnungen zu!

Der Stiermensch ist Ihnen nicht verständlich genug gewesen? Diese Mythe findet sich im Zend-Avesta. Ormuzd schuf den Menschen Kaiamortes und den Stiermenschen, letzteren stumm. Beide waren göttliche Wesen. Kaiamortes stellt den androgynen Menschen vor, Mann und Weib in eins: in dieser Form wird wohl der erlöste Mensch selig in Paradiesgefilden reden, wo man nicht frei und nicht freien läßt, dennoch vereint ist.

Als Kaiamortes durch des Bösen Tun starb, entsprangen aus seinem zur Erde gebrachten Samen zwei Bäume, von denen Meschia und Meschiane, der Mann und das Weib kamen. Aus dem Samen des Stiers aber bildete Ormuzd alle Getreidearten und Früchte.

Als Astrologin wissen Sie: das Tierkreiszeichen Stier ist irdischen Elementes, ihm untersteht Landwirtschaft, Grundbesitz, der Stier zieht den Pflug. Die Kuhgöttinnen tragen auch den Halbmond in den Hörnern. Nun vergleichen Sie: das Zeichen Jungfrau trug den Namen „Ähre", deutet auf Isis. Hier haben Sie den Zusammenhang zwischen den Zeichen Stier und Jungfrau. Das Gegenzeichen von Jungfrau ist Fische, Christus ist „der" Fisch, der Sohn „der" Jungfrau! Wenn nun die Mondstationen bis zum Zeichen Jungfrau gekommen sind, erscheinen unerwartet die Einflüsse vom Zeichen Fische, vom Wasser-Element. Dieses gilt als befruchtend, fruchtbar Meer mare = Marie! Die befruchtete Jungfrau.

Erinnern Sie sich des Spruches „die Letzten werden die Ersten sein". Das haben wir in den Mondstationen. Diese haben nicht mit unserer jetzigen ersten Station begonnen, sondern mit der zweiten, Albutain. Die jetzige erste Station, bezeichnet mit Aleph = A (übersetzt Rind) war zuerst die letzte Station. Stellen Sie sich unter dem Aleph den Sonnenstier, unter Albutain die Mondkuh vor, denn der Stier wurde zuletzt als Stier und Kuh getrennt aufgefaßt. Den Sonnenstier finden Sie im Mithraskult wieder. Mithras ist die Entsprechung von Christus, da haben Sie den ersten Buchstaben von A und O, Alpha und Omega! Zur Isis kam Osiris, ebenfalls eine Art Sonnenstier.

Überhaupt ist in den biblischen Erzählungen mehr zu sehen, als Geschichten menschlicher Persönlichkeiten. Denken Sie sich anstelle alttestamentlicher Figuren Stämme, Völker, Kulturzustände, astrale Typen!

Es ist vor allen Dingen die Präzession, d. h. die jährliche Vor-
rückung des Frühlingspunktes und dessen Wanderung durch den
Tierkreis, welche die großen Epochen in unserer Kultur hervor-
rufen. Der materielle Einfluß des Zeichens Stier war der Menschheit so sympathisch! Alle Genüsse, besonders in punkto Geschlechts-
liebe, wurden geheiligt, die Idee der Zeugung beherrschte alle
Vorstellungen, wie heute etwa die Idee des Sozialismus weiteste
Volkskreise erfaßt hat. Wohlleben, Reichtum, Liebe: alles ließ
sich so prächtig mit der Religion einer Natur- oder Kuhgöttin vereinigen.

Der herbere, höhere, geistige Einfluß der Sonne, Jehova in
der Bibel, verlangt eine neue Einstellung, schwerfallend dem
lebensfrohen Menschen. Moses schweißte das Volk der Juden
zusammen, als Kampftruppe für Sonne, Geist, Gott, gegen die
Mondreligion. Ihre damaligen Geschlechtsgenossinnen standen über-
wiegend auf Seiten des Mondes, auch die jüdischen Sonnenkämpfer
fallen oft wieder in die reizenden Liebesbande der Mondreligionen,
tanzen um das goldene Kalb = Besitz, Ernte.

Abram stammt aus der Mondstadt Ur, von dort holten sich
seine Nachkommen noch immer ihre Frauen. Rebekka nahm den
„Teraphim" ihres Vaters Laban mit, sollte diese Götterfigur etwas
anders vorgestellt haben als eine Kuh? Schwerlich! Als Abram
seinen Bund mit Gott machte, Sonnenprophet wird, als Gott die
Tür des Leibes der Sarai öffnete, wurden deren Namen geändert
in Ab — R A — Ham und Sa — Ra —. Rà ist der Name der
Sonnenscheibe.

Ich nannte die Juden ein zusammengeschweißtes Volk. Es ist
kein einheitlicher Stamm, Sie können noch heute die rothaarige
Rasse von der schwarzhaarigen unterscheiden, die Juden kennen
selbst 2 Richtungen, auch in der hebräischen Sprache. Seit der
Rückkehr aus dem Exil sind es nur 2 Stämme, 10 sind spurlos verschwunden. Die Leibmägde, welche Kebsweiber der Patriarchen
wurden, sind aufgesaugte fremde Stämme. Die Verstoßung Ismaels
ist wohl Abwanderung eines Volksstammes.

Alles das führt aber schließlich zu weit ab, dürfte auch
Ihre Aufmerksamkeit wenig verdienen, die mehr auf Astrologie
gerichtet.

Das Alphabet stammt von den Mondstationen, ist mythologische Himmelsschrift, das hat Ed. Stucken restlos aufgedeckt.
Jeder Buchstabe = eine Station. Der astrologische Gehalt im Sinne
unserer wissenschaftlichen Astrologie, die nicht mit mythologischen
Vorstellungen, sondern mit kosmischen Kraftfeldern und Strahlen
arbeitet, ist gering. Wollte man zu einer Mondastrologie kommen,
wäre das Horoskop nicht auf den Sonnenzodiak zu berechnen,
sondern auf die Mondbahn, welche wie eine Schlangenlinie um die
Ekliptik geht bis etwa 5 Grad davon abstehend. Für diese Mond-

horoskope waren erst neue Erfahrungen zu sammeln. Vielleicht machen die überlieferten Ausdeutungen der Mondstationen diese Mondhoroskope besonders für Tage- und Stundenwahl geeignet.

Im Mittelalter sind die Mondstationen beschrieben als „Sterne, die außerhalb der Ekliptik liegen" und im Jahre 1923 sind diese alten Beschreibungen unter diesem selben Titel mal wieder der fachkundigen Mitwelt vorgesetzt worden. Man hätte dazu wenigstens eine sachverständige Einleitung schreiben sollen. Cornelius Agrippa hat sich auch geirrt, als er die Stationen als „indische" bezeichnet, denn die Namen verweisen auf die arabische und hebräische Sprache.

Ich mache mir den Vorwurf, Ihre Geduld über Gebühr in Anspruch genommen zu haben, mag aber auch nicht einen andern kürzern Brief schreiben, — — — —

Liebe Freundin!

Mein letzter Brief hat Ihr wissenschaftliches Interesse mehr befriedigt, als Ihr religiöses Gefühl, „ich bin doch eine gläubige Katholikin!" Der darin angedeutete Materialismus ist Ihnen zu massiv.

Damit sind Sie mir vorausgelaufen, ich bin beim zweiten Schlüssel und schon strecken Sie die Hand nach dem dritten aus! Das geht nicht an, führt auch zu nichts, bevor nicht die erste und zweite Stufe ein Eigentum Ihrer Erkenntnis, Ihres Wissens geworden ist. Nicht die Früchte vor der Reife brechen!

Halten Sie sich vorerst an die eine Erkenntnis: G o t t k a n n s i c h u n s n u r i n M a t e r i a l i s a t i o n e n b e m e r k b a r m a c h e n. Denken Sie an die Schillersche Dichtung Selene! Die gewählte Form kann wechseln: als das Feuer im brennenden Busch, als Donner und Blitz, als ein Mann, der Sie besucht, wie einst Abram, als die Stimme in Ihnen, als ein Wort, seltsam klingend in Ihren Ohren — — — —. Hinter jeder Form steht Gott oder das Ewige, Eine, Ursprüngliche. (Seltsam, lauter Neutra!)

Wie oft gebrauchen Sie täglich ohne Nachdenken das Wörtlein I c h? Was verstehen Sie letzten Endes darunter? Ist es vielleicht der göttliche Funke, der Sie zum Kinde Gottes macht? Das erste Gebot lautet: I c h bin der Herr dein Gott! Dazu erinnere ich Sie an die Mahnung im Sepher Jezirah: Und setze den Bildner (= Schöpfer) auf seinen Platz! Darüber müssen Sie mehrfach ernstlich meditieren.

Ob die Mütter Mörderinnen gewesen sind, die ihre Kinder dem Moloch geopfert? Es kommt auf deren Auffassung an, nicht auf unsere! Versenken Sie sich doch einmal in den einen Gedanken, bis er Ihr Sein völlig erfüllt: das Opfer wird eins mit Gott! Das eigene Kind Gott opfern, heißt auch: es dem Leid der Erde entziehen, es sofort der Seligkeit teilhaftig machen. Das Selbstopfer wird auch heute noch gefeiert, besonders bei nationalen Helden. Sind die Mütter der Helden stolz auf den Tod des Kindes, sollten sie da nicht selig sein, wenn es sich um Gott handelt? Ist das Selbstopfer Gott zu Ehren geringer, wenn der treibende Gedanke rein religiös ist?

Vom Opferfleisch essen ist: des Leibes Gottes teilhaftig zu werden. Ist unser Altarsakrament etwas anderes?

Alle alten Kulte dürfen nicht aus unserm Geiste heraus beurteilt werden, Gott aber sieht das Herz des Gebers an, nicht die Gabe.

Und Winkelried war ein Held, kein Selbstmörder! Nicht wahr?

Das nächste Mal wollen wir aber wieder auf die Astrologie zurückkommen.

In Verehrung   der Ihrige.

Wißbegierige Freundin und Schülerin!

Sie haben die gesandten Entwürfe gelesen und sind auch zur Überzeugung gekommen, die 22 Großen Arcana sind das Ursprüngliche, Älteste, sind die mythologischen Darstellungen der Mondstationen, entsprechend den Einweihungsbildern der ägyptischen Mysterien. Darstellungen vom Schöpfen und Erneuern, Geburt, Sein und Tod, von Gott und der Natur.

Ursprünglich äußerlich dem Monde, als Sinnbild für das Volk, angepaßt, innerlich mit dem Wissen vom wahren Gott erfüllt, äußerlich Kuhgöttin, innerlich Sonnenstier.

Die 56 Kleinen Arcana sind den Planeten gewidmet, in den 4 Quadranten, den vier Elementen, den vier Temperamenten. Zudem spiegeln sich darin die 10 Grundbegriffe. Diese 56 Karten sind nicht göttlich, sondern menschlich, natürlich.

Die Abrundung des neuen oder altgeheimen Inhaltes auf die 22 Großen Arcana erfolgte etwas gewaltsam. Es mußte aufgepfropft werden! Abraham hat die Sache ziemlich geschickt gemacht. 12 Tierkreisbilder, 7 Grundplaneten, 3 Urelemente (Feuer, Luft, Wasser), zusammen 22. Dem entsprechen in den Buchstaben 12 einfache, 7 doppelte, 3 Mütter.

Die Rechnung stimmt, wir haben aber bei den Großen Arcanas mit 2 verschiedenen Bedeutungen zu arbeiten: mit der exoterischen, astrologischen, wie eben angegeben und den geheimen mythologischen.

Wer das nicht weiß, empfindet eine merkbare Unstimmigkeit, über die auch die französischen Kabbalisten nicht hinausgekommen sind. Überhaupt passen Planeten und Tierkreiszeichen nicht zu

den Tarotbildern. Da müssen wir trennen: **beim astrologischen Tarot kommt die Wirkung der kosmischen Einflußsphären in Betracht, nicht die bildliche Darstellung! Beim kabbalistischen Tarot kommt die Bildbedeutung zu ihrem Recht, da gelten die astrologischen Einflüsse nicht!**
Daher haben auch die Kleinen Arcana verschiedene Bezeichnungen, für symbolische, astrologische und kabbalistische Deutung.

Erstaunen Sie weiter nicht, wenn es sich erweisen sollte, daß Symbol und Spiel, Astrologie und Erkenntnis, Kabbala und Weisheit Stufen auf **e i n e r** Treppe sind, die Ihnen einen Blick in den Tempel des einen Geistes gestatten. Drei Stufen = drei Schlüssel für das Gesetz!

Zum Nachdenken für eine Woche genug!   der Ihrige.

Den 1. September 1923.

Meine liebe Freundin in Hiob!

Sie sind aber gründlich! Nun haben Sie mit geschärftem Auge das Buch Hiob — Sie haben recht, es ist ein wundervoller Text! — studiert und finden mangelnde Einheitlichkeit. Darin pflichte ich Ihnen bei. Im 2. Kapitel, V. 11 werden ausdrücklich 3 Freunde genannt: Eliphas, Bildad und Zophar, welche Hiob im Elend besuchen und dann die aufgezeichneten Gespräche führen. Das geht einheitlich bis zum 31. Kapitel. Im 32. Kap. erscheint plötzlich als bisher ungenannter und stummer Teilnehmer an dem Wortgefecht Elihu, gewissermaßen als Einführer von JAVE, der nun im 38. Kapitel selbst das Wort nimmt. Diese Kapitel bilden eine Einheit für sich. Die andern schweigen endlich, bis auf die kurze Unterwerfungsrede von Hiob, womit dieser Teil schließt. Der dritte Teil umfaßt den Rest des 42. Kapitels und berichtet in Prosa von dem Ausgang der Geschichte, im Gegensatz zu den vorhergehenden Reden in gehobener Form hier sehr kurz und prosaisch gehalten. Es ist möglich, daß der ursprüngliche Abschluß des Lehrgedichtes am Ende des 31. Kapitels abgetrennt und durch den uns bekannten ersetzt worden ist, um die neuen höheren Anschauungen vom Sonnen-JAHVE begründen zu können.

Nachdem Sie nun das Buch Hiob gelesen, holen Sie sich doch das Buch Faust von Goethe aus dem Schrank und lesen Sie darin den Eingang: Goethe hat sich seine Inspiration dazu aus dem Buche Hiob geholt.

Sie finden da auch die Gottessöhne erwähnt, die später Gefallen an den Töchtern der Erde fanden und diese begatteten. Das war der Sündenfall, die Spaltung des Gottmenschen im Mann und Weib. Man versteht heutzutage unter den Töchtern der Erde . . . . . Tierweibchen. O Eva!

Auch mache ich Sie auf die 7 Söhne und 3 Töchter = 10
(7 + 3!) Kinder Hiobs aufmerksam, die ums Leben kamen, und
auf dieselbe Zahl, die nachher dem Hiob wieder geboren worden
sind. Das sind natürlich auch astrale Beziehungen. Leider fand
ich bei unsern Orientalisten noch keine Erklärung der Namen der
drei nachgeborenen Töchter: Täubchen, Kassia, Schminkbüchschen.
Sollen diese vielleicht den „drei Müttern" entsprechen, den drei
Elementen?
Denken Sie einmal darüber nach!

In Freundschaft   der Ihre.

Meine wissensbegierige Freundin!
Ihr Hinweis auf einige Lücken in meinen Darlegungen ist
berechtigt.
Wir müssen das Buch Thot lesen, wie es jetzt ist. Denn die
78 Karten stellen den ganzen astrologischen Tarot dar. Ich habe
erklärt, in welcher Weise die Großen Arcana astrologisch verwertet
worden sind; sie enthalten den Tierkreis und die 7 Planeten neben
den Urelementen.
Der Fixsternhimmel hat stets die Bedeutung der geistigen Ein-
flußsphäre gehabt, hingegen die Planeten mehr die individuelle.
Der Fixsternhimmel ist allgemein schöpferisch, die Planeten geben
die persönliche Sonderheit. Die sichtbaren Planeten haben geistige
Urbilder, etwa wie die Spiegelpunkte im persönlichen Horoskop.
Die Planeten in den Großen Arcana bezeichnen diese geistigen
Urplaneten.
Daher stellen die Großen Arcana die geistige Seite des Kosmos
dar. Es wäre falsch, in den Kleinen Arcana nochmals die Fixstern-
sphären, den Tierkreis, zu bringen.
Die 4 Serien entsprechen in der Farbe Tag und Nacht. Die
rote und gelbe Serie gleichen dem Tag, die schwarze und braune
der Nacht. Ferner haben wir 4 Elemente: Stäbe = Erde, Degen =
Feuer, Pokale = Luft, Münzen = Wasser.

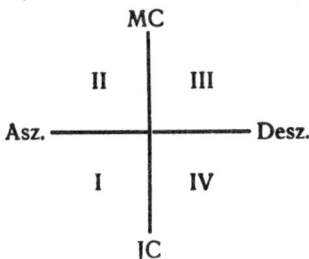

Die 4 Serien entsprechen auch den 4 Quadranten im Horoskop,
deren sinnfällige Bedeutung von mir besonders herausgearbeitet
wurde.

I = das Ich, der lebende, strebende, kämpfende Mensch, entspricht den Schwertern.

II = der Mensch lebt und strebt inmitten der andern und erwirbt seinen Bedarf, entspricht den Münzen.

III = der Mensch in sorgender Verbundenheit mit dem Ehegenossen, dem Teilhaber, dem Gesamtvolke und schließlich den höheren geistigen Mächten hinauf bis Gott, entspricht den Pokalen.

IV = der Mensch im Dienste an seiner selbst, seine eigene Arbeit, seine eigenen Freuden, seine Kinder, seine Liebe, seine Familie, sein Heim, entspricht den Stäben.

Die Stäbe deuten auf Besitz; aber sie sind auch Stütze und Verteidigungswaffe, Speer.

Im Fahnenstock und im Szepter mögen sie die alte Idee des Stabes wiedererkennen. Das Tuch an dem Fahnenstock ist eine spätere Zutat, es dürfte sich wohl aus den Ritterzeiten herleiten. Die Römer hatten keine Fahnen als Feldzeichen. Auch der Feldherr hat einen Stab, als Zeichen seiner Macht. Regenten Saturn — Jupiter. Aber auch im Polizeiknüppel!

Eine besinnliche Geschichte wird im Buddhismus erzählt — angehend den Polizeiknüppel!

Anfänglich hatte jedermann seinen Reis für sich. Da kam es vor, daß einer dem andern Reis stahl, und jeder mußte den Dieb strafen. Weil ihnen das nicht gefiel, kamen sie zusammen und beschlossen: wir wollen einen von uns beauftragen, zu strafen und des Landes zu verweisen, dafür soll jeder ihm von seinem Reis etwas abgeben.

Und so geschah es, und weil dem Polizeiknüppel auf dessen Vorschlag hin immer mehr Aufgaben zugewiesen wurden, mußte jedermann immer mehr von seinem Reis abgeben, bis zuletzt aus dem Polizisten der König wurde und der Knüppel ein Szepter. Und um ihren Reichtum zu zeigen, setzten sie blanke Knöpfe an ihre Kleider, woraus die Redensart herstammt: er hat mehr Knöppe als wir andern.

Der Degen ist der Ausdruck des feurigen Willens in jeder Äußerungsmöglichkeit. Der Kampf wie das Recht, der scharfe logische Gedanke, wie Gerechtigkeit kommen darin zur Darstellung. Regenten Jupiter — Mars.

Die Pokale deuten auf Glück, Lebens- und Genußfreude; ferner auf Kunst, Reichtum, Schönheit, Liebe. Regenten die Glücksplaneten Jupiter — Venus.

Die Münzen, die Pentakel, deuten auf alles Vorübergehende, Unbeständige, Reisen, Handel, Rede, Schrift, auf jeden möglichen Wechsel. Deutlich genug ist die Vorstellung des fließenden Wassers. Regenten Merkur und Mond.

Die Zahl 4 entspricht der Materialisation, Verwirklichung, dem Dasein. Das Schicksal hat seinen Boden in der materiellen Welt. Darum ist es ganz folgerichtig, wenn alle Kartenspiele, bei denen es ums Verlieren oder Gewinnen geht, nur mit den Kleinen Arcana gespielt werden. Die höhere Geistigkeit ist dabei zu fliehen. Nur Ihr Tarock hat die 22 Bilderkarten beibehalten, aber nachdem der Geist sorgfältig abgezogen worden ist. Das Phlegma ist geblieben.

Die 10 Zahlkarten entsprechen dem logischen Aufbau der 10, den ich bereits vorher erklärt habe.

Die vier Personenbilder sind eine Wiederholung der Elemente. König = Erde, Königin = Luft, Ritter = Feuer, Bube = Wasser. Ferner bezeichnen sie die Himmelsgegenden. König = Süden, Königin = Norden, Ritter = Osten, Bube = Westen. Außerdem bringen sie das für Wahrsagen aus Karten notwendige persönliche Element hinein.

Jede Seite entspricht einem Quadranten im Horoskop. Die Serien sind unter sich verbunden. Die Könige haben immer die Nebenbedeutung der Stäbe, die Königinnen die der Pokale, die Ritter die der Schwerter und die Buben die der Münzen.

Ein Mondumlauf erfordert 28 Tage, entsprechend der Kartenzahl der hellen oder dunklen Serien. Die hellen Serien entsprechen dem Vollmond, die dunklen den dunklen Phasen. Schwerter und Münzen sind positiv, angreifend, Stäbe und Pokale negativ, verteidigend, haltend.

Wir können aber ganz prächtig Horoskope legen, ohne zu rechnen; es sind keine Geburtshoroskope, sondern Auskunfts- oder Fragehoroskope, das bitte ich nicht zu übersehen.

Ich denke, ich habe jetzt alles gesagt, was an meinen bisherigen Mitteilungen als fehlend angemerkt worden ist. Nun lernen Sie einmal diese Art Astrologie, sie kann Ihnen Unterhaltung gewähren und Ihre Intuition zur Ausdeutung schärfen.

Die Astrologie im Buche Thot

Bei den Großen Arcana entfallen auf 12 Karten die Symbole der 12 Tierkreiszeichen, und auf 7 andern diejenigen der Planeten. Mit diesen mache sich der Schüler zuerst bekannt, vertraut.

Der Zodiak oder Tierkreis

♈	Widder	Regent	Mars	22. 3.—21. 4.
♉	Stier	„	Venus	22. 4.—21. 5.
♊	Zwillinge	„	Merkur	22. 5.—21. 6.
♋	Krebs	„	Mond	22. 6.—21. 7.
♌	Löwe	„	Sonne	22. 7.—21. 8.
♍	Jungfrau	„	Merkur	22. 8.—21. 9.
♎	Waage	„	Venus	22. 9.—21. 10.
♏	Skorpion	„	Mars	22. 10.—21. 11.
♐	Schütze	„	Jupiter	22. 11.—21. 12.
♑	Steinbock	„	Saturn	22. 12.—21. 1.
♒	Wassermann	„	Uranus	22. 1.—21. 2.
♓	Fische	„	Neptun	22. 2.—21. 3.

Der Tierkreis besteht aus 12 Sternbildern, welche den Weg der Sonne im Laufe eines Jahres bezeichnen. In jeder dieser 12 Einflußsphären, nach den Tierkreisbildern benannt, aber nicht damit identisch, steht die Sonne während eines Monates, wie oben angegeben. Jeder dieser 12 Einflüsse hat seine charakteristische Eigenart, welche sich den darunter Geborenen mitteilt, so daß man die Menschen teilweise darnach beurteilen kann. Dieser Einfluß ist bei jedem Monate geschildert. (Im übrigen spielen das bei der Geburt aufsteigende Zeichen und die Stellung der Planeten eine sehr wichtige Rolle.) Tritt die Sonne in das Zeichen Widder, beginnt das neue Sonnenjahr, der Frühling. Der Krebs bezeichnet die Sommer-Sonnenwende (Wendekreis des Krebses), die Waage den Herbstbeginn (Widder und Waage liegen auf dem Äquator, daher Tag- und Nachtgleiche), der Steinbock: die Winter-Sonnenwende (Wendekreis des Steinbocks). Volkstümlich = der Krebs geht rückwärts, der Steinbock steigt. — Die Präzession ändert die Art des Einflusses der „Zeichen" des Tierkreises nicht, weil diese die Verschiebung mitmachen, während die „Sternbilder" stehen bleiben.

Die Planeten

☉	Sonne	♐	höchster Stand
☽	Mond	♉	niedrigster Stand
☿	Merkur	⊕	Vollmond
♀	Venus	☾	letztes Viertel
♂	Mars	●	Neumond
♃	Jupiter	☽	erstes Viertel
♄	Saturn		
♅	Uranus		
♆	Neptun		

Nun gilt es, sich mit den Wirkungen dieser Himmelsfelder und Wandelsterne bekannt zu machen. Schon jetzt präge man sich ein: Jeder Planet nimmt bei Wahrung seiner eigenen Individualität von der Eigenart desjenigen Tierkreiszeichens, in dem er jeweilig steht.

Die Planeten und ihre Stellung zu einander

Günstig:

Sonne: Autorität. Energie. Kraft. Großmut. Positive Schöpferkraft.

Mond: Verstand, Phantasie. Anziehung Negative Schöpferkraft. Bewegung. Ausdehnung.

Neptun: Vergeistigung, Inspiration. Kunst. Gute Medialität. Sozialismus.

Uranus: Originalität, Unabhängigkeit. Erfindungsgabe. Intuition. Reformen. Technik. Kommunismus.

Saturn: Vertiefend, Formgebend. Konzentration. Vorsicht. Sparsamkeit. Klugheit. Diplomatie. Ausdauer. Methode. Erhaltend.

Jupiter: Religion. Philosophie. Gerechtigkeit. Würde. Milde. Autorität. Geld. Glück. Fülle.

Mars: Kraft, Energie, Unternehmungsgeist. Begeisterung. Technik. Analyse. Geselligkeit. Aufbauende Wirksamkeit.

Venus: Liebe. Ordnung. Harmonie. Kunst. Geld. Glück. Hoffnung.

Merkur: Gewandtheit. Intellekt. Rührigkeit. Aufnahmefähigkeit. Ausdrucksvermögen. Verbindungsfähigkeit.

Ungünstig:

Schwäche, Mutlosigkeit, Ziellosigkeit, Zerstörung.

Unbestimmtheit, Unverläßlichkeit, Unfertigkeit. Halbheiten. Feuchtkalte Sinnlichkeit. Unmoral. Langsames Verderben, Verkommen.

Indolenz. Ehrlosigkeit. Falsche Gefühle. Manien. Laster. Gift. Verschleimung.

Fanatismus. Zerstörung. Verführung. In die Irre gehende Romantik. Explosible Wirkungen. Verletzend.

Verflachung. Niedrigkeit. Härte. Grausamkeit. Platter Materialismus. Geiz. Erstickend.

Heuchelei. Verschwendung. Genußsucht. Ungesetzlichkeit. Verlust.

Schlechte Sitten, Laster. Streitsucht. Raub. Mord, Verletzung. Zerstörung. Zank. Streit.

Sinnlichkeit. Materialismus. Faulheit. Verlust. Falsche Begierden. Unglück. Abstoßung.

Unehrlichkeit, Urteilslosigkeit. Schlechtes Gedächtnis. Abstumpfung, Umherschweifen, Ziellosigkeit. Rastlosigkeit. Erfüllung. Verbindung. Anziehung.

Männliche Planeten: Sonne, Jupiter, Mars, Saturn, Uranus.
Weibliche Planeten: Mond, Venus, Neptun.
Neutrum: Merkur.

Die Stellung der Planeten untereinander

Da nun ersichtlich die Wirkung so unterschiedlich ist, je nachdem die Wandelsterne günstig oder ungünstig zueinander stehen, so ist zu merken: Große Gunst, wenn sie vier „Häuser" oder Karten-„Haufen" auseinanderliegen. Also kommt die günstige Wirkung, wenn Planetenkarten liegen in

I	V	IX
II	VI	X
III	VII	XI
IV	VIII	XII

Aber auch dann ist eine günstige Wirkung, nur schwächerer Art vorhanden, wenn sie ein Haus zwischen sich liegen haben, also

I III V VII IX XI
II IV VI VIII X XII

Ungünstig wirken sie, wenn sie 3 oder 6 Häuser oder Zeichen auseinander liegen. Also:

I   IV   VII   X
II   V   VIII   XI
III   VI   IX   XII

Wer lernbegierig ist, merke sich die Bezeichnungen für diese Aspekte.

Günstig:

4 Zeichen oder Häuser oder Haufen auseinander: Trigon oder Gedrittschein, weil 3 solcher Entfernungen den Kreis erschöpfen.

2 Zeichen oder Häuser oder Kartenhaufen: Sextil oder Gesechstschein, weil 6 solcher Entfernungen den Kreis erschöpfen.

3 Zeichen oder Häuser oder Kartenhaufen: Quadrat oder Geviertschein, weil 4 solcher Entfernungen den Kreis erschöpfen.

6 Zeichen oder Häuser oder Kartenhaufen: Opposition, das Gegenüber, diese teilt den Kreis in zwei Hälften.

Wenn aber Planeten zusammenstehen, so heißt das Konjunktion, Zusammenschein. Die Konjunktion ist gut zwischen Jupiter, Venus, Merkur, Mond, Sonne, schlecht mit den Planeten Saturn, Mars, Uranus, Neptun. Nur wenn eine Konjunktion dieser 4 zuletzt genannten Planeten mit den zuerst genannten von andern Planeten einen Sextil- oder Trigonschein erhält, nehmen wir diese als bedingt gut an.

Der Jahreslauf durch die Monate

Januar: Du machst Pläne für das neue Jahr, denkst über deinen Beruf und die Hebung deiner Position nach, denn du möchtest weiterkommen. Du bist vorwiegend ernst gestimmt. Die Weihnachtsglocken sind verklungen, der Sylvesterrausch ist verflogen, jetzt muß wieder gearbeitet und gestrebt werden.

Februar: Die Freuden des Winters nehmen die Abendstunden in Anspruch. Die Vereinsvorstände und Vergnügungskommissäre haben alle Hände voll zu tun. Das Geselligkeitsbedürfnis ist stark. Dazu der Fasching; auch wenn du dich um einen geistigen Mittelpunkt bewegst, lächelst du über deine Narrenkappe und die deiner Freunde voll Nachsicht. Für Kunst und Wissenschaft bist du auch empfänglich. Sei nicht überheblich.

März: Bringt wenig Scherz. Nicht Fisch und nicht Fleisch. Kein Winter und kein Frühling. Deine Energie ermattet, sie findet keinen rechten Angriffspunkt. Hoffst du auf schönes, warmes Wetter, kommt Schnee und Schlack. So will nichts Rechtes gelingen. Märzkatzen schmeicheln und kratzen, schleichen und mausen: acht auf dein Glück! Erkälte dich nicht!

April: Nun bist du ganz Mann, greifst frisch die Arbeit an. Du fühlst dich als eine Kraftpotenz. Der Frühling ist da, überall sprossen Keime, Gedanken- und Tatkeime. Nichts mehr vom Winter! Der neuen Ernte entgegen! Auf zur Tat. Laßt es stürmen: das gibt Spannkraft! Dein Kopf ist rege.

Mai: Die Erde im jungen Schmuck nimmt dich mit ihren Reizen gefangen! Auch in dir sproßt und treibt es. Du bist fruchtbar im Streben, deine Muskeln sind gespannt. Dein Herz ist offen, dein Blut so warm. Rot werden Lippen und Wangen, lebhaft die Augen. Kraftzeit.

Juni: Der Intellekt tritt hervor, du denkst nach. Was du im Mai erlebt, gefühlt hast, formst du in Sätze oder Verse. Reiselust und Reisezeit. Du mußt dies und jenes sehen und kennen lernen, auch für den Beruf. Neigung zu Witz und Humor. Getrennte Interessen, gar leicht zersplitterst du dein Wirken. Schreibst auch mehr Briefe als sonst oder sprichst viel.

Juli: Wandern! An die See, ins Bad! Das Heim gefällt dir nicht mehr so recht. Hinaus oder anders einrichten. Kannst du nicht in die Weite, wirst du empfindsam, träumst dich in die Ferne. In all der Blumenpracht bist du leicht ernst, leicht verärgert, gekränkt. Die Leute verstehen dich nicht recht, da zwingst du dich zur Liebenswürdigkeit. Wirst du aber geehrt und geachtet. bedient man dich, anstatt daß du bedienen mußt: Da lächelst du und bist sehr gnädig, zeigst auch, was du gelernt hast, trägst vor.

August: Nur nicht kleinlich sein! Sei großmütig, schenke und gebe, wie die Natur! Überlegen stehst du, dein Auge strahlt Selbstbewußtsein, da mögen dich die Leute leiden und es herrscht Harmonie. Das Glück muß erprobt werden, das Herz steht offen.

September: Die Hitze ist vorbei, du siehst: Ernte, und denkst: Bald wieder Herbst. Da wirst du ernster auch im Lächeln, das macht dich hübsch. Kritisch übersiehst du das Verblühen, ach, da kommen schon die Herbstblumen. Wie ist deine Ernte? Wie steht es um den Ersatz deiner Pläne? Unzufrieden, wirst du melancholisch. Es bleibt nichts anderes über, als arbeiten. Sind deine Ideen nicht kraftvoll gewesen, so fragst du andere Menschen um bessere. Hast du den Mut zum eigenen Schaffen verloren? Dann diene!

Oktober: Du nimmst das Schöne und freust dich über das Geschenk, es gleicht das Herbe und Harte aus. Alles ist im Ausgleich begriffen: Tag und Nacht, Wärme und Kälte, Innenleben und Außenleben. Baue, konstruiere etwas Besseres! Gleiche aus, schaffe Harmonie und wäre es auch durch eine entschlossene Trennung, auch der Sommer hat sich getrennt, er kann keine Gemeinschaft haben mit dem kalten Winter. Strebst nach Gerechtigkeit und wägst zuerst deine Liebe und die deiner Lieben. Bist Richter, — — — zu oft in eigener Sache! Aber die bittere Einsicht folgt später. Zunächst bist du Optimist, richtest den Blick auf die Arbeit des Winters. Es wird geschafft.

November: Stürme draußen und drinnen. Es glüht in dir und kann nicht zum Ausdruck kommen! Da erlebst du oft Mephisto in dir, oft aber auch Faust, dein Blick geht geistig in die höchste Höhe und sinkt in die Tiefen der menschlichen Natur und ihrer Leidenschaften. Niemand versteht dich, du Grausamer und leidenschaftlich Liebender, der du mit forschendem Blick ergründen willst, was verborgen bleiben soll. Aber Schaffenskraft gibst du, nur kein Ermatten! Tod und Zeugung.

Dezember: Die frohe Botschaft erklingt! Weihnachten naht! Die Kindertage werden lebendig. Die Sommerzeit ist restlos tot, alles ist verdorrt, verwelkt, aber da zündet die Hoffnung neue Lichter an. Das befruchtet die Geistigkeit, die Religion, die Phantasie. Überall siehst du fragende, hoffende Augen, sie treiben dich an, alles geht flott von der Hand, geringer wird das Schlafbedürfnis. Wie kann ich erfreuen, frohmachen? Auch das Freudemachen kann zum Sport werden. Wie beweglich, erregbar wirst du da! Das schönste Fest des Jahres! Freude, Frieden!

Und dieser Monatskranz mit seinen wechselnden Gefühlen, Stimmungen, eigenen Kräften wiederholt sich alle Jahre im selben Rhythmus. Du meinst: das macht die Natur, die Jahreszeiten? Antwort: Die Sonne! durch ihren Lauf! Du erkennst und erklärst: Die Natur wirkt auf mich ein; ich sage: Die Sonne wirkt auf dich ein. Denn was ich oben beschrieben habe, ist die Wirkung der Sonne in den 12 Tierkreiszeichen. Genauer genommen, habe ich immer die Wirkung vom 22. des vorherigen bis zum 22. des Monats beschrieben, die letzten 8—9 Tage rechnen schon zum folgenden Monat.

Der Einfluß der einzelnen Zeichen

Widder

Hier wirkt das Organ des Kopfes durch das Denken, ferner durch die Willenskraft und die Energie. Ideen haben und diese durchführen, wobei die hohen Gedanken in den Vordergrund treten: das ist das Ziel des Widdereinflusses.

1. Dekanat*): Impulsives Denken und Handeln. Mut, Kühnheit, Unternehmungsgeist. Neue Ideen anstelle der alten, bedingt durch das Verlangen nach Änderungen im Bestehenden. Daher fortschrittliche Gesinnung. Großer Eifer im Handeln, daraus entspringt Ungeduld. Wer Pläne macht, braucht Ausführende für diese Pläne; daher das Bedürfnis, als Lenker und Leiter aufzutreten. Jeder Widerspruch, jeder Widerstand macht gereizt. Strebsamkeit, Selbstgefühl.

2. Dekanat: Die Natur von Mars, als dem Herrn des Zeichens, in Verbindung mit dem Zeichen Löwe, entfesselt die Leidenschaften, das Gefühlsleben tritt hervor. Große Begeisterungsfähigkeit treibt zur Einsetzung aller Kräfte, kriegerische Neigungen machen sich geltend. Die Leidenschaften überwältigen leicht den regulierenden Verstand. Daher auch die Handlungen durchaus nicht immer ideal, Mars kann sich recht unliebsam austoben. Egoismus.

3. Dekanat: Der Übereinfluß vom Zeichen Schütze und der von Jupiter und Merkur geben dem Denken eine geistige Richtung. Ideales Denken, ein strebsamer Intellekt bändigen das Triebhafte. Wißbegierde. Die Energie ist vermindert, die Interessen spalten sich leicht. Bei Beschädigungen und schwächenden Konstellationen bleibt die Gewöhnlichkeit übrig, die nichts vermag.

Stier

Irdische Angelegenheiten regieren das praktische Streben, es verkörpert sich im Geld. Die Pflege dieser Angelegenheiten erfordert Ruhe, Überlegung, große Beharrlichkeit und Ausdauer, demnach auch durchhältige körperliche Kraft. Auch die Genüsse der Erde reizen, sei es zu Liebe, Pracht, Luxus, sei es Kunst und Wissenschaft. Negatives Naturell. Melancholischer Einschlag. Ruhiges Wesen, aber starke Leidenschaften, die Erregungsausbrüche veranlassen.

1. Dekanat: Zuverlässigkeit, Hartnäckigkeit im Wesen, Bestimmtheit, Ehrlichkeit. Würde. Nützliche Methoden; ordnend und einteilend. Dabei Stolz und imponierendes Auftreten. Konservative Gesinnung. Anerkennung der Autorität. Aufbauende Wirksamkeit. Schwer zu beeinflussende Menschen. Sachlichkeit. Gutmütigkeit.

2. Dekanat: Lebensfreude, Genußliebe bis zur Ausschweifung, aber ein intellektueller Einschlag drängt zum Erwerb der Güter. Kritik. Unterscheidungskraft. Neigung zur Musik, besonders zum Gesang. Große physische Kraft. Starke Sinnlichkeit. Zweifelhafte Treue.

---

*) Jedes Zeichen ist 30 Grade groß. Diese werden in drei Abschnitte zerlegt, genannt Dekanate. 1—10 = 1., 11—20 = 2., 21—30 = 3. Dekanat. Dementsprechend: vom 23. eines Monats bis zum 2. des folgenden = 1. Dekanat, vom 3.—12. = 2. Dekanat, vom 13.—22. = 3. Dekanat.

3. Dekanat: Streben auf geistigem Gebiete, zur Religion, Philosophie, zur Ethik und Pflege der Humanität drängend. Schlechte Einflüsse treiben zum Stumpfsinn und zu niedrigen Beschädigungen; Handarbeiten.

Zwillinge

Angelegenheiten des praktisch gerichteten Verstandes treten in den Vordergrund. Positives Naturell. Beweglichkeit, schnelle Veränderungen in den Zielen und Ansichten. Die Neigungen spalten sich leicht, die Kraft möchte zugleich an verschiedenen Stellen oder auf verschiedenen Gebieten wirken. Rasche Auffassung, aber auch schnelles Vergessen. Talent zu Schrift und Sprache und zu Künsten. Liebe zu Reisen. Umgängliches, freundliches Wesen. Gemäßigte Leidenschaften, gebändigte Sinnlichkeit. Künstlerische Neigungen und Anlagen. Anpassungsfähigkeit. Freude an der Literatur. Pflichttreue, Vertrauenswürdigkeit.

1. Dekanat: Die Stellung und Kraft von Merkur hat großen Einfluß, das ist entscheidend für das Vorherrschen der guten oder geringen Eigenschaften. Große Beweglichkeit der Gedanken, es fällt sehr schwer, sich zu konzentrieren. Starke Einbildungskraft. Die Gedanken schweifen gern umher. Schwankendes Wesen. Gewandtheit, Geschicklichkeit, die Frauen verstehen sich trefflich auf Handarbeiten. Liebe zur Kunst und zum graziösen Tanz. Reichtum an Ideen. Lesefieber fehlt selten. Geschick zum Zeichnen und zum Entwerfen. Aber vielfach Unentschlossenheit, es ist vorteilhaft, wenn eine stärkere Hand führt. Durchaus intellektuelles Wesen. Wenig Sinnlichkeit.

2. Dekanat: Das Zeichen Waage als Untereinfluß gibt mehr Kraft und Fülle, daher mehr Bestimmtheit und Vergleichungsvermögen. Die Leidenschaften sind kräftiger, das Streben hat festere Ziele. Die Anlagen zur Kunst sind augenfällig. Der Sinn für das Schöne ist entwickelt. Die engen Verbindungen haben großen Einfluß auf das Leben und die Entscheidungen.

3. Dekanat: Hier hat der Einfluß die größte Festigkeit und Beharrungsvermögen. Die geistige Seite tritt stark hervor. Humanistische Bestrebungen, ein philosophischer und wissenschaftlicher Geist. Feines Wesen, Herzensgüte, Mitleid. Viele und große Fähigkeiten für alle Geist und Verstand erfordernden Berufe.

Krebs

Das Gefühlsleben macht sich besonders bemerkbar. Das Temperament ist ruhig, phlegmatisch, das Wesen bescheiden, fast zurückhaltend. Der Einfluß hat aber dennoch große Kraft, nur daß sie sich nicht demonstrativ äußert. Daher kann ein Uneingeweihter die vom Zeichen Krebs Beeinflußten leicht unterschätzen, das kränkt diese Leute aber empfindlich, da sie selbst sich nicht gering einschätzen. Der Einfluß macht sehr sensitiv, feinfühlig, er befruchtet die Phantasie, und diese führt oft weiter weg, als wünschenswert ist. Große Reiseliebe, Neigung zum Meer und zu weiten, wasserreichen Flächen. Bemerkenswert ist die Fähigkeit, mit der man an allem Überlieferten hängt. Die Familie und das Heim nehmen einen großen Platz ein. Energie und Passivität bilden eine eigenartige Mischung, beides geht nebeneinander her. Der Einfluß macht sparsam und wirtschaftlich, aber bei der Anwesenheit von Konstellationen, welche dem entgegenwirken, kann ohne Schwierigkeit Geld ausgegeben werden. Andererseits vermag Saturn leicht zum Geiz zu treiben. Der Durchschnittstyp erscheint harmlos und friedfertig, ist es aber nicht immer. Leichte Reizbarkeit, Launenhaftigkeit. Oft ein gutes Gedächtnis, fast immer starke Selbstsucht. Für körperliche Arbeit wenig geeignet. Lust zum Wandern. Viele Veränderungen. Vielfach mediale Anlagen. Neigung zu ältern Leuten und Andenken aller Art. Talent für Nachahmung. Anlage für Okkultismus.

1. Dekanat: Die psychische, mediale Anlage tritt besonders hervor. Großer Ehrgeiz. Wirtschaftlichkeit. Bei zunehmendem Mond energisch, ausdauernd, tüchtig, bei abnehmendem Mond langsam, eher träge und unlustig zur Arbeit. Die Frauen haben das Bedürfnis zur Mutterschaft.

2. Dekanat: Der Einfluß des Zeichens Skorpion gibt stärkere Leidenschaften, aufgeregtes Wesen, starke Empfindungen, Abenteuerlust, große Zähigkeit und Unerschrockenheit, Eifersucht. Die Leute unter diesem Dekanat müssen mit Vorsicht beurteilt werden, sie zeigen oft recht wenig vom Krebseinfluß, um so mehr Einfluß von Mars und Skorpion. Kriegerische Neigungen. Ausdauer. Gute Köpfe.

3. Dekanat: Dieser Einfluß macht besonders gutherzig und gütig, gastfreundlich, angenehm. Auch ist die Arbeitslust entwickelt, so daß Frauen besonders empfehlenswert sind. Geschick zur Krankenpflege, zur Arbeit in der Wohlfahrtspflege. Der Zug zum Wasser ist besonders stark. Es können Reichtümer erworben werden.

Löwe

Eine sehr starke Gefühlsnatur verbindet sich mit Festigkeit, Kraft, Beharrlichkeit. Wer unter diesem Einfluß günstig gestellt ist, kann aus dem Vollen schöpfen. Das Temperament ist gemäßigt cholerisch. Rechtschaffenheit, Aufrichtigkeit, Edelmut, Entschlossenheit, Ehrgeiz, alle diese Eigenschaften fehlen selten, sind selbst in Spuren bei den schlechten Typen noch erkennbar. Der Einfluß macht treu, nur nicht immer in der Liebe, dazu ist die Leidenschaft zu groß und das Herz auch. Aber wenn eine heiße Liebe geweckt ist, dann wird dieser die Treue gewahrt. Das Auftreten bekundet

Würde, Vornehmheit, Warmherzigkeit. Die persönliche Ehre wird hoch gehalten. Großmut wird gern geübt. Großes technisches Geschick; Verständnis für Zeremonien, Pracht, Pomp. Der Ausdruck ist offen und klar. Diese Eigenschaften haben dazu geführt, das Zeichen Löwe als das fürstliche zu bezeichnen.

Im praktischen Leben zeigen sich die Leute mit Löweeinfluß als fleißig, wirtschaftlich, fast sparsam. Sie suchen ihre Ideale in Wirklichkeit umzusetzen. Selbstachtung. Große Anziehungskraft. Entwaffnung der Feinde. Künstlerische Anlagen.

1. Dekanat: Dieses ist durchaus von der Kraft der Sonnenstellung abhängig, daher gibt es viele Unterschiede. Man findet prahlerische, aber hohle Gesellen, und Personen mit höchster Würde. Autorität. Fähigkeit zum Befehlen. Liebevoll, fest, treu. Gerechtigkeitsliebe. Ordnungsliebe.

2. Dekanat: Dieses ist geistig besser gestellt, besonders wenn Jupiter gut steht. Religiosität. Neigung zu Reisen und Auslandsbeziehungen, auch zur Jagd, zum Sport. Verständnis für Geld. Strebsamkeit, Fähigkeit zum Organisieren. Oft künstlerische Neigungen. Das Wesen ist beweglicher. Anlage zur Prophetie. Verantwortungsgefühl.

3. Dekanat: In diesem tritt der intellektuelle Einschlag mehr hervor, daher ist es günstig für Wissenschaftler und besonders für Ärzte. Der Mut ist erheblich, Sinn für Militärwesen vorhanden. Anpassungsfähigkeit. Mitgefühl für den Mitmenschen, Opferwilligkeit. Großer Ernst. Ausdauer. Festigkeit.

Jungfrau

Der Einfluß in diesem Zeichen ist als der zweckmäßigste bezeichnet worden, weil er vielseitig befähigt und anpassungsfähig macht. Der irdisch gerichtete Merkur macht praktisch, kritisch, überlegend, ruhig, methodisch. Befähigung und Lust zum Organisieren. Der Intellekt ist hervortretend. Erfindungsgabe, Fleiß, Intelligenz. Es ist das Bestreben vorhanden, sich über alles zu unterrichten, daher ist immer ein Verständnis vorhanden, welches über den Durchschnitt geht. Wenn der Sonneneinfluß schwach ist, so ist aber das Wesen zu passiv, es werden mehr Einzelheiten gesehen, als die großen Linien, das Nebensächliche zieht mehr an, als die Hauptsache. Dann ist die Eigenschaft als Leiter zu verneinen, zumal der Einfluß an sich negativ ist. Daher begünstigt er Beamte und Angestellte. Alles Neue zieht an, es wird daher mehr angefangen als zu Ende geführt. Vielfach wird gesagt, dieser Einfluß mache egoistisch, ich habe das Gegenteil oft erfahren. Große Anziehungskraft auf das andere Geschlecht. Mangel an Unternehmungsmut und Selbstvertrauen findet man häufiger. Gute Gesellschafter mit Humor und Witz. Freude an der Natur und am

Arbeiten im Garten. Vorwiegend Selbstbeherrschung, doch zeitweise Erregungszustände, die jede Überlegung nehmen. Wenn Einflüsse aus Kardinalzeichen hinzutreten, ist Ehrgeiz vorhanden, dann gewinnen die guten Einflüsse das Übergewicht und diese führen in die Höhe. Keusche Gesinnung, aber viel Liebe.

1. Dekanat: Hier finden sich je nach der starken oder schwachen Stellung von Merkur vielfältige Typen, die üblen Eigenschaften machen sich häufiger bemerkbar. Das Wesen ist berechnend, zuweilen recht kleinlich, vorsichtig, tastend. Schlechte Aspekte machen unwahr, unzuverlässig, listig, berechnend. Die Zwiefältigkeit des Wesens tritt hervor. Neigung zu literarischer Beschäftigung.

2. Dekanat: Größere Strebsamkeit, geistige Kraft, ausgezeichnet für Wissenschaftler. Der Intellekt ist scharf, kritisch-analytisch. Mut und Unternehmungslust sind vorhanden. Das Wesen ist ernst, es hat einen grüblerischen, melancholischen Einschlag, gute Organisatoren. Vielseitige Interessen. Sparsamkeit.

3. Dekanat: Dieses macht schwerfälliger, unbeweglicher, weniger geistig interessiert, aber angenehm und liebenswürdig im Umgang. Treue Freunde. Günstig für Kunst, Gärtnerei. Liebe zu schönen Kleidern. Neigung zum Spiel. Vielfach in untergeordneten Stellungen tätig.

Waage

Verstand und Gefühl sollen sich das Gleichgewicht halten. Daher hat dieses Zeichen viele Feinheiten, die sich in Gerechtigkeit und Unparteilichkeit geltend machen. Das Bestreben nach einem harmonischen Ausgleich tritt hervor. Das gibt Idealismus, Liebe zur Ordnung. Außerdem spendet die Venus neben einem schönen Körper auch schöne Anlagen, besonders für Kunst und Kunsthandwerk. Das Wesen ist liebenswürdig, verbindlich. Wo der Verstand überwiegt, da treten die intellektuellen Fähigkeiten hervor, diese Leute sind ehrgeizig und hochstrebend. Die Willenskraft ist meistens weniger durchdringend, besonders nicht beim weiblichen Geschlecht. Durch Schmeichelei ist viel abzugewinnen. Vorwiegend freigebig, gesellig, vergnügungsliebend. Die Intuition übertrifft oft den Intellekt. Ausgezeichnet für Musik und Malerei. Mitgefühl.

1. Dekanat: Ist in der Wirkung von der Stellung der Venus abhängig. Vorwiegend ruhige, liebenswürdige, gutherzige Menschen. Ausgesprochener Sinn für Gerechtigkeit, Wahrheitsliebe. Im ganzen eine feine Natur.

2. Dekanat ist weniger einheitlich. Die Leidenschaften treten stark hervor und verursachen Entgleisungen, das ist der wunde Punkt. Aber auch die entgleisten Frauen zeigen Feinheit und Bescheidenheit, sie werden nicht gemein. Sonst hervorragende Geistesgaben, Sinn für Technik. Gute Gesellschafter. Treue, wo angängig.

3. Dekanat: Der Intellekt entscheidet den Wert. Viele Veränderungen, Beziehungen zur Literatur. Vergnügungsliebe. Die materielle Denkweise ist vorwiegend. Vielfach minderwertige Typen, aber immer geschickt im Ausdruck und gewandt im täglichen Leben.

Skorpion

Als fixes Zeichen gibt dieser Einfluß viel Festigkeit, Kraft, Selbstbewußtsein, selbst Würde und Stolz. Die Fähigkeiten sind vorwiegend ausgezeichnet, deren Richtung ist aber nicht einheitlich, es geht hinauf in geistige Höhen und hinab in niedrige Schlauheit, Gerissenheit und Leidenschaft. Das Wesen ist wegen des negativen, gemischt phlegmatischen und cholerischen Naturells vorwiegend ruhig, beherrscht, gemessen, es können aber jähzornige Erregungen auftreten. Die leicht kochenden Typen sind gefährlich. Vorwiegende Energie und Durchhältigkeit in der Verfolgung der Ziele. Verlangen nach Unabhängigkeit und Einfluß. Das Wesen zeigt Verschlossenheit, auch Mißtrauen bei Fremden, es liegt immer der Schimmer des Geheimnisvollen darüber. Aber es sind ehrliche, treue Freunde und Mitarbeiter, als Ehepartner, tüchtige Kameraden. Jede Äußerung von Neigung oder Abneigung, von Lob oder Tadel fällt auf einen fruchtbaren Boden. Der Charakter ist entschlossen, mutig. Der Geist ist bei den guten Typen lebendig, scharf, eindringend, kritisch, auflösend. Große Tatkraft. Ausgesprochene Neigung für Mystik und Okkultismus, ferner für Medizin, Chirurgie, Chemie, Pharmazie. Das Sinnesleben wird gepflegt bis zu allen Ausschweifungen, die guten, edlen Typen sind aber mäßig, haben Selbstbeherrschung.

1. Dekanat: Günstig für alle Marsberufe, für Militär, Chirurgie, Chemie. Sehr vertrauend. Viele Beziehungen. Nicht redselig. Freundliches und gütiges Wesen.

2. Dekanat: Starke Leidenschaften und Gefühle. Neigung zu geistigen Studien, Philosophie, Jurisprudenz usw. Oft künstlerische Anlagen, auch Kunsthandwerk. Gut für die Verwaltung. Leichte Auffassung, tieferes Wissen. Würden, öffentliche Funktionen. Große Vertrauensseligkeit mit Enttäuschungen. Lebhafter in der Sprache.

3. Dekanat: Ehrgeiz. Hervortreten im öffentlichen Leben, starker, beharrlicher Charakter. Neigung zum Meer und zu Küstengegenden. Neigung für das häusliche Leben. Große Phantasie und Intuition.

Schütze

Dieser Einfluß verleiht ein feuriges, positives Temperament und große Beweglichkeit, bis zur Ruhelosigkeit. Er macht großzügig, unternehmend und hoffnungsfreudig und tätig. Der gesunde, schmiegsame Körper macht zu jedem Sport geneigt, zu Spaziergängen, Jagd, Reiten und Waffenspiel. Das Wesen ist impulsiv, doch leitet eine gute Intuition zu richtigem Handeln. Gute geistige Begabung, die vielseitig verwendbar ist, Anpassungsfähigkeit erleichtert dies. Begeisterungsfähigkeit, Liebe zur Unabhängigkeit und Freiheit. Der Charakter ist vorwiegend friedliebend, humanitären Ideen zugängig. Das Wesen ist freundlich, höflich, allen entgegenkommend, aber leicht heftig werdend. Ziemlich leidenschaftliche Veranlagung. Gerechtigkeit, Religion, Philosophie verweisen auf höhere geistige Interessen. Technisches Geschick. Befähigung zu Erfindungen. Gutes Ausdrucksvermögen. Freigebigkeit.

1. Dekanat: Dieses schafft ziemlich ausgesprochene Charaktere. welche leicht heftig werden und sich nicht gut unterordnen. Der gute Jupitereinfluß befähigt zur Wissenschaft. Sonst Anlage zum Militär und zur Technik. Praktischer Blick, der auch die Einzelheiten wahrnimmt.

2. Dekanat: Kräftige Leidenschaften, gute Kopfarbeiter und Pläneschmieder mit eigenen Ideen. Freimütiges Wesen, leicht erregbar zur Heftigkeit. Scharfer, beweglicher Verstand mit Neigung zu Disputationen. Neigung zur Wissenschaft. Vollblutnaturen.

3. Dekanat: Großherzigkeit im Charakter, Würde und Stolz. Neigung zur Hartnäckigkeit in den Anschauungen, die Gesinnung ist sehr konservativ gerichtet, ohne jedoch die Liebe zur Freiheit zu beeinträchtigen. Scharfer, satirischer Verstand.

Steinbock

Negatives Naturell. Der Einfluß macht sehr praktisch, strebsam, sparsam und unermüdlich tätig. Wenn der Körper nicht beschäftigt ist, arbeitet der Geist, der sich ausgezeichnet zu konzentrieren vermag. Der Charakter ist beharrlich, geduldig, er vermag sich den Verhältnissen anzupassen, sucht aber immer, über diese hinauszukommen. Eignung zu verantwortungsvollen Stellungen. Bei Beschädigungen treten melancholische Depressionen auf. Bedeutender Ehrgeiz, der keine Ruhe läßt und immer wieder antreibt zu neuem Streben. Es ist leicht ein finsterer Zug zu beobachten, dieser paart sich gern mit Selbstsucht und Hartherzigkeit. Vorsichtigkeit im Handeln, es wird alles reiflich überlegt. Unbestechliche, ehrenhafte Gesinnung. Neigung zur Magie, zur Mystik. Talent zum Organisieren. Gute Intelligenz. Neigung zur Industrie, zum Handwerk, Berg- und Landbau. Freude an ernster Musik, auch an der religiösen. Diplomatie.

1. Dekanat: Die gute oder schlechte Stellung von Saturn und Sonne entscheidet den Typ. Bei guter Konstellation ausgezeichnete Einflüsse in der geschilderten Richtung, bei schlechter hingegen tritt Unentschlossenheit, mangelnde Intelligenz zutage. Dann sind untergeordnete Beschädigungen, auch auf oder am Wasser, in der Ordnung. Schwankende Gefühle.

2. Dekanat: Dieses macht vollblütiger und hübscher. Sehr viel Ausdauer und Beharrlichkeit. Anlage zur Kunst und Darstellung. Lebhaftes Wunschleben, Geselligkeit, Treue. Weniger günstig für geistige Tätigkeit, verminderte Urteilskraft. Große Festigkeit in den Ansichten.

3. Dekanat: Vorwiegend intellektueller Einschlag, Kritik. Neigung zu exakten Wissenschaften. Die Strebsamkeit ist weniger drängend, sie wirkt oft nur in geistiger Richtung. Die Willenskraft ist auch weniger hervortretend. Schlechte Aspekte machen mißtrauisch, zweifelsüchtig. Die Stoßkraft ist geringer, aber sie ist dennoch vorhanden. Keuschheit.

Wassermann

Dieser Einfluß gibt etwas seltsames im Wesen, das nicht leicht zu ergründen ist. Der gute Einfluß macht feingeistig, ruhig, bescheiden, menschenfreundlich, idealgerichtet. Der Humanismus findet hier seinen kräftigsten Ausdruck. Der Einfluß macht gerecht, ehrlich, intuitiv kunstliebend und ehrgeizig. Die ruhige Oberfläche verdeckt aber starke Leidenschaften, die bei guter Anlage gebändigt werden können. Fast immer findet sich im Herzen ein nie aufhörender, stiller Schmerz aus einer unterdrückten Liebe. Beharrlichkeit, Festigkeit, Ausdauer, Nachdenklichkeit. Sehr sympathische Menschen. Bei Beschädigungen anmaßend, eingebildet, unzuverlässig, eigensinnig. Niedere Typen sind einfach rohe Naturen, deren Launen schwer zu ertragen.

1. Dekanat: Vorwiegend positiv, macht energisch und klug, gewandt, ehrgeizig. Neigung zu absonderlichen Liebhabereien, vielfach mit künstlerischem Hintergrund. Autoritatives Wesen. Günstig für Studien und geistige Arbeiten.

2. Dekanat: Geringe Konzentrationsfähigkeit, Disharmonie im Wesen. Neigung zur Kunst und Tanz, Unentschlossenheit. Beredsamkeit und guter Ausdruck. Neigung zur Literatur.

3. Dekanat: Dieses macht besonders freundlich und angenehm im Wesen, gerecht, geselligkeitsliebend, sensitiv und inspirativ. Lebens- und Genußfreude in feiner Form. Die Gefühlsseite tritt mehr in die Erscheinung. Günstig für das Studium der menschlichen Natur. Kunstliebe. Viele Freunde.

Fische

Der Einfluß macht sehr negativ und weich, eindrucksfähig und empfänglich. Das Gemüt ist besonders entwickelt. Der gute Einfluß bildet aber ausgezeichnete Charaktere, die gerecht und barmherzig sind. Das Mitgefühl bekundet sich in allen Handlungen, Gastfreundlichkeit ist eine besonders zu rühmende Tugend. Große Tierliebe. Friedensliebe, Geduld, sich aufopferndes Wesen. Der Einfluß spaltet aber die Menschen, teils sind auch die guten Typen zwiespältig und ruhelos im Wesen, teils scheidet er jedoch die guten von den schlechten Einflüssen. Letztere bilden gänzlich ausdruckslose, unintelligente, willensschwache, träumerische Menschen. Die Phantasie ist immer tätig; bei guten Typen begünstigt sie die künstlerische Produktion, besonders in Zeichnung, Malerei und Musik. Bei den schlechten Typen macht sie faul und tatenlos. Die Leidenschaften sind nicht zu unterschätzen, diese können in plötzlichen Aufwallungen das Wesen sehr gereizt machen und zu unüberlegten Handlungen hinreißen, worauf ein Zustand der Lethargie folgt. Der gute Einfluß führt zur Geistigkeit, er befähigt besonders zur Religion, Philosophie, Verwaltung von Anstalten, Staatsdienst, Polizei. Der Einfluß macht mediumistisch oder sensitiv; ferner gibt er Neigung zur Zurückgezogenheit. Alle Leute unter diesem Einflusse achten auf eine gute Außenseite, sie tragen Masken, hinter die man bei fortgesetztem Verkehr zu schauen lernt. Gutes Pflichtgefühl, ehrenhafte Gesinnung. Die Arbeitslust ist beschränkt.

1. Dekanat: Die Konstellationen entscheiden den Typ. Der gute Typ ist tüchtig, ehrgeizig, gastfreundlich, gutem Essen und der Behaglichkeit zugeneigt, unternehmend. Vielseitigkeit im Beruf. Der schlechte ist oben bereits geschildert.

2. Dekanat: Hier beobachtet man oft ein mürrisches, verdrießliches Wesen, das besonders bei Frauen hervortritt. Die Männer sind sehr beharrlich. Immerhin fehlt auch hier die Arbeitslust, das Wesen wird leicht indolent, der Geist arbeitet langsam. Liebe zur Häuslichkeit.

3. Dekanat: Der Einfluß ist hier positiver, der Charakter ist entschiedener. Ruhelosigkeit im Wesen, aufbrausende Leidenschaften. Bei schlechten Bestrahlungen ist der Geist wankelmütig, verworren, phantastisch. Neigung für psychische Experimente. Selbstachtung, oft ohne Ursache. Eine sehr empfindliche Stellung.

Hier wird von Dekanaten gesprochen, sie müssen nachträglich vorgestellt werden. Diese 36 Dekanate sind bereits auf dem berühmten Tierkreis in dem ägyptischen Tempel in Denderah bildlich dargestellt. Wie dieses Buch sich in Körper, Seele, Geist gliedert, so auch die Dekanate, von denen jedes erste dem Körper, d. i. den Angelegenheiten eines Hauses oder Zeichens entspricht, jedes zweite den Leidenschaften der Seele, jedes dritte dem Intellekt. Verstande. Daher muß die Wirkung beschrieben werden, auch weil damit „gearbeitet" werden soll. Das Lernen ist leicht, wenn begriffen ist 1. Dekanat = Körper, 2. Dekanat = Seele, 3. Dekanat = Geist.

Die „Häuser"

Dieser Ausdruck kommt jedem vor Augen, der einen Blick in die Astrologie wirft, es bedarf einer Erklärung. Das Geburtshoroskop wird auch in 12 Abschnitte eingeteilt, ein jeder Abschnitt ist ein „Haus". Wenn das Horoskop mit einem, uns so geläufigen Uhrzifferndlatt verglichen wird, so finden wir, daß erstens die I im Horoskop auf dem Plaße der IX auf dem Zifferblatt steht und zweitens die Richtung der Zahlen entgegengeseßt ist.

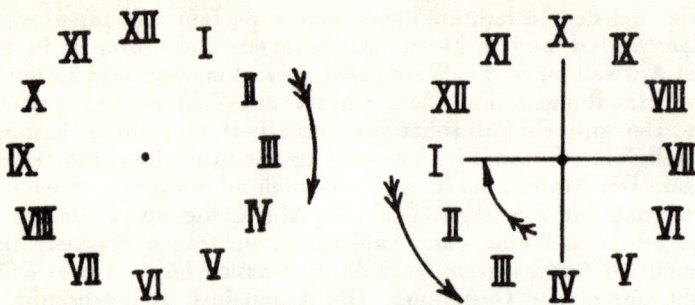

Beiläufig bemerke: Die Linie zwischen I und VII des Horo-skops heißt „d e r H o r i z o n t", diejenige zwischen X und IV „d e r M e r i d i a n". I ist Aufgang oder Aszendent, VII ist Unter-gang oder Deszendent. Bei X hat die Sonne oder jeder andere Stern die Mittagshöhe erreicht, dementsprechend bezeichnet IV den Mitternachtspunkt.

„Das widerspricht aber doch der Pfeilrichtung, nach diesem müßte IV den Mittag bezeichnen" — — — — wendet der besinn-liche Schüler ein.

„Ja, wenn die Sonne allein sich um die feststehende Erde drehte! Aber die Erde dreht sich auch und in entgegengeseßter Richtung." Wir haben im Horoskop demnach scheinbar zwei Bewe-gungen, die Planeten im Innern des Horoskops nehmen die Rich-tung des Uhrzeigers an! Der äußere Pfeil bezeichnet also den Fixsternhimmel, dessen Bewegung von Osten nach Westen jeder von uns in sternklaren Nächten beobachtet hat.

Jedes Haus regiert über bestimmte Angelegenheiten des menschlichen Schicksals und das ist nun ungemein interessant! Nämlich für unsere Absicht, uns und andern mit den 78 Blättern des Buches Thot Horoskope zu legen.

    I. Haus: Die Persönlichkeit. Charakter. Temperament. Hand-lungsweise.

  II.   „   Finanzielle Verhältnisse. Beweglicher Besiß. Gefühls-weise. Freiheit. Frieden.

  III.   „   Geschwister. Verwandte. Nachbarn. Erziehung. Kurze Reisen. Schriften. Konkrete Denkweise.

  IV.   „.   Haus. Heim. Alter. Elternhaus. Grundbesiß. Bau-wesen. Bergbau. Landbau.

V. Haus: Liebesangelegenheiten. Kinder. Vergnügungen. Spekulation. Erfüllung der Wünsche.

VI. „ Krankheiten. Gesundheitspflege. Kleidung. Dienstboten. Arbeitsverhältnis. Dienstbarkeit. Freie Berufe.

VII. „ Die Ehe. Teilhaberschaft. Vereine. Geselligkeit. Ehepartner. Zivil-Prozesse. Öffentliche Gegner.

VIII. „ Tod. Erbschaften. Mitgift. Vermögen des Partners. Okkultismus.

IX. „ Religion. Philosophie. Abstraktes Denken. Geistige Erziehung. Ausland. Weite Reisen. Seereisen.

X. „ Beruf. Amt. Ehre. Ruhm. Weltliche Macht. Erfolg. Soziale Stellung.

XI. „ Freundschaften. Glück. Wünsche und Hoffnungen. Protektion.

XII. „ Prüfungen. Sorgen. Feinde. Strafprozesse. Beschränkung der Freiheit (Anstalten, Gefängnisse, Krankenhäuser).

Als glückliche Häuser gelten die „Eckhäuser" I, IV, VII, X.

Als feindliche Häuser gelten besonders das VI., VIII., XII. Haus, wobei das letzte das schlimmste ist.

Außerdem hat man folgende Vergleiche zu beachten:

Eckhäuser I, IV, VII, X bergen den Charakter von Kardinalzeichen Widder, Krebs, Waage, Steinbock.

Nachfolgende Häuser II, V, VIII, XI stehen in engster Beziehung zu den fixen Zeichen Stier, Löwe, Skorpion, Wassermann.

Fallende Häuser III, VI, IX, XII sind zu vergleichen mit gemeinschaftlichen Zeichen Zwillinge, Jungfrau, Schütze, Fische.

Man beurteile die Häuser und deren Angelegenheiten nach den Zeichen an ihrer Spitze, nach der Stellung der Planeten-Regenten des betreffenden Zeichens und nach den im Hause selbst befindlichen Planeten, nebst deren sämtlichen Aspekten.

Jetzt möchten die 12 Tierkreiszeichen und die 12 Häuser ein hübsches Durcheinander bereiten, aber schnell sei die Sache vereinfacht: Jedes Tierkreiszeichen ist mit dem gleichbezifferten Hause des Horoskopes verbunden I mit I, II mit II, usw. Das wäre also recht übersichtlich, wenn . . . . . ja wenn immer dasselbe Zeichen Widder am Anfang läge! Das ist nun recht selten der Fall, meistens treffen wir auf andere Zeichen und dann läutet die Glocke Alarm! Was das bedeutet, hat der Verfasser in seinem astrologischen Hauptwerk „Erklärung und systematische Deutung des Geburtshoroskopes", in einer Plauderei geschildert, die hier zum Abdruck gebracht sei:

Uhren, die nicht richtig gehen

Dies Wort hat hier fast tragischen Sinn, wenn ich es vom Standpunkte des Astrologen aus anwende. Denn in so manch eines Menschen Horoskop entdeckte ich Einflüsse bitterer Art und mußte mir mitleidend sagen: „Auch einer, der zu spät dran ist beim meisten in seinem Leben!" Und wieder andrer Menschen Uhr weist viel zu früh die Zeit: sie handeln, noch ehe ihre Stunde schlug. Aus alledem erwächst das Leid, Daseinsfreiheit und Daseinsmuß vergiftend, Seele und Sinn verdunkelnd, Wollen unwillfährig und den Willen wollensunfähig prägend. Das Geistige am Geiste lauscht dem Stundenschlagen erst entgegen, das Menschliche am Menschen aber meint die Uhr schon vernommen zu haben. Und noch bevor der Geist in seiner sonnengesegneten Natur sich aus seines Geheimnisses Dunkelheiten zum Tagen wendet — gleich der aufgehenden Sonne, da sie es ja ist, die im Horoskop den höheren geistigen Ausdruck darstellt —, noch vor dem treibt der Wahn des Irdischen zur Tat oder zum Tun; denn die Erde, verkörpert im Horoskop durch das östlich aufsteigende Zeichen des Zodiaks, die Erde ist es, die den physischen Körper des Menschen bildete, den Leib schuf, der zum Ausdruck bringen soll, was aus dem Geiste oder durch den Geist spricht.

Der Mensch: die Uhr in ihrer Gesamtheit, oder enger betrachtet — das Gehäuse. Der Mond: das Werk und die tief verborgene Bewegungsmöglichkeit des Ganzen. Die Sonne aber: die Feder, die dem Uhrwerk Leben und Bewegung verleiht, alles vom starren Totsein befreiend. Und die Erde...? Mit der Antwort auf diese Frage hebt an, was ich hier sagen will.

„Mundan" heißt weltlich, besser „irdisch". Das mundane Horoskop — der Innenteil des vollkommenen Horoskops — ist das Normale, ist die richtig gehende Uhr, ist aber das Gesetz, das wir nicht erfüllen können. Daher weicht so ziemlich ein jedes Geburtshoroskop von dem mundanen Horoskop ab.

Die Menschenuhren gehen also falsch!

Diese Deviation, um mich eines Fremdwortes zu bedienen, ist das Charakteristische, ist das, was zu erfassen und zu beurteilen ist. Hier gleicht der Astrolog dem Uhrmacher, wenn auch einem, der zwar am einmal unrichtig gebauten Werke nichts mehr zu ändern vermag, den Eigentümer aber auf die Mängel hinzuweisen versteht. Es liegt dann an dem so Belehrten selbst, daß er sich mit Nutzen möglichst nach dem in Gang gesetzten Werke richte, oder daß er von Zeit zu Zeit vorsichtig versuche, Hoffnungen und Wünschen entsprechend den Weiser zu verstellen.

Steht das Zeichen Waage am Aszendent, so ist die Polarität verkehrt worden: nicht der Geborene findet seine Ergänzung, sondern er ist verurteilt, Ergänzung sein zu müssen — er herrscht nicht, untersteht vielmehr der Herrschaft anderer. Der Gegenpol ist dann Widder, ein Marszeichen — wie Waage ein Venuszeichen. Venus, die über Mars herrschen will? . . . das ist gleichsam der entkräftete Simson zu Füßen der Dalila.

Der Steinbock am Aszendent: der östliche Horizont im Zeichen des Gehorchens — des Gehorchenmüssens allerdings, das zugleich Herrschenwollen in sich birgt. So ist der Geborene Knecht der ihm eigenen Gegensätze — ist seines Berufes Knecht, der ihm Ehrgeiz verlieh, und zu dem ihn der Ehrgeiz trieb. Er herrscht und ist zugleich doch Untertan, weil Untergebener seiner Strebsamkeit.

Steht der Krebs am Aszendent, dann ist die Psyche zu stark, der eigene Geist zu schwach. Dagegen sich auflehnen? Mundan der Widder hier ist doch Mars? Der Krebs aber ist ein Mondzeichen. Also Mond im Kampfe mit Mars? Das gibt das Veränderliche, Unruhige, das Hängen in den häuslichen Verhältnissen und in der Häuslichkeit, das Unmotivierte im Wesen, wir alle es kennen. Ist aber der Mars selbst schwach, dann ist er ein Zeichen für Frauen, deren Ich im Hausfrauenberufe, schöner noch am Mutterberufe, oft gänzlich aufgeht.

Wer das Zeichen Jungfrau am Aufgange hat, der dient — entweder andern Menschen oder einer Idee, einem Plane. Er dient, vielleicht troß aller Gegenwehr, mehr andern als sich selbst, dient so oder so.

Das Zeichen Zwillinge setzt den Intellekt an die Stelle des bewußten Willens. Welch ein Zeichen anstelle von Widder denn auch am Aszendent stünde: immer weicht der Geborene von der Norm ab.

In dieser Weise urteilen wir aber auch bei allen den elf andern Häusern und vergessen auch die sekundären Einflüsse der Dekanate nicht.

So entdeckten wir einen Quell tiefsten Erkennens und wir gewahren erst, wie wenig es der Menschen gibt, von dem wir sagen dürfen: er ist das Ideal von einem Menschen. Aber wir wissen nun auch, wie eigentlich der Idealmensch sein sollte. Und dies Erkennen lehrt uns, die Schaffung der Menschenform, die von den Planeten im Horoskop belebt und in Bewegung gesetzt wird.

Aber das Mundan-Horoskop ist wie das wache Gewissen. Es mahnt und läßt uns keine Ruh. Es ist das, was der Uhrmacher „die Unruh" im Gangwerk der Uhr nennt. Diese Unruh aber hat den Zweck, das Gleichmaß des Ganges und den Gang selbst zu regulieren.

Der Makrokosmos? Wann ist seine Zeit gekommen — die Zeit, da alle Menschenuhren richtig gehen werden?

Die Wirkung der Mondstationen

Die alten Astrologen haben den Mondstationen Wirkungen auf den Menschen zugeschrieben, wie wir dem Tierkreis und die Indier arbeiten noch in der Gegenwart damit. Wir Europäer unterscheiden die Mondwirkungen genauer getrennt nach den einzelnen Tierkreiszeichen, der Verfasser hat in seinem bereits angeführten Buche noch die Wirkungen der Dekanate angegeben. Hingegen umfassen die einzelnen Mondstationen immer verschiedene Dekanate, vielfach aber die Wirkungen zweier Zeichen. Der Mond kann bei höchster Deklination etwa 5 Grad über die Ekliptik hinausgehen und kommt dann, mit Sternen a u ß e r h a l b d e r E k l i p t i k in Berührung, aber das kommt nur etwa alle 8 Jahre vor. Die Deklination des Mondes schwankt zwischen rund 18 und 28 Graden. Etwa 8 Jahre dauert das Anschwellen, ebenso lange das Abschwellen. Damit ist nur in jedem 5. Jahre die Deklination von der Ekliptik begrenzt, die übrigen Jahre haben zur Hälfte eine Deklination über die Sonnenbahn hinaus, zur andern Hälfte aber i n n e r h a l b d e r E k l i p t i k. Es hat daher seinen guten Grund, wenn wir den alten Beschreibungen der Stationseinflüsse nicht folgen, soweit die Geburtshoroskopie gemeint ist.

Anders kann es für die F r a g e h o r o s k o p i e sein, dafür sind manche Angaben besser geeignet und weil für unsere Zwecke derartige Auskünfte eher Sinn haben, gebe ich eine Übersicht davon. Diese Bedeutungen sind den G r o ß e n A r c a n a beizulegen, welche ja die Mondstationen vorstellen. Wenn also ein Großes Arcana astrologisch zur Deutung kommt, so ist die Karte unter Berücksichtigung der Lage der Karte, z. B. in einem Hause des Horoskops, zu verstehen:

Karte	Gerade fallend, günstig für:	Verkehrt fallend, ungünst. für:
1 Alsaratan	Wasserreisen, Landreisen. Heilmittel. Neue Kleider. Kauf von Haustieren.	Dispute, Streit.
2 Albutain	Handel, Schiffahrt, Jagd, Säen. Neue Kleider. Haustiere, alles vorübergehende.	Bündnisse. Dauerndes. Ehe, Gebäude, Brunnen. Es gibt Hindernisse, Zwietracht, Zerstörung.
3 Altarajja	Ehe, Krankenheilung, Unterricht. Abschluß einer Reise. Beginn eines Hausbaues. Gesundheit, Wohlwollen.	Dasselbe wie als günstig beschrieben, nur geringer in der Wirkung.
4 Aldabaran	Säen, Jagd. Kriegsbeginn, Belagerung. Prozesse.	Gesundheit, Krankenbehandlung, Ernten. Gute Werke. Zerstörung von Gebäuden, Bergwerken, Brunnen. Zwietracht.
5 Alhaka	Säen, pflügen. Freundschaft, Geselligkeit. Gewinn.	Verkehr mit Behörden. Reisen.

Karte	Gerade fallend, günstig für:	Verkehrt fallend, ungünst. für:
6 Alhana	Wasserreisen. Liebe, Freundschaft. Neue Kleider. Heilbehandlung, Medikamente. Mahlen. Jagd.	Gefangenschaft, Dauerndes, Landreisen. Eintracht. Harmonie. Gesundheit.
7 Aldira	Heirat, Liebe. Kauf und Verkauf, Gebäude, Hilfe gegen Widersacher. Säen, pflanzen. Beginnen.	Reisen. Entlassungen.
8 Alnatra	Bauen, pflügen, pflanzen, säen, ernten. Ehe. Gesellschaft, Reisen. Wohlwollen. Beginn von Prozessen.	Schiffahrt. Gerichtliche Anzeigen und Anklagen. Dauernde Gefangenschaft.
9 Altarf	Heirat. Krankenbehandlung, Liebe. Säen, pflügen, pflanzen. Genesung. Schiffahrt.	Landreisen. Studien. Ernten. Reisen. Zwietracht.
10 Algabha	Brunnen und Kanäle. Dauer. Liebe. Hilfe.	Reisen.
11 Alzubra	Scheidung. Reisen. Handel.	Reisen. Medikamente, Kaufverträge, Abmachungen. Zwietracht.
12 Alsarfa	Hausbau. Tierkauf. Tiere auf die Weide. Dauernder Landkauf. Ehrenstellen. Liebe. Verbesserung. Schiffahrt. Landbau. Dienstboten, Teilhaber.	Zwietracht. Aufruhr, Verschwörung, Rachepläne. Schiffahrt.
13 Alawwâ	Streit, Beilegung, Belagerung. Gewinn. Freiheit.	Besteige kein Schiff. Schiffahrt, Vertreibung. Gefangenschaft.
14 Alsimâk	Kauf von Haustieren. Liebe der Gatten. Heilung. Schiffahrt.	Vernichtet das Vermögen des Teilhabers. Drang zur Ortsveränderung. Beschränkte Freiheit. Landreisen.
15 Algafr	Hausbau, Landkauf. Säen. Ernte. Brunnen.	Gewinn, Wanderung, Scheidung Häuser. Feindschaft. Hindernisse.
16 Alzubanâ	Neue Kleider, Medikamente, Gesundheit, Reisen. Freiheit.	Eheschluß. Unsichere Dienstboten. Gefangenschaft. Ernten. Handel.
17 Aliklil	Gesundheit, Heilmittel, Reisen. Scheidung, Wiedergabe der Freiheit. Verbesserung. Liebe. Gebäuden. Dauer.	Die günstige Wirkung, aber vermindert.
18 Alkalb	Krieg, ehelicher Frieden, Sieg, Gesundheit, Medikamente. Bauwesen.	Amtsverrichtungen. Zwietracht Aufruhr. Verschwörung. Rache an Feinden. Diebstahl.
19 Alsáula	Krieg, Unternehmer, Prozesse, Reisen gen Süden. Belagerung, Bauwesen, Botschaften.	Zauberei. Schiffahrt. Gefangenschaft.
20 Alna'aim	Liebe, Vereinigung, Befreiung. Tiere.	Alles Begonnene geht fehl. Gebäude. Bedrückung. Verlust des Vermögens. Zwang.
21 Albalda	Pflügen, Säen, Ernten. Handel. Heirat. Gewinn. Gesundheit. Wandern. Scheidung.	Schiffahrt. Gefangenschaft.
0 Aldabih	Handel, Ernte, Säen. Heirat, Reisen. Flucht von Gefangenen.	Geldverlust, Freiheitsberaubung, Unfälle und Gefahren.

Die Kleinen Arcana

Nachdem also die Großen Arcana die Symbole für die Tierkreiszeichen und Planeten tragen, was sollen dann noch die Kleinen Arcana? Dafür gibt es allerhand Bedeutungen. Nehmen wir die 21. Tarotkarte alles in allem, so haben wir hier die symbolische Darstellung:

	Temperament:	Der Körper ist:
Stab = Erde = Stier	melancholisch	kalt und trocken
Pokal = Luft = Mensch	sanguinisch	heiß und feucht
Degen = Feuer = Löwe	cholerisch	heiß und trocken
Münzen = Wasser = Adler	phlegmatisch	kalt und feucht

Sollte nicht eigentlich der Adler das luftige Element darstellen? In ältesten Zeiten wurde diese Abteilung des Himmels (denn darum handelt es sich hier) mit Adler bezeichnet, seit mehr denn 3000 Jahren vor unserer Zeitrechnung aber schon mit Skorpion und das ist ein Wasserzeichen! Der Adler ist daher ein Kennzeichen für das hohe Alter der Großen Arcana: mehr denn 5000 Jahre!

Die vier Elemente werden durch vier Planeten vertreten, Erde: Saturn, Luft: Venus, Feuer: Mars, Wasser: Mond. Unsere Karten sind aber kombiniert und so war rätlich, diesen Untereinfluß, auf Grund alten Gebrauchtums, zum Ausdruck zu bringen. Man kann sich das leicht merken:

	Recht fallend:	Verkehrt fallend:
Stäbe	♄ mit ♃	♄ mit ♂
Pokale	♃ mit ♀	♃ mit ♂
Degen	♂ mit ♃	♂ mit ☿
Münzen	♀ mit ☽	☽/♀ mit ♂

Es entsprechen immer
der König der Sonne;   der Ritter dem Mars;
die Königin dem Mond;   der Knappe dem Merkur.

Ferner wenn wir jetzt die Zahlkarten nehmen:

1 = Pluto	6 = Mars
2 = Neptun	7 = Sonne
3 = Uranus	8 = Venus
4 = Saturn	9 = Merkur
5 = Jupiter	10 = Mond

Somit hätten wir das Material beieinander, um mit den Tarotkarten Astrologie zu treiben. Der Verfasser war gezwungen, sich auf das Notwendigste zu beschränken. Erschöpft ist der Stoff durchaus nicht, wer tiefer in die Astrologie eindringen will, beschaffe sich zunächst das Buch „Begriffene Astrologie". Die Kenntnis der darin niedergelegten Lehren ermöglicht eine noch viel eingehendere Ausdeutung eines Horoskopes, ob astrologisch berechnet und gestellt, oder mit Karten gelegt.

Eine historische Anmerkung:

Hermes Trismegistos oder Thot war der Gott des Intellektes bei den alten Ägyptern. Ihm werden alle wissenschaftlichen Bücher der Priester zugeschrieben, auch die Erfindung der Schrift. Die Überlieferung nennt dabei auch das Buch Thot oder Tarot. Trismegistos heißt dreifacher Meister. Trismegistos beherrscht die Lehre vom Körper, Seele und Geist, angewendet auf das Universum = Makrokosmos, und den Menschen = Mikrokosmos.

Die Bedeutung der Stundenregenten

Es ist nun nötig, zu wissen, welche Bedeutung es hat, wenn ein Planet die Stunde regiert. Denn Tag und Stunden haben schon eine gewisse Vorbedeutung, sie schwingen in dem folgenden Konzert der aufgelegten Karten den Taktstock. Ob Tag oder Stunde, jeder Planet hat seine Wirkungspläne.

Der Tag beginnt abends um 6 Uhr, z. B. Montag Abend 8 Uhr: Tagesregent Mars! Weil schon Dienstag!

Sonne: Ruhm, Ehre, Ansehen, Unabhängigkeit, Protektion, Offenheit, Scharfblick, Geschicklichkeit, Größe. Mut, Tatkraft. Regierende und mächtige Personen. Herz.

Mond: Wechsel, Unbeständigkeit. Mutterschaft. Abhängigkeit. Phantasie, Mitleid, Unsicherheit. Eigensinn, passive Herrschaft. Bescheidenheit. Wanderung, Seereisen, Wohnungsveränderungen. Ortswechsel. Träume. Frauen, Volk. Brust und Magen.

Mars: Willensstärke. Streit. Gewalttätigkeit, Rücksichtslosigkeit, Mut, Angriffslust. Verführung. Laster. Unternehmungslust. Technik. Werkzeuge und Waffen. Feuer. Chemikalien. Blut. Galle, Harn. Unterleib. Militär. Techniker. Chemiker. Handwerker. Junge Männer mit Absichten.

Jupiter: Rechtschaffenheit, Würde, Religion. Gerechtigkeit, Vorsichtigkeit, Umsichtigkeit. Geistige Kraft. Ehrgeiz. Ausland. Große dauernde Erfolge. Besitz. Leber. Oberschenkel. Würdige Personen. Priester, Richter, Wohlhabende.

Merkur: Verstand. Reisen. Schrift und Sprache. Handel und Verkehr, Verkehrswege. Vermittlung. Boten und Botschafter. Zeitungen. Post. Briefe. Reisende. Beamte. Kaufleute. Rechtsanwälte. Literaten. Journalisten. Wissenschaftler. Veränderung. Nerven.

Venus: Liebe. Sinnlichkeit. Schönheit. Kunst. Reichtum, Geld, Gewinn. Freundlichkeit, Grazie, Vertrauensseligkeit, leicht zu täuschen. Leichtsinn, Genußliebe, Eitelkeit. Schnelles, aber zweifelhaftes Glück. Junge Mädchen und Frauen, Geliebte. Künstler.

Saturn: Verschlossenheit. Ernst, Arbeitsamkeit. Grübelei. Gelehrsamkeit. Zähigkeit, Ausdauer, Beständigkeit. Erfolge nach Mißgeschick und durch Fleiß, aber auch Unglück, Armut, Zuverlässigkeit. Viele Pläne, wenig Erfolg. Ererbte Würde. Industrielle, Handwerker, Arbeiter, Schiffer, alte Leute, Juden. Dazu kommt nun der Monat und seine Bedeutung.

Die Zeitangaben im Horoskop

Man will die Angelegenheiten zeitlich ordnen können. Schön, das Horoskop hat in sich alle Elemente dazu.

Zunächst die Monate: in der Aufstellung der Tierkreiszeichen sind die Monate genau angegeben. Innerhalb dieser Zeiten steht die Sonne in einem Zeichen im Laufe eines Jahres und übermittelt uns diesen Einfluß. Das ist also in der Natur begründet.

Dann merke: jedes Dekanat eines Hauses schildert 25 Lebensjahre f ü r d i e A n g e l e g e n h e i t e n d e s s e l b e n H a u s e s. Die rechtsliegende Karte also die Jugendjahre bis 25, die mittlere die reifen Jahre 25—50, die linksliegenden die Jahre 50—75. Dann denken wir uns einen Uhrzeiger, er steht auf I und geht in der Richtung eines jeden vernünftigen Uhrzeigers, also von I auf XII, dann XI, X usw. Jedes Haus schildert rund acht Jahre des Lebens, oder genauer drei Häuser zusammen 25 Jahre. Demnach

XII. Hause	die	Kinderzeit		bis 8 Jahren,
XI. „	„	erste Jugend		bis 16 Jahren,
X. „	„	Jahre der Geschlechtsreife,		bis 25 Jahren,
IX. „	„	„	des beruflichen Strebens	bis 33 Jahren,
VIII. „	„	„	der vollen Kraft	bis 41 Jahren,
VII. „	„	„	des Ueberganges	bis 50 Jahren,
VI. „	„	„	der geistigen Reife	bis 58 Jahren,
V. „	„	„	geistiger Kulmination	bis 66 Jahren,
IV. „	„	„	der körperlichen Abnahme	bis 75 Jahren.

Auch diese Zeitangaben sind in der Natur begründet, der Phantasie entzogen. Da nun jedes Haus drei Karten enthält, so schildert jede im besonderen 2¾ Jahre. Damit kommt man allen Datierungen schon recht nahe und man weiß immer, was zur Zeit vorherrschend ist.

Die Ortsangaben im Horoskop

Das I. Haus ist Osten	
Das X. Haus ist Süden	Die dazwischen liegenden Häuser
Das VII. Haus ist Westen	bezeichnen die andern Richtungen
Das IV. Haus ist Norden	der Rose des Kompasses.

Kardinal- oder Eckzeichen (Widder, Krebs, Waage, Steinbock) bezeichnen das Innere an Häusern oder Ecken von Straßen, Marktplätze, Regierungs- und Verwaltungsgebäude.

Fixe Zeichen (Stier, Löwe, Skorpion, Wassermann) bezeichnen eine Stadt.

Gemeinschaftliche Zeichen (Zwillinge, Jungfrau, Schütze, Fische) bezeichnen Verkehrswege.

Das wird durch die Elementarzeichen spezialisiert:

Widder = Regierungsgebäude, Kasernen usw.
Krebs = Privathäuser, Gasthäuser
Waage = Standesämter, Gerichtsgebäude
Steinbock = Fabriken, Gutshöfe, Werkstätten
Stier = Landstadt
Löwe = Regierungshauptstadt
Skorpion = Industriestadt
Wassermann = Stadt im Gebirge
Zwillinge = Luftverkehr
Jungfrau = Straßen, Landstraßen, Post
Schütze = Eisenbahnen, Telegraphie, Telephonie
Fische = Schiffahrtswege.

Ich denke, damit kann jeder zurechtkommen.

Wissen Sie auch, verehrter Leser, daß wir im Horoskop acht verschiedene Arten von „Kammern" haben? Passen Sie einmal auf:

II. Haus: Geld- oder Finanzkammer.
III. „ Kammer der Geschwister, Schreibkammer.
IV. „ Kammer der Eltern.
V. „ Kammer der Kinder, der Geliebten und der Musik (Kammermusik).
VI. „ Arbeitskammer. Krankenkammer.
VII. „ Kammer der Gatten, das Kammergericht.
VIII. „ Totenkammer.
X. „ Handelskammer, Gewerbekammer usw.

Die „Kammerspiele" werden meistens im V. und VII. Hause aufgeführt.

Ja, wenn man sich nur in allen diesen Kammern gut betten könnte! Aber in wie wenigen findet man endlich einmal Ruhe! Am sichersten in der — — Totenkammer.

Sonst reimt sich auf das Wörtlein Kammer,
Am besten noch das Wörtlein Jammer!

Hermes Trismegistos

„O du All, das in uns ist, du Leben erhalte uns, du Licht erleuchte uns; du Geist Gottes, dein Wort, du geistbringender Werkmeister, wird von dem Gemüte geweidet.

Du bist Gott, dein Mensch rufet solches durch Feuer, durch Luft, durch Erde, durch Wasser, durch Geist, durch deine Geschöpfe."

Hermetis Trismegisti an seinen Sohn Tatium.

Hierzu wird das ganze Spiel verwendet. Die Karten werden gemischt und abgehoben, die jeweilig z w e i t e Karte wird gelegt. Die erste Karte kommt in den Mittelpunkt des Horoskopes, dann werden die Karten für das I., IV., VII. und X. Haus gelegt, also das aus Horizont und Meridian gebildete Kreuz. Dann kommen an die Reihe das II., V., VIII. und XI. Haus, zuletzt das III., VI., IX. und XII. Haus. Jetzt kommt wieder eine Karte in die Mitte, und es wird in derselben Reihenfolge jedem Hause eine zweite Karte zugefügt. Schließlich kommt die 3. Karte in die Mitte und jedes Haus erhält seine 3. Karte. Es sind also vorhanden: In der Mitte 1 Häufchen mit 3 Karten, im Umkreise 12 Häufchen mit je drei Karten, zusammen 39 Karten oder genau das halbe Spiel.

Jetzt werden die 3 Karten auf jedem Häufchen auseinandergelegt, rechts kommt die erstgelegte Karte, in die Mitte die zweite, links die zuletzt gelegte.

Die erste Karte entspricht der Spitze des Hauses, es bestimmt den Regenten; den Körper; die Vergangenheit.

Die zweite Karte entspricht dem mittleren Dekanat, der Seele, der Gegenwart.

Die dritte Karte entspricht dem letzten Dekanat, dem Geiste, der Zukunft.

Damit ist das große Horoskop des Hermes aufgelegt und es kann die Ausdeutung beginnen. Diese geschieht durchaus nach astrologischen Grundsätzen, es werden nur Tierkreiszeichen und Planetensymbole berücksichtigt. Keine Bilder!

Die Angelegenheiten eines jeden Hauses werden beurteilt nach den Karten, die hineingefallen sind, nach dem Charakter des regierenden Planeten und der sonst in das Haus gefallenen Karten.

Die drei Karten in der Mitte schildern die Art der Person oder die Veranlassung und die Ursache der Fragestellung. Auch hier ist Vergangenheit, Gegenwart und die Zukunft, wie sie erhofft wird, ersichtlich. Das wird mit den einzelnen Häusern in Verbindung gebracht.

Deute zusammen

I	V	IX	Das Individuelle, Erstrebte.
II	VI	X	Geld, Arbeit, Ansehen, Beruf.
III	VII	XI	Verwandte, Ehe, Partner, Freunde.
IV	VIII	XII	Haus, Tod, Feindschaft.

Über die Zeitangaben siehe den besonderen Abschnitt darüber.

Die Sache ist nicht ganz einfach, da heißt es lernen und studieren! Aber einige Anhaltepunkte kann ich noch geben.

Das erste Haus deutet stets auf den Fragenden. Liegt ein Großes Arcana mit einem Tierkreiszeichen darin, so schildert dieses die Person, liegen 2 solcher Arcana da, so bedeutet die zweite den bei der Person vorherrschenden Mondeinfluß, die dritte Karte ebenso den Sonneneinfluß. Sonne und Mond nehmen immer den

Charakter des Zeichens an, in dem sie liegen! Die Sonne wirkt auf den Geist, der Mond auf Verstand und Triebleben an. Die Kleinen Arcana mit Planetenbezeichnungen geben über die vorliegenden Verhältnisse weitere Auskunft.

Das VII. Haus schildert in derselben Weise den Ehepartner oder Teilhaber! Bedenkt: jeder Mensch hat eine Umwelt, Arbeitskollegen, Verwandte, Freunde. Diese Personen wirken auf ihn ein! Erkenne aus dem III., VI., VII., X. und XI. Hause diese Einflüsse! Männliche Planeten bezeichnen Männer, ♂ dabei junge Männer, weibliche Planeten weisen auf Frauen hin, Venus auf junge Mädchen, Geliebte, der Mond auf Verheiratete, Neptun auf solche Geschöpfe, bei denen Phantasie mehr gilt als Wirklichkeit, bei denen die Phantasie vom Alltäglichen fortführt. Merkur deutet auf Kinder oder Halbwüchsige hin. Saturn bezeichnet den Vater, der Mond die Mutter!

So verbinde das II. mit dem VI. und X. Hause, denn das Geld ist abhängig von der Arbeit und der Stellung in der Welt.

Das XII. Haus, auch das VI. Haus, schildern feindliche Einflüsse!

Das III. Haus zeigt auf den Verstand, das IX. auf Erziehung und höheres Wissen.

Glück, Freude, Liebe, Vergnügen, Kunst suche im V. Hause.

In dem erwähnten Buche finden sich noch Hunderte und Überhunderte sonstige Anweisungen, die befähigen, auch das Geburtshoroskop von einem Astrologen auszulegen. Aber wer das beherzigt, was ich hier gesagt habe, kann auch jetzt schon vieles darin erkennen.

Für einen Mann aufgelegt.

Beispiel. Aufgelegt an einem Jupiter-Tag in der Marsstunde, gerade am Übergange von der Jupiterstunde. Da kein Großes Arcana in I liegt, wird die fragende Person beschrieben durch die drei Karten im Zentrum.

III	II	I
XIII	☉	♃
Erde	☿ ☾ ♂	♃ ♂

Die erste Karte bezeichnet die Person, der Einfluß entspricht g e n a u dem der Tages- und Stundenregenten! Die Seele wird durch die II. Karte bezeichnet, sie ist intellektuell gerichtet, leidet unter dem Triebleben, das genau erkannt ist. Der Geist wird durch die Karte XIII = der Tod, entsprechend dem Elemente Erde, gekennzeichnet. Das gibt ihm praktische Ideen und Ziele, verhindert eine ins Leere flatternde Phantasie. ♃ / ♂ / ☉ geben Geistigkeit an sich, ferner Tatkraft, Würde, Ansehen. Da eine Münzenkarte in der Mitte = Gegenwart liegt, so werden die Gedanken zur Zeit beherrscht von Geldangelegenheiten, Reisen, Briefe. Besuche usw.

In den 12 Häusern finden sich folgende Karten vor:

I	♂/☉☿	☾/♃♂	♄/♂☿	VII	♉	♋	♂/♃♂
II	♄	♌	♂/☿	VIII	☿/♄♃	♀/♃♂	☾/♂♀
III	♉/♀☾	☿/☾	♃/♄♂	IX	☾/♂♀	♁	♂
IV	♉/♄♂	☿/♃☿	☉/♃♀	X	△	♉/♃♀	♃/☾♂
V	♃/☿♀	☉/♂♃	♅/♂♃	XI	♄/☾♄♂	♂	☉/♃♂
VI	♂/♂♃	☉/♂♀	♒	XII	♀/☿	☾	♅/♃♀

Wo nun ein Tierkreiszeichen, Planeten- oder Elementarsymbol angegeben, handelt es sich um Große Arcana. Bei den andern Karten ist der Planetenhaupteinfluß zuerst angegeben, der Untereinfluß hinter dem Strich. Da bei dieser Deutungsweise keine Aspekte in Betracht gezogen werden, so entscheidet der Untereinfluß die Güte des Haupteinflusses. So ist z. B. ☾ / ♃♂ im I. Hause mit ungünstiger Wirkung behaftet, ebenso ♆ / ♄♂ im IV. Hause. Es kann nun mancher Einfluß eine gute Wirkung auf den Verstand haben, aber einen üblen auf die materiellen Verhältnisse. Da müssen die Angelegenheiten der Häuser betrachtet werden, ob diese materielle oder geistige Dinge betreffen. Die Auslegung wird meine Auffassung erklären. Die Art der fragenden Person ist stets bei der Ausdeutung im Auge zu halten.

I. Haus. Mars regiert die Stunde, auch hier! Das gibt einen feurigen Charakter, durch Merkur gelenkt, der wirksam auf geistiger Grundlage; dieser Charakter erstrebt etwas zu erreichen durch die Kraft des Geistes. Mond ungünstig beeinflußt durch zwei feurige Planeten, verursacht Veränderungen, Verbreiterung. So könnte ein geistiges Produkt durch Wort oder Schrift verbreitet werden. Der Mond vertritt Frauen und das Volk, Mars/Jupiter Güte gepaart mit Mut, auch scharfsinnige Gedanken höherer Natur. Die gute Wirkung liegt auf der geistigen, die ungute auf der materiellen Seite, wird das Volk begünstigt, so nicht das Heimchen am Herde des Hauses! ♄ / ♂ ☿ gibt ernste Gedanken, Strenge, macht nervös, reizbar. Da ♄ im II. Hause steht, das Geld betreffend, so wird bekundet, daß durch die Gedankenarbeit Geld verdient wird. ♂ steht im XI. Hause, dem der Freude und Hoffnungen, ☾ im XII., hier Hemmungen andeutend. Das könnte z. B. bei Büchern den schlechten Absatz erklären, die Bücher sind eingeschlossen, der Verkauf stockt. Wir erkennen hier also bereits eine Leitidee. Da die Mittelkarte im Zentrum auf Geld und Bewegung zielt, so ist diese Kombination klar.

II. Haus. ♄ an der Spitze gibt Geld durch Anstrengungen, langsam und zögernd, später reichlicher. Das Zeichen ♌ deutet auf den Wunsch nach Geld hin, es liegt eine „Spekulation" vor, eine vorbereitete (♄!) Sache soll Gewinn bringen. Das Sonnenarcanum ist nicht herausgekommen, folglich wird die Wirkung nicht blendend sein! ♂ / ☿ zukünftig deutet auf aparte Einnahmen durch scharfes Denken, Reden, Schreiben, auch Reisen hin. Zugleich auf einen geistigen Gelderwerb überhaupt.

III. **H a u s.** Weibliche Verwandte erscheinen in einem guten Lichte. ☿ deutet auf literarische Interessen, die wegen des ☾ einen produktiven Charakter zeigen. Die dritte Karte deutet sowohl auf einen scharfen, eindringenden Verstand, der sich auf höherer geistiger Ebene bewegt, als auch feindliche Angriffe.

IV. **H a u s.** Auch dieses hat einen Neptuneinfluß an der Spitze, aber sehr verletzt. Das gibt Intuition in der geistigen Sphäre, Sensitivität, ist auf der materiellen aber nachteilig für die Gesundheit der Mutter. Merkur deutet auf eine geistige Tätigkeit in der Gegenwart, von Glück begünstigt. Die Sonne stellt auch Ansehen dadurch fest, was in der Zukunft noch mehr der Fall sein wird.

V. **H a u s.** Regiert von Jupiter gibt es eine Liebesehe mit einer Dame, die von Merkur-Venus regiert wird. Auch angesehene Kinder sind anzunehmen. Die Sonne mit Jupiter-Mars-Einfluß (der ja das Horoskop beherrscht) ist günstig für die Erregung der Teilnahme weiter Volkskreise. Die Wiederholung dieses Untereinflusses bei Uranus deutet auf originelle Erzeugnisse des Geistes hin, die auch abseits gelegene Gebiete (z. B. Okkultismus, Astrologie) berühren können.

VI. **H a u s.** Hier herrscht der Mars-Jupiter-Einfluß ungünstig auf Krankheitsanlagen hin. Die Gegenwart und das Dekanat des Berufes ist gekennzeichnet durch die Zentralsonne mit Mars/Venus-Einschlag, das geistige Dekanat des Arbeitshauses ist durch Wassermann gekennzeichnet, welcher Einfluß von Uranus beherrscht wird, der im V. Hause bedeutsam steht. Wir schließen auf eine gehobene Stellung, geistige Vorherrschaft und viele Berufsverbindungen.

VII. **H a u s.** Das Haus der Verbindungen ist dem luftigen Element unterstellt. Das Zeichen Krebs beherrscht die Gegenwart, dieses steht in Verbindung mit Haus und Heim. Das dritte Dekanat betrifft besonders das Hinaustreten in die Öffentlichkeit und Wirken dafür. Da wir hier wiederum Mars/Jupiter regieren sehen, so ist es eine Angelegenheit der Jetztzeit. Die bisherigen Untersuchungen haben schon die Überzeugung befestigt, daß Literatur, Schriftstellerei dasjenige Mittel ist, mit dem der Fragende in die Öffentlichkeit tritt. Auch verursacht er Prozesse.

VIII. **H a u s.** Merkur an der Spitze, mit Saturn/Jupiter-Einfluß deutet auf Teilhaberschaft, auf Wirken in Verbindung mit anderen. Venus deutet auf einen sanften Tod, gute Gesundheit in der Gegenwart. Der Mond mit seinen Untereinflüssen kann materiell künftig nachteilig für die Gesundheit der Gattin sein, geistig vermittelt der Einfluß Verbindungen mit geschlossenen Gesellschaften und Neigung zum Okkultismus.

IX. **H a u s.** Derselbe Einfluß beherrscht dieses Haus, er verursacht Beziehungen zum Ausland, Reisen dahin, auch Verbindung mit Verlegern. Uranus regiert das geistige Leben, d. h. das Denken ist mit Liebe getränkt, also Humanität. Das Zeichen Schütze ist typisch für die Angelegenheiten dieses Hauses und bestätigt die Vergangenheit und Gegenwart auch für die Zukunft. Der Regent des Zeichens ist Jupiter, der auch den Tag der Frage regiert; das ist für die Deutung wichtig.

X. H a u s. Hier brennt das Feuer, Sonne, Jupiter und Mars vereinigen sich in diesem Element, und deren Bedeutung haben wir nun erfahren. Das sind Fragen des Berufes, des damit verbundenen Ansehens, einer gehobenen sozialen Position, die in heißem Bemühen die Wirkungssphäre des Fragenden bewegen. Neptun deutet auf Inspiration hin, Jupiter stellt alles das für die Zukunft in Aussicht.

XI. H a u s. Neptun regiert mit erschwerenden Untereinflüssen, besonders galt das der Vergangenheit. Mars regiert die Gegenwart, die drei feurigen Planeten die Zukunft. Es werden nicht alle Hoffnungen erfüllt. Freunde werden unzuverlässig und feindselig. Es kommen viele gute geistige Menschen als Freunde in Betracht. Die Zukunft ist eher zu Erfüllungen geneigt als die Gegenwart, wo gekämpft wird, und die Vergangenheit.

XII. H a u s. Venus mit Merkur an der Spitze ist für Feinde und Hemmungen einigermaßen tröstlich. Der Mond stellt Aufenthalt der Frau oder Mutter in einer geschlossenen Anstalt in Aussicht. Es ist auch ein unsicherer Einfluß für Prozesse, die nicht immer gewonnen werden. Schließlich haben wir für die Zukunft noch Uranus mit gutem Untereinfluß, der die Hemmungen und Feinde beseitigen kann.

I — V — IX: Wir haben eine geistige Literatennatur erkannt, die auch keine anderen Ziele hat,

II — VI — X: Der Verdienst wird durch geistige Arbeit erzielt, es ist schwer, ein Vermögen zu erwerben. Doch ist der Fragende angesehen und nimmt eine dementsprechende Stellung ein.

III—VII—XI: Hier sind die Einflüsse gemischt, es ist nicht alles nach Wunsch, und Schwierigkeiten kommen gelegentlich vor.

V — VIII — XII: Tod und Feindschaft können gelegentlich Bedeutung haben. Der „Tod" vielleicht noch besser in geistigem Sinne verstanden als Absterben des Materiellen.

Bei einem Fragehoroskop, wie dem erklärten, kommen die Zeitangaben nicht besonders in Betracht. Wir müssen uns an Vergangenheit, Gegenwart und Zukunft begnügen lassen. Der sehr erfahrene Astrolog wird dazu imstande sein, aber diese benötigen keine Erklärung, die für das übrige Publikum doch sehr schwer verständlich wäre.

Planetenschlagen

1. Methode

Auf den Großen Arcana stehen die neun Planetenzeichen für ♄ = Saturn, ♃ = Jupiter, ♂ = Mars, ☉ = Sonne, ♀ = Venus, ☿ = Merkur, ☾ = Mond. Diese Karten suchen wir heraus, mischen sie und heben ab; sie werden von rechts nach links in einer Reihe verdeckt aufgelegt. Die fragende Person zieht daran 1 Karte und legt sie auf. Die Deutung ergibt sich aus der Natur der Planeten, auch daraus, ob die Karte gerade oder verkehrt gefallen ist. Wer die Bedeutung der Planeten genau kennt, wird im Hinblick auf die fragende Person viel zu sagen wissen, die andern richten sich zunächst nach folgender Tabelle auf der nächsten Seite.

2. Methode

Suche die neun Planetenkarten aus den Großen Arcana, ferner die 12 mit Tierkreiszeichen versehenen Arcana.

Mische beide getrennt und lege oben die 7 Planetenkarten hin, darunter die andern 12, alles verdeckt.

Die fragende Person deckt jetzt je eine Karte in beiden Reihen auf und diese werden zusammen gedeutet. Das wird dreimal wiederholt. Die Tierkreiszeichen entsprechen bekanntlich den 12 Häusern des Horoskops, sie seien noch einmal aufgeführt:

♈ = I. Haus	♋ = IV. Haus	♎ = VII. Haus	♑ = X. Haus
♉ = II. „	♌ = V. „	♏ = VIII. „	♒ = XI. „
♊ = III. „	♍ = VI. „	♐ = IX. „	♓ = XII. „

Somit bezeichnet die Tierkreiskarte die Angelegenheiten, auf welche die Planetenkarte Bezug haben wird.

Fällt die Tierkreiskarte verkehrt, so muß auch dasjenige Haus berücksichtigt werden, welches um 3 weiter liegt. Wäre also die Karte II = III. Haus gezogen, so wäre das VI. Haus in die Deutung einzubeziehen. Ob günstig oder ungünstig, entscheidet die Planetenkarte: günstig, wenn gerade fallend, ungünstig, wenn verkehrt fallend.

Es werden 3 × je 2 Karten aufgedeckt.

Deutung der Planeten

Planeten

Gerade fallend:		Verkehrt fallend:
Erfolg durch Klugheit, ernste Arbeit und alte Leute. Sei sparsam.	♄	Du sollst nicht begehren! Mißgeschick und Krankheit wartet deiner!
Du wirst Glück und Erfolg haben.	♃	Dir stehen Verluste bevor, weil du dich nicht halten kannst. Hüte dich vor Prozessen.
Unternehmungsgeist und Willensstärke sichern den Erfolg. Sei energisch!	♂	Uebles durch Streit. Unfall. Strafe wegen ungebändigter Leidenschaften. Junge Männer und böse Gesellschaft sind dir nachteilig.

271

Gerade fallend:		Verkehrt fallend:
Protektion und eigene Kraft sichern den Erfolg. Autorität.	⊙	Schwäche, Mutlosigkeit, Ziellosigkeit. Zerfall lassen dich nicht hochkommen. Abneigung der Höherstehenden.
Du hast Glück und wirst geliebt. Deine Wünsche erfüllen sich.	♀	Schlechte Begierden und Neigungen; Unglück in der Liebe; Unglück.
Gewinn durch Klugheit und Ehrlichkeit.	☿	Du wirst überlistet! Meide Betrug! Hast falsche Ideen!
Gutes durch Reisen, Frauen, das Volk. Beweglichkeit.	☾	Nachteile durch Reisen, Frauen, Volk. Eine schlechte Phantasie führt dich in die Irre.

Das Jahreshoroskop

Im ersten Lebensjahre regierte das Zeichen W i d d e r den Aufgang, im zweiten S t i e r, im dritten Z w i l l i n g e usw. Jedes folgende Jahr bringt das nächstfolgende Zeichen an dem Aufgang. Dieser aber entspricht der IX. Stunde auf dem Zifferblatt der Uhr, welches in der Einteilung dem Horoskop entspricht.

Teile deine Lebensjahre durch 12, was als Restzahl übrig bleibt, ist die Nummer des Tierkreiszeichens, das auf IX kommt. Ich war z. B. 59 Jahre alt.

$$59 : 12 = 4$$
$$\frac{48}{11}$$

11 bleibt als Rest und bezeichnet W a s s e r m a n n als Aszendent. die Spitze des I. Hauses oder Aufgang. Nun nehme ich die Große Arcana mit den Symbolen der 12 Tierkreiszeichen und lege sie in der umgekehrten Richtung des Uhrzeigers hin, also

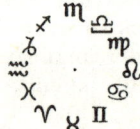

Das sind also die 12 Häuser des Horoskopes, und nun kommen die Planeten an die Reihe, wir suchen die 9 Karten mit den Planetensymbolen heraus, sie werden gemischt und verdeckt aufgelegt. Daneben kommen 10 Zahlkarten von den Stäben. Jetzt nehmen wir eine Planetenkarte, sie kommt in das IV. Haus, denn 12 geht viermal in den Lebensjahren auf. Eine zweite ausgewählte Karte kommt in das erste Haus, es ist der Jahresregent. Nun werden jeweils zusammen aufgehoben eine Planetenkarte (Große Arcana) und eine Zahlkarte (Stäbe). Diese letztere gibt das Haus an, in welchem die Planetenkarte zu liegen kommt. Liegt nun schon eine Karte in diesem Haus, so kommt die gezogene Karte in das XI. Haus. Wiederholt sich dieser Fall, so kommt sie ins XII. Haus.

Die übrigen Planetenkarten kommen in diejenigen Häuser,
welche die Zahlkarte angibt.

Nun ist das Horoskop fertig und es kann nach den Regeln
der Astrologie gedeutet werden. Ich will gleich verraten, daß mein
Horoskop, in dieser Weise gelegt, Wahres angekündigt hat: ♏:
viele neue Freunde und Verbindungen, ♈ in III literarische
Arbeiten, da ☊ auch für Astrologie maßgebend ist, auch auf diesem
Gebiete. Nun kommt das in Aussicht gestellte Heim, in dem eine
Frau unter dem Zeichen ♉ stehend regieren wird. Die Planeten-
stellungen sind mir leider nicht mehr in Erinnerung. Jupiter aber
ist Jahresregent.

B e i s p i e l : Es kommt eine Dame, die im Jahre 1875 geboren
ist. Sie ist somit 50 Jahre alt,*) 12 teilt sich viermal in das Alter,
und 2 bleibt Rest. Somit kommt das Zeichen Stier an den Aufgang. Das fertig gelegte Horoskop sieht nun aus:

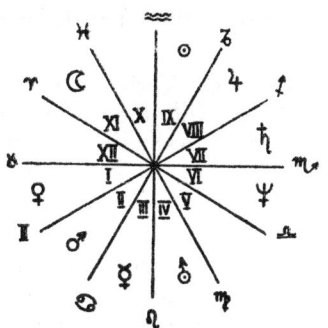

Aspekte

Die fixen Zeichen stellen materielle Interessen in den Vordergrund,
namentlich finanzielle, was Anstrengung und Geduld erfordert.
Der Regent im Aufgang stehend, macht etwas selbstsüchtig, was
durch die Opposition von Saturn verschärft wird. Dieser Aspekt
schädigt aber auch die Gesundheit, zumal Venus auch Herrin vom
Hause für Krankheiten ist. Darin befindet sich auch Neptun, durch
einen schlechten Aspekt von der Sonne beschädigt. Die Krankheit
wird aber gut überstanden, da gute Aspekte helfend zur Seite
stehen. Überhaupt ist der Verlauf des Jahres nicht ganz befriedi-
gend. Das Kopfzeichen Widder steht am XII. Haus, was zur Durchführung aller Pläne Hindernisse in den Weg stellt. Dabei haben
die Geldverhältnisse ein wichtiges Wort mitzureden, weil ♂ im
Geldhause steht. Dieser Planet ist aber durch die Opposition von
Jupiter, das Quadrat zum Monde und die schwächeren, aber immerhin nachteiligen Aspekte von ☉ und ♄ beschädigt. Wir deuten
das als Hindernisse und geringere Erträge von Erbschaften, die
in diesem Lebensjahre verteilt werden. Ferner auf Beschädigung
der Gesundheit, die eine Operation wahrscheinlich macht, auf
Krankheit der Kinder und Disharmonien mit Freunden.

*) Nach der ersten Auflage, erschienen im Jahre 1925.

Das Geldhaus wird von Merkur beherrscht, dieser steht im 3. Hause. Die Geldverhältnisse werden beeinflußt von Verwandten, Reisen, Schriftstücken, Dokumenten, Literatur. Merkur hat einige gute Aspekte, denen allerdings schlechte gegenüberstehen. Daher spendet er Wohltaten so gut als Nachteile. Bei den Schriftstücken und Dokumenten werden Behörden oder maßgebende Personen Widerstände zeigen. Allfallsige Prozesse verlaufen aber günstig, wobei von befreundeter Seite wirksame Hilfe geleistet wird. Es kann eine Vermehrung des Besitzes das Ergebnis sein. Die Dame muß sich bezüglich der Ausgaben Schranken setzen, sonst wird sie mit dem Gelde flott umspringen, wodurch Differenzen mit dem Gatten hervorgerufen werden.

III. H a u s. Deutet auf Reisen, Besuche von Freunden und Verwandten oder es werden selbst Besuchsreisen unternommen. Der Verstand wird in Anspruch genommen, es gibt viel zu überlegen, zu schreiben, zu lesen. Vieles davon betrifft häusliche und familiäre Angelegenheiten.

IV. H a u s. Der Besitz an Aktien wird Verluste mit sich bringen. Die Gatten werden mehrfach in Differenzen geraten. Grundstücksgeschäfte sind zu vermeiden, weil nachteilig, ein durch Erbschaft zufallender Immobilienbesitz ist aber zu behalten und mit Vorsicht zu verwalten. Diese Erbschaft kann die Ursache von ehelichen Differenzen werden.

V. H a u s. Die Kinder lernen gut, werden aber von Krankheiten befallen. Auch diese tauschen Besuche mit der Verwandtschaft aus. Es wird sich die Neigung zur spekulativen Anlage von Geld bemerkbar machen, die teilweise kleine Gewinne zeitigen. Zweifelhaft ist der Schlußeffekt in dieser Sache.

VI. Haus. Die Geborene neigt zu Nierenleiden, Hautleiden. Nutzen durch die arbeitende Klasse, Angestellte. Mißhelligkeiten mit einer Tante.

VII. H a u s. Der Gatte hängt zu sehr an seinen Studien und an Freunden. Es kommen mehrfach Auseinandersetzungen vor, weil die Pläne der Ehegatten auseinander gehen. Die Häuslichkeit wird dadurch gestört. Der Gatte wird aber beruflich hervortreten, seine Leistungen werden Beifall finden.

VIII. H a u s. Der Erblasser hat eine Reihe Vermächtnisse gemacht zugunsten von Mitarbeitern, öffentlichen Stellen, vielleicht auch einer Tante, wodurch das Erbteil vermindert wird. Der Erblasser kann im Auslande wohnen. Der Nachlaßrichter ist der Fragenden nicht sehr günstig, er trifft seine Entscheidungen zu ihrem Nachteil.

IX. H a u s. Geistige Fragen finden Interesse, ebenso das Ausland; es wird erwogen, den Wohnsitz ins Ausland zu verlegen. Dort können berufliche Vorteile erzielt werden; doch ist die Arbeiterfrage gründlich vorher zu prüfen! Es ist aber Neigung zur Übersiedlung vorhanden, Freunde reden zu.

X. H a u s. Der Schwerpunkt des Berufes und der sozialen Stellung ist ins Heim verlegt, das Natürliche bei einer Frau. Da das X. Haus sonst unbesetzt ist, sind nur die Aspekte zu berücksichtigen, welche viermal schlecht, fünfmal gut sind. Es kommen keine neuen Gesichtspunkte in Betracht. Nur sei noch erinnert: Befinden sich schlechtbestrahlte Übeltäter in Eckhäusern, kommen Mißgeschicke, Verhinderungen, Verzögerungen aller Art. Das ist hier durch ♄ und ♂ der Fall.

XI. H a u s. Der Mond zeigt Wechsel in den freundschaftlichen Beziehungen an, es werden diese, wie überhaupt die Geselligkeit, gepflegt. Darlehen an Freunde bringen einen Verlust. Die Erbschaftsregulierung läßt einige Hoffnungen ohne Erfüllung. Die Besuchsreisen werden mehr Geld kosten, als erwünscht!

XII. H a u s. Wegen fallender Planetenbesetzung kommen besondere Vorfälle, die nicht schon gestreift wären, nicht vor.

Diese Auslegung ist in großen Zügen gehalten, um nicht durch Anhäufung von Deutungsregeln den Anfang zu erschweren. Die präzisen Angaben mögen zuerst befremden, die Praxis wird aber jede Befürchtung verjagen!

Ich benutze auch gern die Methode, bei Auskunftshoroskopen von der fragenden Person aus den Karten mit den 12 Tierkreisbildern, nachdem diese gemischt sind, die Karte des ersten Hauses ziehen zu lassen. Ist es eine Frau, kommt dann die erste Planetenkarte in das IV. Haus, ist es ein Mann, ins X. Haus. Im übrigen wird wie beim Jahreshoroskop verfahren. Diese Methode ist einfacher als „Hermes Trismegistos" und der Kartenspiegel läßt sich schneller in großen Zügen auslegen.

Diese Beispiele werden genügen, um sich in den astrologischen Tarot einzuarbeiten.

Wie erwähnt, ist der kabbalistische Tarot = die dritte Stufe der Einweihung im Deutschen Tarotbuch für Kenner genügend geschildert worden. Die erforderlichen Vorkenntnisse, besser gesagt Erkenntnisse, schließen Beispiele hier aus.

Die Schicksalsuhr

Die Großen Arcana werden herausgesucht, gemischt und abgehoben. Aus den Bildkarten der Kleinen Arcana wird die Karte für die fragende Person ausgewählt und in die Mitte des aufzulegenden Uhrziffernblattes gelegt.

Dann zieht die fragende Person aus dem verdeckten Großen Arcana eine Karte, die den Stundenzeiger vorstellen soll, aus dem Kleinen eine andere als Minutenzeiger. Beachte, ob die Karten gerade oder verkehrt fallen! Nun nimm die gemischten Großen Arcana.

Wo auf dem Uhrzifferblatt XII steht, lege die erste Karte. Die folgenden 3 Karten kommen in den Stoß. Die 5. Karte kommt auf den Platz der III. Stunde, 6—8 kommen in den Stoß. Die 9. Karte kommt auf den Platz der VI. Stunde, 10—12 in den Stoß. Die 13. Karte kommt auf den Platz der IX. Stunde, 14—16 in den Stoß. Nun vereinige den Rest des Talons mit dem Stoß, mische die Karten neu und lege jetzt fortlaufend je 1 Karte auf folgende Stundenplätze: I, IV, VII, X, II, V, VIII, XI. Nun ist das Ziffernblatt vollendet.

Merke: Jede Karte deutet auf einen Monat, also zeigt die Uhr 1 Jahr an. Will man für kürzere Zeiträume eine Vorausschau halten, wird für jede Karte 1 Woche gerechnet, dann zeigt sie rund $\frac{1}{4}$ Jahr. Man kann schließlich jede Stunde für 1 Tag gelten lassen. Das muß aber vor dem Mischen und Legen bedacht und beschlossen sein!

Die Zeigerkarte wird auf XII eingestellt und dann von Stunde zu Stunde herumgeführt. Ist die Zeigerkarte von guter Bedeutung und gerade gefallen, so ist der Zeitabschnitt günstig. Verkehrt gefallen sind die Aussichten weniger glänzend, doch beachte man: Wird sie in diesem Falle auf die Stunden V, VI, VII gerichtet, so ist sie nunmehr geradestehend, diese Zeiträume sind also verhältnismäßig besser gestellt, während schon eine gute Glückskarte als Zeiger erforderlich ist, um hier noch Gutes in Aussicht zu stellen. Denn sie liegt nun verkehrt!

Derjenige Planet oder dasjenige Tierkreiszeichen, das als Zeiger bedeutsam geworden, gilt als bestimmend für den gewählten Zeitabschnitt.

Demnach regiert das ♈ Widder das erste Haus, ♉ Stier das zweite usw. Wenn aber eine Planetenkarte gefallen ist, so gilt die Bedeutung dieses Gestirns. Da diese Bedeutungen bereits beschrieben sind, wird darauf verwiesen.

Es steht aber nichts im Wege, die Deutung symbolisch vorzunehmen, wenn die astrologische zunächst noch ungeübt ist.

Die Karte, welche den Minutenzeiger vorstellt, wird nun einmal ganz herumgeführt, während der Stundenzeiger um 1 Karte weiter gerückt wird. Er zeigt die Ereignisse in zwölf Zeitabschnitten. Zeigt der Stundenzeiger zu Monate, so der Minutenzeiger je $2\frac{1}{2}$ Tage. Die Deutung wird im selben Stile vorgenommen.

Wer nun Astrologe ist, erkennt hier die P r o f e k t i o n, eine besondere Art von Direktionen, als die Grundidee dieser Methode des Kartenlegens.

Esoterische Astrologie im Tarot

Wir betrachten die ersten 12 Großen Arcana und ordnen diese folgendermaßen:

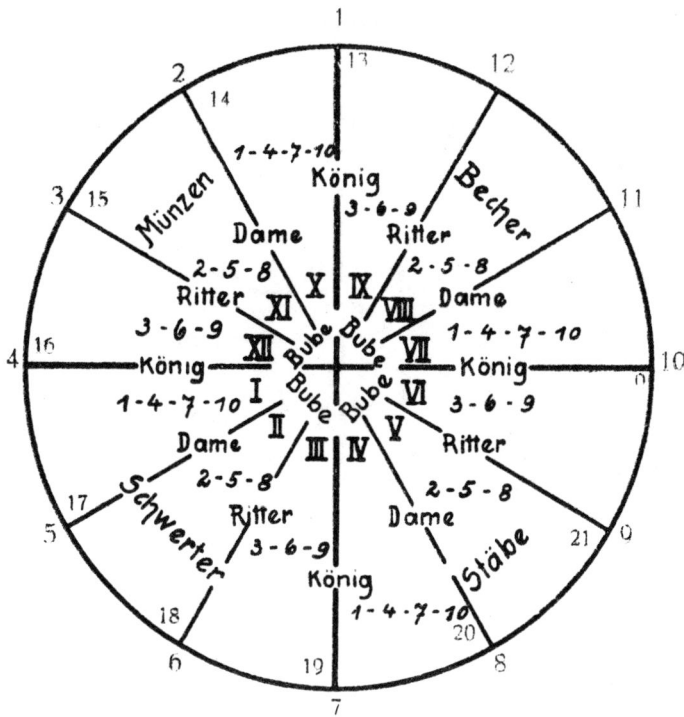

und verbinden, abweichend von der Überlieferung

1 = ♈	4 = ♋	7 = ♎	10 = ♑
2 = ♉	5 = ♌	8 = ♏	11 = ♒
3 = ♊	6 = ♍	9 = ♐	12 = ♓

so finden wir einen deutlichen Zusammenhang mit den 12 Zeichen des Zodiaks. Es entspricht diese Anordnung dem „Horoskop der Welt".

Nun fahren wir fort und legen die andern 10 Karten hinzu, deren Nummer ist innerhalb des Kreises eingezeichnet. 11 und 12 bleiben allein. Das entstandene Horoskopschema wird weiter ausgefüllt: in jedem Quadranten die zugehörige „Farbe", die 4 Bildkarten und die 10 Zahlkarten werden ebenfalls eingeteilt. Das erschließt den ganzen Tarot von einer neuen Seite, einer rein kosmischen, die hier erstmalig mitgeteilt wird.

Obige Anordnung entspricht dem „Horoskop der Welt" in der esoterischen Astrologie. Drehen wir das Rad um ein Viertel, erhalten wir das „Horoskop der Erde".

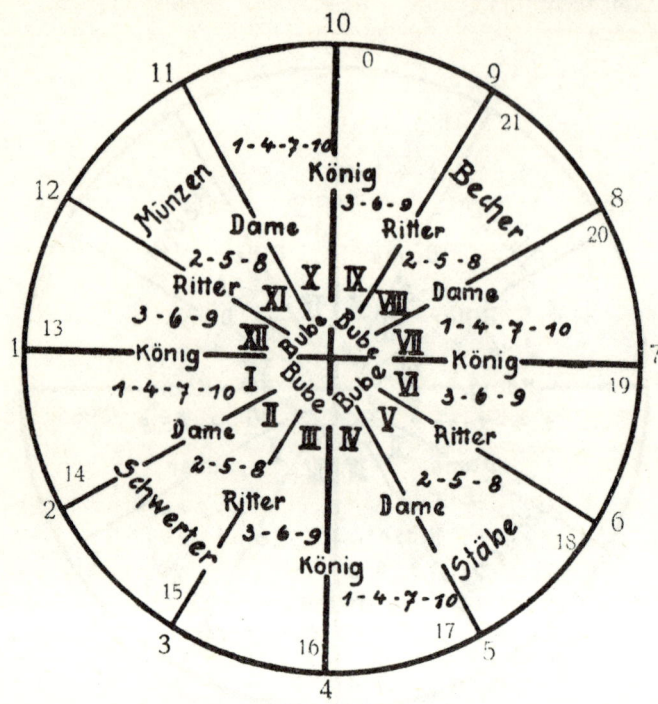

Dabei bedenken wir, daß die Alten, von denen uns die Astrologie überliefert worden ist, nur 4000 Jahre vor unserer Zeitrechnung als Dasein der Erde angenommen haben! Wir wissen jedoch, auch wenn Papst und Päpstlein diese unrichtige Angabe weiter lehren lassen, daß der Kosmos einschließlich Erde ein unendlich höheres Alter hat. Es muß also eine andere Ursache vorhanden gewesen sein, die auch noch fortwirkt, um diese mystischen Horoskope zu erklären. Und diese Erklärung will ich benutzen. Es ist die Präzession der Sonne, die Rückwärtsdrehung der Sonne, wobei sie in rund 2200 Jahren durch ein Tierkreiszeichen läuft. Die Drehung des Horoskops Figur 1 zu Figur 2 erfordert einen Zeitraum von 6600 Jahren. Wir rechnen damit, daß die Präzession in das Zeichen Fische (Karte 1) etwa 300 Jahre vor unserer Zeitrechnung erfolgt ist, da machte sich nach und nach das Bedürfnis geltend, eine neue religiöse Auffassung durchzusetzen, das Zeichen Widder = das Lamm wurde „geopfert", der Menschenfischer trat in Erscheinung. Derzeit stehen wir demnach vor einem neuen Wechsel, die „Fische" müssen geopfert werden, die Kirchen müssen sich umstellen. 2500 Jahre vor Christi machte sich also das Bedürfnis geltend, das Horoskop der Erde als gültig anzuerkennen. Und in 2200 Jahren wird sich ein neues Bedürfnis einstellen, dann wird sich das Horoskop nach Figur 3 als richtig erweisen.

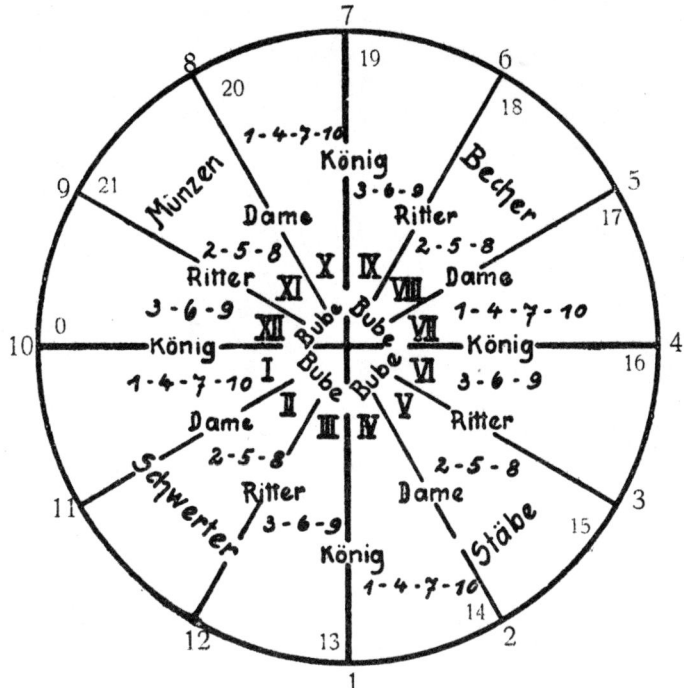

Wer nun die Darstellung der astrologischen Charaktertypen an Hand dieser Horoskope in Verbindung mit den Tarotkarten studiert, wird die Wirkung jedes dieser Horoskope darin finden! Und die Wandlungen, die durch die Drehungen bedingt sind. Dieser Schlüssel zum Tarot ist zugleich für die Astrologie dienlich. Die kurze Darlegung genügt für die Sinnfassung, eindringendes Nachdenken und Vergleichen führt zum tiefen Verstehen, wozu weitläufige Ausführungen niemals führen.

Der kabbalistische Tarot

Der kabbalistische Tarot

Hierzu werden nur die Großen Arcana verwendet, nachdem sie durch Gedankenformen magisch gestaltet und stark belebt worden sind, wie es im ersten Teil gelehrt worden. Sonst sind keine Erfolge als Seher und Prophet zu erzielen.

Es werden jeweils jene Geister berufen, deren Karten aufgedeckt worden sind. Wie diese dann zusammenwirken mit der fragenden Person, ist von so vielen Umständen der Ein- und Ausstrahlung oder Ein- und Auswirkung abhängig, daß irgendwelche Hilfsmittel zur Deutung nicht gegeben werden können.

Wenn nach Werden—Walten—Wandeln gedeutet werden soll, sind 4 Karten erforderlich, eine für die Person, drei Geister für:

> Die Welt der Ideen = Absicht
> Die Welt der Seele und Form = Zustand
> Die Welt des Geistes = Zukunft.

Dazu sind folgende Vorschläge zu machen:

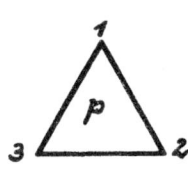

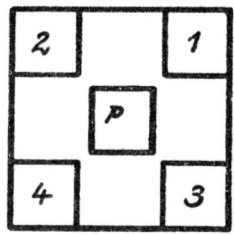

P = Karte der Person.

P = Karte der Person, im Kreuz!

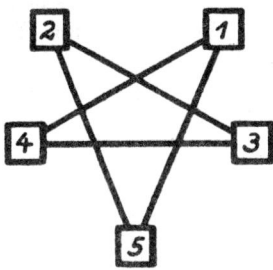

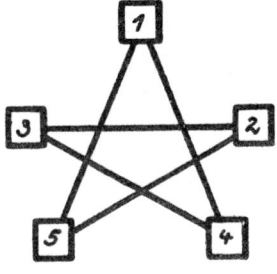

5 = Person, die bittet und wünscht! 1 und 2 sind erhobene Arme!

1 = Person, die etwas schaffen will.

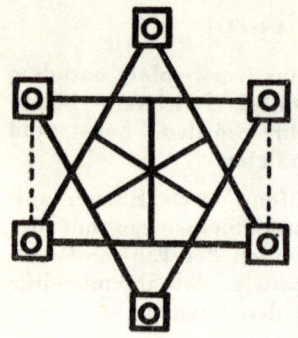

Diese Figur dient zur Erlangung von Aufschlüssen, geistigen Belehrungen. nicht zur Prophetie! Die Hagalrune ist das alles hegende Geheimnis, die Linien sind Verbindungswege für die Gedanken und zwischen den Geistern.

Kabbalistische Tarot-Praxis

Um einige Handhaben zu geben, werden einige Beispiele aus der Praxis mitgeteilt. Nicht etwa theoretisch konstruierte, sondern sachlich genau erlebte Vorgänge!

Frage: Steht mir in diesem Jahre der Tod zu?

Nachdem die Karten verdeckt umgerührt sind, wird die 1.. 8. und 15. Karte herausgezählt und von links nach rechts aufgelegt. Es fallen

3	2	1	
X verk.	III verk	IX	1 = Vergangenheit 2 = Gegenwart 3 = Zukunft.

Meditation

1. **IX. Weiser.** Die geistige Karte der 3. Dreiheit. Das Ziel ist Karte 13 = Tod! Es ist also ein Weiser, der fragt, für ihn ist Sterben ein Durchgang, das Wandeln. Todesfurcht fehlt ihm gänzlich, aufrecht geht er seinen Weg in die Leere, erleuchtet vom Licht des Geistes. Die Wüste hat Beziehung zum Tode. da kein Lebewesen in ihr gedeiht. Der Weise ist dem pulsierenden Leben bereits abgestorben, er wartet auf seinen physischen Tod. Sephirah: Jesod = Fundament, Grund.

2. **III. Herrscherin verkehrt.** Die erste Karte der 3. Dreiheit. Das Ziel ist Karte 19. Geistiges Leben. Da dieses Ziel erst nach dem Tode erreicht wird, würde die Karte den Tod in Aussicht stellen, also die Frage bejahen für die Gegenwart. Indem die Karte verkehrt gefallen ist, verneint sie. Man ist versucht, den Schluß zu ziehen, die Ent-Ich-ung des Fragenden sei noch nicht völlig abgeschlossen, weshalb ihm noch Zeit gelassen ist. Sephirah: Binah, praktische Vernunft. Oder Däath. Erkenntnis und Wissen.

3. X. Schicksalsrad verkehrt. Das ist der Mittelpunkt des Einerstammes. Zielkarte ist 12 = Prüfung. Indem von IX über III auf X geschlossen wird, verneint die Karte den Ablauf des Schicksalsrades, die Prüfung ist noch nicht beendet! Sephirah = Malkuth, das Reich.

In der anschließenden Vertiefung wird gesehen: dem Fragenden sind noch einige herbe Schicksalsschläge vorbehalten, diese sollen dazu dienen, ihn noch mehr zu vergeistigen und zu heben. Er hat noch einige Aufgaben zu erfüllen, die auf geistigem Gebiete liegen. Dann wird er freudig abscheiden, sich wandeln, um das erarbeitete Gut zu wahren.

Frage: Werde ich meinen Beruf ändern müssen?

Nach Umrühren, Mischen, Abheben werden die 1., 6., 11. und 16. Karte ausgezogen.

1: Nr. 0 der Narr. 2: X. Schicksalsrad verkehrt. 3: VIII. Gerechtigkeit verkehrt. 4: 18. Blinde Leidenschaft.

1: Fragender. 2: Absicht. 3: Zustand. 4: Zukunft.

Nr. 0 ist der Gegenpol von I, Magier. Ist dieser der bewußt Schöpfende und Schaffende, ist 0 der Ungewisse, Zweifelnde, Ratlose, und diese Karte deutet somit beim Fragenden auf einen Zustand der Lähmung der Urteils- und Schaffenskraft hin.

Die Karte X verkehrt deutet auf die Absicht hin, die ihn leitet. Er möchte sein Schicksal wenden! Der bisherige Ablauf versagt, er wird zu einer Änderung gezwungen.

Die Karte VIII verkehrt deutet auf den jetzigen Zustand hin. Ist Gerechtigkeit verkehrt, so herrscht entweder ein Zustand der Ungerechtigkeit, unter dem der Fragende leidet, oder er leidet unter den Folgen von eigenen Ungerechtigkeiten, er ist bestraft!

Die Karte XVIII Blinde Leidenschaft schildert die Zukunft! Das ist die Zielkarte von IV, Herrscher.

Wir müssen uns den Fragenden ansehen: ist er der Herrscher, dessen blinde Leidenschaften Unheil ausgewirkt haben? Oder ist er der Betroffene, der darunter leidet? Und erkennen: das letztere ist der Fall! Das typische Bild der Gegenwart, wo Millionen Volksgenossen die eingangs gestellte Frage zu beantworten suchen!

Bedenke: die beiden Karten mit guter Deutung liegen verkehrt, also verneinend, die beiden an sich schlechten Karten liegen grade und verneinen ebenfalls!

Antwort: Ob Änderung oder nicht, die Verhältnisse bleiben unbefriedigend!

Von X ist die Sephirah Malkuth oder das Reich von VIII Hod oder Pracht. Fügen wir das der bisherigen Deutung zu: das Reich ist verkehrt, die Pracht ist dahin, blinde Leidenschaften, herrschende Ungerechtigkeit verhindern eine Besserung, ein Narr, der da noch gegenwärtig hofft!

Frage: Soll ich mein Haus verkaufen und mich dort ansiedeln, damit es mir angenehmer zu leben ist?

Umgerührt, gemischt, abgehoben, jede 4. Karte ausgelegt.

1: der Fragende, 2: das jeßige Haus, 3: das Leben darin, 4: das andere Haus, 5: das künftige Leben darin. Diese Legefigur entspricht genau den Verhältnissen, der Fragende liegt zwischen Zustand und Wunsch.

Es sind gefallen:

1: Karte 0 verkehrt, der Narr. 2: XVI verkehrt, der Blitz. 3: II verkehrt, Herrscherin. 4: VI verkehrt, Scheideweg. 5: XIII, der Tod.

Zu 1. Der Fragende hat eine Torheit begangen, die sich auf den Erwerb des jeßigen Hauses bezieht, er will diese ausgleichen, beseitigen. Ob ihm das gelingt, ist seine Frage.

Zu 2. XVI verkehrt. Das jeßige Haus ist verkehrt, es hat eine Enttäuschung bereitet.

Zu 3. II verkehrt. Die erste Frauenkarte, das vermittelnde weibliche Prinzip, den Mittler. Das stimmt genau, ohne diese weibliche Mitwirkung wäre das Haus nicht erworben worden. Liebe war die Ursache. Nun möchte sie verbessern. Diese Aussage trifft buchstäblich zu, sie wird vom Fragenden bestätigt.

Zu 4. VI verkehrt. Scheideweg. Persönliche Neigungen werden hier wie dort unbefriedigt bleiben! Ob wandern oder bleiben, es kommt auf eins heraus, nur eine Wanderung führt zum gewünschten Ziel, zum Verschwinden aller Leiden:

5. Karte XIII: der Tod!

Nach Meditation und Vertiefung zur Innenschau erhält der Fragende folgende Antwort: das Glück ist an keinen Ort gebunden, das Glück blüht überall, wenn es im Innern blüht! Kein Wechsel vermehrt es, kein Bleiben vermindert es; höre auf, irdisch zu bauen und zu schauen, verliere die Narrheit Welt! Jenseits erst findet dein Sehnen die Seligkeit.

Wunsch und Bitte!

Meinem Sohne dauerndes Gedeihen im Beruf und eine ihn beglückende Ehefrau

Umrühren, Mischen, dreimal abheben und jede 5. Karte.

1: der Bittende. 2: die Bitte. 3: der Wunsch. 4: Gegenwart zu 2. 5: Gegenwart zu 3. Das Hexagramm verbindet beide Angelegenheiten miteinander. Beruf und Eheglück hängen innerlich zusammen.

Es fallen:

1: der Bittende und Wünschende: Karte XI: Kraft, verkehrt.
(Also die Mittelkarte der Großen positiven Arcana.)
2: Bitte um gute Ehe: Karte XVIII: Blinde Leidenschaft.
3: Wunsch um Stetigkeit im Beruf: Karte XVI: Blitz.
4: Zustand in der Ehe: Karte X verkehrt, das Schicksalsrad.
5: Zustand im Beruf: Karte II, Hohepriesterin.

Der Vater befürchtet ersichtlich Mißgeschicke, er hat nicht die Kraft oder die Möglichkeit zum Eingriff, zur Regelung etwaiger Schwierigkeiten, seine Liebe drängt ihn zu Wunsch und Bitte. Ob Beides gewährt wird?

Das Eheglück ist durch eine blinde Leidenschaft erschüttert, die Ehe ist ein Schicksal geworden, das zu einer Wendung führt! Beide Karten XVIII und X haben eine Verbindung zu XVI und II. Die Karte XVI stellt eine plötzliche Änderung im Beruf in Aussicht! Ein Turm stürzt ein, vom Blitz getroffen, der andere bleibt, in ihm herrscht der reine Geist! Da liefert die Karte II eine ergänzende Aussage: eine kluge Frau rettet die Lage, Sophie möchte man sie nennen, die Klugheit, die reine Absicht, das eifrige Streben sichern einen Beruf, die einsichtige Ehefrau beseitigt die Folgen einer blinden Leidenschaft und trägt dazu bei, auf praktisch-beruflicher Grundlage ein neues Eheglück zu schaffen.

Nach Meditation und Vertiefung zur Innenschau: die Frau = der Mond hat sich überhoben, sieht von oben auf den Gatten, seiner Leidenschaft keinen verstehenden Ausgleich gewährend. Dadurch wurde das Rad des Lebens in anderer Richtung gedreht: es war keine innerliche Bindung vorhanden, oder diese wurde zerrissen durch falsches Verhalten, durch Überhebung anstelle von Angleichung. Äußere Umstände wirken zerstörend auf den Beruf ein, eine günstige Auswertung der eigenen guten Kraft führt jedoch zu einer günstigen Veränderung, wobei die günstige Seite mehr zum Ausdruck kommt. Hierbei kann die kluge, anpassungsfähige Gattin gute Hilfe leisten. Die Einsicht und s e l b s t l o s e Liebe werden erfüllen!

W a s   w i r d   a u s   D e u t s c h l a n d ?

Während des Umrührens wird die Frage ernstlich bedacht und der Plan gefaßt, 6 Karten aufzulegen, die 1., 5., 9., 13., 17. und die unterste, und zwar so:

wobei nicht an die Form eines liegenden Kreuzes gedacht war.

Es sollen bedeuten:

Karte 1: Das deutsche Volk als Einheit vom Ur her.
Karte 2: Das deutsche Volk als Staat in Blüte, etwa entsprechend der Vorkriegszeit.

287

Karte 3—5: Die nächste Zukunft in Berücksichtigung der jetzigen üblen Lage.
a) Der Volkskörper als Kraftquelle, die wirksamen Kräfte im Staate vereint. b) Wohlstand, Bedürfnisse, Wirtschaft. c) Geistige Einstellung.
Karte 6: Ferne Zukunft des Volkes.

Nach längerem Umrühren, Bedenken und Vorstellen wurden die Karten gemischt, abgehoben und aufgelegt. Es fielen:

1: Karte I Magier (Zielkarte XXI: Alles in Allem).
2: „ VII Triumph (Waltung der ersten Dreiheit, Gegenkarte XV: Schwarzmagier).
3: „ 0 Narr! (Übergangskarte.)
4: „ X verkehrt, Schicksalsrad (Gegenkarte XII: Prüfung. Wandelkarte).
5: „ XIV verkehrt, Wiederverkörperung. (Vorkarte VIII: Gerechtigkeit.)
6: „ XX Ewiges Leben. (Zielkarte von II: Hohepriesterin.)

Deutung, kurz gefaßt: Der Schöpfer hat dem Volk der Deutschen eine hohe Stellung vorbehalten und ihm eine wichtige Aufgabe zugewiesen, nach dessen Vollendung ihm das ewige Leben verheißen ist. Als Volk in vollem Glanze ist es die Sonne der Völker, da jedoch die Karten 3—5 Übles verkünden, hat die Wirkung der Karte XV Unheil geschaffen, eigene Fehler und Bosheit anderer Völker haben Verderben herbeigeführt. Äußerlicher Wohlstand, äußere Macht auf wankendem Untergrund.

Daher jetzt der Verfall, ein gespaltenes, verhetztes Volk mit irrigen Meinungen, schädlichen Leidenschaften und unklaren Absichten, verfolgt und allen Schäden ausgesetzt. Der frühere Wohlstand ist vernichtet, die Lebensbedingungen sind verschlechtert. Alles hat sich verkehrt. Diesem Zustande folgt eine Reaktion, diese wird erstrebt und wird gelingen, weil die Schlußkarte Gutes verheißt.

Doch muß ein neuer Geist kommen, nachdem der herrschende Irrtum vertrieben ist. Eine Wandlung steht bevor, dann folgt eine Wiedergeburt in einigendem Geiste.

Ein glücklicherer Zustand wird verheißen, eine reine, von geistiger Versklavung freie Volksseele wird das Volk dauernd aufrecht erhalten.

Wird die neue Regierung ihre weitreichenden Pläne durchsetzen können?

Die erste Karte soll bejahen oder verneinen, die letzte soll dazu nähere Umstände angeben. Nach den üblichen Vorbereitungen fallen
für Karte 1: X, Schicksalsrad, Mittelpunkt des Einerstammes. Gegenkarte XII: Prüfung;

Karte 2: XVIII, Blinde Leidenschaft. Voraussetzung ist Karte IV: Herrscher. Irdischer Abschluß des Dreierstammes.

Deutung: Die Regierung wird mit aller Kraft einen Umschwung der schlechten Verhältnisse erstreben.

Was ihr nicht gelingt: Die Beseitigung der blinden Leidenschaften in den Volksmassen, die Reinigung des Volksgeistes vom Irrtum und Wahn, die fortgesetzt zu feindlichen Handlungen führen. Es wird weiter gehetzt. Die neue Regierung wird geprüft, ob nicht nur ihre politischen und wirtschaftlichen Pläne gut sind, sondern auch die Einwirkung auf den Geist des Volkes! Befördert die Regierung im Banne blinder Leidenschaften selbst geistige Abhängigkeit, dann wird der Plan nicht gelingen.

Eine unbedingte Bejahung der Frage ist nicht erfolgt, daher kann die neue Regierung nur Teilerfolge erzielen, welche die Gefahr von Uneinigkeiten im Volke eher vermehrt. Also: Erfolge im Stofflichen, Mißerfolge im Geistigen!

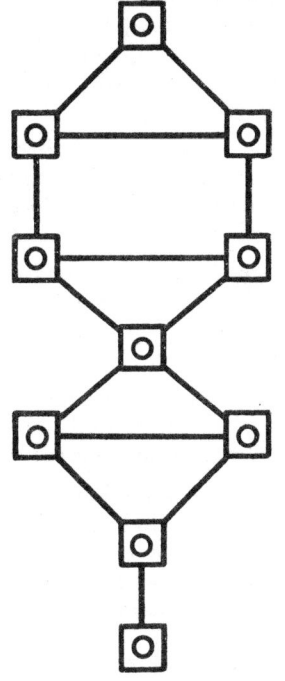

10 Karten,
der Baum des Lebens.

Zur Erkennung großer Zusammenhänge bei wichtigen Entwicklungen, nur zum eigenen Gebrauch.

Mit diesen Legeformen kann alles gemeistert werden, wenn die Geister gut gebildet und gekräftigt sind.

Buchstaben-Orakel

Die Verbindung der Buchstaben mit den Großen Arcana muß doch Sinn und Zweck haben? Auch diese sollen oder können nach alter Übung zur Deutung benutzt werden, wie bei unsern alten Germanen, wo jede Rune auch nur einen Buchstaben trug. Die alten Schriften sind den Sternen entnommen, es sind „astrale Zeichen". Die Buchstaben sind nicht nur Lautzeichen, sondern sie haben ein eigenes Leben, Körper und Geist. Durch das „Wort" ist alles geschaffen worden, lehrt die Bibel. Das Wort ist aber aus Buchstaben gebildet. Die reinen Konsonanten stellen den Körper dar, die Halbvokale die Seele, die Vokale den Geist. Der Geist ist unsichtbar, darum wurden in der heiligen Schrift nur die 22 körperlichen und seelischen Zeichen benutzt, die Vokale fehlen. Diese Buchstaben sind ohne Unterbrechung aneinandergereiht, ohne Wortteilung. Das ermöglichte verschiedene Lesarten oder Schlüssel. Was wir in unserer Bibelübersetzung haben, ist die unterste volkstümliche Auslegung, entsprechend dem Körper. Die Kabbalisten kennen einen andern Schlüssel mit einem andern Text, den ich der Seele vergleichen will, einen dritten, philosophischen, der den Geist der Schrift aufschließt. Darum darf in der Schrift — man verstehe darunter die 5 Bücher Mosis — kein Tüttelchen verändert werden, sonst passen die Schlüssel nicht mehr! Außerdem: da alles, was ist, Gott selbst ist, so kann er nur sich selbst aussprechen, die „Schrift" in ihrer Gesamtheit ist, als von Gott ausgesprochen, sein längster heiliger Name. Die Heiligkeit der Schrift wird dir nun klar sein.

Die Vokale werden lediglich durch Mundstellungen verschieden klingend ausgehaucht. Der göttliche Odem: i e o u a, das ist Jehova, der Name Gottes ohne Konsonant! In diesen Vokalen liegen magische Kräfte, die der Kundige an sich ziehen kann.

Jeder hebräische Buchstabe soll einen inneren Zusammenhang mit dem Tarotbild haben, auch mit Teilen des Körpers, ferner mit einer Zahl. Sie werden eingeteilt in 3 Mütter = Ur-Elemente, 7 doppelte = Planeten, 12 einfache — Tierkreiszeichen.

Damit sind die Bedeutungen noch nicht erschöpft, aber sie gehen über den Rahmen dieses Buches hinaus. Wer in die Kabbala weiter eindringen will, sei auf das Literaturverzeichnis verwiesen.

Ich mute meinen Lesern nicht zu, die hebräischen Buchstaben auswendig zu lernen, darum habe ich die uns verständlichen Lautzeichen daneben gesetzt. Kabbalisten verstehen sie natürlich. Hier soll lediglich auf den tiefen Sinn der Sprache hingewiesen werden. Vielleicht denkt ein Leser mal über den Mißbrauch nach, der stündlich mit diesen heiligen Symbolen getrieben wird. Ein anderer wird darüber nachdenken, warum Anrufungen und Flüche materielle Wirkungen ausüben können; das betrifft das Gebiet der Magie und des Gebetes! Ein dritter mag nun über die Art unserer Wurzelworte nachdenken, er wird tiefe Aufschlüsse über den Geist unserer Sprache erhalten. Dem Goetheliebhaber werden die 3 Mütter an Faust erinnern, ihm sei gesagt, daß Goethe die Kabbala kannte und der ganze Faust voller kabbalistischer Verbergungen

Karte	Buchstabe		Aussprache	Art	Zahlenwert	Hauptbedeutung	Zwischenbedeutung	Nebenbedeutung
Magier	aleph	ℵ	A E	Mutter	1	= Vater	= Schöpfer	= Mensch, Mann. Gedanke.
Hohepriesterin	beth		B	doppelt	2	= Mutter	= Weisheit	= sein Mund. Wort.
Herrscherin	ghimmel		G	„	3	= Natur	= Vernunft	= greifende Hand, Geist.
Herrscher	daleth		D	„	4	= Autorität	= Güte	= Busen oder Schoß, Schöpfung, Gesetz.
Hoherpriester	he		H	einfach	5	= Religion	= Gerechtigkeit, Strenge	= Atem. Geistige Autorität.
Scheideweg	vau		V	„	6	= Freiheit	= Schönheit, Harmonie	= Auge und Ohr. Liebe.
Triumpf	zain		Z	„	7	= Eigentum	= Sieg, Ueberwindung	= Pfeil, Aktivität, Verwirklichung.
Gerechtigkeit	chet		Ch weich	„	8	= Verteilung	= Ewigkeit, Gericht	= Feld, Pflicht, Wahrheit.
Weiser	theth		T	„	9	= Klugheit	= Fruchtbarkeit	= Dach, Haus. Vorsicht.
Schicksalsrad	jod		J	einf. Urlaut	10	= Ordnung	= Wirklichkeit	= Zeigefinger, Wille, Handeln.
Kraft	caph		Ch hart, fast k	doppelt	20	= Kraft	= Dasein	= sich schließende Hand. Gewinn.
Prüfung	lamed		L	einfach	30	= Opfer		= ausgestreckter Arm. Prüfung, Gabe.
Tod	mem		M	Mutter	40	= Tod		= das Weib.
Wiederverkörperung	noun		N	einfach	50	= Wiedergeburt		= die Frucht, Kind. Beginn.
Schwarzmagier	samech		S	„	60	= Untergrabung		= Schlange, Verführung, Lüge.
Der Blitz	hain		Ayn	„	70	= Gleichgewicht		= Materielle Verbindung. Ruin, Zerstörung.
Erlösung	phe		Ph	doppelt	80	= Unsterblichkeit		= Mund u. Zunge. Reife, Hoffnung.
Blinde Leidenschaft	tsade		Ts	einfach	90	= Leidenschaften Schatten		= Dach, Verbergung. Irrung, Chaos.
Geistiges Leben	Koph		K	doppelt	100	= Licht, Geist		= Beil, Werkzeug. Leben u. Wirken.
Ewiges Leben	resch		R	„	200	= Dankbarkeit		= Der Kopf des Menschen. Höchstes Prinzip.
Alles in Allem	schin		Sch	Mutter	300	= Einheit		= Pfeil, Richtung des Strebens.
Narr	thau		T	doppelt	400	= Gesamtheit		= Brust, Symbol des Menschen.

ist. Man lese nur obige Aufstellung durch, besehe die Tarotbilder und erkenne darin Personen und Leitideen, die ihm im Faust begegnen.

Was ich eigentlich nur beabsichtige, ist das: Verständnis für die Wahrsagung aus Buchstaben zu geben, der Schlüsselmethode unserer Vorfahren, die wir doch nicht als Gaukler betrachten! Als solche beurteilen wir mit naiver Selbstüberhebung immer nur die Priester und Hohenpriester anderer Völker! So haben wir es doch in der Schule gelernt!

Scharfsinn und Erfindungsgabe finden hierbei glänzende Aufgaben! Es ist Arbeit für Nußknacker, die Kraft aufwenden, um einen süßen Kern zu erhalten.

Ziehe 3 oder 5 oder 7, 11, 13 Große Arcana und lege sie von rechts nach links. Ergänze die darauf stehenden Buchstaben zu Worten und Sätzen. Du kannst es allein machen, aber es kann sich daran auch eine ganze Gesellschaft beteiligen. Dabei wird mancher gute Einfall erzeugt werden, der alle Geister wecken wird. Man vergesse dabei auch die Zahlenbedeutung nicht. Jeder hat die unbewußte Neigung, den zu bildenden Sätzen einen Sinn zu unterlegen, der ihm am Herzen liegt, denn wes das Herz voll ist, des geht der Mund über!

Ich wähle ein leichtes Beispiel, um nicht gleich mit grobem Geschütz abzuschrecken: es sind gezogen

13	15	9	10	1
M	S	T	J	A

Lösungen: Meine Sorgen trage ich allein. Mein süßes Trudelchen ist arbeitsam. Max Strenge treffe ich abends. Morgens sei tüchtig, immer arbeite!

Es ist am leichtesten aus jedem Buchstaben ein Wort und Sätze zu bilden. Wenn ich aus einem Satze alle Vokale streiche, so sind diese eher zu ersetzen, weil die dann verbleibende Konsonantenfolge einen inneren Sinn zuläßt. So ist es eine zu lösende Aufgabe, folgende Konsonanten wieder zum Leben zu erwecken, indem ich ihnen Odem einblase, d. h. Vokale dazwischen setze: GTTSTMNHLFNDMNTRST = Gott ist meine Hilfe und mein Trost. Mit zufällig zusammengewürfelten Konsonanten wird man sich meist vergeblich abplagen.

Eine Umsetzung der Buchstaben in Zahlen nach der Angabe auf Seite 136 verlegt die Buchstabendeutung in die Zahlendeutung (Seite 139 u. f.). Eine Verbesserung dieser alten Methode liefert der folgende Abschnitt: D a s S t u n d e n g l a s.

Das Stundenglas

Buch der Wandlung

Die Idee zu dem folgenden Rat-Orakel entstammt dem uralten chinesischen Buch J GING, Das Buch der Wandlungen. Erste deutsche Übersetzung von R. Wilhelm, Verlag Eugen Diederichs, Jena 1924, 2 Bände. Das Buch ist über 3000 Jahre alt und zählt zu den bedeutendsten philosophischen Werken der Chinesen und der Weltliteratur. Noch heute wird von Chinesen nach diesem Buch Rat und Auskunft erteilt.

Es enthält 8 „Bilder", diese sind aus Strichen zusammengesetzt, wobei man sich einfach vorstellen wolle, der grade volle Strich sei positiv und bedeute ja, der gebrochene grade Strich sei negativ und bedeute nein. Je drei ganze oder gebrochene Linien stellen eins der 8 Bilder dar. Es gibt dabei nicht mehr Möglichkeiten!

		Eigenschaft	Bild	Familie
☰	Das Schöpferische	stark	Himmel	Vater
☷	Das Empfangende	hingebend	Erde	Mutter
☳	Das Erregende	bewegend	Donner	1. Sohn
☵	Das Abgründige	gefährlich	Wasser	2. Sohn
☶	Das Stillehalten	ruhend	Berg	3. Sohn
☴	Das Sanfte	aufdringend	Wind, Holz	1. Tochter
☲	Das Haftende	leuchtend	Feuer	2. Tochter
☱	Das Heitere	fröhlich	See	3. Tochter

Jedes Bild hat eine wechselnde Bedeutung, je nachdem es mit einem andern zusammenkommt, denn 2 Bilder dienen zum Orakel. Um diese zu erhalten, werden Schafgarbenstengel derart abgeteilt, rechter und linker Haufen, bis 2 Bilder übrig bleiben. Das Verfahren erinnert an unser Kartenmischen, abteilen, abheben usw.

Dann werden die „Bilder" untereinander gezeichnet und ausgedeutet. D. h. es liegen die 64 Deutungen vor, hierbei wird jede Linie von unten herauf gedeutet, die 5. Linie ist die wichtigste und stärkste. Was nun als Deutung herauskommt, ist das „Urteil". Diese haben etwa folgende Wortlaute:

16. Die Begeisterung   ☳ = das Erregende
                        ☷ = das Empfangende

„Fordernd ist es, Gehilfen einzusetzen und Heere marschieren zu lassen."

22. Die Anmut 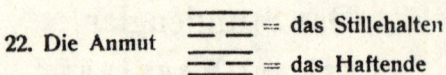 == das Stillehalten

== das Haftende

„Anmut hat Gelingen. Im Kleinen ist es fördernd, etwas zu unternehmen."

Der „bewegende" Grundgedanke richtet sich auf die stete Wandlung aller Dinge, es gibt keinen Dauerzustand, sondern nur Entwicklung.

Untersuchen wir die Anmut, so entstehen aus den Linien 5—4—3 das Bild: Das Abgründige, Wasser; aus 4—3—2: Das Erregende, Donner. Jede Linie wird auf + oder minus untersucht, daraus ergeben sich Kommentare, die das Urteil erläutern. Es steckt darin tiefe Welterkenntnis.

Anstelle der Schafgarbenstengel sind beim „Stundenglas" die 12 Tarotkarten 1—12 genommen, man mische die Karten und zähle die 6. und 7. Karte, also die beiden in der Mitte liegenden aus und lege sie untereinander.

Jede Karte hat eine dreifache Bedeutung, sie hat in der Reihenfolge eine Karte vor sich und eine hinter sich, sie ist also der Mittelpunkt einer Dreiheit. Z. B. 7 | 8 | 9, 12 | 1 | 2. Liegen die Karten nun untereinander, so sind folgende Verbindungen möglich:

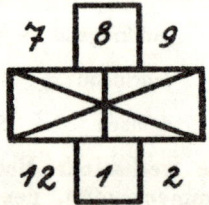

Ferner in recht fallend oder verkehrt fallend unterschieden.

Das sind 7 Verbindungen, die zu 8, dem Urteil, führen. Es sind 528 Urteile, demnach 464 mehr als beim J Ging. Dafür gibt es die Möglichkeit, der Gegenwart auch praktisch näherzukommen.

Das ist das S t u n d e n g l a s,

auch die Hagalrune.

294

Die Bedeutung der 12 Karten

Karte						
1 Der Schöpfende	Positiv männlich / negativ männlich	Strahlung	Schöpfer. Wirksamkeit	Erfindung	Stark	Himmel
2 Die Empfangende	positiv weiblich	Magnetisch		Intuition	Eindringend	Astral
3 Die Verbindende	negativ weiblich / positiv männlich	Spannung		Inspiration	Ruhend	Aether
4 Die Herrschende	Positiv männlich / negativ männlich	Elektrisch	Waltende Wirksamkeit	Weitsicht	Erregend	Erde
5 Die Erziehende	positiv weiblich	Regulierend		Glaube	Verdunklnd.	Wasser
6 Die Zweifelnde	Positiv weiblich	Unterbrechnd.		Phantasie	Empfangend	Luft
7 Die Belebende	Positiv männlich / negativ weiblich	Dynamisch		Tatkraft	Erleuchtend	Feuer
8 Die Ordnende	positiv männlich / negativ männlich	Statisch		Urteilskraft	Strenge	Donner
9 Die Wissende	positiv weiblich	Uebertragend	Durch Wandlung wirkend	Innerer Sinn	Ausdehnend	Schall
10 Die Erlebende	Neutrum	Beweglich		Aeußer.Sinn	Gefährlich	Zug
11 Die Liebende	Positiv weiblich / negativ weiblich	Fixierend		Gemüt	Hingebend	Natur
12 Die Umstellende	positiv männlich	Wendepol		Entschluß	Verzichtend	Kosmos

Von den 528 Ratsprüchen habe ich 217 ausgeführt, als Muster. Die übrigen sollen vom Leser selbst kombiniert werden, um seiner Fähigkeit freien Spielraum zu lassen. Auch sollen meine Ausarbeitungen nicht verbindlich sein, jeder kann nach eigener Einsicht die starre Form lockern und den Sinn vertiefen. Die fragende Person und deren Umstände werden einsichtig dabei berücksichtigt.

Bedeutung der Karten

	Recht fallend	Verkehrt fallend
1. In der Mitte	Meisterhaftes Können	Gebrochene Kraft
oben	Freudiger Entschluß	Erzwungenes Tun
unten	Liebevolles Schaffen	Arbeit mit Unlust
2. In der Mitte	Opferwilligkeit	Eigennützigkeit
oben	Selbstlose Hilfe	Raffgier
unten	Liebender Mann	Planlosigkeit
3. In der Mitte	Vernunft	Falsches Denken
oben	Nützliche Verbindung	Mangelnde Einsicht
unten	Ueberlegenheit	Beeinflussung
4. In der Mitte	Kraftvolle Leitung	Versagende Leitung
oben	Eifer im Tun	Unordnung
unten	Beratung	Heimtücke
5. In der Mitte	Uebersicht	Betrug
oben	Weise Ordnung	Falsche Auskunft
unten	Belehrung	Irreführung
6. In der Mitte	Wendung zum Bessern	Verführung
oben	Vereinigung	Verstehe Frauen
unten	Freie Bewegung	Herrschende Leidenschaft
7. In der Mitte	Belebende Kraft	Das Erlöschen
oben	Ausbreitung	Abweichen vom Weg
unten	Kluge Berechnung	Unlauterkeit
8. In der Mitte	Gerechtes Urteil	Die Bestrafung
oben	Warmherzigkeit	Verlust
unten	Gesetzlichkeit	Ungesetzlichkeit

	Recht fallend	Verkehrt fallend
9. In der Mitte	Begeisterung	Verdrießliche Umstände
oben	Beharrlichkeit	Ungerechtes Verlangen
unten	Aufschwung	Verwirrung
10. In der Mitte	Glück	Unglück
oben	Ehrung	Schädlicher Hochmut
unten	Belohnung	Unverläßlichkeit
11. In der Mitte	Gesicherter Besitz	Unsichere Lage
oben	Liebende Frau	Treulosigkeit
unten	Uebereinstimmung	Verschwendung
12. In der Mitte	Verlegung	Heimatlosigkeit
oben	Betrachtung	Zusammenbruch
unten	Umstellung	Gegensatz

Laufende Nummern der Urteile

Beide Karten recht fallend

Fette Nummern sind als Muster aufgeführt

Oben liegt:	Unten liegt:											
	1	2	3	4	5	6	7	8	9	10	11	12
1	—	1	2	3	4	5	6	7	8	9	10	11
2	12	—	13	14	15	16	17	18	19	20	21	22
3	23	24	—	25	26	27	28	29	30	31	32	33
4	34	35	36	—	37	38	39	40	41	42	43	44
5	45	46	47	48	—	49	50	51	52	53	54	55
6	56	57	58	59	60	—	61	62	63	64	65	66
7	67	68	69	70	71	72	—	73	74	75	76	77
8	78	79	80	81	82	83	84	—	85	86	87	88
9	89	90	91	92	93	94	95	96	—	97	98	99
10	100	101	102	103	104	105	106	107	108	—	109	110
11	111	112	113	114	115	116	117	118	119	120	—	121
12	122	123	124	125	126	127	128	129	130	131	132	—

Obere Karte recht fallend, untere verkehrt fallend

Oben	Unten											
	1	2	3	4	5	6	7	8	9	10	11	12
1	—	133	134	135	136	137	138	139	140	141	142	143
2	144	—	145	146	147	148	149	150	151	152	153	154
3	155	156	—	157	158	159	160	161	162	163	164	165
4	166	167	168	—	169	170	171	172	173	174	175	176
5	177	178	179	180	—	181	182	183	184	185	186	187
6	188	189	190	191	192	—	193	194	195	196	197	198
7	199	200	201	202	203	204	—	205	206	207	208	209
8	210	211	212	213	214	215	216	—	217	218	219	220
9	221	222	223	224	225	226	227	228	—	229	230	231
10	232	233	234	235	236	237	238	239	240	—	241	242
11	243	244	245	246	247	248	249	250	251	252	—	253
12	254	255	256	257	258	259	260	261	262	263	264	—

Obere Karte verkehrt, untere Karte recht fallend

Oben \ Unten	1	2	3	4	5	6	7	8	9	10	11	12
1	—	265	266	267	268	269	270	271	272	273	274	275
2	276	—	277	278	279	280	281	282	283	284	285	286
3	287	288	—	289	290	291	292	293	294	295	296	297
4	298	299	300	—	301	302	303	304	305	306	307	308
5	309	310	311	312	—	313	314	315	316	317	318	319
6	320	321	322	323	324	—	325	326	327	328	329	330
7	331	332	333	334	335	336	—	337	338	339	340	341
8	342	343	344	345	346	347	348	—	349	350	351	352
9	353	354	355	356	357	358	359	360	—	361	362	363
10	364	365	366	367	368	369	370	371	372	—	373	374
11	375	376	377	378	379	380	381	382	383	384	—	385
12	386	387	388	389	390	391	392	393	394	395	396	—

Beide Karten verkehrt fallend

Oben \ Unten	1	2	3	4	5	6	7	8	9	10	11	12
1	—	397	398	399	400	401	402	403	404	405	406	407
2	408	—	409	410	411	412	413	414	415	416	417	418
3	419	420	—	421	422	423	424	425	426	427	428	429
4	430	431	432	—	433	434	435	436	437	438	439	440
5	441	442	443	444	—	445	446	447	448	449	450	451
6	452	453	454	455	456	—	457	458	459	460	461	462
7	463	464	465	466	467	468	—	469	470	471	472	473
8	474	475	476	477	478	479	480	—	481	482	483	484
9	485	486	487	488	489	490	491	492	—	493	494	495
10	496	497	498	499	500	501	502	503	504	—	505	506
11	507	508	509	510	511	512	513	514	515	516	—	517
12	518	519	520	521	522	523	524	525	526	527	528	—

1. Der Vollendete. Fruchtbares Können mit Willen zur Formung: Solch dankbare Aufgabe findet Erwartung; edle Absicht fördert sich selbst.
Starke Kräfte durchdringen, Freude am Werk sichert Gelingen. Himmlischer Geist und Liebe des Zeugenden vereint im Wollen, erregen Leben im Volk.

2. Der Könner. Ein freudiger Entschluß nach vernünftiger Erwägung treibt zur Verbindung zwecks gemeinsamen Schaffens. Meisterhaftes Können gibt Überlegenheit in der Leistung. Liebe zur Aufgabe vermehrt die Spannung. Gute Eingebungen verbessern die Aussicht.

3. Der König. Kraftvolle Leitung, verbunden mit schöpferischem Können, mit Eifer im Tun und freudigem Entschließen

zur Wahrung der Wohlfahrt, stützt sich mit Vorteil auf wohlmeinenden Rat.

4. **D e r A u f s c h w u n g.** Der tüchtige Schöpfer übersieht sein Werk in der Umwelt, er verbindet den himmlischen Geist mit irdischer Gestaltung, erkennend den Geist im Werk. Freudig schafft er in weiser Ordnung, sorgend, daß Schönes erziehlich auch wirkt.

5. **D i e Ü b e r l e g u n g.** Der Meister im Können wendet alles zum Bessern, vereinigen Alle zu freudiger Schaffenslust. In freier Bewegung hält er alle in Liebe zum Ganzen und fördert das Volk.

6. **B e f r u c h t u n g.** Belebende Kraft verbunden mit stärkstem Können verbreitet mit Begeisterung Ströme des Lebens. Kluge Berechnung leitet das liebevolle Schaffen, Erleuchtung bekämpft die Dunkelheit.

7. **D e r K ü n s t l e r.** Der Meister im Werk erhält durch gerechtes Urteil seine Schaffensfreude. Gesetzlichkeit hemmt nicht das warmfühlende Herz, er liebt in der Schöpfung die andern.

8. **B e g e i s t e r u n g** erweckt das vollendete Werk, mit freudiger Absicht beharrlich geschaffen. Dem Aufschwung folgt die prüfende Überlegung, damit auch der Geist den Wert erkennt.

9. **G l ü c k d u r c h K r a f t.** Selbst erworbenes Glück zeigt den Meister des Lebens. Ehre weckt freudigen Entschluß zu neuem Werk. Doch höchster Lohn liegt im gelungenen Werk. Gefährlich wird das Stehenbleiben.

10. **G e s i c h e r t e r B e s i t z,** erworben durch eigene Kraft, durch Selbstgeschenk der Liebe: das ist das reinste Glück. Gebend nehmen, Eins in Eins, in steter Harmonie. Die Sehnsucht ist es aller Menschen, nur wenigen ward sie erfüllt.

11. **D i e B e t r a c h t u n g.** Alles wandelt, alles wechselt zwischen Jugend und Alter dahin. Aus Leidenschaft Liebe, aus Gährung Wein, von Aussicht zur Einsicht, so bahnt die Umstellung sich an. Verzicht aus Erkenntnis des wahren Bleibenden steht am befreienden Schluß.

12. **K r a f t v o l l e H i l f e.** Selbstloser Helfer zum Opfer bereit, findet Ort und Dankbarkeit. Freudiger Wille mit Einsicht gepaart zeichnet den liebenden Mann. Er deckt das Bedürfnis, er sorgt für die Zeit, durchaus im Sinne der Ewigkeit. Die Seele vom Himmel befruchtet die Erde.

13. **D e r L e i t e r.** Was dir gegeben, verwalte mit Vernunft und sporne alle schaffenden Kräfte an. Göttliche Eingebung verhilft zu helfenden Freunden. Gutes kommt dir von selbst. Ideen tauchen auf, die Überlegenheit und Erfolg bringen.

14. **D e r   S c h e n k e n d e.** Was Gott an Reichtum gegeben, benutze es weise für andere, denen dein Glück helfen soll. Eifre in selbstloser Hilfe. Ein liebender Mann ist dir als Berater bestimmt. Ihm folge!

15. **W e i s e r   H e l f e r.** Planvoll verteilt er ohne Aufsehen die Wohltat, weise Ordnung erstrebend. Was Opferwilligkeit beut, seine Übersicht lenkt zum Bedarf die Gaben. Der liebevolle Mann fügt zur Hilfe Ratschlag und Hinweis. Ihm gleiche!

16. **D e r   B a r m h e r z i g e.** Viele in selbstloser Hilfe vereinigt, wenden zum Besseren durch Gaben arge Not. Freie Bewegung habe der durch Menschenliebe geleitete Gönner, empfangend den Dank für vermitteltes Gut.

17. **D i e   S p e n d e.** Opfergaben beleben die Kraft, sie lassen die Augen aufleuchten, wo Entbehrung den Blick hat getrübt. Kluge Berechnung empfängt ihre Wertung, Lebensströme treiben zur Tat. Selbstlose Liebe breite sich aus!

18. **V e r s o r g u n g.** Zur Wahrung der Wohlfahrt wähle die Frau, mit Liebe streng, mit Verständnis urteilend, eindringend in die Lücken im Sein. Doch warmherziger Mann und liebendes Weib erringen im Wohltun den höchsten Preis. Als Segen ein glückliches Kind.

19. **D e r   P e l i k a n.** Almosen fördern Armut. Der Weise baut vor! Beharrlich und aufopfernd sorgt er für Arbeit und Brot. Aufschwung, Wohlfahrt, durch Arbeit erzeugt, gibt der Weisheit aus Liebe die Ehrenkron'.

20. **D i e   Ü b e r h e b u n g.** Denen die Gott lieben, müssen alle Dinge zum Besten dienen. Opfere die gespendete Ehre dem Geber aller Güter. Gefährlich ist der Hochmut durch Verkennen!

21. **D a s   H e r z.** Über alles die Liebe! 1. Korinther Kap. 13.

22. **S e l b s t a u f g a b e.** Verlege deine Gedanken ins göttliche Ich, opfere deine Persönlichkeit dem Vater aller Geschöpfe. Dieser Verzicht führt in die einzige Seligkeit, in Gott, wohin Gott dich führt. Jede Betrachtung der Welt und jedes Daseins zeigt von unten nach oben, so stelle dich um!

23. **D e r   M e i s t e r.** Vernunft fördert freudiges Entschließen zu nützlichen Schöpfungen. Aus fruchtbarem Zusammenschluß der Kräfte erblüht meisterhaftes Können. In liebevollem Schaffen zeigt sich Überlegenheit, sie strahlt über jede Beschränkung.

24. **D e r   V e r w a l t e r.** Vernünftige Erwägung führe zur Opferwilligkeit. Erwarte durch wohlwollende Menschen selbstlose Hilfe. Verbindungen fördern, nützliche Ideen fließen zu, die Spannung im Handeln vermehrend.

25. **D i e   M a h n u n g.** Vernunft befähigt zur kraftvollen Leitung. Sie verbindet Eifer im Tun mit kluger Erwägung. Beratung vereine Macht und Vernunft, dann wird wohl gehandelt sein. Unternehme!

26. **D a s   L e u c h t e n d e.** Weise Ordnung in allen Verbindungen; Vernunft, die alles übersieht; Belehrung in überlegenem Glauben ruhend, strahlt aus allem Geschehen.

27. **H a n d l e !** Vernünftige Vereinigung zur gemeinsamen Förderung empfängt den verdienten Lohn. In freier Bewegung erprobt sich die Überlegenheit und führt zu einer weiteren Wendung zum Bessern.

28. **D e r   A d l e r.** Verbindung von Vernunft und lebendiger Kraft führt zur Ausbreitung. In kluger Berechnung zeigt sich die Überlegenheit. So steigen die Erfolge zu leuchtender Höhe empor.

29. **D a s   M u s t e r.** Warmherzigkeit, nützliche Gemeinschaft durchdringend, Vernunft im gerechten Urteil beweisen. In gesetzmäßigem Handeln zeigt sich die Überlegenheit.

30. **D a s   W a c h s e n d e.** Beharrlichkeit in zweckmäßiger Gemeinschaft; im inneren Sinn Begeisterung. Vernunft regiert und lenkt in die Weite. So vollendet sich das Begonnene.

31. **D e r   G l ü c k s p i l z.** Überlegene Vernunft im äußeren Sein und Leben bringt Ehre und trägt Lohn. So bleibt das Glück gebannt. Wer wollte das ändern?

32. **R o s e n l a u b e.** Mit liebender Frau in schöpferischer Verbindung als gesicherter Besitz, in Übereinstimmung Kraft und Liebe: was könnte noch überlegener sein? Ein ruhiges Leben voll Wonne durch Hingabe.

33. **S o r g l i c h e s   I n n e h a l t e n.** Vernünftige Betrachtung führt zur Umstellung und Verlegung. Rechtzeitiger Verzicht schützt vor zwingender Krise. So zeigt sich Überlegenheit in vorbeugender Sorge.

34. **D e r   F ü h r e r.** Kraftvolle Leitung, gestützt auf meisterliches Können, mit eifrigem Tun und schnellem Entschluß, nimmt gern den Rat bewährter Gehilfen an, diese zu Liebe am Schaffen ermunternd.

35. **D e r   G a t t e.** Der tüchtige Gatte erkennt die Opferfreudigkeit der Gefährtin und erfreut sich an ihrer selbstlosen Hilfe, die eifrig sie bietet. Gern zieht zur Beratung die Gattin ein liebender Mann, den Vorteil schätzend.

36. **D e r   P o l i t i k e r.** Die kraftvolle Leitung läßt sich führen von Vernunft, eifrig bemüht um helfende Verbindung. Beratung mehrerer Kenner und Könner hat Überlegenheit im Werk zur Folge.

37. **Das Beispiel.** Weise Ordnung im eifrigen Tun, unter einer alles übersehenden Leitung belehrt durch Beispiel lauter als Worte. Der Kluge gewinnt.

38. **Der Pfeil.** Freiheit in der Bewegung begünstigt liebevollen Eifer. Die kräftige Führung zwingt alles zum Bessern. In ergänzender Vereinigung kluge Beratung pflegend, lenkt auf ein Ziel den Pfeil.

39. **Der Glanz.** Kraftvolle Leitung erregt und belebt alle Kräfte. Kluge Berechnung führt das eifrige Schaffen in ausgedehntere Bezirke. Wissen erlaubt durchdringende Beratung. Waltung im Glanz.

40. **Das Lob des Gegners.** Eifer im Werk ist die warmherzige Seele in der Vollendung. Strenge gesetzmäßige Form hebt die Schöpfung. Gerechtes Urteil lobt die tüchtige Leitung der Kräfte.

41. **Der Meister.** Beharrlichkeit, verbunden mit Eifer und Begeisterung im Schaffen, führt zum Aufschwung und zur Ausdehnung und erregt Befriedigung. Betätigte Weitsicht nützt.

42. **Der Geehrte.** Durch kraftvolle Leitung erworbenes Glück findet Beachtung. Ehren werden ihr zu Teil und belohnen eifrige Tätigkeit. Man schätzt ihre Beratung und zieht Sie zum Rate heran.

43. **Die Glücksehe.** Die hingebend liebende Frau schätzt die kräftige Führung des Mannes. Bei der Beratung Übereinstimmung fördert den Frieden und erhebt das Gemüt. So mehrt sich der solide Besitz.

44. **Vorteilhafte Veränderung.** Eifrige Betrachtung der Lage rät zur Umstellung und zur Verlegung. Kraftvoll ist nicht gleich hartnäckig, der Tüchtige gewinnt durch Veränderung und Wechsel.

45. **Weiser Berater.** Bei weiser Ordnung mit freudigem Entschluß sich einsetzend, darbietend Können eines Meisters, stärkt den Glauben an die schöpferische Arbeit.

46. **Der Gütige.** Der liebende Mann hält weise Ordnung. Sein Glaube an den Wert selbstloser Hilfe belehrt die Menge. Er opfert sich selbst, übersieht den Zweck, den Mangel und — die Gegner.

47. **Der Gediegene.** Eine nützliche Verbindung zwischen Ordnung und Belehrung. Vernunft führt zur Überlegenheit, durch Eingebung zum Werk.

48. **Vereinte Kräfte.** Paaren sich Übersicht und kräftige Leitung, Belehrung und Beratung, Tatkraft und gesicherte Ordnung, so vereinigen sich Belehrung und Weisheit mit Ausführung und Kraft.

49. **Die Erfahrung.** Weise Ordnung vereinigt und führt zur Übersicht. In freier Bewegung gedeiht die Wendung zum Bessern. Das lehrt die Erfahrung.

50. **Kluge Berechnung** führt zur Erkenntnis der Ordnung. Wer das Gebiet übersieht, erleuchtet durch Weisheit, benutzt die belebende Kraft zur Befruchtung der Lebenswohlfahrt.

51. **Aus Liebe streng.** Gesetzmäßigkeit ist strenge, verhindert aber nicht das warme Mitgefühl. Sie belehrt und ordnet, schärft die Urteilskraft, damit der Glaube zur guten Tat befruchte. Das fördert das Wohl!

133. **Der Ausbeuter.** Freudiger Entschluß zum gierigen Raffen, Muster sein im eigennutzigen Tun: O weh! Das Schaffen des sich selbst liebenden Mannes zerstört die Absicht der Guten. Planlosigkeit der Machthabenden erzwingt das Erliegen.

134. **Der Verführte.** Die Entschlußfähigkeit wird durch falsche Lehren vermindert. Unklarheit und Verständnislosigkeit läßt nicht zur Meisterschaft kommen. Verhetzung nimmt die Liebe zum Werk. Hingabe der Selbständigkeit straft sich.

Charakterschwacher Meister ist, wer sein großes Können mangelnder Einsicht unterstellt, sich vom echten Schaffen abbringen läßt durch bösartige Pfuscher. Der vollendete Meister kann und arbeitet nach erhabener Weisheit.

135. **Der Tyrann.** Unordnung an Stelle freudiger Leitung, das Können falsch angewendet, an Stelle liebevollen Schaffens Heimtücke: Das sind Grausame, die ihre Kraft zum Nachteil der andern ausüben. Schädlinge an gefährlicher Stelle, die Entrüstung der Mißhandelten beseitigen wird.

136. **Der Teufelspriester** vermag mit Schadenfreude falsche Lehren zu verbreiten, ihm Macht und gutes Leben sichernd. Solcher Betrug bedingt auch Können und Wollen, aber jede Irreführung der Menge ist Dienst und Opfer dem Bösen, genannt Teufel und Satanas. Vernichter des Gottesdienstes vernichtet!

137. **Der Hund.** Verstehe Frauen nicht als bloße Geschlechtstiere, sondern als Menschen wie Du! In Verführung Meisterschaft bekundend ist Kränkung der Gebärerin. Liebende Zeugung verderbend in sinnliche Leidenschaft zeigt Gemeinheit.

138. **Der Fälscher.** Wer freudig vom Wege der sittlich Zeugenden abweicht, in Betrug seine eigene Meisterschaft zum Erlöschen bringt und mit böser Liebe Unlauteres schafft, schädigt sich, die Kunst und das Volk.

139. **Der Henker.** Ein schweres Amt, Ungesetzlichkeit kunstgerecht zu bestrafen, ohne seine eigene reine Menschlichkeit zu verlieren! Aber: Wer muß Henker sein? Wer ist es gern? Als notwendiges Übel geht man ihm aus dem Wege!

140. **Der Agitator.** Ungerechte Forderungen schwächen den Entschluß zum freudigen Wirken. Verdrießliche Umstände werden meisterhaft ausgenützt, um Verwirrung im Kreise der Schaffenden zu erregen. Selbständigkeit des Einzelnen entwaffnet den Hetzer.

141. **Hochmut führt zum Fall.** Schädlicher Hochmut verdirbt freudiges Schaffen, gelenkt und geleitet von Meistern der Kunst. Unglück vernichtet die eigene Kraft, macht verdrießlich und fördert Unzuverlässigkeit. So wird das Glück vernichtet!

142. **Der Abstieg.** Treulosigkeit erlitten, Treulosigkeit gegenüber einem höheren Ich, versetzt in unsichere Lage dem Könner im Meister. Liebevolles Schaffen hört auf, wenn mit edlem Gut Verschwendung betrieben wird. Ohne Ethos kein Meister.

143. **Der Unverstandene.** Anzweiflung des Wirkungszweckes führt zum Zusammenbruch der Schaffenskraft. Im Gegensatz Stehende verkennen die schöpferische Kraft in der Wandlung, so werden sie Unverstandene, denen keine Stätte zusteht, heimatlos, vom Dämonen der falschen Vorstellungsformen getrieben, entwurzeln sie ganz.

144. **Der Hetzer.** Mißbrauchtes Wissen und Unvernunft führt zur Raffgier und Selbstsucht. Die Vereinigung gleicher Menschen wird durch Eigennutz gestört. Überlegenes Wissen scheitert an bewußt gewollter Planlosigkeit, die verschleiert wird. Der Gute wird ausgebeutet vom Bösen.

145. **Verbissenheit.** Falsches Denken lehnt gebotene Opferwilligkeit ab, fehlende Einsicht weist selbstlose Hilfe trotzig zurück. Wer sich beeinflussen läßt, vertreibt den gutwilligen, liebenden Mann und verliert die Ruhe im Leben. Empfangene Wohltaten bedingen Verstehen!

146. **Der Versagende.** Unordnung im Dienste selbstloser Hilfeleistung; Versagen der Leitung zur Linderung der Not. Heimtückisch wird er und sucht sich lieblos zu rächen. Erregend auf andere wirkt der Versagende am unrechten Platz.

147. **Niedertracht** vermag freudig Helfende durch falsche Auskunft und Lenkung vom Wohltun zu entfernen; sie übt Betrug zum eigenen Wohl, wenn andere mildtätig schenken; sie führt zu irrigem Glauben Rechtgesinnte. Fluch dem Niederträchtigen!

148. D e r V e r g i f t e n d e. Durch Geschenke verführen, es verstehen, der Frauen schwache Stellen auszubeuten zum eigenen Vorteil, vorherrschende Leidenschaft zu verbergen im liebenden Mann: welche Gemeinheit verdient schärfere Züchtigung?

149. D e r R ü c k z u g. Bei selbstlosem Tun den richtigen Weg verlieren führt zum Erlöschen der Kraft im Dienste opferwilliger Liebe. Unlauterkeit stößt ab den liebenden Mann: so folgt der Rückzug vom guten Werk und Nacht bricht herein.

150. D i e V e r s t o ß u n g. Übertriebene Strenge führt zum Verlust des Vertrauens und hält ab von selbstloser Liebe. Ungesetzlichkeit kann Wohltun in Strafe wandeln, da zieht sich bedauernd zurück der selbstlos liebende Mensch.

151. D a s V o r g e h e n. Selbstlose Hilfe widersteht ungerechtem Verlangen. Verdrießliche Umstände dehnen die Opferwilligkeit aus. Verwirrung bekämpft der gute Mensch: so wirkt der Weise auf Eigennutz ein.

152. A u f l ö s u n g k l ä r t. Schädlicher Hochmut weist selbstlose Hilfe zurück, die Opferwilligkeit besiegt nicht das gerecht strafende Unglück. Wer unverläßlich im Leben, im äußeren Sein, ist gefährlich, ihn meidet der Helfende.

153. H a l t l o s e vergelten selbstlose Hilfe mit Untreue, an ihrer unsicheren Lage scheitert Hilfsbereitschaft, sie verschwenden Vertrauen und Gute halten sich fern.

154. V e r s p ä t u n g h i n d e r t. Zusammenbruch trotz selbstloser Hilfe, Heimatlosigkeit trotz Opferwilligkeit: Der Gegensatz der Kräfte bringt zum Erliegen helfende Absicht. Ein neues Werden folge der Wandlung nach, verzichte auf rettende Absichten, von vorn beginne ein neues Haus.

155. D e r H a l b e. Falsches Denken verhindert einen freudigen Entschluß, mangelnde Einsicht vollendetes Können. Schädliche Beeinflussung stört die Freude am hingebenden Schaffen. Vergebliche Mühe, da die Einstellung irrig und Überspannung der Kräfte zum Ermatten führt.

156. I m S u m p f. Vernunftlosigkeit begünstigt Selbstsucht, führt zu gemeinsamen Raubzügen! Die Überlegenheit im Erhaschen gestaltet in Wirklichkeit ein planloses Dasein. Nie bringt solches Tun wahres Glück!

157. Z w i e s p a l t. Unordnung verscheucht ordnende Verbindung. An versagender Leitung scheitert die Vernunft. Heimtücke verleugnet Überlegenheit: so schließt eins das andere aus!

158. F a l s c h e r P r o p h e t. Vernunft mißbraucht zum Betrug wird Unvernunft, falsche Auskunft und Lehre führt den Betrüger zum Gewinn. Verdunklung der Wahrheit will diese vernichten, doch stets setzt sich vernünftige Wahrheit wieder durch, Vernichtung drohend dem falschen Propheten.

159. **Erschütterung.** Geht die Vernunft in Phantasie über, so verführt sie zu falschen Vorstellungen. Nützliche Verbindungen werden aufgelöst. Ruhige Überlegenheit im Handeln weicht herrschenden Leidenschaften. Nie lernt man Frauen richtig verstehen, wenn Phantasie und Leidenschaften den Blick trüben.

160. **Erlöschende Vernunft** führt zur Verdunkelung der Einsicht. Abweichung vom Weg trennt gute Verbindungen. Geht Überlegenheit in Unlauterkeit über, ist es mit der inneren Ruhe vorbei. Lauterkeit läutert, wenn Erleuchtung noch möglich.

161. **Übergriffe.** Vernünftige machen Warnungen überflüssig. Der Verlust fördernder Verbindungen ist Bestrafung für unterlassene Benutzung der Vernunft und Ungesetzlichkeit. Übergriffe greife an, ergreife ohne Übergriffe!

162. **Ungerechtes Verlangen** schädigt die Verbindungen. Unvernunft fördert verdrießliche Umstände. Verwirrung anstelle überlegener Ordnung hebt Ruhe und Ausdauer auf. Der innere Sinn muß geschärft werden.

163. **Verblendung.** Schädlicher Hochmut stößt nützliche Menschen ab, diese brechen die Beziehungen ab. Unglück folgt der geknebelten Vernunft. Unverläßlichkeit nimmt den Ruf überlegener Führung. Ändere das Vorgehen! Sonst Mehrung der Gefahr!

164. **Treulosigkeit** endete eine Verbindung, deren Hingabe zur Überlegenheit geführt hätte. Die unsichere Lage folgt mangelnder Vernunft. Wer seine Besitztümer verschwendet, verliert sein ruhiges Gemüt. Zusammenhalten sammelt Besitz.

165. **Stockung.** Der Zusammenbruch gemeinsamen Wirkens infolge unvernünftigen Handelns führt zum Gegensatz gesicherten Daseins. Dieser Weg in die Heimatlosigkeit wirkt nicht erziehlich. Verstehe die Zeichen der Zeit.

166. **Das Unwetter.** Überlegene Kräfte als Gegner brechen die bisherige Kraft. Was bisher gern getan, als Unterworfener ist es bitterer Zwang. So vernichtet der Himmel, was Menschenwerk vollbracht. Doch nie soll sinken der strebende Mut.

167. **Der Tyrann.** Verwendung der Kräfte zu selbstsüchtigem Zweck, Eifer zeigend im Erraffen von Vorteil, durch List die Beratung auf Abwege führend: Fürwahr, das ist eine Plage fürs Volk.

168. **Der Ziegenbock.** Energieaufwand für falsche Pläne, blinder Eifer, der schädlich wirkt, bei Beratungen anderer Ansichten folgend: so erkenne ich den Kraftmeier, der Einsicht bar.

169. **D e r T e u f e l.** Kraftvolle Leitung zu Betrug geneigt, eifrig im Schaffen von Irrwahn und Aberglauben, deren Beratung dient zur Verwirrung, ein Schädling des Volks und der Wohlfahrt. Mißtraue ihr!

170. **D e r P r a n g e r.** Ein wilder Wüstling, der Unschuld gefährlich, verstehend die schwachen Seiten des Weibes, mit böser Belehrung die Leidenschaften erregend: verfolg ihn und stelle ihn bloß!

171. **D e r V e r s i n k e n d e.** Das ursprünglich Gute ist im Erlöschen. Das Böse spornt an und drängt vom rechten Weg. Nun berät ihn unlauteres Gelüsten: man setze ihn ab, ehe Schlimmeres kommt.

172. **R e t t u n g.** Verlust des Eifers am Werk. Kraftvolle Führung wird zur Bestrafung schreiten. Gute Beratung kann von ungesetzlichem Handeln abhalten. Strenges Urteil errege die Willenskraft zum Guten.

173. **U n s i c h e r h e i t.** Ungerechtes Verlangen lähmt den Eifer der Andern. Verdrießliche Umstände haben die kraftvolle Leitung abgelöst. Verwirrung verhindert Überlegung. Der innere Sinn der Geschehnisse bleibt unerkannt, das verhindert die Vollendung.

174. **T o r h e i t r ä c h t s i c h.** Wo kräftige Leitung vom Unglück bezwungen gefährlich erregend sich wandelt und unverläßlich wird, nützt kein Eifer mehr, um Torheiten zu verhindern. Erkenne die Gefahr!

175. **F o r t s e t z u n g s c h ä d i g t.** Treulosigkeit verkannte hingebenden Eifer, schwächte die kraftvolle Leitung und führte zur unsicheren Lage, durch Verschwendung verschlimmert. Leih gutem Rat dein Ohr, ändere das Verhalten.

176. **E v o l u t i o n.** Kühner Entschluß verzichtet auf weiteren Eifer, wenn ein Zusammenbruch der Zustände bevorsteht. Im Gegensatz zur feigen Flucht wird die kraftvolle Leitung nach guter Beratung der neuen Zeit sich anpassen und nicht verzichten.

177. **Z w a n g h e m m t.** Weise Ordnung scheitert Unlust und Überdruß am Zwang. Gebrochene Kraft soll durch Belehrung gehoben werden. Glaubt an den Wert des Ziels, erhellt verdunkelte Gemüter. Zuversicht gewinne Raum.

178. **A u f h e l l u n g.** Kluge Belehrung lasse den Unwert von Eigennützigkeit und Habsucht erkennen. Planlosigkeit ist durch geschaffene Übersicht zu beseitigen. Verdunkelter Glaube weicht eindringlichem Beispiel.

179. **F e h l e n d e E i n s i c h t** werde durch Belehrung und kluge Anordnung beseitigt; falsches Denken beeinflußt und verdunkelt die Übersicht der Vorgänge. Entwirre und ordne!

180. R e v o l u t i o n. Verkehrt weise Ordnung sich ins Gegenteil, wird kluger Belehrung Heimtücke entgegengestellt, versagt die Leitung und verliert die Übersicht: dann empört sich das Geschädigte und setzt sich in Vorteil.

181. M a n g e l a n Ü b e r s i c h t verführt zu falschem Werk. Ausbeutung von starken Leidenschaften macht Belehrung wirkungslos. Verstehe Frauen, die Harmonie vergebens erstreben!

182. B e d r ä n g n i s. Ist die Übersicht erloschen, kann weise Ordnung Abweichen vom Weg nicht verhindern. Belehrung prallt ab von Unlauterkeit der Gesinnung.

183. Z e l o t i s m u s. Bestrafter Glaube führt zum Verlust der Person, anstelle weiser Ordnung gilt Ungesetzlichkeit. Nur Belehrung kann die Strafenden bessern.

184. A b w e i c h e n v o m W e g. Verwirrende Belehrung führt zu verdrießlichen Umständen. Ungerechtes Verlangen verwirkt weise Ordnung.

265. S e l b s t ü b e r w i n d u n g. Raffgier, Verführung fressen die Seele, Selbstsucht tötet die Liebe, Strafe folgt nach. Gebrochene Kraft und planloses Wirken führt nicht zur Zeugung. Erkennend die Folgen, entschließe dich mit Beben: Überwinde dich selbst! Liebe das Himmlische, verstehe den Blitz: Zwiespalt im Wesen führt zum Ruin.

266. Ü b e r l e g u n g g e w i n n t. Vernünftige Belehrung wandle erzwungenes Handeln in verständige Mitarbeit. Vereinte Kräfte sind stark. Überlegene Einteilung nehme den Untergebenen die Unlust zur Arbeit.

267. D e r E i n s i c h t i g e. Gebrochene Kraft unterwerfe sich kraftvoller Leitung. Dann wird Unlust Lust und Eifer regt sich von neuem. Versagt der eigene Witz, frag den Klügern um Rat.

268. D e r B e l e h r t e. Verkehrtem Tun folgt der Niedergang. Kluge Übersicht zeigt den Fehler dir an. Mangel an Einsicht hat Unlust zur Arbeit, Gefühl des Erzwungenen im Gefolge. Weise Ordnung belehrt durch Beispiel, vergilt durch Nutzen freudiges Schaffen.

269. D i e G e n o s s e n s c h a f t. Als Einzelner versagt und gebrochen, schließ der Gemeinschaft dich an, so wendet sich glücklich das Schicksal. Vereinigung ermuntert, in freier Bewegung verstiebt Unlust in leidvollen Zwang.

270. V e r e i n i g t e K r a f t belebt die erlahmte, Verbreiterung der Grundlage befreit vom Zwang der Enge, nimmt Mißerfolg die Lust zur Arbeit, so erfreut die kluge Berechnung der verbundenen Schaffer am Werk.

271. **Die Verwandlung.** Erzwungenes Tun werde Liebe am Werk, Unglück im Plan wird durch gerechtes Urteil erklärt. Unlust zur Arbeit fußt auf Unverstand, erkannte Gesetzlichkeit im Ablauf führt zum freudigen Zugriff.

272. **Veränderte Auffassung.** Beharrlichkeit löse Zwangsgefühl ab. Begeisterung durchglühe Wirken und Schaffen. Besiegte Unlust führt zum Aufschwung. So nutzet Klugheit, da sie dumpfen Zwang vertreibt.

273. **Der Glücksfall.** Zusammengebrochen — da leuchtet plötzlich ein Glück! Ehrung und Anerkennung vertreibt verzweifelte Lustlosigkeit, Belohnung macht fernerhin die Arbeit zum Vergnügen. So folgt dem Fall ein Aufstieg.

274. **Glut im Blut.** Naht sich die liebende Frau, wird Zwang zum Schaffen freudiger Eifer. Lockt gesicherter Besitz, strömen Kräfte herbei und richten den Gebrochenen auf. Stimmen Mann und Weib zusammen, warmer Eifer schmilzt den kalten, freudlosen Zwang.

275. **Der Verzicht.** Betrachte die zwecklose Arbeit an Aufgaben, die eigene Kraft übersteigend! Verlege dich auf Minderes, dem du gewachsen! Durch Umstellung des Ganzen werde unlustige Arbeit unmöglich. Beschränkte Freiheit ermöglicht beschränktes Glück.

276. **Der Reformer.** Eigennützigkeit überwinde entschlossen. Der Raffgier stelle meisterhaftes Können entgegen, herrschende Planlosigkeit überwinde durch Liebe am Werk. Allgemeinnutzen über Selbstsucht.

277. **Die Stockung.** Eigennutz überwältigt die Vernunft, spanne nicht andere vor deinen Wagen, Raffgier trennt sonst die nützlichste Verbindung. Deine Überlegenheit beseitige die Planlosigkeit der Mitwirkenden. Einsicht muß falsche Absichten überwinden.

278. **Der Gewissenlose.** Eifrig in Raffgier, kraftvoll geleiteter Eigennutz, Planlosigkeit durch kluge Beratung beseitigt: das macht Neureiche, Presser und Prasser.

279. **Die Krise.** Selbstsucht organisiert, schafft Übersicht und mißbraucht die weise Ordnung zu eigenem Nutzen. Wehe, wenn verständige Belehrung nicht die Planlosigkeit solches Tuns begreiflich macht! Krisen sind die Folgen kurzsichtiger Ausbeutung.

280. **Der soziale Gedanke.** Die Raffgier des Einzelnen wird in Vereinigungen vermindert. Schädlicher Eigennutz erfährt dadurch eine Wendung zum Bessern. Der soziale Gedanke gewinnt. Freie Bewegung im Verband beseitigt Planlosigkeit im Einzelnen.

281. **Der Wirtschaftsführer.** Selbstsucht ist ein treibender Motor. Raffgieriger Sinn erstrebt eine Ausbreitung des Arbeitsfeldes. Kluge Berechnung beutet die Planlosigkeit aus. Wehe dem Volk, das solche „Führer noch ehrt!"

282. **Die Reinigung.** An bezwingender Warmherzigkeit scheitert oft die Raffgier der Rücksichtslosen. Ein gerechtes Urteil verfehmt die Selbstsucht im Handeln. Das planlose Handeln, der Zukunft nicht gedenkend, versagt an dem hohen Gesetz der Sittlichkeit. Furcht vor der schlimmen Erbschaft führt zur Selbstbesinnung.

283. **Der Gediegene.** Beharrlichkeit in Erwerbung geistiger Einsichten macht die Raffgier zu Schanden. Eigennutz zerschmilzt, wenn Begeisterung für das Gute die Dämme durchbricht. Im Aufschwung des Geistes verliert sich jede Planlosigkeit.

284. **Verrostet** ist eine Kultur, wenn erfolgreiche Raffgier zur Ehrung führt, wenn gewissenloser Eigennutz als „Glück" beurteilt wird, und Planlosigkeit in der Regierung das Schlechte belohnt. Doch folgt oft Unehre nach, denn nicht lange erhält sich der gärende Sumpf.

285. **Falsches Glück.** Der Besitz einer liebenden Frau soll vom Eigennutz und Selbstsucht befreien. Raffgier wegen einer anspruchsvollen Geliebten schmäht Mann und Weib. Selbst Übereinstimmung ist schädlich, wenn sie Planlosigkeit betrifft. Traue nicht solch falschem Glück!

286. **Der Seltene.** Durch Betrachtung der eigenen Raffgier gewahr werdend, den Eigennutz verlegen auf Gemeinnutz, sich umzustellen zu planvollen Arbeiten am Ganzen: selten ist solch Weiser, der für sich verzichtet zu geistigem Gewinn. Wer folgt ihm?

287. **Der Unterlegene.** Erzwungenes Tun gegen besseres Wissen hemmt die Absicht. Geschwächte Kraft muß durch nützliche Hilfe ausgeglichen werden. Arbeit mit Unlust kann durch veränderte Anordnung in spannungsvolle Ruhe gewandelt werden und gute Anlagen müssen über mangelndes Verständnis siegen.

288. **Der Erzogene.** Falsches Denken verkannte Opferwilligkeit, mangelnde Einsicht ward da durch selbstlose Hilfe verbessert. Ein liebender Mensch beeinflußt zum Guten. So erzieht der Edle.

331. **Der Entschluß.** Abweichen vom Weg führt zu Unerwünschtem, der freudige Entschluß, das Rechte zu erstreben, bringt häßliche Triebe zum Erlöschen. Nun hindert keine Unlauterkeit mehr, liebevolles Schaffen führt zu Erfolgen, denn das Streben nach Vollkommenheit trägt immer den Lohn in sich.

332. **Die Rettung.** Selbstlose Hilfe bleibt aus, wenn der Weg der Liebe verlassen wird. Das Erlöschen der Opferwilligkeit des liebenden Mannes setzt Lauterkeit des Herzens voraus. Güte hilft, wenn Gutes gewollt ist.

333. **Die Erwägung.** Nützliche Verbindungen lösen sich, wenn der rechte Wandel verschmäht wird, die Vernunft kommt zum Erlöschen. Unlauterkeit widerspricht der Überlegenheit im Leben. Deshalb gebietet Klugheit, das wahre Glück durch richtige Taten zu erstreben.

334. **Selbsterkenntnis.** Eifer im Tun kann auf Irrwege führen. Das Erlöschen eigner Erkenntnis zwingt zur Unterordnung unter eine kraftvolle Leitung. Wer gut beraten ist, unterläßt jede unlautere Handlung. Rechte Tat am rechten Ort!

335. **Der Zelot.** Abweichen vom Wege weiser Ordnung führt in die Irre, falscher Glaube nimmt die Übersicht und das Verständnis für den Urplan. Belehrung auf unlauterer Grundlage schädigt den Lehrer selbst. So wird der Sektierer immer Zelot. Er widerstrebt der weisen Ordnung.

336. **Die Überwachung.** Alle Sonderwege entfernen von der heilsamen Vereinigung, in der gute Kräfte tätig wirken. Das Erlöschen falscher Begierden bringt jedoch eine Wendung zum Bessern. Unlauterer Bestrebung fehlt die freie Beweglichkeit. Die Phantasie empfange daher geregelte Gesetze.

337. **Neue Wege.** Ein warmes Herz kann vom gewöhnlichen Wege ohne Nachteil abweichen, wenn ein gerechtes Urteil damit eine Not zum Erlöschen bringt! Doch niemals darf Unlauterkeit den Schein von Gesetzlichkeit annehmen. Abweichende Methoden müssen jeder Urteilskraft Stand halten.

338. **Der Büßende.** Das Erlöschen von triebhaften Begierden durch Beharrlichkeit, das Weichen von den Wegen der Sinnlosen und Unlauteren verschafft der büßenden Seele einen Aufschwung, der zur Begeisterung, d. h. Förderung durch kraftgebende Geister, führt.

339. **Die Drehung.** Es war: Wandeln auf Wegen der Unlauterkeit, falsche Anwendung gegebener Kräfte. Es ist: Erlöschen der schädlichen Pläne. Es wird sein: Gute Taten belohnen, bringen Ehren und Glück!

340. **Die Veredelung.** Das Gemüt einer liebenden Frau bringt jeden Wunsch nach Abweichen vom Wege der Treue zum Erlöschen. Unlauteres Wesen vergeht, da Übereinstimmung in der Hingabe die Liebe im Besitz sichert.

341. **Der Geheilte.** Betrachtung der Folgen des Abweichens vom graden Weg bringt die unlauteren Gewohnheiten zum Erlöschen. Die Umstellung auf rechtes Handeln führt zum Entschluß einer Verlegung, die zur Gesundung führt.

353. **Überlegenheit.** Ungerechtes Verlangen verwirrt gefährlich die Begriffe und hat verdrießliche Umstände verursacht. Das meisterhafte Können zeigt sich entwirrend im freudigen Entschluß, durch liebevolles Wirken Klarheit zu schaffen.

354. **Der Unverschämte.** Es ist ein ungerechtes Verlangen, verdrießliche Umstände durch selbstlose Hilfe und Opferwilligkeit eines liebenden Mannes zu beseitigen. Verwirrung der Begriffe tötet den innern Sinn. Güte will erbeten sein!

355. **Die Überspannung.** Von einer nützlichen Verbindung verlange nichts Ungerechtes. Verdrießliche Umstände sind durch Vernunft zu verändern. Überlegenheit des Geistes meistert jede Verwirrung. Einsicht klärt!

356. **Der Abgeblitzte.** Ungerechtes Verlangen weckt Eifer zur Abwehr. Die verdrießlichen Umstände bedingen eine andere kraftvolle Leitung, welche durch Beratung zeigt, wie man selbst verwirrt ist, wie man entwirrt wird, und wie man selbst sein Retter sein muß.

357. **Der Belehrte.** Weise Ordnung macht ein ungerechtes Verlangen zunichte. Die verdrießlichen Umstände werden durch Schaffung einer vollen Übersicht als Verwirrung erkannt. Diese Belehrung führt zur Beseitigung und damit zur Befriedigung.

358. **Der Strauchelnde.** Gegenüber ungerechten Ansprüchen vereinigen sich ablehnende Kreise. Die verdrießlichen Umstände werden eine Wendung zum Bessern erfahren. In freier Bewegung der tätigen Kräfte löst sich die Verwirrung auf. Die rechte Wahl nützt.

359. **Der Politiker.** Die Ausbreitung ungerechter Forderungen führt zu verdrießlichen Verhältnissen. Folgende Verwirrung der Begriffe muß mit kluger Berechnung begegnet werden. Dann werden belebende Kräfte frei, das Dunkle erleuchtend.

360. **Der Eingehende.** Versuche, mit Güte und Herzlichkeit ungerechten Forderungen zu begegnen. Verdrießliche Verhältnisse müssen gerecht beurteilt werden, dann läßt sich die Verwirrung auf vernunftgemäße gesetzliche Weise beseitigen.

361. **Der Satiriker.** Entwaffne ungerechte Forderungen durch hohle Ehrungen, lehre in verdrießlichen Umständen der andern dein Glück zu suchen, belohne Verwirrung: so wird der Unsinn zur Gesundung verhelfen.

362. **Die Feinheit.** Eine liebende Frau vermag ungerechte Verlangende zu zügeln. Verdrießliche Umstände zeugen von Besitz, der gesichert werden muß. Verwirrung deutet auf fehlende Übereinstimmung. Ein hingebendes Gemüt kann Überspannte bekehren.

363. **Der Leidenschaftslose.** Ruhige Betrachtung der durch unvernünftige Forderungen hervorgerufenen verdrießlichen Umstände lehrt, daß jede Verwirrung durch Umstellung und Verlegung des Schauplatzes zu beseitigen ist. Entziehe dem Üblen die Grundlage, so verschwindet es.

397. **Der Fronarbeiter.** Eigensinn führt zur Fronarbeit. Raffgier des Fronherrn bricht deine Kraft. Mit Unlust gearbeitet, Planlosigkeit im Leben, bringt niedriges Dasein.

398. **Der Anhänger.** Mit falschen Grundsätzen die Freiheit der Wahl vernichtet. Mangelnde Einsicht bricht die eigne Kraft. Ein leichtes Opfer für Verführung, irrige Ideen machen erzwungene Arbeit zur Qual.

399. **Versagende Leitung** ist die Folge von gebrochener Kraft. Unordnung nimmt die Freude am Schaffen. Arbeit mit Unlust hat Tücken. Das ist, wenn der erregende Kraftstrom erloschen ist. Ohne auf weite Sicht geregelter frischer Zufluß keine Änderung.

400. **Satanspriester** betrügen mit falschem Glauben und brechen die Kraft des freien Geistes. Falsche Lehren zwingen zu falschem Handeln. Wer von Irreführung lebt, verliert Lust an geregelter Arbeit. Befreiung vom geistigen Zwang gibt die Möglichkeit zu eigenem freudigen Schaffen.

401. **Dalila** erregte die Phantasie und Leidenschaft des Starken, ihn verführend, brach sie seine Kraft. Verstehe solche Frauen, laß dich zu keinem Tun zwingen, das dich entmannt oder entnervt. Herrschende Leidenschaften schwächen die Arbeitskräfte. Empfange Strafe mit Recht, läßt du „dein Haar nicht wachsen".

402. **Der Gebrochene.** Erloschene Kräfte. Verdunkelte Einsicht. Freudlose Arbeit reizt zum Verlassen des graden Wegs. Unlauterkeit kann keine Erfolge erzwingen. Das ist der Sturz!

403. **Falsche Rechnung.** Wer sich durch Verluste zu ungesetzlichen Taten zwingen läßt, erwarte, daß die Strafe seine falsch eingesetzten Kräfte brechen wird. Strenge Urteilskraft erfinde Rettendes!

404. **Der Krebsgang.** Es ist ungerechtes Verlangen, durch Taten zu erzwingen, daß verwirrende und verdrießliche Umstände eine Wandlung herbeiführen. Eine neue Erfindung muß die gebrochene Kraft wieder stärken, der innere Sinn des Vorganges erfaßt werden.

405. **Verzweiflung** hilft nicht, wenn Unglück die Kräfte gebrochen haben. Hochmut ist schädlich, wenn er zum Handeln zwingt, denn Arbeit ohne Liebe ist unverläßlich und gefährdet. Der äußere Sinn muß geschärft werden.

406. **D e r   H i n t e r g a n g e n e.** Treulosigkeit bricht des Ver-
trauenden Kräfte. In unsicherer Lage verschwendet sich das
hingebende Gemüt. So entsteht Unlust zur Arbeit, vergeblich
zwingt man sich und erfindet nichts, das helfen könnte.
Wandle die Liebe!

407. **V e r z i c h t l e i s t u n g.** Der Entschluß zum Verzicht hat die
Kraft gebrochen. Der Zusammenbruch der starken Willens-
kräfte läßt den Gegensatz wünschenswert erscheinen. Aufgabe
der Heimat, Flucht vor erzwungenem Tun, Unlust zur erfin-
denden Arbeit schwächt den Charakter. Die Absicht ist falsch,
die Ursache soll anders wirken.

408. **D e r   V a g a b u n d.** Lieber Almosen empfangen als arbeiten,
lieber betteln und stehlen aus mangelnder sittlicher Kraft,
so zieht er faul und planlos getrieben über die Straßen.
Umherschweifende Bündler sind hoffnungslos und haben
kein Ziel.

409. **D e r   B e t t l e r.** Der haltlose Mensch: irriges Geistesleben
zwingt ihn zum Nehmen, bitten muß er bessere Menschen,
raffgierig sucht er zu erhaschen. Der Plan seines Lebens ist
gescheitert, niemand kann ihn zur Besserung und Wieder-
aufrichtung beeinflussen. Er bleibt ein Bettler.

410. **D e r   S i n k e n d e.** Eigennutz zwingt zu unrechtem Tun und
Handeln. Raffgier bricht die sittliche Kraft. Verstöße gegen
gesetzliche Ordnung vernichten den Lebensplan; so verliert
sich die Lust am rechten wie falschen Tun.

411. **D e r   W u c h e r e r.** Falsche Erziehung trieb zur Selbstsucht,
mangelnde Einsicht zu Härte und Geiz. Wer andere zu plan-
losem Tun verleitet, um dadurch zu gewinnen, erringt Ver-
achtung der Redlichen.

412. **A n h e i m f a l l e n.** Frauen verstehen Raffgier auszubeuten.
Durch Verführung zinst ihnen der Eigennützige, Verführung
wird selbst raffgieriger Eigennutz. Herrschende Leidenschaften
zwingen zur Planlosigkeit, so fallen sich Gemeine in die
Hände.

413. **D e r   G e w i s s e n l o s e.** Das Erlöschen der sittlichen Kraft
bringt Raffgier und Selbstsucht zur Herrschaft, der Gewissenlose weicht vom rechten Wege der höheren Pflicht. Unlauterkeit im Handeln wird durch Planlosigkeit der Regierung
geschützt. So verdirbt das Ganze.

414. **D e r   E r t a p p t e.** Eigennutz und Raffgier finden Bestrafung,
der Verlust des Besitzes zeigt die Planlosigkeit im Handeln,
die Folgen von Ungesetzlichkeit werfen den Ertappten völlig
zurück. Das diene zur Warnung.

415. **D e r G e s t r a u c h e l t e.** Raffgier führte zu ungerechtem Verlangen. Eigennuß ohne Verstand hat verdrießliche Umstände im Gefolge. Verwirrung und Planlosigkeit kennzeichnet die Lage. Der innere Sinn ging verloren.

416. **D e r Ü b e r r a n n t e.** Schädlicher Hochmut erfüllt den erfolgreichen Raffer, doch verkehrter Eigennuß hat Unglück im Gefolge. Unverläßlichkeit und Planlosigkeit hat den Sinn für die Umwelt gestört. So rennt das Schicksal über ihn hinweg.

417. **D e r U n t e r g a n g.** Habsucht als Dämon treibt zum Verbrechen. Eigennuß bricht edelste Kraft und zerstört den Himmel auf Erden. Wer das als Erbgut erhalten, ist bar der Liebe. Arbeit mit Unlust und Lieblosigkeit verbunden führt zum Verbrechen und Untergang. Nur Liebe kann retten.

418. **D e r V e r w i r r t e.** Durch Raffgierige und Eigennüßige zum Zusammenbruch getrieben, ist Aufgabe der Heimat das Schicksal. Der Entschluß, im Gegensaß zu den Verderbens auf alle Pläne zu verzichten, ist unweise, da niemand durch Nichtstun erwerben kann. Verwirrung der Begriffe ist keine weise Wandlung.

419. **F a l s c h e I d e e n** erzwingen Wiederholung der Arbeit. Unterschäßung der Ansprüche führt zum Zerbrechen des Antriebes. Lähmung der Lust zum Leiden führt. Ein dauerndes Übel ist nicht zu heilen.

420. **D e r S p e k u l a n t.** Falsche Beurteilung führt zum Verlust. Unwissenheit verhindert den Gewinn. An mangelnder Einsicht scheitert die Raffgier, folgt man dem Rate der besseren Gauner.

421. **D i e L a s t.** Falsches Denken verbündet sich mit Zwangsarbeit, mangelndes Verständnis bricht die Kraft zur Tat; irreführende Beeinflussung zerstört die Strebsamkeit. In Wahrheit: eine Last ist solch ein Mensch.

422. **D e r T e u f e l r e i t e t.** Mangelnde Einsicht wird durch falsche Auskünfte ausgebeutet. Durch betrügerische Lehre wird das Denken falsch gerichtet. Beeinflussung zum Irrtum erfolgt zu selbstsüchtigen Zwecken. Ob Betrüger oder Betrogener: Der Teufel reitet sie beide.

503. **E i n s c h l e c h t e r Z u g.** Gefährlicher Hochmut hat Verluste im Gefolge. Zum Unglück wird eine Bestrafung, die infolge Unverläßlichkeit zur Ungeseßlichkeit führt.

504. **S c h ä d l i c h e r H o c h m u t** reizt zu ungerechtem Verlangen. Unglück hat verdrießliche Umstände im Gefolge. Unverläßlichkeit verwirrt den inneren Sinn. Strenge Urteilskraft muß Mängel im Charakter beseitigen.

505. B l i n d e L e i d e n s c h a f t mit schädlichem Hochmut im Bunde hat Unglück und unsichere Lage im Gefolge. Unverläßlichkeit in der Wirtschaft führt zur Verschwendung. Hingebendes Gemüt wird ausgenützt. Veränderte Haltung notwendig.

506. A m E n d e der Zusammenbruch, wenn am Anfang Hochmut das Unglück nicht erkennen will. Im Gegensatz zur Vernunft falsche Entschlüsse gefaßt, führt in die Heimatlosigkeit. Wenn auf Irrtümer verzichtet wird, kann eine Umkehr Hoffnung erwecken.

507. T r e u l o s i g k e i t hat die strahlende Kraft gebrochen. Verschwendung nahm die Lust zur Arbeit. Die darauf sich ergebende unsichere Lage verbittert das Gemüt. Nun wird alles Tun erzwungen. Eine unglücklich gewordene Verbindung.

508. V e r k o m m e n, wenn alles Gute abgestorben, alles Böse gepflegt wird. Da verstärkt Eigennutz die unsichere Lage. Raffgier treibt zur Treulosigkeit, Vergeudung des Errafften zur Planlosigkeit dem Leben gegenüber. Verrat an der Liebe und der Natur rächt sich.

509. G e n u ß s u c h t. Mangelnde Einsicht und Haltlosigkeit läßt böser Verführung freies Spiel, die zur Treulosigkeit anreizt, um der Sucht nach Verschwendung frönen zu können. Das untergräbt die sichere Existenz. So verdirbt falsche Hingabe das Gemüt. Schwer ist eine Wandlung!

510. N i e d e r t r a c h t. Unordnung mit Treulosigkeit vereint, ein falsch geleitetes Gemüt ist Kennzeichen einer ungesicherten Lage. Verschwendung der besten Kräfte hat vergiftende Heimtücke hervorgerufen. Erregend wirkt das auf Edle.

511. S c h w a r z e M a g i e. Falsche Belehrung verführt zur Treulosigkeit. Ein trügerischer Glaube täuscht das Urteil und läßt die ungewisse Lage verkennen. Verdunklung der Tatsachen und boshafte Irreführung bringt den Guten zum Fall.

512. D a s L a s t e r. Verschwendung und vorherrschende Leidenschaft verdirbt das Gemüt. Verführung und Treulosigkeit machen die Hingabe zum Laster. Verstehe Frauen in ungesicherter Lage, ihre gereizte Phantasie, dann verstehst du den Fall.

513. V e r s i n k e n i n s D u n k e l. Abweichen vom Pfad der Treue, die Treulosigkeit löscht jeden edlen Funken im Gemüt und bringt die Liebe zum Erlöschen. Unlauterkeit verschwendet das letzte Glücksgut. So sinkt der Mensch hinab.

514. D i e K u r z s i c h t i g e. Treulosigkeit wird durch Verlust der besten Verbindung bestraft. Ungesetzlichkeit im Handeln verschlechtert die Lage. Das beste Gemüt wird streng verurteilen.

515. Bestrafte Torheit. Treue als ungerechtes Verlangen empfinden, zeigt Verwirrung im Gemüt an, der innere Sinn ist krank und verschwendet seine Kräfte im falschen Handeln. Verdrießliche Umstände kennzeichnen die unsichere Lage.

516. Unheil folgt, weil ein gefährliches Gemüt hochmütig zur Treulosigkeit sich entschlossen hat. Verschwendung reißt ins Unglück. Unverläßlichkeit wird Zug um Zug durch eine wankende Lage beglichen. Das Schicksal dreht sich zum Unheil.

517. Verdrehter Sinn. Gebrochene Treue wendet das Glück, die unsichere Lage zwingt zur Heimatlosigkeit. Der Verschwendung folgt als Gegensatz Bedürftigkeit. Dazu führte ein verdrehter Sinn, der die Entschlüsse nicht richtig fassen ließ.

518. Der Entsagende. Erzwungenes unliebes Tun brach den Eifer und ließ den Plan reifen, zu entsagen und als Gegensatz zu unlustiger Arbeit den Entschluß zur Zurückziehung fassen. Entsagen erfordert mehr Kraft als Beharren im Schaffen.

519. Der Zweifelhafte. Im Gegensatz zur Raffgier führt Planlosigkeit zum Zusammenbruch. Der Verzicht auf Heimat und Heim als erzwungener Entschluß läuft auf Eigennutz hinaus. So wird eine Wandlung eintreten, große Selbstopfer werden verlangt.

520. Der Stromer. Zusammengebrochene Existenz aus mangelnder Einsicht. Falsches Denken nimmt Heim und Besitz. Mangelnde Entschlußfähigkeit, weil jeder Beeinflussung zugängig, so verzichtet es auf Ehre und Ansehen.

521. Der Bankrotteur. Unordnung im Betrieb führt zum Zusammenbruch. Versagen in der Leitung nimmt Haus und Heim. Auf weitsichtige Entschlüsse verzichtend sucht man mit Heimtücke vergeblich einen redlichen Gewinn.

522. Der Betrogene. Infolge falscher Belehrung wurde falsch gehandelt. Betrug lohnte gehegten Glauben an Redlichkeit. Verzicht auf gesichertes Dasein auf Grund irreführender Lehren. Gegensätzliches Handeln muß Grundsatz werden.

523. Sinnloser Schwärmer. Der Entschluß, im Gegensatz zum Rate vernünftiger Frauen, einer ungezügelten Phantasie zu folgen und im heimatlosen Leben Verführer zu sein: solch herrschende Leidenschaft bedingt Zusammenbruch.

524. Der Entwurzelte. Zusammenbruch der Pläne drängt zum Abweichen vom graden Weg. Erlöschende Tatkraft führt zum Nichtstun. Unlauterkeit wird nicht mehr als Gegensatz empfunden, so verliert er Heim und Land.

525. **D e r   B e s t r a f t e.** Der Verlust ehrenhafter Strebsamkeit
führt zu Ungesetzlichkeiten, die Bestrafung zeigt den Gegensatz
zum Erstrebten. Verlust der Existenz. Nur ein strenger Entschluß, auf Vergeben zu verzichten, ermöglicht einen neuen
Aufbau.

526. **D e r   V e r z w e i f e l t e.** Verwirrung bringt in Gegensatz zu
gerechtem Verlangen. Der Zusammenbruch der Moral führt
zu verdrießlichen Umständen. Ungerecht wäre es, allem zu
entsagen und sich aufzugeben. Ausdauer im guten Wandel
bringt dem Suchenden das Licht.

527. **D e r   U m s c h w u n g.** Gesicherte Lage wird durch Hochmut
Zusammenbruch. Unglück wird schwer empfunden, der Gegensatz erschreckt. Verzicht auf entscheidende Entschlüsse macht
unverläßlich und nimmt das Vertrauen.

528. **D a s   E n d e.** Treulosigkeit brach Vertrauen und Glück. Die
unsichere Lage treibt in die Ferne und Fremde. Im Gegensatz
zu allem Guten verschwendet man seine Kräfte. Ersterbendes
Gemüt nimmt dem Leben jeden Reiz.

Die Stundenuhr und die Astrologie

Warum ich zwölf Karten zu dem Buch der Wandlung gewählt
habe und nicht irgendwelche andere Zahl, will ich erklären.

Auf den Karten stehen astrologische Zeichen, die nach alter
kabbalistischer Überlieferung aufgenommen worden sind. Da habe
ich die Tradition geehrt, diese Zuteilung ist wohl viel älter als
die Deutungen der französischen Kabbalisten.

**Die z w ö l f e r s t e n T a r o t k a r t e n e n t s p r e c h e n
i n d e r R e i h e n f o l g e d e n z w ö l f T i e r k r e i s z e i c h e n:**

Der Magier	dem Zeichen:	Widder	und dem	I. Hause des Horoskops		
Hohepriesterin	„	„	Stier	„	„	II. „ „ „
Herrscherin	„	„	Zwillinge	„	„	III. „ „ „
Herrscher	„	„	Krebs	„	„	IV. „ „ „
Hohenpriester	„	„	Löwe	„	„	V. „ „ „
Scheideweg	„	„	Jungfrau	„	„	VI. „ „ „
Triumph	„	„	Waage	„	„	VII. „ „ „
Gerechtigkeit	„	„	Skorpion	„	„	VIII. „ „ „
Weiser	„	„	Schütze	„	„	IX. „ „ „
Schicksalsrad	„	„	Steinbock	„	„	X. „ „ „
Kraft	„	„	Wassermann	„	„	XI. „ „ „
Prüfung	„	„	Fische	„	„	XII. „ „ „

Das Zeichen Widder entspricht dem denkenden und handelnden **K o p f.** Das Zeichen Stier ist das Venus-, Liebes- und Liebes-
opferzeichen. Das Zeichen Zwillinge ist bezeichnend für Intellekt
und Vernunft. Krebs regiert Haus und Reich, ist ein Fürsten-
zeichen. Löwe ist das Haus für Liebe, Kunst, Verführung und
betrügerische und gute Spekulationen. Jedes Wort trifft auf das

Papsttum zu. Der durch Löwe vertretene Luxus und die Würde kommt bei allen Hohenpriestern stark in Erscheinung, arme Wanderlehrer sind immer nur ihre Götter, nie sie selbst. Jungfrau ist ein doppelkörperliches Zeichen, da sehen wir auch gleich zwei dieser Gattung auf der Karte, schuldig und unschuldig. Waage ist das Ergänzungszeichen zum ersten Zeichen, ist also hier Vertreterin der geschöpften Welt. Bezeichnend ist besonders Gerechtigkeit, Karte VIII, das Zeichen Skorpion steht dem Todeshause vor, die vom Körper befreite Seele wird im Totengericht beurteilt. Es ist auch das Zeichen der Zeugungsorgane, namentlich der weiblichen, das deutet wieder auf das Gegenzeichen Stier hin. Schütze mit dem IX. Hause ist hinweisend auf Religion, Philosophie, Mystik und Reisen, paßt also genau zu dem wandernden Weisen der Karte. Das X. Haus und Steinbock ist in der Tat das Haus des äußern Lebensschicksales! XI und Wassermann erfüllte Hoffnungen, Freundschaft, das Gegenzeichen vom V. Liebes- und Verführungshause. Und das Zeichen Fische und das XII. Haus haben durchaus die Bedeutung der mystischen Umstellung der Christusmythe und der gehemmten Freiheit, der Fesselung des eigenen Willens. Die Ratsprüche des Stundenglases sind auf diese Weise gewissermaßen astrologisch befruchtet worden, unter gänzlicher Vermeidung astrologischer Ausdrucksformen.

Ich kann auch fortfahren mit den 9 Planeten:

Geistiges Leben = Sonne
Blinde Leidenschaft = Mond
Alles in Allem = Neptun
Ewiges Leben = Uranus
Schwarzmagier = Saturn
Blitz = Jupiter
Tod = Mars
Erlösung = Venus
Wiederverkörperung = Merkur.

Der Astrologe kann nach diesem Schema die Großen Arcana ebenfalls deuten. Nur die Verbindung der Tarotkarten mit den hebräischen Buchstaben hat die traditionelle Zuteilung der Tarotkarten hervorgerufen, wer diese nun mit obiger Zuteilung vergleicht, wird mir gewiß beistimmen.

Aber so geht es mit allen Geheimwissen: legt man den astrologischen Schlüssel an, öffnet sich jedes Geheimnis, die kosmischen Kräfte dringen überall durch.

Wenn wir die Zusammenhänge heute anders sehen, als die Weisen vor vielen Jahrhunderten, so ist das kein Tadel für diese, sondern nur ein neuer Beweis: wir sind unter andere Grundgesse geraten und reformieren nach diesen das Überlieferte.

Nach 2300 Jahren werden die dann lebenden Weisen wieder andere Zusammenhänge finden, sie werden die X. Karte Schicksalsrad an die Spitze setzen und von da an die zwölf Häuser bis zur XXI. Karte durchzählen. Wer das erfassen will, denke daran, daß dann die Präzession in das Zeichen Steinbock tritt und daher das Schicksalsrad an die Spitze kommen muß, denn mit der Schöpfung ist das Rad des Schicksals in Lauf gesetzt worden. Aus der Reihenfolge der 12 Karten bis XXI kann man schon heute eine neue Kirchenmythe ablesen! Da wird man vom Reiche des „Antichrists" Anschauung haben, der Tod wird die Häuser leeren.

Dann müßte ich jetzt die Karte 11 an die Spitze setzen? Nein, das kann nur geschehen, wenn ein neues Kardinalzeichen von der Präzession in Kraft gesetzt wird. Nach Widder kommt rücklaufend Steinbock zu dieser Aufgabe.

ᛖᚾᚦᚨᚱᛏ

Mit Runen raunen

Raunen ist Beratung, geheime Beratung. Die Runen sollen reden. Die aufgelesene Rune ist nach Laut und Sinn auszudeuten. Das Mittel ist Alliteration, das sind Wörter mit gleichem Anlaut oder Inlaut. Selbstlaute a, e, i, o, u können als Anlaut und Inlaut verwendet werden. Die Wörter sind in Sprüche zu formen. Dreimal muß jede Rune darin vorkommen. Zweimal sind sie in „Redensarten" benutzt worden: Mann und Maus, recht und schlecht (= schlicht), diese Beispiele zeigen Alliteration als Anlaut und Inlaut. Bei Selbstlauten ist Wechsel zwischen diesen beliebt und recht. Z. B. „D e i n   I c h   i m   E i g n e n ‖ a d e l t   a l l e i n!" Oder: „I m   K l e i n e n   i s t   K ö n i g,   i m   G r o ß e n   i s t   K a i - s e r, ‖ W e r   w a g t   z u   w i r k e n   f ü r   s i c h   u n d   z u   w a n - d e l n   i m   R e c h t."

In der Edda befindet sich eine Spruchsammlung, Hawamal, die eine große Anzahl von Mustersprüchen enthält. Auch das alte Rechtstum der Deutschen war nicht in Paragraphen gefaßt, sondern in Sprüche, von denen noch viele heute im Volksmunde in „*Hof* und *Heim*" gebraucht werden. Man achte nur auf vorkommende Alliterationen!

Gewählt werden nur einsilbige oder einstämmige Wörter! So heißt es richtig „Schimpf und Schand", Schande ist derzeitiges Deutsch. Einstämmige Wörter können demnach zweisilbig sein. Manche zweisilbige Wörter sind bereits zusammengefügt, z. B. allein = All-Ein. Der Sprachgeist wird lebendig, wenn unsere Wörter derart zum Reden gebracht werden. Es ist erfreulich, wenn in solchen Nebenwörtern die eigentlichen Hauptwörter erkannt werden. Wenn beim Fußball der Ball ins „Aus" fliegt, so haben wir darin eine solche Wiederbelebung: Hin – Aus. Aus – Haus, Haus ist der Gegensatz von Aus, die Hagal-Rune birgt das Aus im Haus, sie „hegt" es. Es gehört demnach arisch-germanischer Sinn dazu, sich von Runen beraten zu lassen! Die Arbeit der Spruchformung erschließt zugleich den Sinn des Rates, sie zwingt zum Nachdenken, zum Ausdenken, zum Vordenken. Jeder Ratspruch birgt dauerndes Weistum, verdichtetes Denken schafft eine Dichtung. Darum war es Aufgabe der Weisen und Dichter, Rat durch Runen zu erteilen.

Runen-Rat

Runen sind in verschiedenen Folgen vorhanden, es gibt kürzere und längere Runenreihen. Die verschiedenen Sprachen mit ihren Lauten bestimmten auch Verschiedenheiten in den Zeichen. Runen wurden geritzt, daher stammt noch der englische Ausdruck write für schreiben.

Auf den Großen Arcana ist je eine Rune angegeben, das ist eine Reihe von 22 Runen. Dann wurde eine zweite Reihe, welche mit Odhins Runensang verbunden wird, auf besondere Karten gedruckt und dem Buche beigefügt, um den Runen-Rat allein in Anspruch nehmen zu können. Darüber folgt eine Übersicht.

1. Runen auf den Großen Arcana

1 ᛏ f			Verkehrt	12 ᚱ l			
2 ∧ u				13 ᛋ eu	für ᛏ yr		
3 þ th				14 ᚾ p	Pracht, Prangen	verkehrt Pranger	
4 ᚨ a				15 ᛉ m			
5 ᛉ r				16 ᛣ n			
6 ᚲ k				17 ᛋ s			
7 ᚷ g				18 ᛏ t			
8 ᚹ w	Wort: Wandel,	Wunde		19 ᛒ b			
9 ᚼ h	[Walten, Wahren]			20 ᛗ e	Ernst, Ernten, Ende, Erz	verkehrt Verderb	
10 ᛇ e				21 ᛘ m	Marsch, Masch, Mischen	verkehrt Matsch	
11	i				0 ᛟ o			

Die übrigen Bedeutungen decken sich mit den folgenden Angaben der Runen-Karten.

Urgermanischer Geist spricht aus diesen Runen und ihren Bedeutungen! Reine Klarheit, Rechtschaffenheit, Verständnis und Ehrfurcht vor Gott, Mensch und Dasein.

Diese Runen mit ihrer Sinngebung müssen genau so bedacht werden, wie die Großen Arcana, es müssen redende Zeichen werden! Die Stichwörter sollen den Sprachgeist ermuntern. Die Alliteration in deutschen Sprüchen und Dichtungen sind keine künstlerische Spielereien, sondern Folgerungen aus der Wortbildung auf Grund der Laute, wobei jeder Laut Eigenleben hat. Der Runen-Rater löse die Rätsel der „gelesenen" Runen und fasse den Sinn in Sprüche mit Alliteration! Rede richtigen Rat! Rate in richtiger Rede!

Ausführung

Die Runenkarten (ursprünglich waren es Buchenstäbe mit eingeritzten Runen, daher die Bezeichnung Buchstabe) werden auf einem weißen Tuch gerührt und dann mit abgewendeten Augen die Karten aufgelesen und aufgelegt, 4 mal 3 Karten.

	Leit-karte	Wunsch-karte	Schick-salskarte
Reihe: W e r d e n. Bevorstehendes.	1	2	3
„ Walten. Als kommende Gegenwart.	4	5	6
„ Wandeln. Gegenwart, die vergeht.	7	8	9
Wahren. Erhaltung, ohne Änderung.	10	11	12

Runen-Karten

Rune			Sinn	Mahnung	Stichwörter	Verkehrt fallend
1	ᚠ	fa	Lenkung	Zeuge dein Glück	Zeugung, Besitz, Vieh, Wachsen, Feuer.	Vernichten
2	ᚢ	ur	Erfaßtes	Erkenne dich selbst	Unsterblichkeit, Ewigkeit, Urgrund Ur-licht, Ursache, Verborgenes	Zeit, Zeitliches
3	ᚦ	thorn	Ziel	Wahre dein Ich	Wille, Ton, Tat, Tod, Wiederkehr	Trug
4	ᚩ	os	Gebotenes	Geisteskraft macht frei	Mund, Ostern, Rede, Schoß, Christo, Atem	Widerspruch, Ungehorsam
5	ᚱ	Rit	Verfließendes	Ich bin mein Recht, unver-letzbar	Recht, Rad, Religion, Ritter, Rhythmus Rita, Sonne, Werbung, Redner	Unrecht
6	ᚲ	Kun	Bestehendes	Wahre dein Blut	Ab-kunft, Ab-kommen, Keim, Phallus, König, Kiel, Können, Kunst, Kühn, Geschlecht, Königin	Vermischen
7	ᚺ	hagal	Ewiger Wechsel	Hege das All	Heil, Heilig, Geheimnis hegen	Hagel, Getäuschte Hoffnung
8	ᚾ	not	Trennung	Du beherrschest das All Nutze dein Schicksal ohne Widerstreben	Nacht, Niete, Notwende, Zwang Nichts, Norne, Notanker, Not und Tod	Entbehrung
9	ᛁ	is	Lauf	Gewinne Macht über dich, so hast du Macht über die Geister	Ich, Eins, Ist, Stab, Achse	Verlaufen. Stehen bleiben
10	ᛂ	ar	Wandlung	Achte das Urfeuer in dir	Armane, Erde, Sonne, Ar, Adler, Edler, Arier, Herr	Verlust. Niedergang
11	ᛋ	sieg	Wille	Der Schöpfergeist siegt	Blitz, Samen, Sal und Sieg, Sieg, Seele, Säule, Siegel	Besiegt werden
12	ᛏ	tyr	Erregung	Fürchte keinen Tod, er kann nicht töten	Teut, Teutsch, Tyr, Geburt, Sterben	Entkräftung, Verzicht
13	ᛒ	bar	Befruchtung	Vertraue Gott in Dir	Born, Gebären, Brot, bar, Bahre, baar, Paar, Leben, Barde	Mißtrauen. Zweifel
14	ᛚ	laf	Bestimmung	Erst lernen, dann wagen	Lauge, Lauch, Leben, Laub, Labe, Lage, Leber	Leid. Luder. Leiche. Lüge
15	ᛘ	man	Trieb	Sei Mensch!	Mann, Mond, Mensch, Mahnung	Unvermögen
16	ᛦ	yr	Vollendung	Bedenke das Ende!	Irre, Stoff, Eibe, Weib, Wirrung, Umsturz	Falsches Beginnen
17	ᛖ	eh	Vereinigung	Ehe, die Rechtswurzel	Ehe, Eva, Echt, Ehern, Ehekreuz	Trennung, Untreue
18	ᚸ	gibor	Geber-Gabe-Gott	Eins mit Gott	Erde, Kreuzung, Kreuzigung	Böse Triebe

Es stehen somit in Verbindung: 1. und 2. Reihe

$$
\begin{array}{cccc}
& 2. & ,, & 3. & ,, \\
& 3. & ,, & 4. & ,, \\
& 4. & ,, & 1. & ,,
\end{array}
$$

Aufgelegt werden sie von Ost (rechts) nach West (links):

$$
\begin{array}{ccc}
3 & 2 & 1 \\
6 & 5 & 4 \\
9 & 8 & 7 \\
12 & 11 & 10
\end{array}
$$

Die jeweilig erste Karte der 4 Gruppen gibt den Geist an, in dem die Frage beantwortet wird, die jeweilig zweite die Seele, was sie wünscht, die jeweilig dritte den Ausgang. Daraus wird der Spruch geformt.

1. und 7. Karte geben das Leitwort, den Leitbuchstaben, 1. und 3. Strophe,

4. und 10. Karte geben das Leitwort, den Leitbuchstaben, 2. und 4. Strophe.

Die übrigen Karten geben jeweilig ein Wort zu.

Form des Spruches

$$
\begin{array}{llll}
\underline{1}— 2 & \| & \underline{1}— 5 —3 \\
\underline{1}— 4 & \| & \underline{4}— 6 \\
\underline{7}— 8 & \| & \underline{7}—11 —9 \\
\underline{7}—10 & \| & \underline{10}—12
\end{array}
$$

Beispiel. Es wird gefragt: Wird die neue Regierung sich erfolgreich bewähren?

Es fallen die Karten

$$
\begin{array}{ccc}
13 & 7 & 11\,\text{v.} \\
1\,\text{v.} & 5\,\text{v.} & 18 \\
15 & 9 & 4 \\
6\,\text{v.} & 17 & 12\,\text{v.}
\end{array}
$$

Das ergibt einen Spruch mit folgenden Lauten:

S	H	‖	S	R	B
S	G	‖	G	F	
O	J	‖	O	E	M
O	T	‖	T	K	

Die Bedeutungen für recht- und verkehrt fallende Karten werden ausgezogen und darüber nachgesonnen. Daraus folgte dieser Spruch:

Sorgt um die Heimat, denn sinkenden Rechtes Brechung
Bringt Sieg dem Golde, des Guten Vernichtung.
Ehrlicher Eifer adle euer Mühen
Immer getrotzt törichtem Klüngel voll Unwert.

Für den Selbstlaut O sind die andern E A J gewählt worden.

\a die Antwort als Mahnung gegeben ist (die erste Karte
kehrt!), so ist es keine unbedingte Bejahung! Diese wäre
einer rechtfallenden Siegkarte ausgesprochen worden.

Beispiel mit 6 Karten.

Frage: werde ich mich morgen richtig entscheiden?

Es fallen	18	1	12	alle recht fallende	T	F	G
	4	7	9	Buchstaben	J	H	O

Anordnung des Spruches   T   F   ‖   T   H   G
                              T   J   ‖   J   O

„Deutsches Fühlen, Deutsches Herz laß gelten!
Trotz dem Irrwahn! ewig währet Ordnung."

Das ist also der Maßstab, der mich bei der Wahl leiten soll, denn um eine politische Wahl handelt es sich! Da alle Karten recht gefallen sind, ist an sich eine günstige Deutung angemessen.

Beispiel mit 12 Karten.

Frage: Werden Kanzel und Katheder durch staatliche Macht dauernd mit Dogmen den Deutschen Geist in Fesseln verhaftet halten? Ist nie ihm Heil und Sieg in arischer Freiheit beschieden? Sind doch fremden Geistes Kanzel, Katheder und Dogmen!

Es fallen die Runen

          N   R   Y r.
          F   J   T r.
          E   H   B v.
        A v.   S   G.

In jeder Reihe eine verkehrt aufgelesene Rune! Das ist ein ungünstiges Zeichen. Alliteration im Spruch:

      N   R   ‖   N   I   Y   (Werden)
      N   F   ‖   F   ᚹ   (Walten)
      G   H   ‖   E   S   B   (Wandeln)
      G   A   ‖   A.   G . . . . . (Wahren).

Auflösung:

Not bezwingt Recht! Neid eifert durch Irrung.
Nimm die Freiheit für Dich, furchtlos trotzend dem Zwang.
Ehre hege! Denn immer schafft braunrote Bresten
Der Erzliebenden Auftrag, argen Glauben befehlend.

Das klingt nicht hoffnungsvoll! Kann es auch nicht angesichts der gelesenen Runen!

Kabbalistische Tages- und Stundenregenten

Nr.	Zeit	Sonntag	Montag	Dienstag	Mittwoch	Donnerstag	Freitag	Sonnabend
	abends							
1	6—7	☉	☽	♂	☿	♃	♀	♄
2	7—8	♀	♄	☉	☽	♂	☿	♃
3	8—9	☿	♃	♀	♄	☉	☽	♂
4	9—10	☽	♂	☿	♃	♀	♄	☉
5	10—11	♄	☉	☽	♂	☿	♃	♀
6	11—12	♃	♀	♄	☉	☽	♂	☿
7	12—1	♂	☿	♃	♀	♄	☉	☽
8	1—2	☉	☽	♂	☿	♃	♀	♄
9	2—3	♀	♄	☉	☽	♂	☿	♃
10	3—4	☿	♃	♀	♄	☉	☽	♂
11	4—5	☽	♂	☿	♃	♀	♄	☉
12	5—6	♄	☉	☽	♂	☿	♃	♀
	morgens							
13	6—7	♃	♀	♄	☉	☽	♂	☿
14	7—8	♂	☿	♃	♀	♄	☉	☽
15	8—9	☉	☽	♂	☿	♃	♀	♄
16	9—10	♀	♄	☉	☽	♂	☿	♃
17	10—11	☿	♃	♀	♄	☉	☽	♂
18	11—12	☽	♂	☿	♃	♀	♄	☉
19	12—1	♄	☉	☽	♂	☿	♃	♀
20	1—2	♃	♀	♄	☉	☽	♂	☿
21	2—3	♂	☿	♃	♀	♄	☉	☽
22	3—4	☉	☽	♂	☿	♃	♀	♄
23	4—5	♀	♄	☉	☽	♂	☿	♃
24	5—6	☿	♃	♀	♄	☉	☽	♂

Inhalt

Einleitendes

Klarstellung über den Tarot . . 7
Als Gast bei einem Kartenphilo-
sophen 10
Tarot oder Kabbala? . . . 13

Mystik

Die Schauung 25
Der Wandel 25
Geheimkämmerer 28
Gründe der Mystik 30

Magie

Magie 37
Absichtslose Naturkräfte . . . 38
Einige Grundbegriffe . . . 39
Grundlage der Schulung . . . 41
Buchstaben-Meditationen . . 43
Mantrams 48
Meditationen im Sitzen od. Liegen 50
Zur Dämonenlehre 55

Die magisch-mystische Schulung

Die magisch-mystische Schulung . 63
Karte 0 65
„ 1 66
„ 2 69
„ 3 72
Die drei Heilswege (Einschaltung) 73
Karte 4 79
„ 5 82
„ 6 83
„ 7 85
„ 8, 9 86
„ 10 87
„ 11, 12 88
„ 13, 14 89
„ 15 90
„ 16, 17, 18 91
„ 19, 20, 21, 22 92

Tarot und Kabbala 95
Jüdische Mystik, Kabbala, Chassi-
dut 98
Die Sephiroth 105
Das hebräische Alphabet . . 112

Das Buch Thot und die Astrologie . 120
Schem-ha-mephorasch . . . 131
Die Zahlenlehre 137
Das Geheimnis der Zahl . . . 154
Zur Philosophie des Tarots . . 158

Tarot-Praxis

Vorbereitendes 169
Räuchermittel 173
Die Deutung der Karten . . 176

1. Der symbolische Tarot . . . 182
Die Großen Arcana 184
Charakter der vier Farben . . 190
Die Kleinen Arcana . . . 194
Legemethoden 204
Prophetie aus Runen . . . 229

2. Der astrologische Tarot
Vorbereitendes 231
Die Astrologie im Buche Thot . 241
Legemethoden 265
Esoterische Astrologie . . . 277

3. Der kabbalistische Tarot
Methoden 283

4. Das Stundenglas
Buch der Wandlung 293

5. Mit Runen raunen 321

Tages- und Stundenregenten . . 326